高等学校小学教育专业

小学数学课程与教学

（第3版）

主　　编　刘久成
副 主 编　刘明祥　徐建星
编写人员（以姓氏笔画为序）
　　　　　于国海　刘久成　刘明祥
　　　　　张　波　徐建星　殷如意

南京大学出版社

图书在版编目(CIP)数据

小学数学课程与教学 / 刘久成主编. —3版. —南京：南京大学出版社，2023.8(2024.7重印)
ISBN 978-7-305-27211-0

Ⅰ.①小… Ⅱ.①刘… Ⅲ.①小学数学课－教学研究－高等学校－教材 Ⅳ.①G623.502

中国国家版本馆 CIP 数据核字(2023)第 140819 号

出版发行　南京大学出版社
社　　址　南京市汉口路 22 号　邮　编　210093

书　　名　**小学数学课程与教学**
　　　　　XIAOXUE SHUXUE KECHENG YU JIAOXUE
主　　编　刘久成
责任编辑　钱梦菊　　　　　编辑热线　025-83592146
照　　排　南京开卷文化传媒有限公司
印　　刷　常州市武进第三印刷有限公司
开　　本　787 mm×1092 mm　1/16　印张 23.25　字数 550 千
版　　次　2023 年 8 月第 3 版　2024 年 7 月第 2 次印刷
ISBN　978-7-305-27211-0
定　　价　58.00 元

网　　址：http://www.njupco.com
官方微博：http://weibo.com/njupco
官方微信：njupress
销售咨询热线：025-83594756

＊版权所有，侵权必究
＊凡购买南大版图书，如有印装质量问题，请与所购图书销售部门联系调换

前　言

2022年3月，教育部颁发的《义务教育课程方案(2022年版)》和《义务教育数学课程标准(2022年版)》，体现了社会发展对人才培养的要求、数学学科的独特育人价值和数学课程改革的成功经验。新的课程方案和课程标准的颁布实施，指向学生的全面发展，强调课程育人与学科核心素养，将进一步推动基础教育课程与教学改革。作为小学教育专业的核心课程"小学数学课程与教学"，需以《小学教师专业标准(试行)》《小学教育专业师范生教师职业能力标准(试行)》以及现行课程标准为依据，贯彻基础教育课程改革的先进思想和教育理念，为学生掌握小学数学课程与教学的基础理论和方法，顺利开展小学数学教育教学实践创造条件。

本教材首次出版于2013年，2020年经修订出版了第2版，至今已印刷10多次，全国有近80所高校使用，共发行7万余册，受到了小学教育专业师生和小学教师的关注。本教材此次修订在内容结构上进行了更新和优化。全书由绪论、总论和分论三部分组成，绪论部分简要概述了数学及其特点、小学数学学科及其主要任务，以及小学数学课程与教学的研究对象、研究意义与学习方法。总论部分(第1—8章)包括：小学数学课程与教材研究，主要介绍了我国小学数学课程与教材的历史演变和主要特点，国际小学数学课程改革的特点与趋势，我国现行课程标准和教材的内容分析，以及分析研究教材的要求、问题和方法；小学数学学习的意义、内容和策略；小学数学教学的方法、设计、实施和评价。分论部分(第9—12章)探讨了数与代数、图形与几何、统计与概率、综合与实践四个学习领域的教学，在概述教学的意义、内容和学业要求的基础上，阐述了各学习主题的教学要点与教学策略，并为学生提供了讨论研究的教学案例。每节末尾设置"思考与练习"，每章末尾附"参考文献"，供学生课后阅读、思考，拓宽学生知识视野和思维深度，利于学生开展研究性学习。本教材此次修订在编排形式上也有所变化。为便于学生整体把握每一章学习内容，在各章开始部分概述了本章的学习内容和要求，同时给出"思维导图",以便学生了解本章内容的知识要点和各部分内容之间的联系,形成结构化的系统知识。为拓展课程资源,充实课程与教学研究的前瞻性成果,反映小学数学课程改革的新思想、新方法,教材以"链接"方式提供若干线上资源,内容包括:期刊文章、书籍中的片段或摘要、教学案例、课程方案、课程标准、专题讲座、视频等,读者可微信扫描目录页二维码或点击链接https://pan.yzu.edu.cn/share/978f95f7bd349852b42522ec3c阅读或下载学习。

本教材此次修订有些原作者因年龄或工作变动未能参加,故有部分人员调整,具体分工如下:刘久成(绪论、第一、二、三章)、刘明祥(第四、十章)、徐建星(第五、六、七章)、张波(第八、十一章)、于国海(第九章)、殷如意(第十二章),由刘久成负责统稿。在此,谨向前两版作者为该教材出版所做的贡献表示衷心感谢,还要特别感谢南京大学出版社钱梦菊编辑的支持和帮助,以及扬州大学为出版该教材给予的资助。本书编写过程中,参考和引用了一些国内外学者的研究成果,在此一并表示感谢。

该教材不仅适合于高等院校小学教育专业学生使用,也适合于小学教师、教研人员阅读,或小学教师培训所用,并希望广大读者提出意见和建议。

编　者

2023 年 5 月

目 录

绪 论 ………………………………………………………………………… 1
- 第一节　数学与小学数学学科 …………………………………………… 1
- 第二节　小学数学课程与教学的研究对象、研究意义与学习方法 …… 7

第一章　小学数学课程改革发展 ………………………………………… 11
- 第一节　我国小学数学课程改革发展 …………………………………… 12
- 第二节　国际小学数学课程改革概述 …………………………………… 28

第二章　小学数学课程标准 ……………………………………………… 43
- 第一节　小学数学课程的性质和理念 …………………………………… 44
- 第二节　小学数学核心素养和课程目标 ………………………………… 50
- 第三节　小学数学课程内容 ……………………………………………… 61

第三章　小学数学教材 …………………………………………………… 64
- 第一节　小学数学教材概述 ……………………………………………… 65
- 第二节　新中国成立以来小学数学教材改革 …………………………… 69
- 第三节　小学数学教材的分析 …………………………………………… 77

第四章　小学数学学习 …………………………………………………… 87
- 第一节　小学数学学习概述 ……………………………………………… 88
- 第二节　小学数学"四基"的学习 ………………………………………… 97
- 第三节　小学数学"四能"的发展 ………………………………………… 116
- 第四节　小学数学学习情感与态度的培养 ……………………………… 122

第五章　小学数学教学方法 ……………………………………………… 126
- 第一节　小学数学教学方法的历史变革 ………………………………… 127
- 第二节　小学数学常见的教学方法 ……………………………………… 135
- 第三节　小学数学教学方法的优化 ……………………………………… 144

第六章　小学数学教学设计 ……………………………………………… 147
- 第一节　小学数学教学设计概述 ………………………………………… 148
- 第二节　小学数学教学设计的过程 ……………………………………… 151
- 第三节　小学数学教学的预设与生成 …………………………………… 163

第四节　小学数学教学的备课与说课 …………………………………… 166

第七章　小学数学教学实施 …………………………………………… 177
　　第一节　小学数学教学实施概述 ………………………………………… 178
　　第二节　小学数学教学实施的重要环节 ………………………………… 182
　　第三节　小学数学教学实施的注意问题 ………………………………… 194

第八章　小学数学教学评价 …………………………………………… 197
　　第一节　小学数学教学评价概述 ………………………………………… 198
　　第二节　小学数学学业质量评价 ………………………………………… 205
　　第三节　小学数学课堂教学评价 ………………………………………… 228

第九章　数与代数的教学 ……………………………………………… 233
　　第一节　数与代数教学概述 ……………………………………………… 234
　　第二节　整数的认识与运算的教学 ……………………………………… 241
　　第三节　分数的认识与运算的教学 ……………………………………… 251
　　第四节　小数的认识与运算的教学 ……………………………………… 259
　　第五节　数量关系的教学 ………………………………………………… 264

第十章　图形与几何的教学 …………………………………………… 273
　　第一节　图形与几何教学概述 …………………………………………… 274
　　第二节　图形的认识与测量的教学 ……………………………………… 281
　　第三节　图形的位置与运动的教学 ……………………………………… 307

第十一章　统计与概率的教学 ………………………………………… 315
　　第一节　统计与概率教学概述 …………………………………………… 316
　　第二节　数据分类的教学 ………………………………………………… 320
　　第三节　数据的收集、整理与表达的教学 ……………………………… 325
　　第四节　随机现象发生的可能性的教学 ………………………………… 340

第十二章　综合与实践的教学 ………………………………………… 344
　　第一节　综合与实践教学概述 …………………………………………… 345
　　第二节　主题活动的教学 ………………………………………………… 352
　　第三节　项目学习的教学 ………………………………………………… 360

绪　论

第一节　数学与小学数学学科

随着科技发展和社会进步,人们已经认识到,当今社会已经很难找到不需要一定数学的人类活动领域,数学作为一门学科在基础教育中的地位越来越重要,数学素养是每一个公民必须具备的基本素养,数学教育对于促进学生数学素养的发展和全面素质的提高具有不可替代的作用。

一、数学及其特点

(一) 数学的含义

数学是什么？它是数学认识论和数学教育论的一个根本性问题,弄清这个问题对于数学教育工作者来说非常重要。然而,自古以来关于"数学"就有多种不同的定义,这些定义反映了人们对数学发展过程中的本质和特征的不同认识。如：

毕达哥拉斯(Pythagoras,约公元前580—约前500)认为：万物皆数,"数是万物的本质",数学是对"数"的研究。不过,那时认识的数还局限于整数或整数之比,并不包括无理数。

亚里士多德(Aristotle,公元前384—前322)认为：数学是研究数量的科学。包括数和具有大小的量。并且认为数和几何形状是实物的属性,是通过抽象思维为人们所认识的,也就是说,抽象的概念来自实物的属性。亚里士多德虽没有多少重要的数学成果,但他创立了逻辑学。他的数学哲学思想影响了此后的两千多年。

笛卡尔(René Descartes,1596—1650)称数学是研究顺序和度量的科学。1637年,他发表的论文《几何学》,把代数方法运用于几何学,建立了坐标几何,奠定了他在数学史上的重要地位。

罗素(Bertrand Russell,1872—1970)称数学是"恒同于逻辑"的学科,主张数学实际上是逻辑学。但由于从逻辑学不可能推出全部的数学,因此逻辑主义的主张不可行。不过,它对数理逻辑的建立有重要贡献,对当今计算机的研制和人工智能的研究也有重大的现实意义。

20世纪以来,由于数学的性质及其应用途径不断发生变化,新的数学领域不断涌现,数学的应用范围的不断扩充,加之计算机的发展和应用爆炸性的增长,都要求发展新的数学。因而人们对"数学是什么"的认识发生了很多变化。关于数学本质的问题是一个具有时代性、前瞻性、发展性、综合性的数学、哲学核心问题。在数学的任何发展阶段都不可能有固定的、永恒不变的答案,这应该成为数学哲学研究的一条认识论原则。从揭示数学的本质特征来表达数学是什么。主要有以下几类:

(1) 形式性说法。"数学是一门演绎科学。"这种说法注重于数学知识按形式逻辑编排的表面形式和按演绎体系展开的特点,这种观点的典型代表是数学基础学派中的逻辑主义和形式主义。[①] 逻辑主义者认为数学即逻辑,全部数学都可以从基本的逻辑概念和逻辑规则而推导出来。形式主义者主张将各门数学形式化,构成形式系统,推动了数学的发展进入研究形式系统的新阶段。

(2) 模式性说法。1939年,英国著名数学家、哲学家怀特海(A. Whitehead)在《数学与善》一文中指出:"数学的本质特征就是,在从模式化的个体作抽象的过程中对模式进行研究。"(载《数学哲学译文集》,知识出版社,1986)荷兰著名数学家、数学教育家弗雷登塔尔(H. Freudenthal)指出:"数学的特性——它寻求各种思想模式,以供应用者选择使用。"并且认为学习数学主要是实行"再创造",或者说是"数学化"。1988年,美国著名数学家、美国数学联合会主席斯蒂恩(L. Steen)进一步指出:"数学是模式的科学。"

我国数学家徐利治认为:"数学是通过模式建构,以模式为直接对象来从事客观实体量性规律性研究的科学"。[②] "量性规律性"包括数量关系和空间形式两方面。

(3) 综合性说法。"数学是一门演算的科学。"[③]其中"演"表示演绎,"算"表示计算或算法,"演算"表示演与算这对矛盾的对立统一。为什么用"演算"概括数学的本质,其原因主要有二,一是"演算"反映了数学研究的特点,二是"演"与"算"的对立统一反映数学性质的辩证性。

(4) 对象性说法。100多年前,恩格斯(Friedrich Engels)在《反杜林论》中就指出:"数学是研究现实世界的空间形式和数量关系的科学"。吴文俊从数学研究的基本概念"数"和"形"的角度,并且把"数"和"形"作为基本概念不加定义来直接建立体系,提出"数学是研究数和形的科学"。[④]《义务教育数学课程标准(2011年版)》中,对数学采用了类似的定义,即"数学是研究数量关系和空间形式的科学"。这说明数量关系和空间形式并不限于"现实世界",也包括来自数学自身,是逻辑思维的产物。

(5) 特点性说法。苏联数学家亚历山大洛夫(A. D. Aleksandrov)等著的《数学——它的内容、方法和意义》(科学普及出版社,1958年)提出数学有三大特点,即精确性、抽象性和应用的广泛性。美国著名数学教育家M. 克莱茵(Morris Kline)在其主编的《现代世界中的数学》序言中指出:① 数学是人类所创造出的最简单的系统科学。比如说,它比物理学、经济学、历史学简单。因为只研究现实的很有限的侧面。② 数学本质上简单却难于学习。其一是数学家用一些对普通人很生僻的词来表达概念;其二是使用符号。③ 数学是抽象的。数学家常常用图像来思考。美国数学家冯·诺伊曼(Johnvon Neumann)也指出,数学的本质具有两个侧面,就是数学理论的抽象性、严谨性和形式化与数学发现过程

[①] 王汝发.关于"数学是什么"的哲学反思[J].哈尔滨学院学报,2002(9):31-34.
[②] 徐利治.徐利治论数学方法学[M].济南:山东教育出版社,2000:124.
[③] 林夏水.论数学的本质[J].哲学研究,2000(9):66-71.
[④] 中国大百科全书出版社编辑部.中国大百科全书·数学[M].北京:中国大百科全书出版社,1998:1.

中的直观性、经验性和归纳性。美国国家研究委员会在《人人关心数学教育的未来》(世界图书出版公司,1993)一书中指出:"数学科学是集严密性、逻辑性、精确性和创造力与想象力于一身的一门学科"。

上述对于数学含义的讨论使我们进一步认识到,哲学家和数学家是从数学内部(数学的内容、表现形式、研究过程)和数学外部(数学与社会的关系、数学学科与其他学科的关系、数学与人的发展的关系)等方面来研究数学的本质特征的,他们所得到的结论都从某一侧面反映了数学的本质特征,为我们全面认识数学的本质特征提供了一些视角。现代的数学概念发展,比起原先的数学概念的外延宽泛了许多,可以包含原先概念中不能包含的内容,"空间形式"和"数量关系"也出现了"交融"和"泛化"的变化,它们之间的界限也出现了模糊甚至消逝的情况。①

历史地看,数学的产生首先是以实际问题为起点的,是人们为了适应和了解客观世界而逐渐产生了数学。但随着数学的不断发展,人们开始认识到,数学的对象除了存在于客观世界,还存在于人类的思想之中。数学不仅有发现的特征,还有发明的特征,数学的构造性愈加突出,甚至有学者直接把数学称之为"模式的科学""结构的科学""关系的科学"。因此,现行课标中不再强调"现实世界"了,认为"数学是研究数量关系和空间形式的科学"。②

(二) 数学的特点

一是高度抽象性。数学的概念是抽象的,它存在于人的思维之中;概念获取的方法也是抽象的,通常需要经历观察、操作—建立表象—抽象、概括本质属性—形成概念。抽象并非数学独有,但数学的抽象与其他科学不同的是,它舍弃事物的其他属性只保留了数量关系和空间形式。

二是逻辑严密性。逻辑严密性表现在数学的结论是从一些基本概念(或公理)出发,采用严格的逻辑推理而得到。我们知道,世界上有两种推理:一种是论证推理(又称演绎推理),一种是合情推理。合情推理常被用来探索、发现事物的规律,所得结论是否正确,需要经过论证推理。自然科学家可以通过实验获得结论,然而,数学家只有在经过严格的逻辑论证后方可确认。

三是广泛应用性。数学的应用范围有了很大的扩展。华罗庚先生曾经说过:"宇宙之大,粒子之微,火箭之速,化工之巧,地球之变,生物之谜,日用之繁,无处不用数学。"在自然科学的三大前沿——天体演化、物质结构和生命起源的研究中,都用到了大量的、高深的现代数学。数学也越来越多地用于环境科学、人口问题和自然资源的研究,以解决人类社会面临的难题。当前,数学的知识、思想和方法已经渗透到一切科学技术部门与生产、生活中,并且出现了各门科学为了自身的完善而逐步"数学化"的趋势。未来的世界是科学化的世界,未来的科学是数学化的科学。

---

① 张永春.数学课程论[M].南宁:广西教育出版社,1996:17.
② 中华人民共和国教育部.义务教育数学课程标准(2022年版)[S].北京:北京师范大学出版社,2022:1.

(三) 数学发展的主要阶段

数学的发展有悠久的历史，大约在一万年前，人类从生产实践中就逐渐形成了数和形的概念，但那时人们对数学的认识还是潜意识的，比如，对形的认识是概貌性的，是摹写，真正数学理论的形成还是古希腊时期。公元前300多年，古希腊数学家欧几里得（Euclid）写成数学名著《几何原本》。该书共13卷，475个命题，包括5条公理和5条公设，既包含几何内容，还有初等数论、比例理论等内容。其公理化方法、抽象化内容、封闭的演绎体系，对后来的数学发展起到巨大作用。

数学的发展大致可分为四个时期：

第一个时期：数学形成时期（公元前5世纪以前）

数学形成时期。这是人类建立最基本的数学概念的时期。人类从数数开始逐渐建立了自然数的概念，简单的计算法，并认识了最基本最简单的几何形式，算术与几何还没有分开。

随后的两千五百多年来，数学的发展大致经历了三个阶段：

第二个时期：初等数学时期（公元前5世纪—公元17世纪）

初等数学时期，即常量数学时期。这个时期的基本的、最简单的成果构成中学数学的主要内容。这个时期从公元前5世纪开始，也许更早一些，直到17世纪，大约持续了两千多年。这个时期逐渐形成了初等数学的主要分支：算术、几何、代数、三角。

第三个时期：变量数学时期（公元17世纪—19世纪上半叶）

变量数学产生于17世纪，大体上经历了两个决定性的重大步骤：第一步是解析几何的产生；第二步是微积分，即高等数学中研究函数的微分、积分以及有关概念和应用的数学分支，它是数学的一个基础学科。内容主要包括极限、微分学、积分学及其应用。

第四个时期：现代数学时期（大致从19世纪上半叶开始至今）

数学发展的现代阶段的开端，以其所有的基础——代数、几何、分析中的深刻变化为特征。出现了非欧几何、集合论、分析学等一系列分支体系。

数学发展至今，已拥有100多个分支体系，按其内容可分为五大学科：纯粹（基础）数学、应用数学、计算数学、运筹与控制、概率论与数理统计。[①] 其主要领域还是三个，即代数学——研究数的理论；几何学——研究形的理论；分析学——沟通数与形及极限运算的理论。

数学是古老而又常新的科学，它将突破传统的应用范围向几乎所有的人类知识领域渗透，并越来越直接地为人类物质生产与日常生活做出贡献。

二、数学科学、数学学科和数学教育

小学数学是小学阶段中的一门基础学科，作为数学学科与数学科学既有联系又有区别。数学科学是专业人士所进行的关于数学原理的创造和发现，是对数学理论和方法的系统科学阐述。数学学科的内容源于数学科学，并且需要遵循数学的科学性，反映数学科

---

① 王元明.数学是什么[M].南京：东南大学出版社，2003：3.

学的抽象性、逻辑性、形式化和符号化等特征。同时,由于数学学科以培养人才为目的,必须考虑学习者的认知特点。小学数学学科的学习对象是小学生,受其自身年龄特点和接受水平,以及思维发展的阶段性影响,小学数学学科在遵循数学科学的前提下,必须对数学科学内容进行恰当的选择和处理,以适应小学生的学习需要,形成促进学生发展的、有别于数学科学的结构体系和内容表述方式。

数学教育历史悠久,早在四五千年之前,就有了数学教育的萌芽。埃及的纸草书,大概就是当时的实用计算手册;距今大约有5000年的埃及金字塔,其构造结构说明当时埃及人已经知道不少天文和几何学知识;巴比伦的泥板书中,载有六十进位制记数法的数表和复利计算问题;中国殷墟的甲骨文中(约前1500年),发现了练习十进制记数法的骨片。西周是中国奴隶社会的鼎盛时期,那时就已形成了"礼、乐、射、御、书、数"的六艺教育,其中就包括数学教育。

起始于隋代的科举制,断断续续设立的明算科,也是为培养数学人才服务的。作为国民教育的数学教育,则始于西方工业革命时代。1760年,英国的普里斯特利(Joseph Priestly)首先提出基础的学术性课程,其中包括数学课程。[①] 数学教育研究也由此逐步发展起来。

一般认为,数学教育是一门研究数学学科教育规律的科目。数学教育要靠数学科学提供材料,数学教育不承担数学科学上的创造工作,但要对数学科学材料进行教学法加工,使之成为适合的教材。1969年在法国里昂举行第一届国际数学教育大会,在会议决议中写道:"数学教育学越来越变成具有自己的课题、方法和实验的独立学科。"[②]由此可见,此时在国际范围内,数学教育作为一门学科已被提出。

20世纪80年代以来,世界各国高度重视数学教育改革,常将数学教育改革作为基础教育改革的先导,数学教育出现了许多新问题、新思想,数学教育研究也形成了不同观点和流派,诸如大众数学、问题解决、学业成就评价、计算机(计算器)及现代教育技术运用于数学教育等问题受到人们的关注。

美国学者格劳斯(D. Grouws)主编的《数学教与学研究手册》(上海教育出版社,1999)的前言中指出:"在过去20年中,关于数学教学的研究得到了迅速的发展……,在这一方向上所取得的巨大进展已使数学教育成为一个相对独立的研究领域,其研究者则构成了数学教育研究的共同体。"如今,数学教育作为一个独立的学科已成共识。这是因为它有自身的研究领域、研究问题与研究方法,有专门研究机构。如,国际数学教育委员会,每四年召开一次国际数学教育大会,国内有全国数学教育研究会,每两年召开一次全国数学教育大会。尽管如此,数学教育研究还面临许多问题。正如德国学者罗尔夫·比勒尔(Rolf Biehler)等主编的《数学教学理论是一门科学》(上海教育出版社,1998)的前言中所说:"与其他科学(如数学或心理学)相比,数学教学理论的确很年轻。正因为其相当年轻,它的对象、方法论以及评价其理论是否有效的标准等等一系列问题都显得多元化,缺乏统一性。"因此,数学教育虽有悠久的历史,但作为一门学科,还比较年轻。

---

① 张奠宙.数学教育学[M].南昌:江西教育出版社,1991:1.
② [苏]A. A. 斯托利亚尔.数学教育学[M].北京:人民教育出版社,1984:9.

三、小学数学学科及其主要任务

我国古代小学教育经历了一个相当漫长时期,传说中我国古代的小学在虞舜时期就有了,但据可考的历史,大概可以推至西周时代。[①] 西周集前代教育之大成,汇合种种教育机构形成一套组织比较完备的学校教育体系。贵族子弟的教育受到高度重视,他们需要接受礼、乐、射、御、书、数等六艺教育。小学以"书""数"为重点,当时的"数"主要是传授一些数学问题的解法。

成书于汉代的我国古代数学名著《九章算术》共分九章,有 246 个问题。其中包含了算术、平面几何、立体几何、代数等相关内容,可见,我国古代算术是指数学的全体,并且通常把《九章算术》成书看作我国古代数学体系形成的标志。[②] 此后的一千多年中,《九章算术》成了人们学习研究数学的主要内容。

隋唐时期,最高学府国子监中设有算学馆,开设"明算科",培育算学人才,并将《算经十书》作为算学教科书。我国早期的数学教育实际上来自田园、作坊或家庭,其教学形式主要是父传子、师带徒的个别教学,后逐渐发展为私塾、家馆、书院、学堂、学校式教学形式,数学教学内容也由古代的《算经十书》而逐渐引进西方近现代数学。

在现代教育学语言体系中,"小学"是指为学龄儿童接受最初阶段正规教育的学校,是基础教育的重要组成部分。在小学讲授"算学"一科始于清朝末年。1904 年清政府颁布实施《癸卯学制》,这是中国近代史上第一个以法令形式公布并在全国推行的学校教育系统,是仿照日本学制确定的,大致构筑了以小学堂、中学堂、大学堂为主干的学校教育体系,颁布实施的《奏定初等小学堂章程》(学制五年)和《奏定高等小学堂章程》(学制四年),都开设了"算术"课程,从此小学课程中"算术"一科的名称沿用至 1978 年。此后,由于小学数学课程内容现代化推进,课程内容结构的调整,课程名称"算术"不再适应,并将"算术"改为"数学"。从此,小学数学成为小学教育阶段的一门基础学科。

小学数学学科的主要任务,应依据党和国家的教育方针以及义务教育阶段人才培养目标,从小给学生打好数学学习的初步基础,发展思维能力,培养学习数学的兴趣,养成良好的学习习惯,培养学生适应未来发展的正确价值观、必备品格和关键能力。其内容既包含传统的算术,又包含代数初步、几何初步、统计与概率初步等基础知识,以及与这些数学知识有关的技能、思想方法和活动经验。在素材选取、内容组织和呈现方式上,应充分考虑小学生的学习特点,从学生的需要和可能出发,结合学生的生活实际,注重数学知识的整体性和结构化整合,以及内容呈现的层次性和多样性,让学生从具体到抽象,利用观察、实验、计算、推理、验证等方法,引导学生发现问题、提出问题、分析问题和解决问题。

---

① 池小芳. 中国古代小学教育研究[M]. 上海:上海教育出版社,1998:8.
② 马忠林,王鸿钧,孙宏安,王玉阁. 数学教育史[M]. 南宁:广西教育出版社,2001:22.

第二节　小学数学课程与教学的研究对象、研究意义与学习方法

20世纪80年代以来,世界范围内广泛关注数学课程与教学改革,许多国家先后制定了新的数学课程标准,人们对数学和数学教育的认识与理解在不断深入,小学数学课程目标与内容发生了很大变化,教育理念不断更新,教学的模式与方法不断改进。研究小学数学课程与教学问题,探索小学数学教学规律,提高小学数学教学质量成为人们越来越关注的课题。

一、小学数学课程与教学的研究对象

小学数学课程与教学是研究小学阶段数学课程及教学规律的一门学科,是数学教育研究领域的分支学科。它依据教育科学中的课程论、教学论、学习论的有关理论以及数学学科的特点,对小学数学学科在课程与教学领域内所涉及的理论和实践方面的问题进行研究,审视纷繁复杂的课程与教学现象,探讨课程与教学活动的过程与价值,揭示客观规律,指导小学数学教学实践。

小学数学教育研究是在过去的两百年间逐渐发展起来的,人们对此存在不同的理解和不同的研究目的与范围。在我国,直到19世纪末随着"废科举、兴学堂",人们意识到不是什么人都能当教师,教师是一种专门的职业,才开始由专门的学校来培养教师,于是产生了封闭式的、单一的培养教师的师范学校。1896年,盛宣怀在上海创办南洋公学,次年在南洋公学首开师范班,拉开了中国师范教育的序幕。1902年,北京、山东、江苏等地又先后创建了多所培养近代小学教师的师范学校,并开设"教授法""各科教学法"。于是,"会数学不一定会教数学""数学教师是有别于数学家的另一种职业"等观念逐渐被认同。人们对数学应该"教(学)什么""怎么教(学)""为什么这样教(学)"以及"教得如何和学得怎样"等问题展开专门的研究。我国最早的关于小学数学教育的学科称为"小学算术教授法"。20世纪20年代,陶行知先生提出改"教授法"为"教学法","小学算术教学法"的名称一直延续到20世纪70年代。起初,人们并没有认识到整合课程理论与教学理论的必要性,相当长的时期内在论述小学数学课程与教学问题时,更多的是从教学视角看课程。学科几易其名,从"小学算术教授法""小学算术教学法",到"小学数学教学法"或"小学数学教材教法"。学科理论主要以数学、心理学、教育学为基础,学科内容更多地偏重于对现有教材内容的分析和具体教学方法的阐述,在此基础上,分析和研究小学数学教学的具体问题,更多是实践层面上的内容,带有浓厚的经验色彩。

20世纪80年代以来,伴随着世界各国课程改革运动的兴起,教学论、课程论学科进入了一个多元化发展的时代,各种教学论流派和课程论流派纷纷涌现,形成了课程与教学论学科群。这一时期,我国数学教育教学领域的研究也达到了空前的繁荣。无论在数学教学活动实践还是数学教育理论研究方面都产生了丰硕的成果,形成了自己的特色。开始出现数学教学的新理论,由经验实用型转为理论应用型,研究水平也有了质的飞跃。在

以小学数学教材教法为研究框架的基础上,人们试图从更高层次和更广的意义上研究小学数学教学,增加了对数学学习心理、数学课程理论等问题的研究,课程与教学的整合研究取得了长足的进步,形成了以数学教学论、数学课程论、数学学习论为核心的"三论"架构,学科体系日臻完善。学科名称也由"小学数学教材教法"演变为"小学数学教育学"、"小学数学教学论"、"小学数学课程与教学(论)"等。

小学数学课程与教学的研究既包括一般意义下的小学数学课程问题,也包括小学数学教学问题。其研究内容主要包括小学数学课程的性质、理念、目标、内容和学业标准,小学数学教材的体系、结构和内容分析;小学生数学学习的过程及特点;小学数学教学的原则、规律、过程与方法;小学数学教学设计与实施;小学数学教与学的评价;等等。这些研究课题构成了小学数学课程与教学的体系架构,也是学习这门课程所要掌握的主要内容。

从下面一个简单例子中,可以让我们了解小学数学课程与教学研究的基本问题。

$$35-18=$$

这是一道简单的百以内数的退位减法题,引导小学生解决这个问题,作为教师需要思考一些小学数学课程与教学的问题。比如:小学生为什么要学这样的内容?学习和解决这样的问题需要什么样的智力水平,需要哪些知识基础?这样的问题同哪些内容有联系,应安排在哪一个年级比较合适?这类问题在小学数学课程中占有什么样的地位?小学生是怎样学习这类问题的,他们在学习过程中会遇到什么样的困难?怎样让学生感受解决这类问题的价值?学生使用的方法与教师的方法或教材中的方法会有什么不同?教学时可以借助什么样的教具、学具?解决这样的题目要达到怎样的熟练程度?这类问题的教学目标是什么?如何检测学生是否达到了相应的目标?等等。以上这一系列问题都与小学数学课程与教学有关,需要通过对小学数学课程与教学的学习和研究给出合理分析。

过去常有人误认为小学数学比较容易,小学数学教学也十分简单。然而,小学数学教学改革发展到今天,事情已经完全改变了。儿童如何学数学?教师如何教数学?从观念到行为都出现了深刻转变,小学数学教学已经走向高度专业化,是具有科学规范以及极富创造力的一项工作。随着基础教育课程改革不断推进,改革实践不仅直接提出了强烈的理论需求,而且为理论发展提供了坚实的实践基础。小学数学课程与教学研究是一门处于不断发展中的新学科,它的产生和发展,既是数学教育理论发展的必然,也是数学教育实践的呼唤。我们相信,在这种理论与实践的双重力量推动之下,小学数学课程与教学的学科发展前景十分广阔。

二、小学数学课程与教学的学科性质与研究意义

小学数学课程与教学是一门应用性学科。它以唯物辩证法为指导,以数学、心理学、教育学与小学数学学科的融合作为基础,具体运用课程论、学习论和教学论的基本理论来研究和解决小学数学课程与教学所涉及的基本问题。

小学数学课程与教学也吸收了数学、逻辑学、思维科学和信息论、控制论、系统论等学科的内容、思想、方法和相关成果,在多视角、多侧面的交叉中形成自己独立的理论体系,具有多学科交叉特征。

小学数学课程与教学具有理论与实践相结合的特征。它源于实践,高于实践,并用以指导实践,集理论品性和实践品性于一身。因此,它既是一门实践性很强的理论课程,又是一门理论性很强的实践课程。

随着课程与教学理论不断丰富,基础教育课程改革不断发展,小学数学课程与教学研究必将面临新的课题,其学科的结构体系、研究内容、研究方法等必将得到进一步完善。所以,小学数学课程与教学也是一门不断发展中的应用性学科。

小学数学课程与教学作为研究小学数学课程与教学问题的一门应用性学科,是高等院校培养小学教师开设的一门专业课程,也是小学教育专业最具教师教育特色的一门课程,对于提高师范生从事小学数学教师职业所必备的综合素质与专业能力具有不可替代的作用。

首先,通过本课程的学习,能提高师范生对小学数学教育改革的认识,树立正确的数学教育思想,形成正确的数学观、课程观、教学观、学生观和评价观;领会小学数学课程标准的基本理念,理解小学数学课程的目标与内容,了解小学数学教材的发展及其编排特点,熟悉小学数学教材体系,提高分析、组织和驾驭教材的能力,能合理利用教学资源。

其次,通过本课程的学习,能获得关于小学数学学习的基本理论知识,了解小学生学习数学的认知过程、心理特点及影响数学学习的各种因素,理解小学生"四基""四能"学习的基本策略,掌握激发小学生数学学习动机、学习兴趣和培养良好学习习惯、改善学习方式的基本策略和途径。

最后,通过本课程的学习,能了解小学数学教学的基本规律,理解小学数学教学的过程与环节,掌握小学数学教学的基本技能与教学方法,能科学设计并有效实施小学数学教学方案,学会运用所学的理论和方法评价和改进教学行为、研究和解决小学数学教学中的实际问题,不断提高教学研究能力和自身专业素质,促进师范生专业成长,为今后从事小学数学教学和研究工作奠定良好的基础。

三、小学数学课程与教学的学习方法

基础教育数学课程改革对小学数学教师的素质提出了新的更高的要求,要想成为一名优秀的小学数学教师,不仅必须具有良好的数学素养和扎实的专业技能,还必须具有良好的教育理论素养和较强的教学实践能力。小学数学课程与教学是即将从事小学数学教学的师范生必须掌握的一门课程。那么,怎样才能学好这门课程呢?

第一,要明确学习的目的和价值。小学数学教学具有很强的专业性,不懂得一定的课程与教学理论,不领会小学数学教学的基本规律和方法,就不可能成为一名合格的小学数学教师,那种认为从事小学数学教学是一项很简单、很容易的工作是不切实际的。要教好小学数学,不仅要学习初等数学、高等数学,打好坚实的数学基础,还必须学习有关小学数学课程与教学的专业知识,掌握小学数学教学的基本技能和教学方法,学会分析研究小学数学教学中存在的问题。要实现这一目的,就必须认真学习"小学数学课程与教学"这门课程。

第二,必须坚持理论和实践相结合。"纸上得来终觉浅,绝知此事须躬行",在小学数学课程与教学的学习中,要注重理论知识的学习,更要注重教学技能训练和实践能力的培养。小学数学课程与教学这门课程本身有着很强的理论性和实践性，学习时必须联系小学数学的教学实际，注重教学实践中问题的探讨和教学案例的分析研究，这样既可以加深对小学数学课程与教学基本理论的理解，又能迅速提高自己的实际教学能力。我们应该认识到，教学经验是可贵的，但是光有经验，而不能上升为规律性认识，同样不能成为新时代的好教师，一些优秀教师的成长经历告诉我们，用理论指导实践并在实践中提升理论，是取得高成效教学的必要途径。

  第三，要坚持课堂学习与自主研究相结合。长期以来，在课程学习中，不少同学习惯于被动的"接受式"学习方式，不善于主动提出问题和探究问题，很少有师生间、同学间的研讨交流。这样，不利于理论知识的理解，不利于认识能力与实践能力的发展，也不利于学习兴趣的激发与学习动力的保持。我们认为，学习小学数学课程与教学时，必须植入自主研究环节。学习时可以结合教学内容采用多种方法，如阅读教育书刊、写读书笔记、分析小学教材、设计教学片段、进行微格教学训练、听取专家讲座、组织听课评课、评析教学录像或教学案例等，也可以结合专题研究撰写小论文。在学习过程中，我们要有意识地树立主动探究意识、问题研究意识、互动交流意识、反思评价意识。如果这些意识形成了，并且能够及时而有效地发挥作用，那么自主研究习惯就会形成，自主研究能力就会明显提高。

  小学数学课程与教学是一门不断发展、不断完善的课程，学习中，我们要深入教学实际，善于从实际中发现问题、提出问题，通过学习研究去分析问题、解决问题，提升小学数学教学能力。

第一章 小学数学课程改革发展

内容提要

本章包括两部分内容。一是简要回顾新中国成立以来我国小学数学课程的改革发展，重点阐述了八次课程改革的背景、课程的目标和内容，并对我国小学数学课程改革的几个主要阶段和课程演变的主要特点进行了概括；二是简要介绍了俄罗斯、美国、日本的小学数学课程改革情况和国际小学数学课程改革的主要趋势。

思维导图

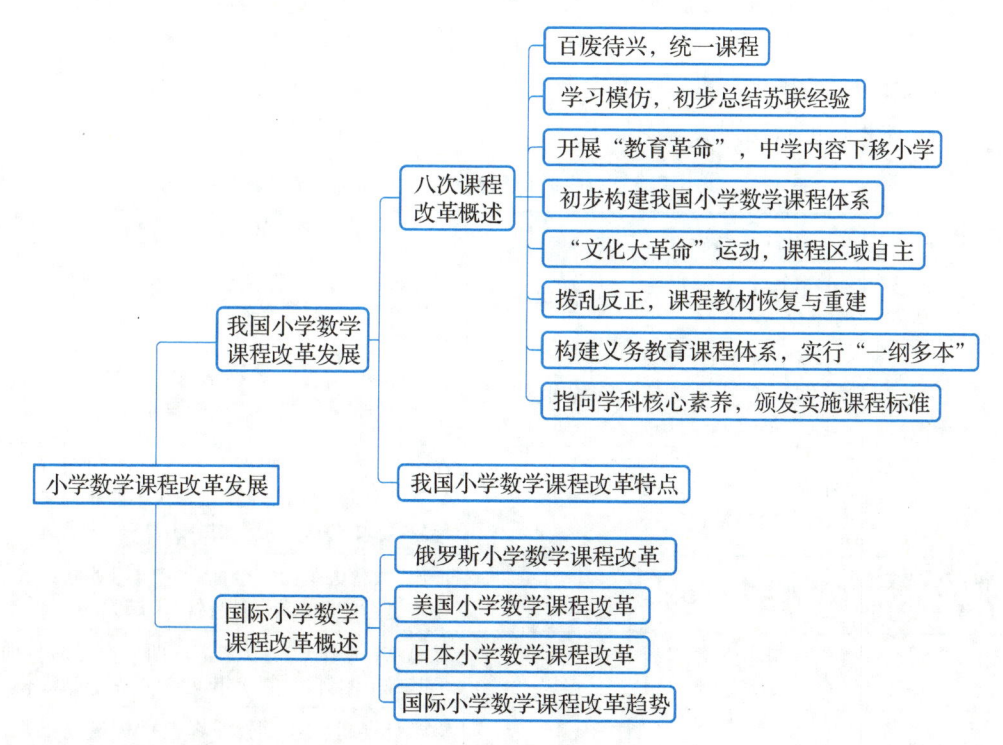

- 小学数学课程改革发展
  - 我国小学数学课程改革发展
    - 八次课程改革概述
      - 百废待兴，统一课程
      - 学习模仿，初步总结苏联经验
      - 开展"教育革命"，中学内容下移小学
      - 初步构建我国小学数学课程体系
      - "文化大革命"运动，课程区域自主
      - 拨乱反正，课程教材恢复与重建
      - 构建义务教育课程体系，实行"一纲多本"
      - 指向学科核心素养，颁发实施课程标准
    - 我国小学数学课程改革特点
  - 国际小学数学课程改革概述
    - 俄罗斯小学数学课程改革
    - 美国小学数学课程改革
    - 日本小学数学课程改革
    - 国际小学数学课程改革趋势

学习要求

1. 了解新中国成立以来历次小学数学课程改革的背景、课程的目标和内容。
2. 理解我国小学数学课程改革的主要阶段与课程演变的主要特点。
3. 了解俄罗斯、美国、日本等国当前小学数学课程改革特点。
4. 结合国际小学数学课程改革的特点与趋势，阐明对我国小学数学课程改革带来哪些启示。

第一节 我国小学数学课程改革发展

新中国成立以来,我国小学数学教育走过了一段不平凡的历程。新中国成立初期,在巩固和发展老解放区教育成果的同时,接管并改造了旧社会遗留下来的学校教育,建立新的教育体系,由全面学习苏联的小学教育,接受苏联凯洛夫教育思想,使小学数学课程趋于严密化、系统化,到经历"大跃进"和"教育大革命"的运动,全盘否定学习苏联经验,到中央及时纠正急躁、冒进的错误思想,提出"调整、巩固、充实、提高"的八字方针,使得小学数学教育在教材、教法改革方面都取得了新的进展。可惜这一成果未能得到有效巩固,一场史无前例的"文化大革命"造成了教育事业上的严重灾难。20世纪80年代以来,我们在总结历史经验的同时,受到国际先进教育思想的影响,改革开放使得我国基础教育研究充满活力,小学数学的课程、教材、教法改革不断迈向新的台阶,逐步形成了具有我国特色的小学数学教育体系。

教学大纲(课程标准)是教育教学的指导性文件,是课堂教学、编写教材、考试和评价教学质量的依据。其变化反映了课程的教学理念、目标、内容、方法等改革的基本方向。新中国成立以来,我国先后进行了八次课程改革,教育部(教育委员会)先后颁发了十二部教学大纲(课程标准),现列表说明如下:

表1.1 新中国成立以来教育部颁发的教学大纲(课程标准)

次序	大纲(或标准)名称	颁发时间	说　明
第一次课改 (1949—1952)	《小学算术课程暂行标准(草案)》	1950年7月	以老解放区新教育经验为基础,吸收旧教育有用经验,借助苏联经验。
第二次课改 (1952—1957)	《小学算术教学大纲(草案)》和《小学珠算教学大纲(草案)》	1952年12月	参照苏联《初等学校算术教学大纲》制订,学制是五年一贯,初中学一年算术。
	《小学算术教学大纲(修订草案)》	1956年12月	在1952年大纲的基础上,参考苏联新修订的小学算术大纲,并按照四二制(初小四年、高小二年)的要求,修改而成。初中还要学一年算术。
第三次课改 (1957—1961)	教育部未颁发大纲		提出"教育大革命",全面否定学习苏联经验,各地进行学制改革和教材改革试验。
第四次课改 (1961—1966)	《全日制小学算术教学大纲(草案)》	1963年5月	在总结新中国成立以来正反两方面经验教训的基础上制订,学制六年,小学学完全部算术。
第五次课改 (1966—1976)	教育部未颁发大纲		教学计划、教学大纲、课程教材等遭到批判,各地自编了一些地方数学教材,突出政治,强调实用,教学程度明显降低。
第六次课改 (1976—1986)	《全日制十年制学校小学数学教学大纲(试行草案)》	1978年2月	根据我国实现四个现代化要求,吸取国内外小学数学教学改革经验而制订,学制五年,后改为五、六年制并存。
	《全日制小学数学教学大纲》	1986年12月	为实施九年义务教育过渡,在1978年大纲的基础上修订而成,是新中国成立以来第一部不带"草案"字样的正式大纲,学制为五、六年制并存。

续表

次序	大纲(或标准)名称	颁发时间	说　明
第七次课改 (1986—2001)	《九年义务教育全日制小学数学教学大纲(初审稿)》	1988年11月	根据《义务教育法》，在1986年大纲的基础上，经多次修订不断完善而成。这三部大纲的结构与教学目标大致相同，其中"试用修订版"吸收了将要进行的第八次课程改革先行研究成果。学制仍为五、六年制并存。
	《九年义务教育全日制小学数学教学大纲(试用)》	1992年6月	
	《九年义务教育全日制小学数学教学大纲(试用修订版)》	2000年3月	
第八次课改 (2001—)	《全日制义务教育数学课程标准(实验稿)》	2001年7月	适应形势发展需要，调整和改革基础教育课程体系、结构、内容，构建符合素质教育要求的新的基础教育课程体系。文件名称由"教学大纲"改为"课程标准"。小学、初中实行九年一贯制，分三个学段：1—3年级；4—6年级；7—9年级。
	《义务教育数学课程标准(2011年版)》	2011年12月	
	《义务教育数学课程标准(2022年版)》	2022年3月	落实立德树人根本任务，确立以核心素养为导向的课程目标。小学、初中实行九年一贯制，分四个学段：1—2年级；3—4年级；5—6年级；7—9年级。

纵观新中国成立以来进行的历次小学数学课程改革，可以发现，每一次课程改革都是在一定的社会政治、经济、文化背景下进行的，特定时期的社会环境和发展需要决定着基础教育改革的方向，也决定着教学大纲(课程标准)指导思想、课程理念、课程目标和课程内容与结构。

链接1.1　我国小学数学课程建设70年的历程与发展趋势

一、百废待兴，统一课程(1949—1952)

(一) 课程改革背景

1949年9月29日，中国人民政治协商会议第一届全体会议通过的《中国人民政治协商会议共同纲领》规定："中华人民共和国的文化教育为新民主主义的，即民族的、科学的、大众的文化教育。人民政府的文化教育工作，应以提高人民文化水平，培养国家建设人才，肃清封建的、买办的、法西斯主义的思想、发展为人民服务的思想为主要任务"，"提倡爱祖国、爱人民、爱劳动、爱科学、爱护公共财物为中华人民共和国全体国民的公德"，"中华人民共和国的教育方法为理论与实际一致。人民政府应有计划有步骤地改革旧的教育制度、教学内容和教学法"。"共同纲领"为新中国教育指明了方向。同年12月23日，召开了新中国第一次全国教育工作会议，会议讨论和研究了接受旧教育和发展新中国教育的一系列问题。会议提出："以老解放区新教育经验为基础，吸收旧教育有用经验，借助苏联经验，建设新民主主义教育。"

1950年7月，教育部根据第一次全国教育工作会议精神制订了《小学算术课程暂行标准(草案)》。这是新中国成立后的第一个小学算术(数学)课程标准。

(二) 课程目标

"暂行标准"规定的课程目标有四条，分别是：
- 增进儿童关于新社会日常生活中数量的正确观念和常识。
- 指导儿童具有正确和敏捷的计算技术和能力。
- 训练儿童善于运用思考、推理、分析、综合和钻研问题的方法和习惯。
- 培养儿童爱国主义思想，并加强爱科学、爱护公共财物等国民公德。

课程目标包括知识、能力(计算能力、逻辑思维能力)和国民公德教育三大方面。和新中国成立前相比，知识方面的教学目标变化不大，培养计算能力、逻辑思维能力的目标更为明确，特别是第一次明确提出：在算术教学中，对儿童进行思想品德教育的要求，反映了教育观念从"学科教育"到"人的教育"的转变，体现了新的教育方针。

(三) 课程主要内容

"暂行标准"中的课程内容分笔算和珠算两大部分，并规定了各部分教材大纲和每周的教学时数。珠算单独设科，安排在三、四年级教学。

课程内容突出了以四则计算为中心，计量单位的知识按其进率和难易程度结合计算知识分散出现；整数的教学划分为七个循环圈：10以内加减法，20以内加减法，百以内四则，千以内四则，万以内四则，多位数(百万以内)四则，整数(第七阶段在初中算术中)；小数的教学集中在四年级上学期，分数的教学集中在五年级上学期，几何初步知识教学集中在四年级下学期，没有代数初步知识；统计初步知识主要是统计表、统计图的认识和制作，同时根据当时的社会实际，介绍合作社的实用方法。

《小学算术课程暂行标准(草案)》的各项指示意见，对新中国小学算术教学具有推动作用，由于与之相应的小学算术课本没有编出来，因此可以说，这个课程标准并没有真正得到贯彻实施。

二、学习模仿，初步总结苏联经验(1952—1957)

(一) 课程改革背景

新中国成立初期，政府在教育方面开始大力推行统一的社会主义教育体制。1951年10月，政务院颁布了《关于改革学制的决定》。随后教育部于1952年3月18日，颁发了《小学暂行规程(草案)》。这是新中国成立后颁发的第一个全面规范小学课程的政府文件。它明确了小学的性质、任务及培养目标等，正式确定小学实行五年一贯制，小学儿童入学年龄以七足岁为标准。

与此同时，教育部着手制订全国统一的小学算术教学大纲，确定参考苏联小学算术教学大纲，根据我国具体情况，适当加以改编。1952年12月，教育部颁布了《小学算术教学大纲(草案)》和《小学珠算教学大纲(草案)》。大纲从内容到形式都有了很大变化，如果说,上次《小学算术课程暂行标准(草案)》的变化主要在思想体系和联系实际方面,那么这一次的变化就在于算术内容的体系和形式方面了。从这个意义上讲,这可以看作新中国成立后第二次基础教育课程改革。新大纲的颁布,使全国小学算术教学有了统一的依据和要求。

(二) 课程目标

《算术大纲》提出的教学任务是:

- 保证儿童自觉地和巩固地掌握算术知识和直观几何知识,并使他们获得实际运用这些知识的技能。
- 培养和发展儿童的逻辑思维,使他们理解数量和数量间的相依关系,并能做出正确的判断。
- 利用算术知识使儿童理解我们祖国建设的基本知识与其伟大的意义,并培养儿童对劳动有自觉的态度。
- 培养儿童自觉的纪律性,工作的明确性与准确性等优良品质。
- 培养儿童善于钻研、创造、克服困难、有始有终等意志和性格。

《珠算大纲》提出的教学要求是:

- 学会加、减、乘、除四种基本算法,并成为熟练技巧。
- 学会"斤两歌"的简单应用。
- 在笔算中所学到的各种应用题,在解答的步骤和算法确定之后,可以运用珠算来计算。

可以看出,课程目标中包括知识、能力和思想品德教育三方面。在知识目标中,提出了算术知识和直观几何知识,以及珠算的知识,强调知识的掌握和运用,明确了掌握知识和获得技能的双重任务。在智能性目标中,明确提出了培养和发展儿童的逻辑思维的要求。在思想品德教育目标中,提出了对儿童进行学习意义、学习习惯、劳动态度等其他非智力因素教育的任务,这说明人们不仅认识了数学的认识价值、应用价值和智力价值,而且认识了数学的教育价值。

(三) 课程主要内容

《算术大纲》规定的各年级课程内容包括:

整数及其四则运算。分成了六个阶段:① 10 以内的计数和口算加减;② 20 以内的计数和口算四则;③ 100 以内的计数和口算四则;④ 1 000 以内的计数和口算四则及笔算四则;⑤ 六位以内的计数和四则;⑥ 多位数(十二位以内)的计数和四则(第七个阶段在初中算术中)。整数教学中,口算的要求很高,学习的时间也比较长,到二年级下学期,认数进入第四个循环圈,即千以内时,仍然是口算,到了三年级上学期,才开始正式学习笔算。

复名数[①]及其四则。大致分作两个阶段:从一年级上学期开始至三年级下学期止,学习市制计量单位,包括市制度、量、衡单位和时间单位的认识、化法、聚法;三年级下学期起

---

① 复名数指含有两个或两个以上的同类计量单位名称的名数。如1元5角、2时16分等。

开始学习公制计量单位。还要学习市制和公制计量单位间的换算,复名数四则只限于两个计量单位,而且数目不很大。

直观几何知识。使儿童认识的几何形体主要是正方形、长方形、正方体、长方体,以及有关的周长、面积、体积的计算,这些内容集中安排在四年级下学期教学。关于测量,一、二年级要练习测量线段的长度,三年级时要连带学习线段的测量和作图,并进行实地测量。

分数、小数和百分率。四年级上学期开始正式学习最简单分数的读法、写法和求已知数的几分之几的应用题;五年级学习最简单的分数、同分母分数和倍数分母分数的加法和减法;由某数的几分之一求某数的应用题;小数和百分率的学习在分数学习之后,但分数、小数和百分率的系统学习主要在初中一年级。

应用题。大纲规定:应以算术课及其课外作业全部时间的一半左右来学习解答应用题。除学习一般应用题外,还有典型应用题。大纲还提出了应用题教学和其他各科的联系,要求"教师可适当地利用历史、地理、自然的材料编成应用题供儿童练习。但这种联系应以儿童在当时所学到的数学知识和计算技能为限,无论如何不应为联系各科而破坏了算术本身的系统性。"这些带有方向性的改进意见,为当时应用题教学和今后的进一步改革奠定了基础。

同时颁布的《珠算大纲》规定的课程内容是传统的算法,包括加、减、乘、除四种运算。注重珠算在生产、生活中的简单应用,如"斤两歌"的应用等。

由于1952年的大纲(草案)是新中国成立后第一个全国统一施行的小学算术教学大纲。这个大纲基本上是参照当时苏联的初等学校算术教学大纲制订的,脱离了当时我国的实际,机械地照搬外国经验,把苏联小学四年的教学内容拉成五年,致使分数、小数、百分数等内容没有学全,初中还要学一年算术。降低了我国小学算术的程度,而另一些内容,如应用题、和差积商的变化等又要求偏高。这样就不能使五年一贯制小学毕业受到完全小学所应受到的数学教育。

(四)学习苏联的初步总结,制订《小学算术教学大纲(修订草案)》

1953年9月,教育部颁布了《小学(四二制)教学计划(草案)》,1954年1月,针对其附注和说明有脱漏和易滋误解之处,进行了修改,于1954年2月又公布了《小学(四二制)教学计划(修订草案)》。由此可见,1952年公布的五年制小学算术教学大纲只执行了一年多时间,便开始执行四二学制。到1955年12月人民教育出版社已出齐了四二制小学算术教科书12册和初小、高小珠算教材。这样,1956年12月,教育部编订的《小学算术教学大纲(修订草案)》(四二学制),实际上是在原五年一贯制《小学算术教学大纲(草案)》和《小学珠算教学大纲(草案)》的基础上,参考苏联新修订的小学算术大纲,并总结新编四二制小学算术课本使用经验修改而成的,是学习苏联小学算术教学经验的一次总结。

1956年大纲(修订草案)将小学算术和珠算合并在一起,提出的小学算术教学的目的主要是:

- 使儿童能够自觉地、正确地和迅速地进行整数运算,能够运用已经获得的知识、技能和技巧去解答算术应用题和解决日常生活中简单的计算问题。
- 算术教学必须有助于儿童智慧的发展和道德品质的培养,以促进全面发展的教育任务的实现。

- 算术学习应该做到使数和量成为儿童认识周围现实的工具。

上述目标包含三个方面任务:一是教养的任务,使儿童获得一定的算术知识、技能和技巧;二是教育的任务,必须发展儿童的智慧,培养儿童的共产主义道德品质;三是实用的任务,使儿童将所学的算术知识、技能运用于日常生活和生产实践。与1952年大纲(草案)中规定的教学目的任务相比:更加强调了整数运算是小学算术学习的重点;培养和发展儿童的逻辑思维,扩展为发展儿童智慧;从原来的培养儿童的劳动态度、良好学习习惯和认真负责的工作态度等教育,提升为培养儿童道德品质,促进儿童全面发展。

1956年大纲(修订草案)与1952年大纲(草案)相比,在课程内容上,除增加简单统计图表和简单簿记的初步知识以外,其他方面变化不大。

三、开展"教育革命",中学内容下移小学(1957—1961)

(一)课程改革背景

1957年1月1日,《教师报》发表社论:"教学计划、教学大纲和教材还不够切合实际","必须认真克服学习外国先进经验中的教条主义"。1958年5月,中共八大二次会议召开,会后全国迅速掀起"大跃进"热潮。教育战线也提出了"教育大革命"的口号,在破除对苏联大纲迷信的同时,也全面否定了学习苏联的经验。1958年6月17日,《教师报》发表社论《改革小学算术教学》,指出:"目前中小学数学教学中的主要缺点是内容较浅,分量较轻,缺少与生产有密切联系而又为学生迫切需要和掌握的数学知识和技巧,严重地脱离学生的学习实际,满足不了他们学习数学知识的要求,并且内容也很陈旧,很少接触到新近发展起来的数学知识。"并且提出:"现行小学算术教材内容,完全有必要增多和加深。""只要经过一、二年的准备和过渡,就可能把现行初中数学教材的算术部分全部移到小学去教。"

1958年8月,中共中央和国务院发布的《关于教育事业管理权力下放问题的规定》中指出,今后教育部的任务之一是"组织编写通用的基本教材、教科书","各地方根据因地制宜、因校制宜的原则,可以对教育部和中央主管部门颁发的各级各类学校指导性教学计划、教学大纲和通用的教材、教科书,领导学校进行修订补充,也可以自编教材和教科书"(《中华人民共和国大事记》,第228页)。同年9月,教育部发出通知:今后各地可以自编教材,教育部不再颁发教学用书表。

(二)课程教材改革

此间,课程内容改革主要是把初中算术下放到小学,使小学学完全部算术,提高了小学算术教学程度。1960年10月,人民教育出版社草拟了《十年制学校数学教材的编辑方案(草稿)》,作为编写全国十年制试点学校试用的数学教材的依据,并于1961年出版了《十年制学校小学课本算术(试用本)》共十册和《珠算》(试用本)一册,供当时五年制试点学校使用,一直用到1966年。

此时,北京、上海、江苏、浙江、福建等许多地方也进行了课程教材改革试验。这些地方性试用课本的共同特点是:①改革教材体系,在精简过去教材内容的基础上,不同程度地把初中代数、几何的内容下放到小学。② 精简了整数及其四则运算教学的循环圈,减少重复。③ 把珠算合并到小学算术中,使得笔算和珠算相结合。④ 教材内容强调为政治服务,贯彻理论与实际相结合的精神。

但受当时"大跃进"、高指标的影响,各地编写的教材大多存在以下问题:① 中学代数、几何的内容下放过多,学生难以接受。比如:北京编的《小学代数》要完成对实数的初步认识;上海编的《小学数学》要学习初中代数、几何的大部分内容;江苏编的《初等数学》小学五年级要学习三元一次方程组、二元一次不等式。编写的教材过高地估计了小学生的接受能力。② 师资培训跟不上。大量的中学数学下放到小学以后,小学教师一时难以适应,教学困难很多。③ 课程教材改革不宜采用"大跃进"、搞突击性群众运动的办法,教材的编制需要实践研究,短时间内编出成套的教材难以经得住实践的检验。④ 教材中增加了许多无关的政治内容,名为体现教育为无产阶级政治服务,实际上是后来人们批评的"形式主义""贴标签"。

五十年代末、六十年代初,我国教育大革命时期,正值国际上轰轰烈烈地开展中小学数学教育现代化运动,国际、国内的数学教育改革可谓不谋而合。总结这段历史,为推进中国特色的基础教育课程改革,具有重要的借鉴作用。

(三) 教学改革实验

此外,各地涌现出了一些教学改革试验。比如:辽宁省黑山县北关小学课程和教学改革试验的经验;北京市第二实验小学的"算术和代数混合教学"实验等。其中,北关小学的改革经验在当时产生了广泛影响。他们认为:原教材对儿童的接受能力估计过低,因而禁忌很多,使得教材的编排,产生了分散、割裂、重复、繁琐、重点不突出和脉络不清的现象。为此,他们在教材内容的安排上,从儿童生活范围出发,从具体到抽象,由简到繁,从整体出发,集中揭示知识的本质特征,把知识的规律和掌握知识的方法教给学生。

四、纠偏调整,初步构建我国小学数学课程体系(1961—1966)

(一) 课程改革背景

1961年1月,中共八届九中全会以后,中央开始认真调查研究,总结"大跃进"以来的经验教训,提出了"调整、巩固、充实、提高"的八字方针。1961年下半年,人民教育出版社赶编的《十年制学校小学课本算术(试用本)》出版后,根据教育部指示,人民教育出版社立即着手编写十二年制学校算术课本,同时参加起草新的小学算术教学大纲。1963年5月,教育部颁发了六年制的《全日制小学算术教学大纲(草案)》。这是新中国成立后教育部颁发的第四个小学算术教学大纲。

(二) 课程目标

《全日制小学算术教学大纲(草案)》规定的教学目的是:
- 使学生牢固地掌握算术和珠算的基础知识。
- 培养学生正确地、迅速地进行四则计算的能力和正确地解答应用题的能力。

● 具有初步的逻辑推理的能力和空间观念,以适应他们毕业后参加生产劳动和进一步学习的需要。

与1956年的大纲(修订草案)相比,这个大纲(草案)第一次提出了培养"空间观念"的要求,明确提出了"掌握珠算的基础知识"和培养"解答应用题的能力"。但它忽视了数学学科的教育性,没有提出思想品德教育的要求。

这个大纲(草案)是在总结新中国成立以来正反两方面的经验、教训的基础上制订的,既改变了新中国成立初期由于生搬当时苏联的大纲,将四年的教学内容拉长到六年导致的程度下降,又改变了1958年"教育大革命"中,受"大跃进"高指标的影响把程度提得太高的问题,比较切合我国当时的实际。可以说,这时已初步形成了适合我国国情的小学数学课程体系。

(三) 课程主要内容

大纲(草案)指出:"在确定小学算术教学内容时,必须选择算术中的基础知识,并且注意这些基础知识在生产劳动和科学技术上的应用。此外,还必须注意与中等学校的有关学科衔接,注意反映我国算术教学上的优良传统。"确定的课程内容包括整数、分数、小数的四则计算以及百分法和比例;解答应用题;计量的知识;几何形体的知识;记账的知识;统计图表的知识和珠算等。

整数四则由原来的七个循环圈改为四个循环圈:"二十以内""百以内""万以内""亿以内",每个阶段各有重点,在五年级再把整数四则计算的知识加以概括和提高。分数、小数的教学各分两个阶段,规定在初小阶段四年级下学期在学习分数的初步认识之后,学习一些简单的小数四则,高小阶段进一步学习分数的意义和性质之后,再在此基础上进行小数的补充和提高。几何初步知识主要按欧氏几何概念发展线索,建立教学内容的结构体系。上述做法对以后的课程教材改革影响较大,其整数、分数、小数教学阶段的划分基本上沿用至今。

五、"文化大革命"运动,课程区域自主(1966—1976)

1966年,"文化大革命"运动在全国掀起,那时"停课闹革命"席卷全国,正常的教学秩序被打乱,所有的教学计划、教学大纲、课程教材等都遭到批判,各级教育行政部门、学校的管理处于瘫痪状态。

当时,小学数学教学的知识目标、智能目标被完全否定,以应用数学代替知识学习,片面强调联系实际,片面强调培养学生解决工农业生产中的实际问题的能力,否定逻辑思维能力和空间观念的培养。学生忙于"学工""学农""学军",搞"斗批改",失去了宝贵的学习时间,基础知识、基本技能严重削弱,教学质量大幅降低。

十年动乱期间,实行课程区域自主。各省市区教育行政部门组织编写了一些地方数学教材,这些教材存在严重的实用主义倾向,数学知识体系支离破碎,教学程度明显降低,只讲一些常识性知识,习题数量少、教学要求低。一些地区实行口算、笔算、珠算三算结合的教学实验,取得一定成效。此时全国没有统一的教学大纲,实际上又回到"以教材代纲"时代。

六、拨乱反正,课程教材恢复与重建(1976—1986)

(一) 课程改革背景

"文化大革命"十年,学校教育遭到严重破坏,教育质量严重下降。1976年,中央根据"四化"建设的要求,提出编写全国通用的中小学教材。如何编写急需的中小学数学教材,当时有两种意见:一是认为,1963年的课本是比较好的,只要重印或做小的修改就可以继续使用;二是认为,随着科学技术的飞速发展,我国面临现代化建设的需要,必须重新编写符合实际需要的中小学教材。

1977年8月8日,邓小平同志主持召开科学和教育工作座谈会,会上指出:"关键是教材,教材要反映出现代科学文化的先进水平,同时要符合我国的实际情况。"[①]此时,各地实行的中小学学制并不统一,1977年教育部确定以十年制为基本学制,制订教学计划。

1978年1月18日颁发了《全日制十年制中小学教学计划试行草案》。"试行草案"指出:全日制中小学学制为十年制,小学五年、中学五年(初中三年、高中二年)。统一为秋季始业。"试行草案"强调,数学课要加强数学基础知识的教学和基本技能的训练;从小学起就要注意反映现代数学的观点;小学和中学都要适当提高程度。在这样的精神指导下,教育部制订了《全日制十年制学校小学数学教学大纲(试行草案)》,并于1978年2月正式公布。

(二) 课程目标

《全日制十年制学校小学数学教学大纲(试行草案)》规定的小学数学教学的目的是:
- 使学生理解和掌握数量关系和空间形式的最基础的知识。
- 能够正确地、迅速地进行整数、小数和分数的四则运算,初步了解现代数学中的某些最简单的思想,具有初步的逻辑思维能力和空间观念,并能够运用所学的知识解决日常生活和生产中的简单的实际问题。
- 结合教学内容对学生进行思想政治教育。

这个大纲(试行草案)第一次把小学算术课程拓展为小学数学课程,并将学科名称"小学算术"改名为"小学数学",充分体现了培养现代化建设人才的需要;第一次提出"初步了解现代数学中的某些最简单的思想",重视数学思想方法的教学;第一次比较全面地提出了知识、能力和思想教育三方面的教学目标。

在知识目标中,强调在理解的基础上掌握基础知识。在能力目标中,明确地将"逻辑推理能力"改为"逻辑思维能力";将"解答应用题的能力"改为"解决简单的实际问题的能力"。在思想教育目标中,强调学习的目的性、学习习惯、初步的辩证唯物主义观点教育和思想政治教育。

(三) 课程主要内容

在选择小学数学教学内容时,采取了三项具体措施:一是精选传统的算术内容,二是

---

① 关于科学和教育工作的几点意见,邓小平文选[M].北京:人民出版社,1983:52.

适当增加代数、几何的部分内容,三是适当渗透一些现代数学的思想,如集合、函数、统计思想方法。经改革,传统的算术内容约占95%,新增的内容仅占5%。主要包括算术知识(整数、小数、分数、百分数、比和比例);代数初步知识(正数、负数、有理数、简易方程);几何初步知识(一些简单的几何形体及其周长、面积、体积、容积计算,简单的土地丈量和土、石方计算)。总之,大纲(试行草案)大大地更新了教学内容,删去了过繁的四则计算、繁难的应用题和繁杂的复名数化聚,增加了不少代数、几何初步知识,直观地渗透了现代数学思想。由于处理方法恰当,既提高了程度,又切实可行,避免了走国外"新数学运动"的弯路。

(四)颁发《全日制小学数学教学大纲》

1978年至1985年,中小学教学计划经过修订,形成了十年制和十二年制的两套教学计划。小学形成了五年制、六年制并存的两种学制。小学数学教材经过修订、改编也已出版了五年制、六年制两套小学数学课本。1978年颁发的《全日制十年制学校小学数学教学大纲(试行草案)》,在试行过程中,教育部虽两次召开座谈会,并根据各地意见对教学内容进行一些调整,但没有进行全面修订,大纲(试行草案)已难以起到指导教学的作用。1985年5月《中共中央关于教育体制改革的决定》和1986年4月《中华人民共和国义务教育法》先后颁布,为贯彻中央文件精神,总结八年来教学实践经验,结合当前我国小学数学教学实际,国家教委委托人民教育出版社、北京市教育局、北京师范大学等单位,对中小学各科教学大纲进行全面修订。1986年11月全国中小学教材审定委员会召开扩大会议,审定并通过了修订后的教学大纲,并于1986年12月国家教委颁发了《全日制小学数学教学大纲》。这是新中国成立后颁发的第六部小学数学教学大纲,也是新中国成立以来第一部不带"草案"字样的正式大纲。由于全国将要开始实施九年义务教育,因此这部大纲也是一部过渡大纲。修订的《全日制小学数学教学大纲》与1978年大纲(试行草案)相比,在指导思想,发展智力、培养能力,结合教学内容进行思想品德教育,减轻学生过重的学习负担,改革教学方法等方面,都提得更加明确、具体,便于执行。

七、提高全民族素质,构建"一纲多本"的义务教育课程体系(1986—2001)

(一)课程改革背景

1985年5月中央颁布了《中共中央关于教育体制改革的决定》,1986年4月又颁布《中华人民共和国义务教育法》,为适应义务教育,国家教委先后于1988、1992、2000年颁布了九年义务教育全日制小学数学教学大纲(初审稿、试用版、试用修订版),分别是新中国成立以来的第七、八、九部教学大纲。这三部大纲的结构与教学目标大致相同。学制仍为五、六年制并存。

(二)课程目标

在确定了"九年义务教育"这个重大目标之后而制定的,经过各地的教师和教研员的十多年试用、"磨合"和研讨而多次修订、不断完善的这几种版本的教学大纲中,提出的教学目的是:

表 1.2　三部教学大纲规定的教学目的

	1988 年初审稿	1992 年试用	2000 年试用修订版
《九年义务教育全日制小学数学教学大纲》规定的教学目的	● 使学生理解、掌握数量关系和几何图形的最基础的知识； ● 使学生具有进行整数、小数、分数四则计算的能力，培养初步的逻辑思维能力和空间观念，能够运用所学的知识解决简单的实际问题； ● 使学生受到思想品德教育。	● 使学生理解、掌握数量关系和几何图形的最基础的知识； ● 使学生具有进行整数、小数、分数四则计算的能力，培养初步的逻辑思维能力和空间观念，能够运用所学的知识解决简单的实际问题； ● 使学生受到思想品德教育。	● 使学生理解、掌握数量关系和几何图形的最基础的知识； ● 使学生具有进行整数、小数、分数四则计算的能力，培养初步的思维能力和空间观念，能够探索和解决简单的实际问题； ● 使学生具有学习数学的兴趣，树立学好数学的信心，受到思想品德教育。

由表 1.2 可以看出，"初审稿"与"试用"关于教学目的的表述是一致的，并且在具体教学要求上也基本相同。教学目的三条并列，体现了掌握知识、能力培养、思想品德教育同等重要。"试用修订版"的教学目的做出了明显修改，增加了培养学习数学的兴趣和信心的要求，反映了对学生学习情感的关注，具体教学要求方面也有所变化。

（三）课程主要特点

明确了小学数学在提高全民素质中的地位和作用，体现了义务教育的性质和要求。

适当降低了教学内容难度（减少了大数目的笔算和四则混合运算，删去了繁分数、扇形面积计算，以及较为繁难的求积题和应用题）；四则运算的要求有所降低（不再笼统地要求"正确、迅速"，而是有区别地、分层次地提出要求），符合时代发展和社会实际的需要。

内容的编排体现灵活性（各年级的教学内容不分学期，而且允许在年级间做适当的调整，以适应"一纲多本"的需要）。

大纲（试用修订版）提出了切实可行的"教学中应注意的几个问题"。在能力培养的教学目标中，将"逻辑思维能力"改为"思维能力"，表明不但要求培养学生的逻辑思维，而且要求培养学生的非逻辑思维，包括直觉思维、形象思维、求异思维、发散思维和创新思维等。

为便于掌握大纲提出的教学要求，大纲（试用）首次把知识教学的要求分为知道、理解、掌握、应用四个层次，把技能教学的要求分为会、比较熟练、熟练三个层次，并在附录中对每一个层次的含义做了具体说明，便于教师理解和掌握教学要求，降低教学中的随意性。

八、指向学科核心素养，颁布实施课程标准（2001—　）

（一）课程改革背景

世纪之交，世界各国都在总结数学教育的发展历程，提出面向 21 世纪的数学课程改革蓝图。21 世纪是知识经济时代，劳动者的素质和结构将发生重大变化，加快创新型人才培养是一项迫切任务。从基础教育改革入手，通过改革基础教育课程，调整人才培养目标，改变人才培养模式，提高人才培养质量，成为社会共识。不同国家和地区在课程目标的价值取向上表现出各有侧重和一定差异,但也反映出一些共同特点,诸如,关注学生的全面发展,关注学生的差异和个性特点,关注联系生活实际,关注提高学生的数学素养。

新中国成立以来,我国基础教育取得巨大成就,对于促进我国政治、经济、科技、文化等各个方面的发展做出了巨大贡献。与此同时,必须承认我国基础教育的现状仍然存在一些不容忽视的问题。如,教育观念滞后,人才培养目标同时代发展的需求不能完全适应;课程结构单一,缺乏选择性、整体性和综合性;课程内容存在着"繁、难、偏、旧"的状况,学科体系相对封闭,难以反映现代科技、社会发展的新内容,脱离学生经验和社会实际;学生学习负担过重,死记硬背、题海训练的状况普遍存在,对学生的创新、实践关注不够;课程评价过于强调学业成绩和甄别、选拔的功能;课程管理过于集中,强调统一,致使课程难以适应当地经济、社会发展的需求和学生多样化发展的需求。

这些问题的存在,以及它们对实施素质教育的制约及产生的不良影响,引起了广泛关注。2001年,在国务院直接领导下,教育部启动了新一轮基础教育课程改革,制订了《基础教育课程改革纲要(试行)》。同年7月,教育部颁布了《全日制义务教育数学课程标准(实验稿)》(简称《课标(实验稿)》)。经不断改革实践,在广泛调查研究和总结经验的基础上,对课程标准进行了修订和审议,教育部又先后颁布了《义务教育数学课程标准(2011年版)》(简称《课标(2011年版)》),以及《义务教育数学课程标准(2022年版)》(简称《课标(2022年版)》)。

(二)课程目标

从《课标(实验稿)》和《课标(2011年版)》,到《课标(2022年版)》提出的课程总目标如表1.3:

表1.3 三部课程标准规定的课程总目标

	课标(实验稿)	课标(2011年版)	课标(2022年版)
课程总目标	● 获得适应未来社会生活和进一步发展所必需的重要数学知识(包括数学事实、数学活动经验)以及基本的数学思想方法和必要的应用技能; ● 初步学会运用数学的思维方式去观察、分析现实社会,去解决日常生活中和其他学科学习中的问题,增强应用数学的意识; ● 体会数学与自然及人类社会的密切联系,了解数学的价值,增进对数学的理解和学好数学的信心; ● 具有初步的创新精神和实践能力,在情感态度和一般能力方面都能得到充分发展。	● 获得适应社会生活和进一步发展所必需的数学的基础知识、基本技能、基本思想、基本活动经验。 ● 体会数学知识之间、数学与其他学科之间、数学与生活之间的联系,运用数学的思维方式进行思考,增强发现和提出问题的能力、分析和解决问题的能力。 ● 了解数学的价值,提高学习数学的兴趣,增强学好数学的信心,养成良好的学习习惯,具有初步的创新意识和科学态度。	通过义务教育阶段的数学学习,学生逐步会用数学的眼光观察现实世界,会用数学的思维思考现实世界,会用数学的语言表达现实世界。学生能: ● 获得适应未来生活和进一步发展所必需的数学基础知识、基本技能、基本思想、基本活动经验。 ● 体会数学知识之间、数学与其他学科之间、数学与生活之间的联系,在探索真实情境所蕴含的关系中,发现问题和提出问题,运用数学和其他学科的知识与方法分析问题和解决问题。 ● 对数学具有好奇心和求知欲,了解数学的价值,欣赏数学美,提高学习数学的兴趣,建立学好数学的信心,养成良好的学习习惯,形成质疑问难、自我反思和勇于探索的科学精神。

《课标(2011年版)》的课程总目标相对于《课标(实验稿)》更加清晰,明确提出"四基""四能"和"情感态度价值观"三维目标。在明确总目标的前提下,《课标(实验稿)》和《课标(2011年版)》还分别从知识技能、数学思考、问题解决和情感态度四个方面做出进一步阐述。《课标(2022年版)》强调学科育人,以"三会"作为数学核心素养,并确立以核心素养为导向的课程目标。同时,三部课程标准都根据学生数学学习的心理特征和认知规律,将九年的学习时间划分几个学段,并且按学段具体提出课程目标,即学段目标。可以看出,21世纪以来的小学数学课程目标更加完整、具体,更具有结构性、层次性,更加关注学生的全面发展。

(三) 课程主要内容

《课标(实验稿)》相对于20世纪末的教学大纲对课程内容和结构进行了调整,《课标(2011年版)》基本延续了实验稿做法,将课程内容划分为数与代数、图形与几何、统计与概率、综合与实践四个领域,各领域的主题内容如表1.4所示。

表1.4 《课标(2011年版)》课程内容与结构表

学段	第一学段(1—3年级)	第二学段(4—6年级)	第三学段(7—9年级)
数与代数	数的认识 数的运算 常见的量 探索规律	数的认识 数的运算 式与方程 正比例、反比例 探索规律	数与式 方程与不等式 函数
图形与几何	图形的认识 测量 图形的运动 图形与位置	图形的认识 测量 图形的运动 图形与位置	图形的性质 图形的变化 图形与坐标
统计与概率	统计与概率	简单数据统计过程 随机现象发生的可能性	抽样与数据分析 事件的概率
综合与实践	综合与实践	综合与实践	综合与实践

为突出课程内容的核心,有利于教师理解课程内容的本质,把握课程内容的基本线索,《课标(2011年版)》提出了十个核心概念:数感、符号意识、空间观念、几何直观、数据分析观念、运算能力、推理能力、模型思想、应用意识和创新意识。小学阶段(第一、二学段)各领域的主要内容是:

"数与代数"的主要内容有:数的认识,数的表示,数的大小,数的运算,数量的估计;认识人民币、时间、质量单位;认识比和比例;字母表示数,方程;探索简单规律等。

"图形与几何"的主要内容有:平面和空间基本图形的认识,图形的测量;图形的平移、旋转、轴对称;运用数对或方向和距离描述图形的位置。

"统计与概率"的主要内容有:对事物或数据进行分类,收集、整理、描述和分析数据,认识统计表和条形统计图、折线统计图、扇形统计图,认识平均数,感受简单的随机现象及其发生的可能性。

"综合与实践"是一类以问题为载体、以学生自主参与为主的学习活动。在学习活动中,学生将综合运用数与代数、图形与几何、统计与概率等知识和方法解决问题。

2022年3月,教育部颁发了《义务教育数学课程标准(2022年版)》,课程内容仍划分为上述四个领域,但各领域的主题内容进行了整合,具体情况将在第二章中讨论。

九、我国小学数学课程改革的特点

(一) 我国小学数学课程改革的几个主要阶段

新中国成立以来,我国基础教育经历了八次课程改革,大体上可分为三个主要阶段:

第一阶段是改革开放前30年,其间可分为五个小的阶段:第一次课改是新中国成立初期前三年,教育的主要任务是改造旧教育,建设新教育,但此时的小学数学课程体系还非常不完善,水平也相对较低。第二次课改,国家经济社会进入比较正常的阶段,制订并实施了第一个"五年计划",推进中小学课程教材建设工作,参照苏联小学算术教学大纲,制订了1952年大纲,并于1956年进行了修改。第三次课改是指"大跃进"时期,政治上出现了"反右运动""极左思潮",教育领域开展"教育大革命",出现了缩短学制和形式多样的教材革新,课程难度大,教师学生都难以适应。进入20世纪60年代以后,中央提出"改革、调整、整顿、提高"的方针,社会发展开始步入正轨,我国基础教育和小学数学课程教材也进入相对稳定的第四次课程改革时期。1966年"文化大革命"开始,刚刚恢复稳定的课程教材遭到前所未有的破坏,否定了系统基础知识和基本技能的学习,倡导开门办学,开放实践,高喊政治口号,否定科学原理,各地编写的教材水平差异较大。

第二阶段是改革开放初期到20世纪末,其间可分为两个小的阶段,即"文化大革命"结束后的第六次课改,以及起始于1986年至20世纪末的实施义务教育阶段的第七次课改。"文化大革命"结束后,拨乱反正,经济建设开始全面恢复,提出"向科学进军"口号,教育受到了高度重视,教学秩序恢复正常,我国基础教育课程体系初步建立。第七次课改从思想观念到课程体制,从课程内容到课程类型,诸多方面均有很大变化。实行了多年的"教学计划"改为"课程计划",课程管理体制首次正式实施审定制,建立"一纲多本"的教材管理制度,把课程分为国家课程和地方课程,允许地方根据实际需要编写地方教材,课程类型上,改变过去单一的学科课程为学科课程和活动课程两大类。

第三阶段是21世纪以来的新一轮课程改革。2001年,《基础教育课程改革纲要(试行)》颁布,标志着新一轮基础教育课程改革全面启动,先后颁发了《全日制义务教育数学课程标准(实验稿)》《义务教育数学课程标准(2011年版)》和《义务教育数学课程标准(2022年版)》,在课程管理体制、课程理念、课程目标、课程内容和教学方式等方面有所创新,关注学生学习过程中的创新精神和实践能力的培养,关注学生核心素养的发展,发挥评价促进学生学习和教师改进教学的功能,体现了国际视野和中国特色相结合、课程的继承与创新相结合。

链接1.2 新中国成立70年小学数学课程内容的发展历程、趋势与诉求

(二)小学数学课程目标的演进

1. 课程目标的结构

新中国成立70多年来,我国进行了八次课程改革,课程目标更加完整、合理。从目标结构上看,大体上经过了:{知识技能}→{知识技能,数学能力}→{知识技能,智力能力,思想教育}→{知识技能,数学思考,问题解决,情感态度}→{"四基","四能",情感态度价值观}这样一个发展变化过程。目标维度的增加和优化,反映了小学数学教育越来越重视人的整体素质发展。

2. 基础知识教学目标

新中国成立以来,教学内容的更新,使得我国小学数学教学的面貌发生了重大变化,体现了"教育要面向现代化,面向世界,面向未来"的精神和实施义务教育、提高全民族素质的要求。基础知识教学目标的演变轨迹表现为,一是由局限于算术和珠算,偏重于"数",发展为"数"与"形"两方面结合,并明确规定在"最基础"的范围内;二是由只提程度和结果,发展为兼顾教法、学法和教学过程;进一步的发展趋势,将要求学生在获得数学知识、运用数学知识的过程中学会合作、学会探究,生成学生所需要的数学知识,以适应未来"终身教育"社会中个体发展的需要。

3. 基本能力培养目标

纵观小学数学能力的培养,不同时期人们存在不同的理解。1950年大纲中提出培养儿童的计算能力和训练儿童的逻辑思维;1952年和1956的大纲除强调培养儿童的计算能力、逻辑思维,还提出了解答应用题的能力,这反映了当时的小学数学教学贯彻学以致用、理论联系实际的思想;1963年大纲首次提出培养儿童的"空间观念",使得小学数学能力包括计算能力、逻辑推理能力、解答应用题的能力、空间观念;1978年以后提法上做了修改,要求培养儿童的计算能力、逻辑思维能力(思维能力)、空间观念和解决简单实际问题的能力;新课程将应用题融于数与代数、图形与几何、统计与概率、综合与实践四个学习领域之中,进而将数学思考(抽象思维、形象思维、合情推理、演绎推理、空间观念、统计观念等)和问题解决(发现和提出问题的能力、分析和解决问题的能力,建模能力,实践能力,合作交流能力、评价与反思意识等)作为新课程的能力培养目标,突出了发现和提出问题的能力、分析和解决问题的能力。总体来看,能力培养目标,将朝着有利于培养学生终身学习的愿望和能力,以及培养学生创新精神和实践能力的方向发展。

4. 情感态度教育目标

历次大纲修订都将思想品德教育纳入课程目标,形成了知识、能力和思想品德教育三维目标,21世纪的素质教育是以促进学生全面、可持续发展为本的教育。课程改革要从关注学科内容转变到建立学生动态发展的机制上,关注人的生命的整体发展,关注每一个学生的个性、道德情感、态度、兴趣、动机和需要。为此,新世纪的小学数学教育提出了"情感、态度"目标,这样,目标比较完整,既切合学生实际,又符合时代要求,体现了发展素质、健全人格的教育思想。

(三) 小学数学课程内容的演进

20世纪50年代的课程内容由算术和珠算两部分组成,具体包括整数及其四则运算,复名数及其四则,直观几何知识,分数、小数和百分率,应用题,简单统计图表和农业社的简单簿记等。

1963年,教育部颁发了六年制《全日制小学算术教学大纲(草案)》,课程内容增加了棱柱、棱锥的体积,复比例,一些典型应用题和记账初步知识,并注意与初中数学的衔接。

改革开放以来,课程内容采取了精选传统的算术内容,适当增加代数、几何初步知识,适当渗透集合、函数、统计等一些现代数学思想方法。课程名称由原来的"小学算术"改为"小学数学",体现了义务教育大纲提出的"精简、更新和增加弹性"的要求。

进入21世纪,课程内容进行了整合,划分为"数与代数""图形与几何""统计与概率""综合与实践"四个学习领域。知识领域有所拓展,教材内容更加注重联系实际和应用能力的培养,但教学程度总体保持稳定。

可以说,70多年的课程内容改革大体上经历了"重视计算、强调实用"→"注重基础、培养能力"→"精减,增加,渗透,增加弹性"→"拓展知识领域、注重问题解决、加强实践应用"的发展过程。随着时代发展、科技进步,更新课程内容,优化内容结构是必然趋势。

(四) 我国小学数学课程演变的特点

综上所述,我国小学数学课程的演变,表现出以下特点:

(1) 从"以本代纲"到"一纲一本",再到"一纲多本"。在"癸卯学制"以前,全国没有统一的教育法规,数学教学只有选定教材。"癸卯学制"颁布以后,除少数特殊时期(如"大跃进""文化大革命"时期)都有全国统一的教学大纲(或课程标准),教材也由国家指定有关人员或专门机构编写,在全国范围内统一使用。1986年9月,国家教委成立了新中国第一个"全国中小学教材审定委员会",开始实行中小学教材"编审分离",进入了中小学教材"一纲多本"的时代。课程也由全国统一过渡到实行国家、地方、学校三级管理。

(2) "教学大纲""课程标准"的文件名称交替出现。新中国成立后,关于数学教学的第一部指导性文件是以"课程标准"的名称颁发的,此后至20世纪末的50年中,均采用"教学大纲"的文件名称,始于21世纪初的课程改革,相应的文件名称又采用"课程标准"。这一方面受到国际范围内课程标准改革运动的影响,另一方面,从教学大纲到课程标准的转变,反映了我国基础教育管理体制由"高度集中"向"分级办学、分级管理",扩大学校办学自主权的转变;教育理念由"知识为本"到"育人为本"的转变;教学目标由"统一要求"到"目标引领、增加弹性"的转变;内容方法由"注重结果"到"结果与过程并重"的转变;评价目标与方法由"单一"到"多元"的转变;课程开发由专门机构到鼓励地方、学校自主开发的转变。

(3) 从借鉴、仿照外国,到逐步增强中国特色。20世纪初学习日本,教学计划、教材均仿照日本编制;二三十年代转而学习欧美;50年代学习苏联;50年代末,开始我国小学数学课程的初步探索,虽经历曲折,但在不断反思和总结经验的过程中逐步形成我国特色。

(4) 课程目标内容随着社会发展不断调整更新。精简算术内容,增加代数、几何、统计与概率的初步知识,渗透数学思想方法;提出由掌握基本知识、基本技能(双基),到获得基本知识、基本技能、基本思想、基本活动经验(四基);增强发现、提出问题的能力和分析、解决问题的能力(四能),以及形成正确的情感态度价值观。

(5) 由注重计算和学科知识体系,到关注学生的数学思维和学习过程的实践性、开放性、探索性,贴近学生的生活实际,增加跨学科内容学习,注重创新意识和实践能力的培养。

📖 **链接1.3** 中国特色数学教育的六个特征

思考与练习1.1

1. 新中国成立以来,我国进行了哪几次小学数学课程改革?

2. 20世纪50年代后期进行的"大跃进""教育革命"对课程教材改革带来哪些影响?各地编写的教材存在哪些主要问题?

3. 20世纪60年代初的小学数学课程改革,在整数、小数、分数及其四则运算的阶段划分上采取了什么措施,对后来的课程内容设计有什么影响?

4. 1978年教学大纲有何特点?在选择小学数学教学内容时,采取了哪些具体措施?

5. 新中国成立以来,我国小学数学课程改革大致可分为哪几个主要阶段?小学数学课程演变的主要特点有哪些?

第二节　国际小学数学课程改革概述

进入21世纪以来,世界各国都在积极开展数学课程改革,相继提出一些数学教育改革纲领,颁发数学课程标准,小学数学课程的目标、内容相应地发生了变化。了解不同国家和地区的课程改革情况,分析研究其特点,可以增进国际文化教育的交流和相互借鉴,促进人们对数学教育有更加深入的认识。这里简要介绍俄罗斯、美国和日本这几个具有一定影响力国家的小学数学课程改革发展情况。

一、俄罗斯小学数学课程改革

20世纪50年代初,苏联小学数学教育对我国的影响非常深入,课程由国家集中管理,实行统一的教学计划、教学大纲、教材和严格的审查制度,教育理论与方法、课程内容与结构等全盘移植,强调系统的基础知识教学和基本技能训练。1952年我国的中小学数学教学大纲就是参照苏联的大纲制订的,教材也是根据俄文版教材编译的。因此,当前俄罗斯的课程、教材改革情况理应得到我们的特别关注。

📖 **链接1.4**　《2015—2025年俄罗斯联邦儿童教育发展战略》政策内容分析

(一) 俄罗斯小学数学课程改革简要历程

1991年苏联解体,俄罗斯教育体系进行了重大变革。1992年,《俄罗斯联邦教育法》

就提出要制订国家教育标准,并于1993年开始研制国家教育标准。1994年各门学科的首批作为暂行标准获得实施。1998年出版了由俄罗斯教育科学院研制完成的联邦国家各科普通教育标准,包括数学教育标准。

2004年,俄罗斯联邦国家教育部发布《联邦国家普通教育标准》,被称为俄罗斯第一代国家普通教育标准,文件包含小学(1—4年级)、初中(5—9年级)和高中(10—11年级)三个学段的全部科目。其中,数学教育标准的每一学段都包括3个部分:数学教学的目的;数学教学大纲规定的必学的最少内容;对学生数学学习的评价标准。[①] 小学数学课程领域只包括"数与计算"以及"空间关系、几何图形和几何量的测量"两大部分。国家教育标准只是个纲领性文件,为了解决人们更熟悉教学计划和教学大纲的问题,俄罗斯联邦国家教育部又颁布了各科教学大纲,因具有示范性功能,故起名为示范性教学大纲。[②]

第一代国家标准实施仅两年,备受各方质疑,被众多教育研究者指出存在一系列失误。例如没把教学大纲、教学计划作为标准体系的重要组成部分,不能很好地使标准和大纲协调一致;没有把培养水平的具体内容要求作为标准体系的重要组成部分,而仅给出简略的最终结果,不具备可操作性;没有充分考虑普通教育法律、法规和财政等因素的新发展、新变化等。[③]

2006年起,俄罗斯联邦国家教育部启动第二代国家教育标准的修订工作,经过修订的分学段国家标准相继完成并公布实施。2009年颁布实施《联邦国家普通教育标准:初等普通教育》,即小学教育标准,2010年发布初中教育标准,2012年发布高中教育标准。三个教育标准依然是纲领性指导文件,根据教育标准还要分别制定更具有可操作性的示范性教学大纲,数学教材则是在教育标准和示范性教学大纲具体要求基础上编写的。

每个学段的教育标准均包括4个方面:总则(也称为一般规定)、成就要求、结构要求、条件要求。总则规定了小学学习年限四年,确立了教育标准的预期目的、系统性原则、实施措施和毕业生基本特征等具体内容。成就要求部分包括个人的、跨学科的和学科的三方面,并给出具体的要求条款。结构要求分为目标、内容和组织三部分,并对每一部分的编写做出了具体要求。条件要求包括小学教学大纲实施的教育环境、教育机构、人员、财政、物质保障、信息技术、教学法、心理教育等条件要求,以及各条件的目标定位、考评机制等要求。

在教育标准的基础上,俄罗斯教育发展战略研究所制定了《联邦国家基础教育示范性教学大纲:初等学校》,也就是小学示范性教学大纲(1—4年级),给出所有学科俄语、母语、文学阅读、母语文学阅读、外语、数学与信息学、周围世界、俄罗斯人民精神道德文化基础、美术、音乐、工艺学、体育的教学大纲。俄罗斯第二代教育标准将数学学科改为"数学与信息学",内容上单独设置了"信息处理"模块。这样,数学与信息学课程内容包括"数和量""算术运算""文字应用题""空间关系、几何图形""几何量"以及"信息处理"共六个模

---

① 曹一鸣.十三国数学课程标准评介(小学、初中卷)[M].北京:北京师范大学出版社,2012:267.
② 朱文芳.俄罗斯数学教育的最新进展[M].北京:北京师范大学出版社,2011:74-75.
③ 朱小蔓,Н. Е. 鲍列夫斯卡娅,В. П. 鲍列辛柯夫.20—21世纪之交中俄教育改革比较[M].北京:教育科学出版社,2006:205.

块。数学与信息学课程大纲的预期结果是通过学习数学与信息学学科,使小学生掌握基本的逻辑思维和算法思维、空间想象力和数学语言,掌握必要的计算机技能,并给出了具体领域课程内容和预期结果。①

(二) 第三代国家教育标准和示范性教学大纲

2019年,俄罗斯正式开启第三代国家教育标准修订工作。此次修订强调全面的专业化、公众化讨论,在草案提出后,经历了多轮公开修订的过程。俄罗斯国家教育部于2021年5月批准通过了《联邦国家教育标准:初等普通教育》,即小学教育标准,分为总则、结构要求、条件要求、成就要求以及附录几个部分。相对于第二代国家教育标准,最明显的变化是调整了上述主要部分的顺序,将成就要求置于结构要求、条件要求之后,成就要求更加细化和规范化,并在每个阶段的教育标准的最后以附录形式给出了每门学科的中期或最终认证要求。强调做好课程的目标、内容、组织等结构要求,细化开展教育活动需要的各种人事、财政、物质和技术、心理和教学条件等工作。成就要求中,不仅给了整体层面的预期要求,还在附录中给出了以学年划分的具体要求。

> **链接1.5　俄罗斯第三代国家数学教育标准修订进展及启示**

在第三代国家教育标准统领下,还制定了《初等普通教育示范性教学大纲》,即小学(1—4年级)示范性教学大纲。教学大纲中明确提出在小学教育阶段,数学学习应实现四方面的教育发展目标:① 掌握基本数学知识,运用算法进行算术运算,通过数学手段发展解决数学和实践问题的能力。② 在理解数量关系和应用算术运算的基础上,形成以认知和实践问题解决经验为特征的数学素养和实践能力。③ 确保小学生的数学发展,促进在智力活动、空间想象能力、数学语言能力的提升;能够进行推理,提取数据,区分真假命题,搜索信息。④ 形成学习动机,发展对数学研究和智力活动的兴趣,在日常生活中运用数学知识。

小学数学示范性教学大纲中的课程内容分为"数与量""算术运算""文字应用题""空间关系和几何图形""数学信息"五大领域。原主题中"几何量"整合到"空间关系和几何图形"中;"数学信息"领域由第二代大纲的"信息处理"转化而来,主要包括数据分类、收集、整理,以及命题的初步认识,增加了关于电子学习工具的相关内容,更加贴合信息时代的要求。

(三) 俄罗斯小学数学课程改革主要特点

1. 课程改革注意倾听和征求各方意见和建议

考虑到国家教育标准的重要性,俄罗斯教育部认为,标准的修订应该经过全面的专业化、公众化讨论。为此,俄罗斯专门设置了教育意见征求网站,网站主题明确为"未来的教育将在这里产生",并指出这是一个老师和父母的平台,将对您的生活规则产生影响,使法律法规的制定更加人性化。征求意见采取多轮方式,内容包括初等、基础普通教育方案主题框架,各个科目主题名称、教学单元等,使得学生和家长了解该科目的内容应该是什么,

---

① 徐乃楠. 俄罗斯第二代小学数学教育标准、示范性大纲述评[J]. 长春师范大学学报,2022(2):133−140.

并将其与教科书、统一考试等相关联。

2. 拓展和优化数学课程内容领域

俄罗斯第一代数学教育标准和大纲中的数学课程领域只包括"数与计算"和"空间关系、几何图形和几何量的测量"两大部分,即传统的"算术"和"几何"两大学习领域。第二代标准和大纲修订为"数和量""算术运算""文字应用题""空间关系、几何图形""几何量""信息处理"六个模块。其中,单独设立"文字应用题"领域,凸显了其地位和作用,体现通用学习能力中的数学建模思想。[①]

第三代标准和大纲修订,对课程内容结构进行了优化,将"几何量"与"空间关系和几何图形"进行了整合,有助于从数量的角度加深对图形的认识。各年级主题名称、教学单元等做了清晰化说明,内容的具体化、清晰化,为数学教材的编订提供了方向。同时,清晰具体的主题名称、教学单元还为学校、教师、学生等筛选教材提供依据。

3. 重视发展学生信息技术素养

为了重视发展学生的信息技术素养,俄罗斯第二代教育标准还将数学学科改为"数学与信息学",内容上单独设置了"信息处理"模块。第三代教育标准中修订为"数学信息",更加重视发展学生信息技术素养,要求学生会记录和分析获得的信息,编制、完成简单的算法,会在计算机交互式环境下进行信息搜索,创建最简单的信息模型(图、表、链)等。信息学内容的设置贯穿了普通教育阶段。

4. 评价体系凸显主题性和规范化

第三代教育标准的评价体系,沿用了之前的做法,采用综合化评价方法对学生要达到的三类预期结果,即个性化结果、跨学科结果和学科结果进行评价。相比之前,个性化结果要求呈现较强的主题性,初等普通教育、基础普通教育均包含爱国主义教育、公民教育、精神道德教育、美育、劳动教育、环境教育等内容;对于学科结果要求,更加规范,在之前的基础上增加了附录,以学年的形式给出了学科中期或最终认证的要求。

5. 细化综合学习活动,重视通用学习能力的培养

俄罗斯受到能力素养观的影响,强调由知识范式向能力范式的转型。第三代大纲中明确了每一学年应完成的综合学习活动,强调通用学习能力的培养。在小学阶段,综合学习活动共分为五类:认知学习、信息管理、交际学习、监管培训、合作活动。每一类的着重点有所不同,在不同年级、学段活动要求也有相应的提升。

通用认知学习活动,旨在促进学生掌握基本的逻辑操作技能,将所学方法应用于实际问题的解决中。信息管理让学生在数学信息的学习过程中,形成信息获取的技能,良好地使用信息。通用交际学习活动,以培养学生的数学语言表达能力为核心,以期锻炼其数学语言能力,加强数学素养。通用监管培训活动,着重自我组织、自我控制和自我评价三方面的能力提升。合作活动的目标是激发学生数学学习和研究的学习动机,塑造学生的数学思维和创新意识。五种综合学习活动在促进学生巩固数学知识的同时,也提供了学生

---

① 徐乃楠.俄罗斯第二代小学数学教育标准、示范性大纲述评[J].长春师范大学学报,2022(2):133-140.

能力锻炼的机会,不同的活动各有侧重,但相辅相成,共同推动学生通用学习能力的养成。

二、美国小学数学课程改革

在美国,20世纪60年代主要由数学家发起的体现数学结构公理体系的学校数学课程改革运动(简称"新数运动"),因脱离实际最终以失败而告终。新数运动的缺点引发了20世纪70年代的"回归基础"。到80年代美国数学教育再一次引起关注,1983年美国教育部发表的《危机之中的国家》的报告,成为这一关切的标志。1989年,美国国家研究委员会(NRC)发表了《休戚与共——关于数学教育失败向全国所作的报告》,文件提出了数学课程必须做出重大的改革。国家数学教师协会(National Council of Teacher of Mathematics,简称NCTM)作为美国数学教育改革的倡导者,先后建立了教学、教师、考核三个方面的标准。其中,第一个标准是1989年制订的《学校数学的大纲及评价标准》,这一标准对数学教育目的和教学过程做出明确的阐述;第二个标准是1991年制订的《数学教学的职业标准》,它为每个数学教师工作提出了指导性的意见;第三个标准是1995年的《学校数学的考核标准》,它阐述了综合数学考核项目的方法,提供了判断数学考核质量的标准。这三个标准合起来构成了美国全国数学教育的指导性的课程标准,简称NCTM标准。该标准对于各州的数学教育标准及教材编写、教学实践有很大的影响。1996年起,NCTM的标准委员会开始收集各方面意见,开展讨论,在社会的广泛参与下,2000年又提出了《学校数学教育的原则和标准》(简称《标准2000》),受到了国际数学教育界的广泛关注。

(一)美国数学课程的NCTM《标准2000》

NCTM发表的《标准2000》,总的说来和1989年标准原则上没有区别,但在内容和形式上也做了许多修改,主要有以下特点:

(1)将先前的"课程标准""教师职业标准"和"考核标准"三个文件合而为一,称为《学校数学教育的原则和标准》,使得课程、教学、评价统一为一个整体。

(2)学段设置有所不同,《标准2000》设置四个学段:分别是K—2年级(幼儿园到2年级)、3—5年级、6—8年级、9—12年级,体现从幼儿园到高中课程学习的整体性和连贯性。

(3)课程标准按四个学段分十个部分展开:① 前五部分是内容标准,分别是数与运算、代数、几何、度量、数据处理与概率,从小学一直贯穿到高中。四个学段的相应内容及其要求都有十分详细的规定。② 后五部分是过程标准,分别是问题解决、推理与证明、数学交流、数学知识间的联系、数学表示。对四个学段应使学生达到的标准都做了详细规定。

(4)提出了6项数学教育原则。① 平等原则:对所有学生都给予高的期望和有力支持。② 课程原则:课程不仅是活动的罗列,而且应该是内部有机联系、集中重要数学内容、各年龄段密切结合。③ 教学原则:有效的教要求教师了解学生知道什么和需要学什么,然后激励和支持学生学习好。④ 学习原则:学生必须理解地学习数学,根据他们先前的经验和知识,积极地构建他们的新知识。⑤ 评价原则:评价工作应该促使学生学习重要的数学内容,并且向教师和学生提供有用的反馈信息。⑥ 技术原则:信息技术是数学教学中的基本要素,它影响所教的数学并能提高学生的学习效率。

(5)强化对教师的指导。这是《标准2000》的重点之一,提出相关标准,重视教学设计,在《标准 2000》的电子版中提供了形象化的案例,使教师不仅看到而且懂得怎样在教学实践中运用新的教育理念。

（6）《标准 2000》强调科学技术在数学课程中的重要地位。将科学技术与数学教学过程相结合,并提供大量的形象化电子版例子,使得教师懂得怎样在教学实践中去运用信息科技。

NCTM 标准对学校并无约束力,它的价值在于反映数学教育研究的成果,揭示数学教学的基本规律,提高人们对数学教育的认识。美国作为最大的发达国家和现代化水平最高的国家,其数学课程改革的理念和目标,教学内容和方法,以及与信息技术的结合,必然引起世界各国的关注。

(二) 美国"数学战争"

世纪之交,美国关于 NCTM 数学标准的讨论非常激烈,认为数学课程中任意删减了一些内容,严重忽视基本技能培养,并且数学错误百出。由 200 多名数学家和科学家,其中包括诺贝尔奖和菲尔兹奖得主联合签名,并于 1999 年 11 月在《华盛顿邮报》发表致美国教育部长的公开信,要求停止 NCTM 数学标准的实施,撤回对十种数学教学用书的推荐。由数学家和数学教育专家组成的小组进行了建设性对话,以寻求两个领域专家关于中小学数学教育的共同认识。在 2005 年 6 月,该小组终于完成了《达成中小学数学教育的共同领域》的文件(以下简称《共同领域》)。主要讨论了从幼儿园到中学八年级数学中具有争议的部分,并达成以下共识：

（1）数字方面的基本技能对于多样化的日常应用仍然是十分重要的。这些技能为更高级的数学学习提供了重要的基础。

（2）数学需要使用有关精确定义的对象及概念进行小心推理。

（3）学生必须能够明确地表达问题和解决问题。数学问题解决包括能够：① 对所提出问题的清楚理解；② 把问题从日常工作语言转化为精确的数学语言；③ 选择并使用适当的方法来回答问题；④ 根据原始的问题来解释和评价；⑤ 理解并不是所有问题都可以用数学方法解决。

（4）自动化回忆基本事实。在整数运算中,计算的流畅性(fluency)是关键的,计算流畅性的重要组成部分是效率和正确性。最终,流畅性需要基本数字事实的自动化回忆。

（5）计算器。计算器必须小心使用,以免影响数字基本事实和运算过程流畅性的获得。计算器的不恰当使用可能会影响学生对分数意义的理解,以及分数运算的能力。

（6）学习算法。学生应该能够熟练地使用整数运算的法则,并理解这些算法。熟练使用和理解应该是同步发展的。这些基本算法是数学的主要智能结晶。

（7）分数。理解分数的数学意义是十分重要的,没有分数,我们就不能够很好地理解比、比例、百分比。分数的运算是代数学习的重要基础。

（8）数学教学中的"现实"背景。通过应用问题进行数学教学可能有助于激发动机和导入数学观点。然而,这种方法不应该被提升到一个一般的原则,如果所有学校数学都要使用现实问题进行教学,那么一些重要的主题就得不到适当的关注。

（9）教学方法。某些人建议以牺牲数学教学中的直接教学方法来提倡单一的小组或发现式学习。学生能够通过直接教学、结构化的调查和开放式的探究组合进行有效的学习。根据具体数学内容、学习目标、学生已有的技能和知识来决定是采用直接教学法，还是采用结构化的探究教学以取得更好的教学效果。比如，数学约定和定义不应该采用纯粹发现法。确保学生获得正确的数学理解和结论是数学教师的责任，做出明智的教学策略依赖于教师深厚的学科知识功底。

（10）教师知识。有效的数学教学依赖于深刻理解的学科知识。教师必须能够做他们要教的数学，但是仅此而已对教学来说是不够的。有效的教学需要理解隐含的意义，并说明教学的观点和程序，能够建立主题同主题之间的联系。使用数学术语和记号的流畅性、正确性和精确性是关键的。教学要求教师对特定数学观点以适当的数学表征表示出来，并建立教师和学生理解之间的桥梁。这需要教师的智慧来做出判断怎样减低数学的复杂性，适当处理数学精确性，以便既有利于学生理解，又保持数学的完整性。

数学家与数学教育专家关于学校数学教育达成了上述共识，但有些方面也提出了不同的观点。不过也有专家认为，此时达成任何有意义的共识为时过早。数学家和数学教育专家之间的相互尊重应该是可能做到的，数学教育界必须接受专业数学家、研究人员，通过他们的经验和洞察，有潜在的可能为学校数学教育做出贡献，不过数学家们也需要虚心地了解中小学数学。

NCTM组织了一个由数学家、数学教育专家和中小学教师组成的小组，通过广泛征求各界意见，于2006年9月12日，出版了《学校数学原则和标准》（NCTM，2000）的扩展文件《学前到八年级数学课程焦点：寻求一致》，以下简称《课程焦点》，制订出学前到八年级每个年级的数学焦点内容以及与其他相关内容的连接。这是对《标准2000》所做的补充说明，是美国"数学战争"对美国中小学数学教育的一项重要推进。

（三）美国《州共同核心数学标准》

美国地方教育分权一方面调动了地方办教育的积极性，另一方面也造成了各州课程标准的差异与混乱，通过对各州的各年级数学主题的分配和重点进行比较，发现差异非常之大，几乎没有多少关于各年级数学内容及重点的共识。一些州为了躲避《不让一个孩子掉队法》的惩罚，降低了本州的课程标准。课程标准的降低与混乱，使得美国的基础教育落后于其他国家，在TIMSS和PISA等国际测试中，美国学生的成绩偏低。参与该项调查的研究人员表示，美国和成绩最好的亚洲国家和地区的差距之大令人担忧。[①]

2009年2月17日，美国政府签署通过《2009年美国复苏与再投资法》，对教育领域提供1400多亿美元资金。2009年6月10日，美国发布了《机会平等：为美国公民和全球经济改革数学和科学教育》的报告，提出数学与科学教育应有更严格的内容、提高教学标准和评估水平。2009年7月24日，美国启动"竞争卓越"计划，提供40多亿美元资助各州改革基础教育。在联邦政府的重视与推动下，2010年6月2日全美州长协会最佳实践中心和州首席教育官员理事会共同发布了美国首部《州共同核心课程标准》。它由两份文件组成：《州共同核心数学标准》和《共同核心英语语言艺术与历史/社会、科学、技术学科中的

---

① 杨光富.美国首部全国《州共同核心课程标准》解读[J].课程·教材·教法，2011(3)：105-109.

读写标准》。也就是说,《州共同核心课程标准》包含数学和英语两个学科,并且面向 K—12 年级所有学生。制订《州共同核心课程标准》并非政府行为,而是由民间组织发起制订的,各州是否实施仍由各州自行决定。

> **链接 1.6　美国《州共同核心数学标准》的内容与特色**

《州共同核心数学标准》(CCSSM)包含引言、数学过程标准、数学内容标准、术语表和咨询样本五个部分。标准在引言中提出了三点设计理念:第一,为升学就业做准备;第二,对内容提出更高要求并且是统一的连贯的;第三,注重数学知识的深入理解和实践。标准的主体部分包括数学过程标准和数学内容标准。

1. 数学过程标准

结合美国当前数学教育的特点,提出了与 NCTM《标准 2000》中过程标准相对应的八条实践准则,称为"数学过程标准"。[①] ① 理解问题,并坚持不懈地解决它们。② 抽象的、量化的推理。③ 构造可行的论证,并评论他人的推理。④ 数学建模。⑤ 灵活地使用合适的工具。⑥ 精确化。⑦ 探求并利用结构。⑧ 在反复推理中探求并表达规律。

2. 数学内容标准

K—8 年级的数学内容标准按年级编排,每一个年级涉及五个左右的知识领域,如表 1.5。[②]

表 1.5　K—8 年级数学内容标准的知识领域

年级	知识领域
K	计数与基数、运算与代数思考、自然数与运算、测量与数据、几何
1	运算与代数思考、数与十进制运算、测量与数据、几何
2	运算与代数思考、数与十进制运算、测量与数据、几何
3	运算与代数思考、数与十进制运算、分数与运算、测量与数据、几何
4	运算与代数思考、数与十进制运算、分数与运算、测量与数据、几何
5	运算与代数思考、数与十进制运算、分数与运算、测量与数据、几何
6	比与比例关系、数系、式与方程、几何、统计与概率
7	比与比例关系、数系、式与方程、几何、统计与概率
8	数系、式与方程、函数、几何、统计与概率

可见,1—2 年级、3—5 年级、6—7 年级涉及的知识领域相同。每一个年级的内容标准中包含三个层次,首先提出了该年级的重点内容,然后罗列了该年级各知识领域内的知识要点,比如:一年级"运算与代数思考"中的知识要点是表征和解决有关加减法的问题;

---

① 曹一鸣.十三国数学课程标准评介(小学、初中卷)[M].北京:北京师范大学出版社,2012:427.
② 曾小平,刘效丽.美国《共同核心数学课程标准》的背景、内容、特色与启示[J].课程·教材·教法,2011(7):92-96.

理解和应用加减法的关系与运算性质;20以内的加减法;加减等式运算。再对各知识要点学生应达到的要求做出具体说明。比如,四年级知识要点"熟悉因数和倍数"的具体要求是,找到 1—100 范围内整数的所有因数;明白一个整数是其所有因数的乘积;判定 1—100 范围内的一个给定整数是否是另一个给定整数的倍数;判定 1—100 范围内给定的一个数是质数还是合数。

3. CCSSM 特点

(1) 建立统一的实施标准。CCSSM 是为了消除因各州标准不一而导致的对相同年级学生有着千差万别学习要求的现象,建立适合美国各州、各地区统一的课程标准。目前,美国已有 45 个州和 3 个特区签署了使用《州共同核心数学标准》的文件,在实际教学中加以实施,政府也采用一定的策略鼓励各州采用这一标准。CCSSM 推出以后,开始建立与之相应的评价体系,并于 2014—2015 学年开始实施。

(2) 课程内容强调高水平和连贯性。美国很多地方的课程标准存在"宽而浅"的问题,即提出的要求多,面面俱到,但不深入。CCSSM 强调解决美国数学不够连贯、不够聚焦的问题,并且,相对以往的标准提高了难度。正如美国数学教育家,克莱茵终身成就奖获得者基尔帕特里克,在接受访问时指出,CCSSM 的基本特点是与大学、就业的期望相一致;条理清晰、易于理解、前后连贯;严谨的内容,并通过高层次的技能应用知识;建立在现有各州标准的经验和优势之上;受到高水平成就国家的启发,为所有学生在全球化社会经济做好成功的准备;是以事实为依据的。[1]

(3) 借鉴国际经验,多方参与研制过程。CCSSM 宣称借鉴了先进国家的数学教育经验,包括中国香港地区、韩国、新加坡等。在 CCSSM 研制过程中,专家、教师、家长、教育管理人员和组织机构都参与其中,通过调查、反馈,广泛吸取多方意见,完善课程标准,为学生的未来发展夯实基础,从而确保美国在国际上的竞争力。

数学课程发展是一项长期的任务,课程改革专家要有勇气吸收各种不同的意见,不断研究、改善数学课程。美国从 1989 年到 2000 年,NCTM 学校数学标准的不断修正,从世纪之交的"数学战争"到 2006《课程焦点》的发布,再到 2010 年《州共同核心数学标准》的制订,反映了美国对数学教育的重视,以及在吸收争论中合理观点的过程中,进一步发展数学课程标准的决心。

三、日本小学数学课程改革

日本从 20 世纪 90 年代后期就提出要培养学生适应信息化、国际化社会的核心素养,即生存能力,并以"生存能力"为教育目标,进行了教育改革。[2] 进入 21 世纪,日本对人才培养提出了新的、更高的要求,相应的学力观也发生了变化。因此,日本在不断借鉴和汲取国外经验,总结已有教育改革成果的基础上改革基础教育课程。

---

[1] 柳笛.《美国州共同核心数学标准》的简介——美国数学教育家基尔帕特里克的访谈[J]. 数学教学,2010(9):4-6+9.

[2] 林崇德. 21 世纪学生发展核心素养研究[M]. 北京:北京师范大学出版社,2016:99-104.

(一) 1998 年公布的《中小学数学学习指导要领》

随着社会发展,日本大体上每十年就要对中小学学习指导要领(相当于中国的课程标准)修订一次。1998 年 12 月,日本文部省依据中央教育课程审议会关于各类学校各科教育课程改革的基本精神,公布了《中小学数学学习指导要领》(以下简称《要领》),并定于小学从 2002 年开始实施。小学实行周 5 日制学习,改变当时的周 6 日与周 5 日相间进行的做法。1998 年《要领》提出的小学数学课程的总目标是"通过与数量、图形有关的数学活动,使学生掌握基础知识和技能,培养学生对日常生活中的事物进行预见性地、有条理地思考的能力。同时,使学生意识到数学活动的乐趣和数学方法的优越性,培养在生活中应用数学的态度。"1998 年《要领》把小学数学教学内容归纳为数和计算、量和测定、图形、数量关系四个领域。

日本进行的本次课程改革的大方向是实行"宽松教育",减轻学生学习负担。具有以下几个特点:

一是提倡个性化的课程设计。活动是儿童的天性,让学生积极地投入学习活动中非常重要。1998 年《要领》提供了大量的主体性指导,如户外活动、制作活动、调查活动、应用活动、利用实物探索数量和图形的意义活动、提出新问题活动等。培养学生自主学习和独立思考的能力;开展小发明、小创造活动;从教师教为主改变为帮助学生解决问题,提倡两位以上教师任课,并且聘请校外专家指导。

二是精简了必修的教学内容,开展选择性、多样性的数学学习。1998 年《要领》安排多种可供选择的数学活动,以增加课程的弹性,学生可以选择不同程度的学习(如补习、补充、发展、深化),使不同水平的学生都有收益,达到发展个性的目的。删减与调整了学习内容,降低了学习难度。如削减整数和小数的多位数计算和包括带分数在内的复杂的分数计算、不等式、方程、比值、反比例、频数分布、梯形和多边形的面积、复杂的单位换算、柱体和锥体的表面积、全等图形、对称图形、正多边形等。

三是强调在宽松、愉快的气氛中打好数学知识基础。1998 年《要领》注重理解数与形的意义,丰富对它们的感觉,掌握数与形的知识和技能。知识面较宽,适当控制深度。初步学会解决日常生活中的问题。培养通盘地、有条理地思考的能力。培养学生对数学学习的"丰富的感觉",让喜欢数学的学生多起来。

四是开展综合学习(又称课题学习)活动。让学生综合运用数学以及其他学科的知识来解决某个研究课题,让学生自己计划、调查、体验、思考、表达,让学生掌握信息的收集、调查和总结的方法,培养发现、思考和以解决问题、探究活动为主的创造能力,从而获得对数学的正确看法,养成灵活运用数学的态度。

(二) 2008 年修订的《中小学数学学习指导要领》

1. 修订的背景

在"宽松教育"的理念指导下,实行五天学习制,大幅削减原课程内容和课时,小学数学总课时数减少了 8.5%。几年的实践发现,日本数学教育暴露出了许多问题:在近年的国际(如 TIMSS 和 PISA)学力测试中,日本学生的名次逐年下降;在本国国立教育政策研究所教育课程研究中心组织的"教育课程实施情况的调查"等结果分析中,也显示日本学生基础的计算技能虽然没有下降,但对计算意义的理解不够充分;不能在现实生活和学习中活用所掌握的知识和技能;在对事情和情境进行数学的解释、用数学的方法和观点解决问题、数学地表达自己的想法等方面有所欠缺;对所学的数学内容有兴趣的学生的比例低于国际平均值,对数学学习有不安感的学生的比例高于国际平均值;认为数学学习很快乐的学生的比例低于国际平均值。

2. 修订的主要内容

2005 年日本中央教育审议会在《开创新时代的义务教育》的报告中明确指出,培养"扎实的学力"才是提高义务教育质量的着眼点,并且据此提出了修订《要领》的基本方针:"中小学数学教育,应按照学生的认知发展规律,进一步充实数学活动,使学生切实掌握基本知识和基本技能,培养学生的数学思维能力和表达能力,提高学生学习的积极性。"日本文部科学省于 2008 年 3 月颁布了修订的《中小学学习指导要领》,其中小学将在 2011 年全面实施。这是 1945 年后,日本实施《学习指导要领》的第七个时期。与 1998 年《要领》相比,主要有以下变化。

(1) 课程目标与课时变化

2008 年《要领》由背景、总目标、各学年目标、指导计划的制定与内容处理四个部分组成。《要领》提出的课程总目标是通过数学活动,帮助学生掌握有关数量和图形等基础的、基本的知识和技能,培养学生对日常生活中的事物进行预见性地、有条理地思考及表达的能力。同时,使学生意识到数学活动的乐趣和数学方法的优越性,培养学生在生活和学习中积极地活用数学的态度。

2008 年《要领》比 1998 年《要领》增加了数学教学时间和数学活动的领域。

表 1.6 《要领》中规定小学数学各学年课时数情况

学年	一	二	三	四	五	六
1998 年课程	114	155	150	150	150	150
2008 年课程	136	175	175	175	175	175

教学时间与 1998 年相比有所增加,回归到与日本 1989 年课程计划相同。同时,综合学习的课时数被缩减了 35%。

(2) 教学内容的充实与调整

2008 年《要领》将小学数学的学习内容分为四个领域:数与计算、量与测量、图形、数量关系,与 1998 年《要领》相同,但各领域内容有所增加。如:数与计算包括四位数加减法、三位数乘两位数、带分数的计算、两位小数的计算、分小数混合计算;量与测量包括菱形和梯形的面积、圆柱和棱柱的体积、公制及其单位的构成;图形包括物体的位置、多边形与正多边形、全等、扩大与缩小、对称图形;数量关系包括反比例、含字母 x 的式子、数据的分布、可能性。2008 年《要领》还在四个领域分别增设了"数学活动",并在各个年级的学习内容中提出了明确要求。

2008年《要领》在数学科中,不仅增加了课时,而且调整和充实了课程内容;增设"数学活动"学习要求,注重培养学生活用数学的态度,提高运用数学知识解决实际问题的能力;注重双基的落实及学生数学表达能力的培养,强调培养学生"扎实的学力"。

日本有一套完善的数学教育质量监测体系,为数学教育的改革和发展提供科学的依据,定期进行全国学力调查,加强对中小学教育质量的监测,已成为日本教育改革的重要措施之一。日本本次课程改革提出培养"扎实的学力"的主张,是正反经验的总结,值得我国借鉴。

(三) 2017年公布的《学习指导要领》

2017年3月,日本文部科学省公布了新修订的幼儿园、小学和初中《学习指导要领》,并于2018年4月起陆续在全国推广使用。

本次修订的基本思想是,依据教育基本法和学校教育法,充分发挥过去日本学校教育实践积累的经验,更加扎实地培养学生开拓未来社会的素质和能力;在维持重视知识技能学习和思考力、判断力、表达力培养的现行学习指导要领的框架和教育内容的基础上,进一步提高学生对知识理解的质量,培养扎实的学力;充实道德教育,重视体验活动,充实体育和健康指导,培养学生丰富的心灵和健康的体魄。

> **链接1.7　日本新订小学数学学习指导要领述评**
>
> **1. 数学课程目标**
>
> 2017年《要领》中关于小学数学学科的目标是,通过数学教学,培养学生运用数学思维进行思考的能力。具体如下:① 理解数量、图形等基本概念,掌握对日常事物和现象进行数学化处理的技能;② 能够运用数学思维把握、预测、观察日常事物和现象,能够综合发展地认识数量和图形的基本性质,能够运用数学语言简洁、明白、准确地表达日常事物和现象;③ 让学生体验到学习数学的乐趣和益处,学习如何更好地解决问题,在生活中运用数学。[①] 日本的数学课程目标与我国的三维课程目标(知识与技能、过程与方法、情感态度价值观)类似。并且,每一个年级还制订了相应的具体目标,使得总目标得到细化,便于操作。
>
> **2. 数学课程内容**
>
> 2017年《要领》将小学数学课程内容由原来的数和计算、量和测量、图形、数量关系四个部分,拓展成五个领域,即数与计算、图形、测量、变化与关系、数据的活用。其中"测量"是小学1—3年级学习内容,"变化与关系"是4—6年级的学习内容。各领域内容也进行了适当充实和调整。将原来的"数量关系"重新梳理划分为"关系与变化""数据的活用"两个领域,增加了统计的内容。强化了小学、初中和高中的连贯性。在2008《要领》中,"数学活动"并没有单独成为一个领域,只是作为其他四个领域的补充要求,此次修订置于与上述五个领域并列,足见对"数学活动"的重视。

---

① 中国驻日本大使馆教育处.日本小学学习指导要领:数学[J].世界教育信息,2017,30(23):46-60.

3. 主要特点

此次《要领》的修订反映了日本新时期教育理念和教育理论的最新发展和变化,其主要特点表现在:

(1) 课程内容重视与社会和生活的联系

> **链接1.8　日本新一轮基础教育课程改革新动向**

本次课改以"面向社会的课程"为理念,重视课程与社会、生活之间的关联,注重课程的横向跨学科组织和纵向跨学年组织,要求各学科相互关联,幼、小、初、高各学段保持一贯性。数学学科重视与社会生活的联系,主要体现在重视数学活动,目的是为学生更好地生活做准备,扩大学生的视野,提高学生运用数学的能力。[①]

(2) 强调主体性、对话性深层次学习

2017年颁布的《要领》总则第三条明确规定为促进主体性、对话性深层次学习,改进各学科课堂教学。其中,"主体性学习"强调学生对学习内容要拥有浓厚兴趣,能够与自己的生活和职业生涯联系,时刻反思自己的学习活动,并将经验教训用于下一次学习。"对话性学习"强调通过与同伴协作、与教师及当地居民进行对话,通过阅读书籍与作者进行思想交流等方式,拓展并深化自己的思考与思维方式。"深层次学习"强调在探究学习中根据各学科特点激活思维,进行知识的融会贯通、深入理解,明辨信息价值,发现并解决问题,根据自我思考进行创新、创造。"主体性、对话性深层次学习"的教学方式应用于数学活动,为数学教师的教学提供了新的视角。

(3) 重视数学素质与能力的培养

培养学生作为现代公民所必需的数学素质和能力是本次数学学习指导要领修订的一大亮点。日本新修订的小学数学学习指导要领以"知识技能的学习""思考力、判断力、表达力的培养"和"向学力和人性的养成"三支柱为基础,阐述了小学数学应培养的数学素质和能力,明确了构成数学素质和能力的三个要素——数学知识技能、数学能力、数学情感态度,并且详细地给出了各学段的各内容领域应培养的数学素质和能力,为实际教学指明了方向、提供了参考。

(4) 充实"数学活动"

新订的小学数学学习指导要领从课程目标到课程内容设置都非常重视数学活动,并还将"数学活动"与"数与计算""图形""测量""关系与变化"和"数据的活用"五个领域并列,在各个年级的学习内容中都有所要求,凸显了"数学活动"的重要性。

四、国际小学数学课程改革趋势

(一) 数学课程设计趋于综合化

随着科学技术的突飞猛进和信息来源的多样化,世界科学技术出现了新的综合化趋

[①] 中国驻日本大使馆教育处.日本小学学习指导要领:总则[J].世界教育信息,2017,30(19):36-41.

势,即不同学科之间的分界线越来越模糊,解决大多数问题需要多学科知识的综合,在这当中,数学的思想方法往往至关重要。这就决定了数学课程设计的综合性,即数学课程更加注重与其他学科之间的综合与渗透,更加注重数学课程与社会的联系,将数学与信息社会、数学文化与人的生存发展相联系。

(二) 数学课程改革手段趋于信息化

计算机科学技术与数学相结合,已经成为国际数学课程改革的发展趋势。信息技术使数学变得更加现实,使数学模型思想发展到了前所未有的水平。信息技术的发展影响了学生的数学学习内容和学习方式,为数学学习创造了新的环境,对教师的教学也产生了深刻的影响。通过运用计算器和计算机等先进技术,教师借助各种软件手段使数学教学更加直观形象、快速便捷,网上教学也成为常态,教学过程中师生互动也能更好实现。

(三) 注重问题解决能力培养

20世纪80年代以来,问题解决成了数学教育关注的热点。问题解决在提高学生学习数学的兴趣、培养学生应用知识解决问题的能力方面的优势是显而易见的。许多国家把问题解决不仅看作一种学习方式,更是当作数学教育目标。事实上,问题解决可以看作人类活动的一种基本方式,加强数学教育中的问题解决能力培养,能促进数学与现实生活的联系,促进学生对课程内容的理解,培养创新意识和探究精神。近年来,关于问题提出的研究逐渐增多,从问题解决到问题提出,反映了以"问题"为核心的数学教育研究的不断深化。

(四) 重视以学生为主体的活动

重视数学活动中的学生主体性是数学课程改革的热点问题。强调学生的主体活动更是东亚国家和地区数学课程改革的切入口。虽说学生要学的数学都是已知的知识,但对学生来说是未知的,需要以类似创造的过程来形成。学生学习数学的过程不是学生被动地吸收课本上的现成结论,而是学生亲自参与的丰富、生动的思维活动,是一个实践和创新的过程。以学生为主体的学习活动,是从"数学现实"出发,在教师帮助下自己动手、动脑做数学,用观察、模仿、实验、猜想等手段收集材料,获得体验,并做类比、分析、归纳,渐渐达到数学化、严格化和形式化。

(五) 重视数学课程建设的互相借鉴

数学教育的国际交流与合作,是当前数学教育改革的特点,并有进一步加强的趋势。人们普遍认为:提升教育的主要动力来自全球化;过分强调本国文化的数学课程,将使这个民族在日益全球化的时代丧失竞争能力。研究和规划数学课程改革计划时,每一个国家应避免闭门造车、自说自话。数学教育的国际合作,将促使各国学者充分、合理地选择和利用国际数学教育资源,积极建设本国(本地区)的数学教育资源,借助这些资源与其他国家的组织和个人进行交流、合作,提升各国的数学教育水平。

数学教育国际化,使得国际数学教育改革出现了一些共同趋势。与此同时,当前国际数学教育改革中也充分体现了民族和文化的特点。在我国小学数学改革的实践中，不仅要注意到这些共同趋势，在借鉴外国数学教育的同时，还必须从自己的实际情况出发，继承优秀传统，不断改革创新，保持我国数学教育持续成长的活力与特色。

思考与练习1.2

1. 俄罗斯小学数学课程改革具有哪些特点？对我们有哪些启示？
2. 从美国《共同领域》达成的共识中，你得到哪些启发？
3. 美国《州共同核心数学标准》的设计理念是什么？有哪些特点？
4. 2017年日本新修订的中小学数学《学习指导要领》有哪些主要特点？对我们有哪些启示？
5. 国际小学数学课程改革有哪些共同趋势？

参考文献

[1] 课程教材研究所.20世纪中国中小学课程标准·教学大纲汇编[M].北京:人民教育出版社,2001.

[2] 张奠宙.中国数学双基教学[M].上海:上海教育出版社,2006.

[3] 郑毓信.国际视角下的小学数学教育[M].北京:人民教育出版社,2005.

[4] 曹一鸣.十三国数学课程标准评介(小学、初中卷)[M].北京:北京师范大学出版社,2012.

[5] 刘久成.小学数学课程60年[M].镇江:江苏大学出版社,2011.

第二章　小学数学课程标准

内容提要

本章在概述《课标(2022年版)》内容结构的基础上,阐述了三方面内容。一是小学数学课程的性质和基本理念;二是小学数学核心素养和课程目标,包括核心素养的内涵与具体表现,以及核心素养导向下的总目标与学段目标;三是小学数学课程内容,包括学习领域的划分与各领域主题的结构化调整,以及课程内容的设计与表述。

思维导图

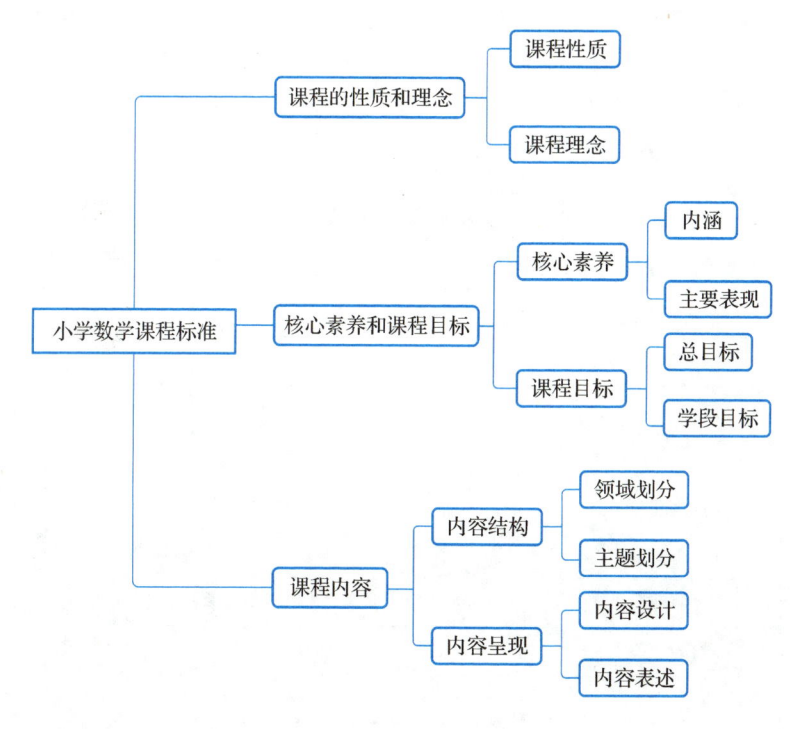

```
                                    ┌── 课程性质
                 ┌── 课程的性质和理念 ┤
                 │                  └── 课程理念
                 │
                 │                  ┌── 核心素养 ┬── 内涵
                 │                  │           └── 主要表现
小学数学课程标准 ┼── 核心素养和课程目标┤
                 │                  │           ┌── 总目标
                 │                  └── 课程目标 ┤
                 │                              └── 学段目标
                 │
                 │                  ┌── 内容结构 ┬── 领域划分
                 │                  │           └── 主题划分
                 └── 课程内容 ──────┤
                                    │           ┌── 内容设计
                                    └── 内容呈现 ┤
                                                └── 内容表述
```

学习要求

1. 理解小学数学课程的性质和基本理念。
2. 理解小学数学核心素养内涵和具体表现,以及课程目标体系和特点。
3. 阐述小学数学课程内容结构,以及课程内容的呈现特点及其意义。

第一节　小学数学课程的性质和理念

课程标准是国家根据课程方案(计划)以纲要形式编定的某学科课程与教学的指导性文件。它规定了某学科的课程性质和理念、课程目标和内容、学业质量以及课程实施等，反映了国家对学生学习结果的期望。它也是教材编写、教学、考试评价和课程实施管理的直接依据。

一、义务教育数学课程标准的结构

随着时代变迁、科技进步、社会经济发展，以及教育理论、教育技术与手段的变革，义务教育课程必须与时俱进。数学课程改革一直作为国家重大战略发展规划，在国家层面受到广泛的重视和关注。为更好地体现新时代全面育人的教育理念，落实立德树人根本任务，教育部组织专家对《义务教育数学课程标准(2011年版)》进行了修订，并于2022年3月，教育部颁发了《义务教育数学课程标准(2022年版)》，这是新一轮数学课程改革与实施的重要标志和集中体现。新的课程标准包括课程性质、课程理念、课程目标、课程内容、学业质量和课程实施六个部分，以及两个附录。其结构如表2.1：

表 2.1　《课标(2022年版)》的结构

课程性质	数学的本质与作用，以及数学教育的作用与要求			
课程理念	课程目标、课程内容、教学活动、学习评价、信息技术五个方面理念			
课程目标	核心素养的内涵及主要表现			
	总目标			
	学段目标			
课程内容	小学部分	数与代数 图形与几何 统计与概率 综合与实践	第一学段 第二学段 第三学段	内容要求 学业要求 教学提示
	初中部分		第四学段	
学业质量	学业质量内涵			
	学业质量描述			
课程实施	教学建议			
	评价建议			
	教材编写建议			
	课程资源开发与利用			
	教学研究与教师培训			
附录	课程内容中的实例			
	有关行为动词的分类			

与《课标(2011年版)》相比，《课标(2022年版)》的结构和内容有所调整。强化了课程育人导向，更好地体现了数学学科的育人价值，凸显了数学学科在促进学生发展中的作用，优化了课程内容结构，新增了学业质量标准，增强了对教学的指导，注重幼小衔接以及学习目标的连续性和进阶性，课程实施中增加了教学研究与教师培训的建议等。下面主要对现行课标的课程性质与理念、核心素养与课程目标，以及课程内容进行分析。

> 链接2.1 《义务教育数学课程标准(2022年版)》修订的基本原则

二、小学数学课程的性质

《课标(2022年版)》对数学课程的性质具体从数学、数学的作用，以及数学教育的作用和要求进行了阐述。

（一）数学及其作用

自古以来，人们对数学的本质和特征存在不同的认识。100多年前，恩格斯在《反杜林论》中指出："数学是研究现实世界的空间形式和数量关系的科学"。也就是说，数学是对"形"和"数"的研究。数学的发展与人类的生产实践和社会需求密切相关，对自然和社会的探索是数学研究最丰富的源泉。但由于科学技术和数学研究的深入发展，数学科学出现了许多新的分支体系，这些新理论、新领域的建立，又表现出相对的独立性，在不受数学外部影响的情况下，仅靠逻辑思维而将数学推向前进，数量关系和空间形式也不局限来自"现实世界"，包括来自科学世界，是思维活动的产物。因此，现行课标保留了《课标(2011年版)》中的说法，即"数学是研究数量关系和空间形式的科学"。

事实上，数学的产生一方面来自实际问题，比如，为了计数事物的多少产生了自然数，为了表示平均分的结果产生了分数，为了解决各种实际问题引进了加、减、乘、除等多种运算。另一方面也来自理论问题，以解决思想内部的需要。比如，由对欧几里得第五公设的研究而导致非欧几何的产生；英国数学家哈密尔顿关于四元数的构造等，都是为了解决数学内部问题而构造的数学。尽管这些数学在后期的实践中看到了它们的应用，但它的产生并非来自现实世界。

数学的一大特点是具有抽象性，《课标(2022年版)》特别强调了这一点。即"数学源于对现实世界的抽象，通过对数量和数量关系、图形和图形关系的抽象，得到数学的研究对象及其关系。"这样的表述在过去的教学大纲和课程标准中都未曾有过，如此表述是为了配合核心素养中"三会"的表达，同时也说明义务教育阶段的数学教育要关注数学的抽象性，特别是要关注对数量和数量关系的抽象，图形和图形关系的抽象，以及如何表达数学对象及其关系。

在强调数学抽象的基础上，课标进一步指出："基于抽象结构，通过对研究对象的符号运算、形式推理、模型建构等，形成数学的结论和方法，帮助人们认识、理解和表达现实世界的本领、关系和规律。"这里所说的抽象结构是指研究对象及其性质、关系、运算等。也就是说，数学教学中，单纯表述概念或只给出研究对象没有多大意义，必须将研究对象及其性质、关系、运算等联系起来。比如，我们认识某个自然数，不只是为了知道它表示多少，用什么符号表示，还必须明白它与其他自然数的关系，及其相关运算；又如，从具体事物抽象出长方形概念不是目的，还必须建立它与正方形、平行四边形等图形的关系，以及如何从数量上加以表达。

关于数学的作用，课标指出了三点：

一是数学不仅是运算和推理的工具，还是表达和交流的语言。基于抽象结构，人们通过对研究对象进行逻辑推理，形成了数学的结论和方法，有助于人们认识、理解和表达现实世界的本质、关系和规律，解决现实生活和其他学科中的问题，这显示了数学的工具性。同时，数学语言包括数学概念、术语、符号、式子、图形等，是理性加工不可或缺的语言。无论是伽利略用数学方程式表达自由落体的变化规律，还是牛顿、莱布尼兹为了更好地描述现实世界而创造的微积分，都展现出了数学语言的巨大威力。正如马克思所说："一种科学只有在成功地运用数学时，才算达到了真正完善的地步。"[①]

二是数学承载着思想和文化，是人类文明的重要组成部分。在人类历史发展和社会生活中，数学是学习和研究现代科学技术必不可少的基本工具，是促进物质文明和强化精神文明的重要基础，是形成人的理性思维、科学精神和促进个人智力发展的不可或缺的重要因素。因而数学在思想和文化发展中占据着举足轻重的地位。

三是数学是自然科学的重要基础，在社会科学中发挥着越来越重要的作用，数学的应用渗透到现代社会的各个方面，直接为社会创造价值，推动社会生产力的发展。电子计算机的诞生和发展，改变了数学的面貌。今日的数学已不仅是一门研究数和形的科学，它还是一种现代化社会中不可替代的关键技术。从人造卫星到核电站，从天气预报到家用电器，各种高新科技中高精度、高速度、高自动化和高效率等特征，无不是运用数学方法并通过计算机来实现的。随着大数据分析、人工智能的发展，数学研究与应用领域不断拓展，使人们惊叹数学应用的"不可预测性"。

著名数学家、哲学家怀特海（A. Whitehead）在谈及数学对文明的重要性时预言："如果文明继续发展，那么在今后两千年，人类思想中压倒一切的新特点就是数学悟性要占统治地位。"美国著名数学教育家克莱茵（M. Kline），也曾这样赞叹过数学："音乐能激发或抚慰情怀，绘画使人赏心悦目，诗歌能动人心弦，哲学使人获得智慧，科技可以改善物质生活，然而，数学却能提供以上一切。"

（二）数学教育的作用和要求

课程性质的第二段，首先指出："数学在形成人的理性思维、科学精神和促进个人智力发展中发挥着不可替代的作用。数学素养是现代社会每一个公民应当具备的基本素养。"这概括说明了数学的教育作用。数学的思想、方法是理性的，是运算和推理的工具，数学语言是科学语言，数学学习的过程必然成为学生理性思维、科学精神的发展过程，从而促进学生智力发展。接着课标提出："数学教育承载着落实立德树人根本任务、实施素质教育的功能。"这反映了党和国家对教育的基本要求，正如课标前言所指出，"课程教材要发挥培根铸魂、启智增慧的作用"。义务教育课程必须体现国家意志，在立德树人中发挥着

[①] ［法］保尔·拉法格，等.回忆马克思恩格斯[M].马集，译.北京：人民出版社，1973：7.

关键作用,课程性质中这一表述表明了《课标(2022年版)》的价值取向。

义务教育数学课程具有基础性、普及性和发展性,是对课程属性的清晰定位。它继承了《课标(实验稿)》和《课标(2011年版)》中的提法,是由义务教育的性质所决定的。2006年颁布的《中华人民共和国义务教育法》明确规定:"义务教育是国家统一实施的所有适龄儿童、少年必须接受的教育,是国家必须予以保障的公益性事业。"所有适龄儿童"依法享有平等接受义务教育的权利,并履行接受义务教育的义务。"2010年颁布的《教育规划纲要》也强调指出:"义务教育是国家依法统一实施,所有适龄儿童、少年必须接受的教育,具有强制性、免费性和普及性。"义务教育阶段的数学课程是这一阶段的重要课程,就必然具有上述属性。由于数学学科所具有的特点和作用,数学课程是学生未来生活、学习和工作的重要基础,在促进学生发展方面具有不可替代的作用。

最后,课程性质中提出了数学课程的学习要求,具体包括:学生通过数学课程的学习,掌握适应现代生活及进一步学习必备的基础知识和基本技能、基本思想和基本活动经验;激发学习数学的兴趣,养成独立思考的习惯和合作交流的意愿;发展实践能力和创新精神,形成和发展核心素养,增加社会责任感,树立正确的世界观、人生观、价值观。这是对数学教育功能的具体回应,关注到"四基""必备品格""关键能力""正确价值观",指向学生核心素养的发展。

三、小学数学课程的基本理念

义务教育课程理念体现新时代人才培养要求,对课程设计具有指导作用。《课标(2022年版)》基本承接了《课标(2011年版)》的表述,将立德树人根本任务具体落实到课程设计和课程实施的全过程,提出要"使得人人都能获得良好的数学教育,不同的人在数学上得到不同的发展,逐步形成适应终身发展需要的核心素养。"

"人人获得良好的数学教育"内涵丰富。对于学生来说,良好的数学教育应该是符合数学认识规律和学生身心发展规律的教育,义务教育阶段的数学教育是打基础的教育,不是选拔适合数学教育的学生,而是提供适合学生发展的课程条件,是满足学生发展需要的,为学生未来生活、工作、学习做准备的。良好的数学教育应该是促进学生全面发展的教育,不仅关注学生的知识技能学习,也要关注学生思想的感悟、经验的积累,不仅要关注学生数学能力的培养,也要关注学生情感态度与价值观的培养,关注学生智力与人格的全面协调发展。良好的数学教育应该是促进公平的教育,强调"人人"获得良好的数学教育,"人人"是指所有学习课程的人,它表明义务教育阶段的数学教育不是精英教育而是大众教育,不是自然淘汰、适者生存的教育,而是人人受益、人人成长的教育。

"不同的人在数学上得到不同的发展",就是数学课程设计要尊重学生发展的差异性,满足每一个学生学习数学的需求,创设适宜学生主动学习的情境和方法,最大限度地开启每一个学生的智慧潜能,为每一个学生提供多样性的弹性发展空间,促进学生逐步形成适应终身发展需要的核心素养。

《课标(2022年版)》提出的基本理念包括课程目标、课程内容、教学活动、学习评价、信息技术这五个方面,总体上反映了基础教育课程改革的方向。

链接2.2 聚焦核心素养 指向学生发展

（一）确立核心素养导向的课程目标

课程目标的确立是课程设计必须首先解决的问题。《义务教育课程方案（2022年版）》中的培养目标指出，要使学生有理想、有本领、有担当，成为德智体美劳全面发展的社会主义建设者和接班人。根据这一总体要求，课标提出："义务教育数学课程应使学生通过数学的学习，形成和发展面向未来社会和个人发展需要的核心素养。"并将核心素养作为制定课程目标的基本依据。明确提出课程目标以学生发展为本，以核心素养为导向，必须使学生获得数学基础知识、基本技能、基本思想和基本活动经验，发展运用数学知识与方法发现、提出、分析和解决问题的能力，形成正确的情感、态度和价值观。

（二）设计体现结构化特征的课程内容

课程内容是实现课程目标的重要载体。《课标（2022年版）》从课程内容选择、课程内容组织、课程内容呈现三个方面阐述了课程内容的基本理念。

课程内容选择以发展学生核心素养为导向，充分反映社会需要、优秀传统文化、数学学科特点和学生发展需求。具体要求一是保持相对稳定的学科体系，体现数学学科特征；二是关注数学学科发展前沿与数学文化，继承和弘扬中华优秀传统文化；三是与时俱进，反映现代科学技术与社会发展需要；四是符合学生的认知规律，有助于学生理解、掌握数学的基础知识和基本技能，形成数学基本思想，积累数学基本活动经验，发展核心素养。

课程内容组织要有助于学生理解和掌握，促进数学核心素养的形成。课标强调重点是对内容进行结构化整合，探索发展学生核心素养的路径。内容的结构化整合主要是将具有一致性本质特征的内容整合为一个主题，有助于学生整体理解和把握课程内容，弄清它们之间的内容联系，实现对核心概念的掌握。同时提出要处理好过程与结果、直观与抽象、直接经验与间接经验的关系，体现课程改革倡导的课程观和教学观。

课程内容呈现影响学生的学习方式和对学习内容的感知和理解。课标提出："注重数学知识与方法的层次性和多样性，适当考虑跨学科主题学习。"在学生学习的不同阶段，设置了不同的学科课程，目的在于让学生理解和掌握该学科系统的知识和方法。但它容易忽视学生学习的整体性，学生认识世界不只是单纯地通过某一学科知识就可以实现的，解决复杂的现实问题需要多学科知识配合，这就要求在课程与教学实践中为学生提供跨学科学习的现实情境，引导学生开展跨学科主题学习，特别是在综合与实践中应更多体现跨学科学习内容。课标同时提出："根据学生的年龄特征和认识规律，适当采取螺旋式的方式，适当体现选择性，逐渐拓展和加深课程内容，适应学生的发展需求。"有些课程内容需要重复出现，但又必须体现一定的层次性，不断拓展加深，这样符合小学生的认知特点。

（三）实施促进学生发展的教学活动

教学活动的设计与实施是由课程从文本到课堂实践的转化，是实现课程目标的重要环节。《课标（2022年版）》明确提出以核心素养为导向的教学活动中学生和教师的角色，学生是学习的主体,教师是学习的组织者、引导者与合作者;强调学习方式的多样化,倡导学生根据实际,采取恰当的学习方式,强调学生的学习应该是一个主动的过程,认真听讲、独立思考、动手实践、自主探索、合作交流等是学习数学的重要方式。这样的角色定位和学习方式是自2001年以来课程改革所倡导的,并且认为是行之有效的,应当坚持。

关于教学活动的开展。课标首先强调,教学活动应注重启发式教学,激发学生学习兴趣,引发学生积极思考,鼓励学生质疑问难,这是长期教学实践中取得的共识。数学中的启发式教学,要基于学生的经验,体现数学学科的本质,挖掘学习内容蕴含的数学思想,引导学生经历数学知识的形成过程。课标同时指出:数学教学要引导学生在真实情境中发现问题和提出问题,利用观察、猜测、实验、计算、推理、验证、数据分析、直观想象等方法分析问题和解决问题;促进学生理解和掌握数学的基础知识和基本技能,体会和运用数学的思想与方法,获得数学的基本活动经验;培养学生良好的学习习惯,形成积极的情感、态度和价值观,逐步形成核心素养。这些具体要求包含了"四基""四能"和"情感态度价值观",指向学生核心素养发展。

(四)探索激励学习和改进教学的评价

评价是检验课程实施效果的重要环节,也是课程改革实践中的难点之一。课标首先明确评价的基本理念是不仅要关注学生数学学习的结果,还要关注学生数学学习过程。评价的目的在于激励学生学习,改进教师教学。同时,课标提出了评价的主要途径与方式,即通过建立学业质量标准,整合"四基""四能"和核心素养的主要表现,形成阶段性评价的主要依据。采用多元的评价主体和多样的评价方式,鼓励学生自我监控学习的过程和结果。通过建立素养导向的学业质量标准,开展综合素质评价是本次课程改革创新,意味着要以核心素养为导向构建评价指标体系和评价方法,并落在具体教学实践中。为此,课标在制定课程目标和内容时,特别将核心素养的表现融入其中,以此作为评价的起点和目标,并在每一个内容主题的"内容要求""学业要求""教学提示"中都明确了相应的核心素养表现。

(五)促进信息技术与数学课程融合

信息技术的迅猛发展,互联网的快速普及,大数据的广泛应用,人工智能的不断升级,都给人们的学习、生活带来巨大变化。数学教育中,应该探索更好地利用信息技术创造有利于学生学习的环境,课标对此提出两方面要求。一是要合理利用现代信息技术,丰富学习资源;二是创设合理的信息化学习环境,提升学生信息素养。信息技术的运用要做到合理,要注重实效。也就是说,要充分了解信息技术的使用功能,熟悉它在数学教学中的运用特点,正确把握信息技术运用于教学实际的长处与不足;要清楚运用信息技术的目的是更好地帮助学生获得丰富的学习资源,开阔学生视野,有利于学生更好地理解、思考和解决实际问题,提升信息素养。运用信息技术不是用它去代替以前行之有效的教学方式,而是希望它比传统的教学方式解决问题更加有效。

思考与练习2.1

1. 《课标(2022年版)》包括哪几部分内容?
2. 数学的本质是什么?它有哪些作用?

3. 数学教育的作用和数学课程学习的要求主要有哪些?
4. 《课标(2022年版)》提出了哪些课程基本理念?
5. 如何理解"人人都能获得良好的数学教育,不同的人在数学上得到不同的发展"?

第二节　小学数学核心素养和课程目标

《课标(2022年版)》明确了义务教育阶段的核心素养,确定了核心素养导向的课程目标。它不仅继承了我国数学教育的传统特色与合理内核,还体现了与时俱进的发展理念。

一、小学数学核心素养

(一) 小学数学核心素养的内涵与构成

学科核心素养是育人价值的集中体现,是学生通过学科学习而逐步形成的正确价值观、必备品格和关键能力。数学学科核心素养是数学课程目标的集中体现,是具有数学基本特征的思维品质、关键能力以及情感、态度与价值观的综合体现,是在数学学习和应用的过程中逐步形成和发展的。① 数学核心素养的培养要具有一致性和阶段性。一致性,即从小学到初中、高中,甚至到大学,数学核心素养内涵基本保持不变;阶段性,即在不同的教育阶段,数学核心素养的具体表现应当有所不同。② 小学数学课程要培养的核心素养主要包括三个方面,即会用数学的眼光观察现实世界,会用数学的思维思考现实世界,会用数学的语言表达现实世界(简称"三会")。"三会"反映了数学活动的基本特征,是学生对数学基本思想的感悟和内化的结果,体现了数学学科对所有学生的教育价值。

> **链接2.3**　《义务教育数学课程标准(2022年版)》的修订与核心素养

1. 会用数学的眼光观察现实世界

数学眼光是观察世界的一种特殊方式,其目的是透过事物的表面现象和各种物理属性,抽象出数量关系与空间形式。因此,数学眼光主要表现为数学抽象,具有数学一般性特征,包括数感、量感、符号意识、几何直观、空间观念与创新意识。数学抽象的对象主要是数量与数量关系、图形与图形关系,抽象的过程就是舍去承载物的物理背景和表面现象的过程,揭示其内在本质。比如,可以通过对数量的抽象得到数,通过对位置的抽象得到点,通过对路径的抽象得到线等。在数学原理形成的过程中,数学抽象无处不在。比如,形成数学猜想需要抽象,猜想通常经历由特殊到一般的过程,通过对个例的分析,抽象出个例群体的共同属性特征。数学中蕴含着简洁美、科学美与对称美,需要学生有发现数学之美的眼光。通过数学眼光,可以形成学生对数学的好奇心与想象力,激发学生参与数学活动的热情,发展学生的创新意识。

---

① 中华人民共和国教育部. 普通高中数学课程标准(2017年版2020年修订)[S]. 北京:人民教育出版社,2020:4.
② 史宁中.《义务教育数学课程标准(2022年版)》的修订与核心素养[J]. 教师教育学报,2022(3):92-96.

2. 会用数学的思维思考现实世界

数学为人们提供了一种理解与解释现实世界的思考方式。数学不同于实验科学，它是在一些基本事实和明确概念的基础上，通过逻辑推理来判断结论的真实性。逻辑推理是依据一定规则进行的、具有传递性的推理，大体分为两种形式：一种是基于思辨的推理，称为演绎推理；另一种是基于经验的推理（主要是归纳、类比），称为合情推理。逻辑推理作为一种求解数学结论、构建数学体系的重要方式是不可或缺的。数学的产生和发展始于对具体问题或具体材料的观察、实验、归纳、类比，同时还要在此基础上进行比较、分析、综合、抽象、概括，揭示事物的本质，通过演绎推理获得数学结论。小学数学中，运算也是数学思维的一种基本形式，数学运算是指在明晰运算对象的基础上，依据运算法则解决数学问题的素养。因此，课标提出义务教育阶段的数学思维主要表现为运算能力、推理意识或推理能力，反映了数学具有严谨性特征。通过数学思维，可以帮助学生形成重论据、有条理、合乎逻辑的思维品质，养成科学态度和理性精神。

3. 会用数学的语言表达现实世界

数学为人们提供了一种描述与交流现实世界的表达方式。这就表明数学语言承载数学的基本思想，清晰、准确、严谨地表达数学的研究对象、关系和结构，形成一套形式化的符号系统；同时，数学语言是用来描述、解释和解决现实生活中的问题，主要表现为建立数学模型，形成数据意识。因此，数学语言素养在小学阶段主要表现为数据意识和模型意识，具有应用广泛性特征。数据是表达、解释随机现象的基本工具，基于数据表达现实问题，可以帮助学生形成通过数据认识事物的思维品质，积累依托数据探索事物本质的活动经验。数学模型搭建了数学与现实世界的桥梁，是数学应用的基本方式。数学语言揭示了自然现象背后的普遍规律，为其他学科提供了精确的表达方式，有助于人们认识现实世界，发展应用意识和实践能力。

（二）小学数学核心素养的主要表现

小学数学核心素养是一种内隐的心理特征，在实际教学中，需要把它细化为外显、可操作、可观察、可测量的行为表现。根据不同学段的数学知识内容和学生的认知发展水平，《课标(2022年版)》分别列出了小学、初中阶段核心素养的具体表现。

表 2.2 《课标(2022年版)》核心素养的主要表现

核心素养	各阶段主要表现		跨学科表现
	小学阶段	初中阶段	
会用数学的眼光观察现实世界	数感	抽象能力	创新意识
	量感		
	符号意识		
	几何直观	几何直观	
	空间观念	空间观念	

续表

核心素养	各阶段主要表现		跨学科表现
	小学阶段	初中阶段	
会用数学的思维思考现实世界	运算能力	运算能力	应用意识
	推理意识	推理能力	
会用数学的语言表达现实世界	数据意识	数据观念	
	模型意识	模型观念	

从表2.2可以看出，小学阶段核心素养的具体表现有十一个，初中阶段核心素养的具体表现有九个。学生的核心素养发展有一个过程，从小学到初中、高中，甚至到大学，数学核心素养内涵基本保持不变；不同阶段学生有不同的水平特征，数学核心素养的具体表现应当有所不同，课程学习要求也应当体现一定的差异。因此，核心素养的具体表现不仅具有一致性，而且具有阶段性和层次性。

核心素养的行为表现大致可以分为三个层次。一是数学意识。这是一种基于经验的感悟，是学生通过多次参与某种数学活动，逐步形成的对活动特征、过程与操作方法的感性认识，其中既有感知的成分又有思维的成分。二是数学观念。这是一种基于概念的理解，是学生通过理解学科的基本概念，逐步形成对学科特征、问题与思考方式的理性认识。三是关键能力。这是一种基于问题解决的稳定的心理特征，是学生在掌握数学"双基"的基础上，通过数学活动和问题解决将数学基本思想方法内化的结果。[①]

小学阶段除了运算能力、几何直观和空间观念外，主要是形成初步的数学意识，初中阶段则主要是形成数学观念，并逐步发展关键能力。数学学习中的"再创造"是当前课程改革倡导的一种学习方式，学生通过探索、发现获得数学的概念、方法和规律性知识，并且因为数学具有广泛的应用性，所以，创新意识和应用意识不仅是数学核心素养的具体表现，而且是具有跨学科性质的行为表现。下面将对小学数学核心素养的十一个表现进行具体说明。

1. 数感

何谓数感？数感主要是指对于数与数量、数量关系及运算结果的直观感悟，是形成抽象能力的经验基础。

数感的主要表现有三个方面：一是能够在真实情境中理解数的意义，能用数表示物体的个数或事物的顺序。通过为学生提供真实的情境，让学生经历数或数量关系的抽象过程，感悟数的各种表示以及它们之间的关系，进而理解和掌握数的概念。二是能在简单的真实情境中进行合理估算，做出合理判断。要重视估算教学，体会估算在生活实际中的作用，会选择合适的估算方法进行估算。三是能初步体会并表达事物蕴含的简单数量规律。诸如，男生、女生的队伍排列，不同颜色盆花的间隔摆放，用天平、线段等让学生感受数量

[①] 史宁中，曹一鸣. 义务教育数学课程标准(2022年版)解读[M]. 北京：北京师范大学出版社，2022：51-52.

的相等与不等,在刻画这些事物现象中让学生感受事物变化的内在规律。

建立数感有助于理解数的意义和数量关系,初步感受数学表达的简洁与精确,增强好奇心,培养学习数学的兴趣。

2. 量感

何谓量感?量感主要是指对事物的可测量属性及大小关系的直观感知。量是现实世界中最普遍、最基本的属性,数起源于对事物数量的计数,可以说数量是形成数概念的经验基础。"量"与测量有关,一些国家的课程内容中将"测量"作为一个独立的学习领域。我国通常把"测量"置于几何学习领域中,从中提炼出"量感"作为核心素养的主要表现之一。

量感的主要表现有三个方面:一是知道度量的意义,能够理解统一度量单位的必要性。通过联系生活实际,让学生感到有时候我们需要比较谁多谁少、谁大谁小,度量是一种手段,用不同的工具去度量得到不一样的结果,这就有了统一计量单位的需要。二是会针对真实情境选择合适的度量单位进行度量,会在同一度量方法下进行不同单位的换算。比如,根据面积的大小选择合适的面积单位,根据质量大小选择合适的质量单位,并且能对同一度量系统下的不同单位进行换算,感受度量系统中设置不同计量单位的意义,在单位换算中可发展学生的想象和推理能力。三是初步感知度量工具和方法引起的误差,能合理得到或估计度量的结果。通过实际测量活动让学生感悟现实生活中的物体上的测量,一般是测不准的,得到的往往是一个近似值,感悟近似计算在测量中的意义,以及测量误差可接受的范围。

建立量感有助于学生养成用定量的方法认识和解决问题的习惯,是形成抽象能力和应用意识的经验基础。

3. 符号意识

何谓符号意识?它主要是指能够感悟符号的数学功能。这里的符号是指数学符号,要求学生能对数学符号的意义、特点和功能有初步的理解,并能运用数学符号进行表达、运算、推理和交流。

符号意识的主要表现有三个方面:一是知道符号表达的现实意义。就是要通过情境的创设,引导学生对情境中的数量、数量关系及规律进行表达。二是能够初步运用符号表示数量、关系和一般规律,感受符号的特点和功能。认识和理解符号是培养符号意识的基础,在抽象数学符号的过程中,要让学生感受到:数学符号具有明确性,就是说数学符号被赋予的意义是确定的,不会产生歧义。数学符号具有简洁性,是由于它形式简单,易于表达。数学符号也具有可操作性,不同符号之间可以进行运算、推演、转化。三是知道用符号表达的运算规律和推理结论具有一般性。比如,在运用符号的过程中,让学生感受到用字母符号表示的运算定律具有一般性,字母表示的数可以是任何整数、小数和分数。从各种现象抽象得到的数量关系是客观存在的事物本质,具有一般性。

培养学生的符号意识通常要经历"实物操作—表象操作—符号操作"过程,在这个过程中学生能初步体会符号的使用是数学表达和数学思考的重要形式。符号化是数学概念形成的基本途径,也是数学抽象能力的表现之一,符号意识是形成抽象能力和推理能力的经验基础。

4. 运算能力

《课标（2022年版）》认为，运算能力主要是指根据法则和运算律进行正确运算的能力。这是小学阶段唯一以"能力"提出的核心素养行为表现。"正确运算"是前提，是核心要求。此外，还要正确理解运算对象、运算意义、算理算法，以及解决问题时的合理选择。

运算能力的主要表现有三个方面：一是能够明晰运算的对象和意义，理解算法与算理之间的关系。要重视对数的意义学习，正确理解数位、计数单位，不管是整数、小数、分数其加减运算都可以看作相同计数单位的数相加减，要注意引导学生探索加、减、乘、除四则运算之间的关系，感悟所有算法都要基于计数单位。二是能够理解运算的问题，选择合理简洁的运算策略解决问题。要能在实际情境中发现数量信息，明确运算的问题与目标，选择恰当的工具、方法与策略，解释运算结果的意义和合理性。三是能够通过运算促进数学推理能力的发展。运算离不开推理，无论是算理算法的发现，运算的各个步骤，都必须有理有据，从而有助于培养学生有条理、有根有据、合乎逻辑思考问题的品质。

运算能力是重要的数学能力，对于学生形成规范化思考问题的品质，养成一丝不苟、严谨求实的科学态度有着极为独特的作用。

5. 几何直观

《课标（2022年版）》认为，几何直观主要是指运用图表描述和分析问题的意识与习惯。小学生学习数学需要具体事物的支撑，将抽象数学语言与形象直观的图形相结合，有助于学生突破抽象思维带来的学习障碍。例如，借助线段图理解实际问题中数量关系，利用方位图表明事物之间的特征和相互联系等。

几何直观的主要表现有四个方面：一是能够感知各种几何图形及其组成元素，依据图形的特征进行分类。比如，通过观察房屋支架等具体事物抽象出三角形，进一步直观感知三角形有三条边、三个角，并按角或边将三角形进行分类，使图形直观逐步建立在逻辑基础上。二是根据语言描述画出相应的图形，分析图形的性质，实现文字语言、符号语言与图形语言的相互转化，更好地认识与表达图形的性质。三是建立形与数的联系，构建数学问题的直观模型。华罗庚说过，数无形时少直观，形无数时难入微。几何直观是解决实际问题的一种工具，数与形结合是学习数学、解决数学问题的重要方法。四是利用图表分析实际情境与数学问题，探索解决问题的思路。包括利用图表直观表示实际情境中的相关信息，表示问题中数量关系，体验通过列表或几何模型探索解决问题的思路和方法。

对空间与图形的直觉是人的本能，几何直观有助于把握问题的本质，明晰思维的路径。但几何直观需要更多的图形性质和逻辑推理的支持，因此几何课程内容的学习是培养几何直观的主要途径。

6. 空间观念

空间观念主要是指对空间物体或图形的形状、大小及位置关系的认识。包括：能直觉地看出物体或图形在空间结构、位置关系、形状大小与运动变换等方面的特征，并抽象出相关的几何概念、模型或问题；能够把自己的想法直观化，或者用几何模型表示抽象的数学对象、形式或结构；能自觉地把所学的几何知识运用于各种具体问题。

空间观念的主要表现有三个方面：一是能够根据物体特征抽象出几何图形，根据几何图形想象出所描述的实际物体。由物体到图形是数学抽象过程，再由图形到物体是对图形认识的深化。二是想象并表达物体的空间方位和相互之间的位置关系。比如，用方向、距离描述物体的位置和不同物体位置的相互关系。三是感知并描述图形的运动和变化规律。能从动态的角度去认识图形的特征及相互关系，比如，哪些图形是轴对称图形，想象它的对称轴在哪里；圆柱可以看作长方形沿着它的一条边旋转而成的图形；圆锥可以看作直角三角形沿着一条直角边旋转而成的图形。

空间观念使人们用数学的眼光观察现实世界，有助于理解现实生活中空间物体的形态与结构，是形成空间想象力的经验基础。

7. 推理意识

推理意识主要是指对逻辑推理过程及其意义的初步感悟。推理意识是推理能力的初级阶段，小学数学中虽然没有要求严格的推理证明，但推理意识的培养是小学数学教学的重要任务之一。

推理意识的主要表现在于：一是知道可以从一些事实和命题出发，依据规则推出其他命题或结论。二是能够通过简单的归纳或类比，猜想或发现一些初步的结论。这两者分别属于演绎推理和合情推理。合情推理常常用于发现结论，演绎推理则是提供结论正确的保证，两者相辅相成，不可偏废。三是通过法则运用，体验数学从一般到特殊的论证过程。法则、公式、定律等规律性知识不仅为解决实际问题提供了方法和手段，同时也让学生体验到这是将一般规律运用于解决具体问题的过程，是有根有据的、合乎逻辑的推理过程。四是对自己及他人的问题解决过程给出合理解释。合理解释要做到言之有理，有理有据的数学表达有利于发展学生的推理意识，发展推理意识又能促进学生正确、清晰地进行数学表达。

推理是数学学科建立的基础，又是对学生进行数学思维训练的必要途径。推理意识有助于养成讲道理、有条理的思维习惯，增强交流能力，是形成推理能力的经验基础。推理意识的培养应当贯穿小学数学教育全过程。

8. 数据意识

数据意识主要是指对数据的意义和随机性的感悟。数据是统计学的基本语言，数据意识是统计思维的基础，虽然小学阶段的统计内容属于描述性统计范畴，概率内容也只要求进行定性判断，但作为启蒙阶段要着重强调的是收集、整理与表达数据，感悟数据的意义和价值，体会数据所蕴含的信息。

推理意识的主要表现在于：一是知道在现实生活中，有许多问题应当先做调查研究，收集数据，感悟数据蕴含的信息。数据具有真实性，统计是靠数据来说话的，通过收集数据，能获得解决问题的相关信息。二是知道同样的事情每次收集到的数据可能不同，而只要有足够的数据就可能从中发现规律。收集数据时抽样不同、方法多样等因素,会导致数据不同,但只要有足够的数据就能从中发现规律,而且数据越多所获得的结论就越可靠,让学生体会到每一个数据的获得具有随机性和大量数据就会呈现出一定的规律性。三是知道同一组数据可以用不同方式表达,需要根据问题的背景选择合适的方式。数据的分类需要按照一定的标准,同一标准下有分类的一致性,不同标准下有分类的多样性。表达数据的方式有统计图、统计表,要依据解决问题的需要,选择合适的方式表达数据。

数据是统计分析的对象,对数据的感悟是形成数据意识的基础,形成数据意识有助于学生理解生活中的随机现象,逐步养成用数据说话的习惯。

9. 模型意识

模型意识主要是指对数学模型普适性的初步感悟。对于数学建模通常有两种理解,一是把数学建模看作一种特殊的数学应用活动,侧重于建构新的数学模型去解决实际问题;二是把数学建模看作一种学习与理解数学的活动,侧重于用模型思想去理解数学的各种抽象模式。[1] 可见,小学数学中的概念、关系、图形、数据等都是源于数学建模的结果,并且又需要利用这些具体模型去解决现实生活中的问题。史宁中认为,模型是能够用来解决一类具有实际背景问题的数学方法。在小学阶段的数学教学中,至少需要考虑两个模型:一个是总量模型,一个是路程模型。[2]

模型意识的主要表现在于:一是知道数学模型可以用来解决一类问题,是数学应用的基本途径。数学中的概念、关系、方法、运算等都是实际经验数学化的结果,可以用其来解释各种数学对象,解决具体问题,数学模型不只是解决单个问题,而是可以用来解决一类问题的方法,让学生感受到数学模型的价值。二是能够认识到现实生活中大量的问题都与数学有关,有意识地用数学的概念与方法予以解释。数学是研究数量关系和空间形式的科学,与现实生活息息相关,数学模型是数学与外部世界的联系方式,通过数学模型的建构与应用,可以让学生感受到生活与数学密切相关,增强学生用数学的概念与方法去解释现实生活中多种多样的、复杂的现象。

模型意识有助于开展跨学科主题学习,增强对数学的应用意识,是形成模型观念的经验基础。

10. 应用意识

应用意识主要是指有意识地利用数学的概念、原理和方法解释现实世界中的现象与规律,解决现实世界中的问题。数学应用不仅指数学学科内部的应用,更应强调数学学科外部的应用,应用意识具有跨学科特征。

应用意识的主要表现在于:一是能够感悟现实生活中蕴含着大量的与数量和图形有关的问题,可以用数学的方法予以解决。注意揭示数学知识产生的背景和形成过程,注意从生活实际中发现问题、提出问题,用数学的眼光观察、分析、处理现实问题,运用数学方法解决问题,在这个过程中可以让学生意识到数学与现实世界的联系,感悟到数学思想方

---

[1] 史宁中,曹一鸣.义务教育数学课程标准(2022年版)解读[M].北京:北京师范大学出版社,2022:66.
[2] 史宁中.基本概念与运算法则:小学数学教学中的核心问题[M].北京:高等教育出版社,2013:42.

法的简约性、条理性,以及数学的价值。二是初步了解数学作为一种通用的科学语言在其他学科中的应用,通过跨学科主题学习建立不同学科之间的联系。数学是推理和运算的工具,也是表达与交流的语言,在其他学科中有广泛应用。比如,收集体育赛事信息,提出数学问题,设计解决方案;调查了解生活中人们使用淡水的习惯和用量,制订家庭或校园节约用水方案等。通过数学学习活动中培养学生运用数学知识解决数学外部问题的心理倾向,建立不同学科之间的联系,主动、自觉地应用数学解决跨学科问题。

数学来源于生活,其特征之一是具有广泛应用性。应用意识有助于学生用学过的知识和方法解决简单的实际问题,养成理论联系实际的习惯,发展实践能力。

11. 创新意识

创新意识主要是指主动尝试从日常生活、自然现象或科学情境中发现和提出有意义的数学问题。创新意识是人们进行创造活动的心理倾向和内在动力,是创造思维、创造能力的前提条件,创新意识是小学阶段核心素养的表现之一。

创新意识的主要表现在于:一是初步学会通过具体的实例,运用归纳和类比发现数学关系与规律,提出数学命题与猜想,并加以验证。比如,在实际情境中,通过计算两个数相加,交换它们的位置和不变,归纳得到加法交换律;通过观察、计算不同分母的分数化成小数的情形,建立猜想并加以验证,归纳出分数化小数的规律;由分数的基本性质、商不变性质类比得到比的基本性质等。二是勇于探索一些开放性的、非常规的实际问题与数学问题。开放性的、非常规的问题往往具有如下特点:学生靠简单模仿、套用某个法则无法解决,解决时往往有多种思路和策略,蕴含着重要的数学思想方法,解决问题的过程具有探索性,不同的学生都可以着手解决,获得的结果也可能不唯一。面对非常规、开放性问题,要鼓励学生独立思考、积极尝试、大胆表达意见。

数学学习中的创新更多是一种"再创造",创新意识的培养将有助于学生形成独立思考、敢于质疑的科学态度与理性精神。

二、小学数学课程目标

义务教育数学课程目标是对学生数学学习提出的总体要求和阶段性要求,对小学数学课程内容、课程实施与学业评价具有指导意义。《课标(2022年版)》中课程目标的制定,以核心素养为统领,依据义务教育阶段学生培养目标,遵循数学学科特征和学生发展需求,借鉴国际数学课程改革经验,继承和发展了 21 世纪以来数学课程目标的核心内容。

📖 链接2.4 《义务教育数学课程标准(2022年版)》的理念与目标解读

(一) 课程总目标

总目标是对义务教育阶段学生数学学习提出的总体要求,具体包括以下几个方面。

1. 课程目标体现核心素养导向

课程总目标首先提出:"通过义务教育阶段的数学学习,学生逐步会用数学的眼光观察现实世界,会用数学的思维思考现实世界,会用数学的语言表达现实世界。"这体现了数学课程目标必须以核心素养为导向,《课标(2022年版)》对核心素养的内涵和具体表现做了进一步阐述,实际教学中需要正确理解并落实到教学活动中。在总的要求下,从三方面提出了具体要求。

2. 课程目标提出"四基"的要求

《课标(2022年版)》指出:"获得适应未来生活和进一步发展所必需的数学基础知识、基本技能、基本思想、基本活动经验(简称"四基")。"

《课标(2011年版)》在"双基"的基础上发展为"四基",新增的基本思想、基本活动经验,与人的活动有关,体现了育人要求。现行课标继续将"四基"作为数学课程目标。"双基"是培养创新人才的一个基础,但创新型人才不能仅靠熟练掌握已有的知识和技能来培养,思维训练和积累经验等也十分重要。[①] "双基"在我国数学教育的历史上是值得肯定的,把"双基"发展为"四基",是在多年实验研究的基础上,对于课程改革倡导的使学生经历数学学习过程,学会数学思考等方面的经验进行的概括,是数学教育与时俱进的需要。"四基"是一个有机整体,相互联系、相互促进。

链接2.5　判断基本数学思想的两个原则

数学思想是对数学内容的本质认识,是对数学知识、方法的进一步抽象概括。数学思想是数学科学发生、发展的根本,是探索研究数学所依赖的基础。数学的基本思想主要有数学抽象思想、数学推理思想、数学建模思想。

抽象思想包括分类、集合、对应、符号、变中不变、有限与无限等思想;

推理思想包括归纳、演绎、转化、代换、公理化、数形结合、普遍联系、逐步逼近、特殊与一般等思想;

模型思想包括简化、优化、量化、函数、方程、随机、统计等思想。

通过数学抽象,人们可以从现实世界中得到数学概念、法则、关系、结构;通过数学推理,可以进一步得到大量的数学结论和规律,从而逐步建立数学科学,其中归纳推理、演绎推理是最为常见的;通过数学建模,把数学运用于现实生活,解决实际问题,反过来又促进数学科学的发展。与数学思想相近的概念是数学方法,它是指在用数学思想解决问题时,而逐渐形成某一类程序化的操作。数学方法中处于较高层次的有逻辑推理的方法、变量替换的方法、等价变形的方法、分情况讨论的方法等。较为具体的数学方法有分析法、综合法、穷举法、反证法、抽样法、构造法、待定系数法、数学归纳法、递推法、消元法、列表法、图像法等。

数学基本活动经验是指学习主体通过亲身经历数学活动过程所获得的具有个性特征的经验。数学活动经验具有活动性,必须是在数学活动中形成的,同时强调必须是学生亲身经历,让学生在多样化的活动中思考、探索、发现结论。这些数学活动包括探究活动、实践活动、课堂讲授、学生练习等。数学活动经验还具有个体性,"经验"必须是转化和建构

[①] 史宁中.义务教育数学课程标准(2011年版)解读[M].北京:北京师范大学出版社,2012:18.

为属于学生个体的东西,才能说学生获得了"活动经验"。如购买物品、设计图案、预测结果、探究原因等。数学活动经验不仅仅是实践经验,也不仅仅是解题经验,更重要的是思维的经验,是在数学活动中思考的经验。数学基本活动经验体现了对过程性目标、情感性目标的重视。

3. 课程目标提出"四能"的要求

《课标(2022年版)》关于培养能力提出:"体会数学知识之间、数学与其他学科之间、数学与生活之间的联系,在探索真实情境所蕴含的关系中,发现问题和提出问题,运用数学和其他学科的知识与方法分析问题和解决问题(简称"四能")。"

问题解决能力体现了数学教育的特征,近年来,世界各国都把问题解决能力培养作为数学课程目标之一。对于问题解决能力方面,原来一般只提分析问题和解决问题的能力,《课标(2011年版)》在此基础上,进一步提出培养学生发现问题和提出问题的能力。《课标(2022年版)》延续这一做法,要求在真实情境中,运用数学和其他学科的知识与方法发展学生发现、提出、分析和解决问题能力。

爱因斯坦曾经指出:"提出一个问题往往比解决一个问题更重要,因为解决问题也许仅是数学上的或实验上的技能而已,而提出新的问题、新的可能性,从新的角度去看旧的问题,却需要创造性的想象力,而且标志着科学的真正进步。"解决教师提出的问题、别人提出的问题固然重要,但能够发现新问题、提出新问题更加重要,这是从培养学生的创新意识和创新能力对数学教学提出的新要求。

4. 课程目标提出"情感、态度和价值观"的要求

《课标(2022年版)》要求:"对数学具有好奇心和求知欲,了解数学的价值,欣赏数学美,提高学习数学的兴趣,建立学好数学的信心,养成良好的学习习惯,形成质疑问难、自我反思和勇于探索的科学精神。"

总目标集中表达了通过数学学习学生在情感、态度和价值观方面的发展要求。通过大量的社会生活和科技发展的实例让学生了解到数学的价值,并在实践中体会到时,就能引发学生的求知欲和学习数学的兴趣;兴趣是最好的老师,有兴趣的学习活动会促进学习效率的提高;培养良好的学习习惯,一直是数学教育的目标之一,养成良好的学习习惯不仅对数学学习有益,对今后的一生都是极其重要的。科学精神有许多内涵,包括坚持真理、修正错误、严谨周密、质疑问难、自我反思、勇于探索、实事求是等。实事求是是科学精神的核心。数学具有逻辑严密性,数学结论是非分明,有利于培养学生实事求是的科学精神。

上述三方面具体要求,即获得四基、增强四能、发展情感态度价值观,包含了数学核心素养的要素,内容完整,内涵丰富,具有全局性、方向性和指导性。

(二)课程学段目标

《课标(2022年版)》关于学段划分,提出"为体现义务教育数学课程的整体性与发展性,根据学生数学学习的心理特征和认知规律,将九年的学习时间划分为四个学段。"即第一学段(1—2年级)、第二学段(3—4年级)、第三学段(5—6年级)、第四学段(7—9年级),

改变了《课标(2011年版)》中三个学段的划分,符合义务教育课程方案中不同学科学段划分的统一要求。世界各国关于学段的划分并不统一,相关研究表明这样的划分有一定的合理性。

学段目标是总目标的分解,内容描述上体现以下特点:

一是每个学段目标分三段描述,分别对应总目标的三个方面。学段目标的第一段具体提出了数学基础知识、基本技能、基本思想、基本活动经验的要求;第二段提出了问题解决能力的要求,包括发现问题、提出问题、分析问题和解决问题的能力;第三段提出了情感态度价值观的要求。同时,考虑到新入学儿童的特点,在第一学段提出了有关幼小衔接的要求。

二是各学段之间体现一定的进阶性和层次性。各学段在四基、四能、情感态度价值观三个方面,均表现出不同要求,在水平上有一定区别,具有进阶性特点;各学段目标中的第一段有关"四基"的要求分别从"数与代数""图形与几何""统计与概率""综合与实践"四个学习领域提出,具有层次性特点。比如,第一学段"四基"目标中关于"数与代数"提出"经历简单的数的抽象过程,认识万以内的数,能进行简单的整数四则运算,形成初步的数感、符号意识和运算能力。"第二学段"四基"目标中关于"数与代数"提出"认识自然数,经历小数和分数的形成过程,初步认识小数和分数;能进行较复杂的整数四则运算和简单的小数、分数的加减运算,理解运算律;形成数感、运算能力和初步的推理意识。"第三学段"四基"目标中关于"数与代数"提出"经历用字母表示数的过程,认识自然数的一些特征,理解小数和分数的意义;能进行小数和分数的四则运算,探索数运算的一致性;形成符号意识、运算能力、推理意识。"认数的范围逐步扩展,由整数到分数、小数,运算的要求也逐步提高,并概括形成对数的运算一致性的认识。

三是注意学段目标与课程内容中"内容要求""学业要求"相对应,并将核心素养的具体表现融入其中。比如,第二学段"四基"目标中关于"图形的位置与运动"提出"了解图形的平移、旋转和轴对称,形成空间观念和初步的几何直观。"第二学段课程内容中关于"图形的位置与运动"提出的"内容要求"是"结合实例,感受平移、旋转、轴对称;在感受图形的位置与运动的过程中,形成空间观念和初步的几何直观。"在"学业要求"中提出"能在实际情境中,辨认出生活中的平移、旋转和轴对称现象,直接感知平移、旋转和轴对称的特征,能利用平移或旋转解释现实生活中的现象,形成空间观念。"可以看出,学段目标与课程内容中的"内容要求""学业要求"是一脉相承的,并且都融入"空间观念"和"几何直观"核心素养表现。

(三) 课程目标中的行为动词

《课标(2022年版)》将课程目标中的行为动词分成两类:一类是描述结果目标的行为动词,包括:了解、理解、掌握、运用;一类是描述过程目标的行为动词,包括:经历、体验、感悟、探索。两类行为动词均分为四个层次,并将这些行为动词和相关同义词的解释统一列入附录。由于述说语境的不同会使用相近的词,表述与上述行为动词同等水平的要求,这些词与上述行为动词的关系在课标附录中给予了说明。

思考与练习 2.2

1. 小学数学课程要培养学生的数学核心素养主要包括哪三个方面？
2. 小学数学核心素养有哪些具体表现？选择某一具体表现，阐述其内涵以及教学中应如何培养。
3. 义务教育阶段数学课程的总目标是什么？
4. 小学数学基本思想主要有哪些？
5. 小学数学学段目标体现了哪些特点？

第三节 小学数学课程内容

课程目标的实现需要课程内容的支撑，《义务教育课程方案（2022年版）》指出："基于核心素养发展要求，遴选重要观念、主题内容和基础知识，设计课程内容，增强内容与育人目标的联系，优化内容组织形式。"为体现上述要求，《课标（2022年版）》对义务教育阶段的数学课程内容进行了结构化整合。

一、课程内容结构

《课标（2022年版）》在课程内容领域划分上保留了《课标（2011年版）》"数与代数""图形与几何""统计与概率""综合与实践"四个领域，为了学生更好地理解课程内容的学科本质，促进学生核心素养的养成，对各领域的主题进行了结构化调整。如表2.3所示：

链接2.6 聚焦核心概念 落实核心素养

表2.3 《课标（2022年版）》课程内容和结构表

领域	第一学段 （1—2年级）	第二学段 （3—4年级）	第三学段 （5—6年级）	第四学段 （7—9年级）
数与代数	数与运算 数量关系	数与运算 数量关系	数与运算 数量关系	数与式 方程与不等式 函数
图形与几何	图形的认识与测量	图形的认识与测量 图形的位置与运动	图形的认识与测量 图形的位置与运动	图形的性质 图形的变化 图形与坐标
统计与概率	数据分类	数据的收集、整理与表达	数据的收集、整理与表达 随机现象发生的可能性	抽样与数据分析 随机事件的概率
综合与实践	重在解决实际问题，以跨学科主题学习为主，主要包括主题活动和项目学习等。第一、二、三学段主要采用主题式学习，将知识内容融入主题活动中；第四学段可采用项目式学习。			

与《课标(2011年版)》相比,小学阶段由原来的两个学段调整为三个学段,各领域中的主题进行了整合和增删,变化较大;初中阶段各领域下的主题基本保持一致,只是个别表述有所调整。下面就小学阶段各领域课程内容结构说明如下:

"数与代数"领域。小学三个学段的主题由原来的"数的认识""数的运算""常见的量""探索规律""式与方程""正比例、反比例"六个整合为"数与运算"和"数量关系"两个。"数与运算"由"数的认识""数的运算"整合而来,体现了两者之间的密切联系以及数及其运算的一致性。运算的重点在于理解算理、掌握算法,算理的理解最终都要追溯到数的意义。如加法运算,整数和小数的加法是相同数位上的数相加,分数的加法是相同分母的分数直接相加,也就是分数单位相同的分数相加,即分母不变、分子相加。整数、小数、分数的加法计算都可以理解为相同计数单位的个数相加。将数与运算整合成一个主题,有助于从整体上理解数和运算,为学生从整体上把握和理解数学知识与方法,形成数感、符号意识、运算能力、推理意识等核心素养提供基础。"数量关系"由常见的数量关系、式与方程、正比例、反比例和探索规律等内容整合而来,这些内容的本质都是数量关系。从数量关系的视角理解和把握这些内容的教学,有助于从整体上认识这些内容的核心概念。数量关系的重点在于用数和符号对现实情境中数量之间的关系和规律进行表达,凸显用数学模型解决现实情境中的问题。在数量关系主题下,包含了用四则运算的意义解决实际问题,理解和运用常见的数量关系解决问题,从数量关系的角度理解字母表示关系和规律、比和比例等内容。"常见的量"调整到综合与实践领域,充实了综合与实践的内容,"方程"移到第四学段。

"图形与几何"领域。小学三个学段由原来的"图形的认识""测量""图形的运动""图形与位置"四个主题整合为"图形的认识与测量""图形的位置与运动"两个主题。图形的认识是对物体形状的抽象图形进行表示,重点是认识图形的特征,图形的测量是对图形大小的度量。图形特征的认识与图形的测量有密切关系。图形的认识需要以测量为基础,如,长方形的对边相等这一特征,需要通过测量和比较确认其正确性;角的分类有赖于对角的大小测量。图形的测量离不开对图形的认识,如,探索图形的周长、面积、体积的问题,一定要与具体的图形建立联系,对图形特征的把握直接影响图形测量的学习。图形的认识和测量的整合,有助于学生从整体上理解和掌握这些内容,并使学生形成知识与方法的迁移。图形的运动与图形的位置也有密切联系。图形的运动本质上是图形上点的位置变化,这种变化主要是平移或旋转,确定图形运动前的位置与运动后的位置的关系,均要借助于数对或方向与距离进行描述,所以图形的运动与位置紧密相关。

"统计与概率"领域。《课标(2011年版)》第一学段没有设置明确的主题,主要内容是分类和简单数据的收集、整理与表达,第二学段设置了"简单数据统计过程""随机现象发生的可能性"两个主题。《课标(2022年版)》第一学段设置了明确的主题"数据分类",且将"简单数据统计过程"变更为"数据的收集、整理与表达"贯穿于第二、三学段,将"随机现象发生的可能性"设置在第三学段。设置数据分类主题,强调了分类的对象是"数据",意在突出大数据时代对学生数据意识的培养;把"数据的收集、整理与表达"作为主题,更能体现数据处理的过程,"百分数"的内容被纳入其中,强化了百分数的统计意义;将"随机现象发生的可能性"设置在小学高学段,符合学生的认知发展规律。

"综合与实践"领域。《课标(2011年版)》没有明确的知识内容要求,而《课标(2022年版)》设置了"主题活动"与"项目学习"。小学阶段以"主题活动"为主,并且将一部分数学知识融入其中,使其内容要求更加具体、明确。例如,将货币单位、质量单位、时间单位、方向等新知识内容融入主题式跨学科学习中,突出强调"跨学科主题学习"的综合性要求,让学生在实际情境和真实的问题中运用数学和其他学科的知识与方法,经历发现、提出、分析和解决问题的过程,感悟数学思想方法和积累基本活动经验,最终形成数学核心素养。

二、课程内容呈现

数学课程标准中课程内容呈现方式主要是指课程内容的设计思路与表述形式。《课标(2022年版)》中课程内容的整体设计思路有很大变化,将课程内容分小学和初中两个部分,每一部分采取"领域+学段"的方式展开。比如,小学部分,按数与代数、图形与几何、统计与概率、综合与实践四个领域,分别呈现各学段的课程内容。

课程内容的表述形式也发生了变化,每个领域下的各个学段课程内容分"内容要求""学业要求""教学提示"三个方面进行表述。"内容要求"是对学习范围的表述,主要表达"学什么";"学业要求"是对学习程度的表述,主要表达"学到什么程度";"教学提示"是对相关内容的教学建议,主要表达"怎样学"和"怎样教"。

课程内容的呈现方式由过去的"学段+领域"转向"领域+学段"的设计,并从三个方面全面地表述课程内容,使得课程内容更加清晰,增强了课程内容的整体性和课程标准的指导性,有助于引导教材编写与教师教学从整体上把握课程内容。

思考与练习 2.3

1. 小学数学课程内容分为哪几个学习领域?分别有哪些内容主题?它们是如何进行结构化整合的?

2. 简要说明《课标(2022年版)》课程内容的呈现方式及其意义。

参考文献

[1] 中华人民共和国教育部.全日制义务教育数学课程标准(实验稿)[S].北京:北京师范大学出版社,2001.

[2] 中华人民共和国教育部.义务教育数学课程标准(2011年版)[S].北京:北京师范大学出版社,2012.

[3] 中华人民共和国教育部.义务教育数学课程标准(2022年版)[S].北京:北京师范大学出版社,2022.

[4] 史宁中,曹一鸣.义务教育数学课程标准(2022年版)解读[M].北京:北京师范大学出版社,2022.

[5] 孙晓天,张丹.义务教育课程标准(2022年版)课例式解读(小学数学)[M].北京:教育科学出版社,2022.

第三章　小学数学教材

内容提要

本章首先简要阐述小学数学教材的概念、作用和编写原则与要求，其次介绍了新中国成立以来，小学数学教材改革基本情况和人民教育出版社出版的十二套小学数学教材的主要特点，最后讨论了小学数学教材分析的意义、内容、方法和具体要求。

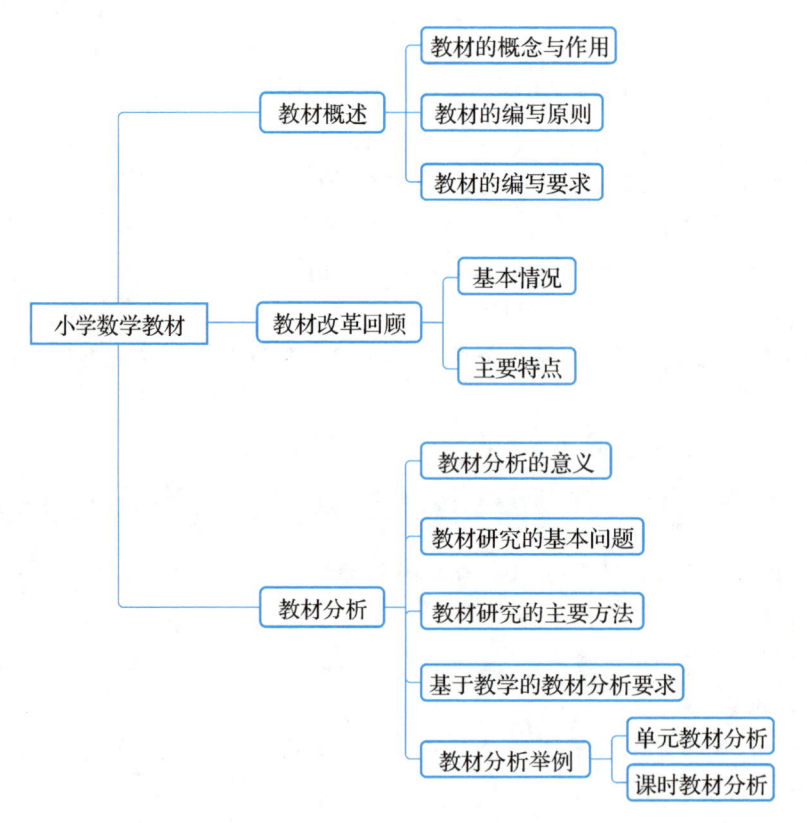

思维导图

小学数学教材
- 教材概述
  - 教材的概念与作用
  - 教材的编写原则
  - 教材的编写要求
- 教材改革回顾
  - 基本情况
  - 主要特点
- 教材分析
  - 教材分析的意义
  - 教材研究的基本问题
  - 教材研究的主要方法
  - 基于教学的教材分析要求
  - 教材分析举例
    - 单元教材分析
    - 课时教材分析

学习要求

1. 了解小学数学教材的概念、作用、编写的原则和具体要求。
2. 了解新中国成立以来小学数学教材改革基本情况。
3. 理解义务教育课程标准小学数学教材的主要特色。
4. 理解教材分析的意义和要求，掌握分析小学数学教材的主要方法，初步具有分析研究小学数学教材的能力。

第一节　小学数学教材概述

数学教材为学生的数学学习活动提供了学习主题、基本线索和知识结构,是实现数学课程目标、实施数学教学的重要资源。作为数学教师要明确教材的意义和作用,教材内容的选择和编写原则,以便正确理解和使用教材。

一、小学数学教材及其作用

(一) 小学数学教材的概念

关于教材概念的界定并不统一,大致有广义和狭义两种解释。从广义来说,小学数学教材是指教师指导小学生学习数学的一切教学材料,包括师生共用的教科书、练习册,以及供教师用的教学指导书、参考书、教学挂图、音像教材、辅助教学软件等教学材料。从狭义来说,小学数学教材是指小学数学教科书,亦称课本。本章所述的小学数学教材是狭义概念,指小学数学教科书。

教材的组织也称之为教材的体系,就是把教学内容排列成便于教学的"序"。小学数学教材组织的基本单位是"课"和"单元"。"课"是教材组织的最小单位,教师一般都是以"课"为单位准备并进行教学的。教材中的"单元"是指在知识系统和逻辑关系上相对较为完整,在知识、技能、思维训练、能力培养或应用上相对独立的部分。

每册教材由若干个单元组成,每个单元通常又可以分成若干个小单元,每个小单元通常对应教材中一个独立练习。教材中的小单元由若干"课"组成,每课通常包括一个或几个知识点,也可以是巩固性"练习"或知识运用。

小学数学教材体系不同于数学科学体系,教材内容确定之后,教材体系的安排应该主要考虑便于教、利于学。作为中小学数学教材,除了要注意数学本身的系统性外,还必须考虑到学生的年龄特征和接受能力,以及学生综合素质发展,在内容安排上遵循由浅入深、由易到难、循序渐进的原则,并允许有适当的循环。

(二) 小学数学教材的作用

小学数学教材不仅是知识的载体,还是贯彻课程标准的媒介,它将课程标准中的课程目标、课程内容转化成了可供教师和学生理解与操作的具体文本,其内容和编排体系也反映了一定时期社会对教育的影响和教材编制者的课程理念和教学理念。其作用表现在:

1. 教材是发展核心素养,达成教学目标的重要资源

小学数学教材是根据小学数学课程标准编写的,课程标准提出的基本理念、核心素养和教学目标,以及内容要求、学业要求和实施建议,在教材中都得到充分体现,因此,教材是实现核心素养导向的小学数学教学目标的重要资源。

2. 教材是教师进行教学的主要依据

小学数学教材是对学生进行数学基础知识教学、能力培养和情感态度教育的专有用

书,为开展教学活动提供了重要资源和基本线索,是教师备课、上课、布置作业和检查学生学习效果不可或缺的基本材料。教师既要根据教学要求,结合学生实际,对教材内容做好教学法加工,使之易于为学生所理解;同时又要指导学生阅读教材,帮助学生理解教材上的知识形成和发展的过程,读懂论述和结论性语言,培养学生的自学能力。因此教材是教师进行教学的主要依据。

3. 教材是学生系统掌握知识,提高数学思维能力的重要基础

教材一般由概念、规则(定律、性质、法则、公式)、插图、例题、习题和实践操作等内容组成。这些内容构成符合学生认知规律的体系,是学生基础知识和基本技能的来源,也是形成数学思想和积累数学活动经验的重要载体。掌握教材内容是学生扩大知识领域,系统地、高效地、有秩序地获取知识的主要工具,也是培养学生思想道德水平和数学思维能力的基础。

4. 教材是检查教学质量和教学进度的依据

教材为教学提供了基本线索,是教学计划的"物化形态"。教材内容安排是教师制订教学进度的依据,也是教学质量评估的重要组成部分。教师要熟练地掌握教材内容,善于使用教材。

二、小学数学教材的编写原则

科学合理的教材体系应该既符合数学学科本身的特点,又符合学生的心理特征和认知规律,体现学科育人的价值取向。为此,《义务教育课程方案(2022年版)》提出,教材编写须落实课程标准的基本要求,基于核心素养精选素材,确保内容的思想性、科学性、适宜性与时代性。

(一)思想性原则

课程教材要发挥培根铸魂、启智增慧的作用,必须以辩证唯物主义观点为指导思想,用科学的世界观和方法论武装学生,体现党和国家对教育的基本要求,体现国家和民族基本价值观。

数学的产生和发展,以及它的内容和形式,思想和方法与辩证唯物主义有着密切的联系。因此,编写时要注意渗透辩证唯物主义观点的启蒙教育。如,指出自然数的产生源于人类的生活实践,分数是人们为了解决测量和运算的矛盾而产生的,从而使学生受到数学知识来源于实际,又应用于实际,并随着实际需要而不断发展的辩证唯物主义基本观点的熏陶。

在义务教育的基础阶段,不仅要给学生打好数学知识与能力的基础,还要打好世界观、人生观、价值观的基础。教材中所承载的思想文化内涵,所表现的主流价值的精髓,对学生的情感态度教育起潜移默化的作用。因此,必须强化教材的教育价值,从小培养学生热爱祖国、热爱社会主义事业,具有为中华民族复兴而艰苦奋斗的精神。为了达到这些目的,教材必须结合数学学科的特点,充分运用生动的、有说服力的数据信息和统计资料,典型的数学史料,对学生进行爱祖国、爱社会主义、爱劳动、爱科学等思想教育,培养高尚的道德情操和审美情趣,养成科学的态度和方法,勇于克服困难的坚强意志和品格,以及良好的文明行为习惯。

(二)科学性原则

数学是一门系统性很强的科学,教材的内容应按照一定的逻辑顺序展开。小学数学包含了现实世界数量关系和空间形式的最基础的内容。既有传统的算术知识,又有代数、几何与概率统计的初步知识和数学思想方法。教材内容的编排既要注意各部分知识纵向的逻辑系统性;又要注意各部分知识的横向联系,使教材的数学知识结构符合小学生的年龄特征和认知规律,有利于教和学。例如,数的认识基本上符合数系扩张的顺序,先认识自然数,再引入分数和小数。教材内容的系统性还要求处理好知识的衔接与配合,实现整体优化。

教材的科学性还表现在教材内容的安排具有一定的层次性。教材内容应由浅入深,由易到难,循序渐进,螺旋上升,符合学生的知识基础和接受能力。如数的认识和计算,划分成几个阶段,逐步扩展深化;一些较为抽象的知识,如四则运算的定义、运算定律等,可以通过逐步渗透的方法,不断加深学生的认识;代数初步知识的学习,可以通过前期孕伏、重点学习和后期发展,使学生反复领会和运用。

(三)适宜性原则

教材内容的编排要与学生的认知水平、思维发展的阶段相适应。小学生的思维发展是以具体形象思维为主,逐步过渡到初步的抽象逻辑思维。因此,教材内容应当多一点实践操作和直观形象,注意在实践或直观的基础上抽象概括。教材的编排要注意设置恰当的问题情境,提供观察、实验、猜测、计算、推理、验证等方面的材料,总结数学活动的过程和经验,同时学会如何把实际问题转化为数学问题。

教材内容的编排要做到先行知识的学习能促进后继知识的学习,体现知识的连贯性和相互衔接,注意在复习旧知的基础上引入新知,以利于学生的知识迁移和理解,从整体上把握数学知识。

小学数学教材要利于学生阅读。形式多样,生动有趣,能激发学生的求知欲;通俗易懂,图文结合,富有启发性;语言准确,表达规范,具有示范性。

(四)时代性原则

教材要适应时代发展需要,培养适应未来社会发展需要的人才。当今社会科技进步日新月异,网络新媒体迅速普及,大数据、人工智能等渗透到人们生活的方方面面,人们的学习、生活、工作方式不断发生变化,这些变化改变了儿童的成长环境,必将深刻影响教材的内容选择和呈现方式。比如,"大数据"时代,数据已成为生产、生活的关键要素,对于现代社会的公民,树立正确的数据观念、拥有良好的数据处理和分析能力至关重要。因此,教材编写应充分反映这一时代要求,为学生进一步学习和未来生活奠定基础。

📖 链接3.1　论中小学数学教材编写的基本原则

三、小学数学教材编写的具体要求

数学教材是数学课程理念的基本物化形式,是学生学习数学、教师教授数学的最基本蓝本,是联结数学课程目标与数学课堂教学的最主要桥梁。[①]　小学数学教材编写应遵循课程标准提出的相关要求,不仅要反映课程标准提出的基本理念和课程目标,而且教材内容的呈现要有利于学生学与教师教。为此,《课标(2022年版)》提出了以下教材编写建议。

(一) 教材编写要体现核心素养培养要求

核心素养具有整体性、一致性、阶段性特征。为此,教材编写首先要把握不同学习领域内容的实质性关联,整体建构教材。比如图形与几何、统计与概率以及综合与实践领域中的数量刻画都离不开数与代数知识,反过来,数与代数知识的巩固运用和价值又能通过其他领域知识学习得到体现,根据不同领域的知识内容的内在联系,整体构建教材内容的结构框架。其次,无论是数与代数、图形与几何、统计与概率,还是综合与实践领域中的数学概念,本质上都是从现实世界抽象得到的,一些运算模型,如加法模型、乘法模型,不仅可以从运算意义中抽象得到并运用于具体运算,同时,这些数学模型还可作为解决几何量、统计量以及实际问题的方法。这些概念、方法、关系在不同课程内容领域具有一致性。再次,由于核心素养具有阶段性特征,在低年级侧重于意识,到高年级逐步抽象形成观念和能力,所以教材编写应依据课标的相关要求,在不同学段设计不同层次、具有连贯性和进阶性的学习活动。

(二) 教材内容要有利于引发学生思考

教材编写要有利于学生学习,引发学生的思考。为此课标提出了三点要求:一是注重来龙去脉,有利于教师引导。例如,新知识的学习要注重展现"知识背景—知识形成—揭示联系"的过程;运用数学知识解决问题,适当体现"问题情境—建立模型—求解验证"的过程。二是激发学生兴趣,引导学生探索。教材要提供丰富多样、具有可读性、富有吸引力的问题情境,促进学生积极主动地参与到学习活动中。三是优化习题设计,注重发展素养。习题是教材的重要组成部分,编制教材时要研究习题的功能,关注教材习题的形式、题量、难度等,整体设计处于不同位置的习题,如课时练习、单元练习、总练习等,体现不同层次和相互关联。

(三) 素材选取要贴近学生真实可信的现实

小学数学内容基本上都可以找到现实生活中的"真实原型",在引入数学概念、方法和关系时,应尽可能选取贴近学生现实生活的素材,这些现实素材包括生活现实、数学现实以及其他学科现实的素材。生活现实是指学生熟悉的事物以及自然、社会中的现象和问题;数学

---

① 史宁中,曹一鸣.义务教育数学课程标准(2022年版)解读[M].北京:北京师范大学出版社,2022:309.

现实是指已经积累的数学知识;其他学科现实是指学生学习数学知识时在各学段已经具备的其他学科知识。这些现实素材必须客观、真实,而非人为设置。让学生经历从现实情境中抽象出数学知识与方法的过程,有利于发展抽象能力、推理能力和积极的学习情感。

(四)教材编写要注重创新

教材创新是教材编写追求的目标之一。课标对此提出了三点建议:一是加强科学论证。在总结经验、借鉴国外的基础上,精心设计、实践检验、证据分析、修改完善。二是拓宽视野。要勇于打破固有教材模式,为教材使用者提供广泛的素材资源和开放的使用空间,实现在教材的内容结构、内容组织、内容呈现、栏目设置、习题编排等方面有所突破。比如,数学文化、数学前沿素材的呈现方式,章、节、主题中的栏目设计等,使教材体系更加优化。三是强化功能。要强化教材的使用功能,关注学生的差异,体现一定的弹性,满足学生不同的学习需求,如设置选学内容,提出不同层次的探索问题或开放性问题等。

思考与练习 3.1

1. 什么是教材?教材的作用包括哪些方面?
2. 编写小学数学教材的原则和具体要求主要有哪些?并结合内容进行说明。

第二节　新中国成立以来小学数学教材改革

新中国成立之初,全国没有统一的小学算术教材,1950 年 7 月 5 日,教育部、出版总署联合发出《1950 年秋季中小学教科用书表》,规定 1950 年秋季全国小学选用两套算术课本,一套为刘松涛等编写的华北人民政府教育部审定的老解放区初级小学算术课本和高级小学算术课本,另一套为俞子夷编写的原大东书局出版的初级小学算术课本和高级小学算术课本。1950 年 12 月,人民教育出版社成立,以编辑出版全国通用的中小学教材为其主要任务。1951 年 4 月,教育部、出版总署通知要求,1951 年秋季全国统一使用俞子夷所编的课本作为暂用本,由人民教育出版社出版。1951 年 10 月,政务院颁布了《关于改革学制的决定》,确定小学实行五年一贯制,人民教育出版社着手编辑第一套小学数学教材。时至今日,人民教育出版社先后编辑出版了十二套全国通用小学数学教材,如表 3.1 所示。[①]

表 3.1　人民教育出版社编写出版的小学数学教材

课改次序	教材套次	出版时间	教材名称
第一次课改 (1949—1952)			新中国成立之初,全国没有统一的小学算术课本,1950 年 7 月,教育部决定临时选用俞子夷和刘松涛分别主编的两套算术课本

[①] 资料来源:李润泉等.中小学数学教材五十年[M].北京:人民教育出版社,2008;课程教材研究所.新中国中小学教材建设史(1949—2000)研究丛书(数学卷)[M].北京:人民教育出版社,2010;教育部基础教育教材审定工作办公室.义务教育课程标准实验教科书概览[M].北京:人民教育出版社,2006.

续表

课改次序	教材套次	出版时间	教材名称
第二次课改 （1952—1957）	1	1952—1955	《五年一贯制小学算术试用课本》，后改编为《初小算术课本》（八册）和《高小算术课本》（四册）
第三次课改 （1957—1961）	2	1959—1961	《初小算术（暂用本）》（八册）和《高小算术（暂用本）》（四册）
	3	1960—1961	《十年制学校小学课本算术》（试用本）和《珠算》（试用本）
第四次课改 （1961—1966）	4	1963—1965	十二年制学校《小学算术课本》和《珠算》（暂用本）
第五次课改 （1966—1976）			"文化大革命"期间，各地自编教材，人民教育出版社没有编写出版相应的小学数学教材
第六次课改 （1976—1986）	5	1978—1981	《全日制十年制学校小学课本·数学》（试用本）
	6	1981—1985	《五年制小学课本·数学》和《六年制小学课本·数学》
第七次课改 （1986—2001）	7	1986—1990	《小学实验课本·数学》
	8	1990—1995	五、六年制《义务教育小学教科书·数学》（实验本）
	9	1992—1998	五、六年制《义务教育小学教科书·数学》（试用本）
	10	2000—2005	五、六年制《义务教育小学教科书·数学》（试用修订本）
第八次课改 （2001— ）	11	2001—2006	六年制《义务教育课程标准实验教科书·数学》
	12	2012—2022	六年制《义务教育教科书·数学》

为了适应教学改革和教材建设需要，各地也编写出版了多套试验教材和义务教育小学数学教材，对教材改革做出了有益探索。这里主要对人民教育出版社编辑出版的全国通用教材做简要回顾。

一、第一套教材（1952年—1955年编）

根据1951年学制改革和教育部1952年颁发的大纲要求，1952年起，人民教育出版社陆续编写出版了第一套全国通用教材，书名为《五年一贯制小学算术试用课本》。教材以苏联小学算术课本为蓝本。1953年6月，教育部决定从1953年秋季起，小学暂缓推行五年一贯制，沿用四二制，把《五年一贯制小学算术试用课本》改名为《初小算术课本》（八册）和《高小算术课本》（四册）。在使用过程中，该套教材进行过修订，出版了多个不同版次教材。

这套教材的思想性、科学性和文字显著优于新中国成立初期的暂用本。教材编排比较严密，系统性较强；加强了口算，注意联系儿童的生活实际和生产劳动实际，应用题的解答注意分析数量关系等。但整套教材受苏联教材的影响较大，结合中国实际不够，且先五年制后改为六年的教材内容，只相当于苏联的小学四年的内容，程度较低，影响了小学毕业生的数学水平。教材的编排采取习题汇编形式，分不清哪些是例题，哪些是习题，给教学造成不便。

二、第二套教材（1959年—1961年编）

这套教材是在1958年"大跃进"背景下编的。1958年的"教育大革命"对小学算术教学中的少慢差费现象提出了批评。1959年9月教育部发出"小学各年级算术教材精简和补充纲要"，人民教育出版社出版了第二套全国通用教材。《初小算术（暂用本）》（八册），《高小算术（暂用本）》（四册），《初小珠算》（一册）和《高小珠算》（一册）。

这套教材暂用本结束了长期以来初中教一年算术的做法，用六年时间学完全部算术内容，提高了小学毕业生的数学水平。教材的编写形式由原来的例题、习题汇编改为例题、习题分开编排，有利于教师教学，也有利于学生自学；教材把笔算算理、算法概括成运算法则，有利于学生掌握规律，指导计算。缺点是有些内容陈旧、重复、繁琐，知识之间缺乏联系。

三、第三套教材（1960年—1961年编）

这套教材是教育部总结了1958年以来，各地进行学制和教材改革实验的经验教训后，要求在不提高程度，不改变课程体系的原则下，小学用五年时间学完四二制小学的算术内容。书名为《十年制学校小学算术（试用本）》（十册），《珠算（试用本）》（一册），这套课本从1961年秋开始供全国试行十年制学校使用，一直用到1966年。

该教材根据参加生产劳动和进一步学习的需要，简化市制计量单位，删去繁难的应用题，增加循环小数、比例，把整数划分为二十以内、百以内、万以内和万以上四个阶段，每一阶段各有重点；提早教学几何初步知识，概念和法则注意从实际引入，突出重点，抓住关键，解决难点，重视总结规律，以利于举一反三。这套教材采取先学小数后学分数，在分数、小数的编排上没有必要的循环，不够妥当。

四、第四套教材（1963年编）

1963年5月，教育部颁发了六年制《全日制小学算术教学大纲（草案）》，人民教育出版社编辑出版十二年制学校《小学算术课本》（十二册），以及《珠算（暂用本）》（一册）。1963年秋季在全国使用，直到1966年。

这套教材吸取了多年来教材改革经验，加强了数学知识的系统性和严密性，把过去删减不当的内容重新编入了课本，提高了程度；教材确定了以四则计算为中心、其他内容配合四则计算进行安排的教材体系。重视基础知识教学和基本技能的训练。不足之处，在于没有适当下放代数初步知识，实行算术和代数相结合；四则计算和应用题过于繁难，综合算式出现9—11步，应用题出现2—5步，包括11种简单应用题和11种典型应用题，要求偏高。由于众所周知的原因，这套教材正式出版的只有初级小学的1—4册，其他各册均未能正式出版。

"文化大革命"期间，人民教育出版社出版的教材被停止使用，各地相继成立教材编写组，编写了一些联系实际的教材，过于倾向实用性，打乱了知识系统，削弱了知识基础，小学教育水平严重下降。

五、第五、六套教材(1978年—1985年编)

"文化大革命"结束以后,党中央把教材建设作为整顿教育的最迫切、最主要的工作之一。1978年2月教育部颁布了《全日制十年制学校小学数学教学大纲(试行草案)》,根据这个大纲,人民教育出版社编辑出版了第五套全国通用教材《小学数学(试用本)》。1981年,根据《全日制五年制小学教学计划(修订草案)》及各地反映的意见,对试用本做了修改,出版了《五年制小学课本·数学》,同时为了适应当时小学学制五、六年制并存,编写出版了《六年制小学课本·数学》,于1985年全部出齐,称为第六套全国通用教材。

这两套教材对传统的算术内容,代数和几何初步知识,以及现代数学思想方法等采取了"精选、增加、渗透"的六字方针,适当更新了教学内容,正反比例的定义改成与中学代数中的定义一致,在加强基础知识教学的同时注意发展学生智力,培养能力。如口算教学时注意讲清算理,加强简便算法以提高学生的计算能力,几何教学注意发展学生的空间观念。教材编排体系比较重视知识间的联系,配合基础知识的教学渗透现代数学思想方法。教材中增加了插图,以增强教学效果。不足之处是编写形式比较单调,说明较少,不便于自学,没有充分注意寓学法于教材之中,思考题缺乏系统性。

1986年9月,国家教委成立了新中国第一个权威性的中小学教材审定机构——全国中小学教材审定委员会,明确提出"教材要一纲多本""教材要多元化""教材要编审分离",决定组织编写不同类型、不同层次、不同风格的中小学教材,经国家教委中小学教材审定委员会审定通过后使用。这一措施推动了小学数学教材的改革,繁荣了小学数学教材建设。北京、上海、江苏、浙江、四川、广东、福建等省市,陆续出版了本地区适用的义务教育教科书,河北编写了供农村小学使用的复式教材(称半套)。

六、第七套教材(1986年—1990年编)

根据《中共中央关于教育体制改革的决定》精神,为了探讨实行九年制义务教育中小学数学教材如何进一步改革,适应提高全民族素质,培养符合社会主义现代化建设要求的各级各类合格人才打好初步基础的需要,在广泛调查研究、总结经验和认真实验的基础上,课程教材研究所编写了五年制《小学实验课本·数学》。

这套实验课本在现行五年制小学数学课本的基础上,做了进一步改革,程度与现行五年制教材基本相同,但在教学内容的精选、增加和渗透方面进行了一些新的尝试。在编排上努力改变不适应新形势发展的教育观念和教学方法,力求使教材结构符合教育学、心理学的原理和儿童的年龄特征。在运用学习迁移规律,使学生在掌握数学基础知识和基本技能的同时,更好地发展智力、提高分析问题和解决问题的能力上做了新的探讨。在处理好统一要求和因材施教以及小学和初中的衔接方面也做了进一步研究,以便做到既减轻学习负担,又提高教学质量。

全套教材为实施义务教育所做的探索,基本符合我国当时社会和科技发展的需要,同时也符合国际数学教育改革的总体趋势,教学内容的安排和教材的结构比较合理,对学生掌握知识、发展智力、培养能力起到了较好作用。但实践中也有一些教师反映,有些内容分量偏多、要求偏高,一册教材多达200页,有些题目作为共同要求偏难,版式、插图还不够生动活泼等。

七、第八、九、十套教材（1990年—1995年编实验本，1992年—1998年编试用本，2000—2005编试用修订本）

根据国家教委1988年颁发的《九年义务教育全日制小学数学教学大纲（初审稿）》，在总结原通用教材和实验教材的编写和使用的经验基础上，编写了五、六年制《义务教育小学教科书·数学》（实验本）；随着试用大纲的颁布，经过实验、修订，从1992年秋季开始陆续出版五、六年制《义务教育小学教科书·数学》（试用本）；2000年，根据试用修订版大纲，人民教育出版社组织人员对试用本教材进行再次修订，出版了五、六年制《义务教育小学教科书·数学》（试用修订本）。

编写义务教育教材的指导思想，以"面向现代化、面向世界、面向未来"为指针，以唯物辩证法为基本指导思想，以现代教学论和心理学为依据，正确处理需要与可能、数学学科特点与儿童认知特点、教与学、掌握知识与发展能力、智育与德育、共同要求与因材施教、提高教学质量与减轻学生负担等方面的关系；注意精选教学内容，建立合理的教材结构，在分量和要求上具有一定的弹性；力求使教材具有中国特色，适应我国现阶段的需要。这三套义务教育教材在原有教材的基础上有所突破，体现了以下特点：

（一）教材的内容和要求注意适应我国义务教育的特点和需要

教材在内容和要求上注意符合九年义务教育全日制小学数学教学大纲的规定，根据义务教育的性质，考虑到全国各地的经济、教育发展不平衡，为适合大面积使用以及一般小学生的接受能力，对教材内容和要求做了适当调整，降低了共同要求。

如，整、小数四则混合运算数目适当减小；降低了几何形体求积计算的繁难程度；分数乘、除法应用题运用方程求解，加强测量和画图等实际操作的内容；百分数的应用增加利息、折扣、保险等联系实际的内容，加强了某些数学思想和数学方法的渗透；教学内容和要求有一定弹性，适当安排了一些选学内容。

（二）根据数学知识的内在联系和学生的认知规律，建立合理的教材结构

教材力求把数学的逻辑顺序同儿童的认知发展顺序有机地结合起来，加强数、量、形、应用题等几方面内容的纵横联系，使之互相配合，互相促进，建立合理的教材结构。

如，一步应用题加强了提问题、补条件的练习，强化了"由已知，想可知"和"由未知，想需知"的思路教学，并且加强了解答连续两问应用题的练习，为教学两步应用题切实打好基础；为了加强对统计思想和方法的认识，提高学生运用统计方法解决简单实际问题的能力，教材在一、二年级就注意渗透一些简单统计图表，四、五、六年级分散安排有关统计初步知识，并且注意与计算、应用题的联系；"比"被安排在分数除法后教学，以加强除法、分数和比之间的联系。

（三）教材的编写注意体现教学方法，处理好传授知识与发展智能的关系

教材根据教学内容的具体特点和学生的认知特点来揭示基本概念，对相互之间联系

密切的内容注意突出它们之间的共同规律,便于学生以简驭繁地掌握所学的内容。

重视新旧知识之间的联系,在新旧知识的连接点上提出启发性的问题,这样既能培养学生的学习能力,又节省教学时间。

练习题分成不同的层次,逐步提高要求,设计了一定数量的思考题和带星号习题,供学有余力学生练习,目的是加强基本训练和因材施教。

为了使所学的知识得到巩固和系统化,每一单元后面的"复习"改为"整理和复习",先整理本单元所学的知识,以及与前面学过的知识的联系,再做一些复习题。

(四) 加强思想品德教育

结合各部分教学内容,介绍我国古今数学成就,激发学生的民族自豪感。对学生进行励志教育,重视选择我国社会主义建设成就的数据和统计材料,使学生了解我国国情,受到爱祖国、爱社会主义的思想教育。

注意联系实际,加强调查研究,使学生了解数学在日常生活和生产中的作用,受到目的性教育。

渗透辩证唯物主义思想,使学生受到辩证唯物主义观点的熏陶。

注意启发学生思考,给学生留有探究的余地,逐步培养学生独立思考、严格认真、刻苦钻研等良好习惯。

> 链接3.2 小学数学教材内容和结构改革六十年

八、第十一、十二套教材(2001年—2006年编实验本,2012—2022年编修订本)

2001年7月教育部颁布了《全日制义务教育数学课程标准(实验稿)》,依据课程标准的要求,先后有多家出版社组织编写小学数学实验教科书。2001年7月,经公开投标、竞标,第一次通过教育部审定的四套教材有人民教育出版社、江苏教育出版社、北京师范大学出版社、西南师范大学出版社出版的《义务教育课程标准实验教科书》(小学数学)。其后,河北教育出版社、青岛出版社出版的教材又分别于2002年、2003年通过审定。新课程实验教材的重大突破之一就是以课程标准为依据编写教材,开启了"一标多本"的小学数学教材改革的新时期。

经历了十年的课程改革实践,教育部于2011年12月颁布《义务教育数学课程标准(2011年版)》。根据该课程标准,各种版本实验教材进行了修订,出版了《义务教育教科书》(小学数学)。新修订的教材主要体现了以下特点:

(一) 教材内容的素材贴近学生现实

素材的选用充分考虑学生的认知水平和生活经验,在反映数学本质的前提下尽可能贴近学生的现实。学生的现实主要包含生活现实、数学现实和其他学科现实三个方面。

第一学段,学生所感知的生活面较窄,从学生身边熟悉的、有趣的事物中选取学习素材,激发他们的学习兴趣,帮助他们理解相关的数学知识,使学生感受到数学就在自己身边,体会到数学的作用。如人教版教材三(上)第21页(图3.1),通过估一估、量一量数学书的长和宽,认识毫米、分米;又如北师大版教材二(上)第36页(图3.2),联系学生熟悉的三轮车生活经验,通过摆一摆、填一填,概括出 3 的乘法口诀。

图 3.1　人教版三(上)第 21 页(2022 年第 2 版)

图 3.2　北师大版二(上)第 36 页(2013 年第 1 版)

　　第二学段,学生的活动空间有了较大的扩展,教材可选择来自自然、社会中的现象和问题,使学生感受到数学的价值和趣味。如苏教版教材四(上)第 98 页(图 3.3),利用日常生活和生产实践中斜坡运输省力的具体实例,激发学生探索斜坡与地面成什么角度时物体滚得远些。这样的问题将数学知识与其他学科知识相联系,增强了学生数学应用意识和解决实际问题的能力。

图 3.3　苏教版四(上)第 98 页(2014 年第 1 版)

　　随着数学学习的深入,学生所积累的数学知识和方法,就成为学生的"数学现实",这些现实也成为学生进一步学习的素材。比如,学生有了加法以及连加的知识基础,就可作为学习乘法的"数学现实";学生掌握的平行四边形面积计算公式,就可以作为学习三角形、梯形面积计算的"数学现实"。依托学科内部的这些素材作为学生的"数学现实"展开新知识学习,不仅有利于学生理解所学知识,还能够揭示相关数学知识之间的内在联系,有利于学生从整体上理解数学,构建数学认知结构。

(二)教材内容的呈现体现过程性

　　教材编写不是单纯的知识介绍,应选用合适的学习素材,介绍知识的背景,设计必要的活动,让学生通过观察、实验、猜测、推理、交流、反思等,感悟知识的形成和应用。

1. 体现数学知识的形成过程

　　教材基本采用创设情境—建立模型—解释、应用、拓展的编排方式,不仅强调了与现实的联系,而且让学生体会到数学的特点与作用。教材还致力于改变小学生的数学学习方式,倡导自主、合作、探究的学习方式。在新知识的学习活动中,安排了诸如摆一摆、做一做、说一说、猜一猜、议一议等活动。这个过程有利于激发学习兴趣,理解数学实质,发展思考能力,了解知识之间的联系。

2. 反映数学知识的应用过程

教材设计了运用数学知识解决问题的活动,体现"问题情境—建立模型—求解验证"的过程。同时,每册教材至少安排一个适用于"综合与实践"的学习活动,让学生经历收集数据、查阅资料、独立思考、合作交流、实践检验、推理论证等多种形式的活动。经历这种过程,有利于学生理解和掌握相关的知识和技能,感悟数学思想,积累活动经验;有利于提高学生发现和提出问题、分析和解决问题的能力,增强应用意识和创新意识。

(三) 教材内容的设计具有一定的弹性

按照课程标准的要求,教材的编写既注意面向全体学生,也考虑到学生发展的差异,在保证基本要求的前提下,体现一定的弹性,以满足学生的不同需求,使不同的人在数学上得到不同的发展,也便于教师发挥自己的教学创造性。具体做法有:就同一问题情境提出不同层次的问题或开放性问题;提供一定的阅读材料,包括史料、背景材料、知识应用等,供学生选择阅读;习题的选择和编排突出层次性,设置巩固性问题、拓展性问题、探索性问题等,不要求全体学生掌握的习题,做出明确标注;在设计综合与实践活动时,所选择的课题使所有学生都能参与,不同的学生通过解决问题的活动,获得不同的体验;编入一些拓展性知识和方法的选学内容。

(四) 教材体现数学文化价值,渗透德育与美育

数学是人类悠久的历史文化的重要组成部分。考虑到小学生的阅读和理解水平,教材设置了"你知道吗""数学万花筒"等栏目,精选了部分数学文化背景材料,丰富学生对数学文化的认识和感受,渗透德育与美育。如:介绍数学发展简史和数学家故事,激发学生学习数学家的科学精神和数学学习热情,认识数学在社会发展中的作用;介绍数学文化的历史背景,数学与人类社会发展之间的相互作用,让学生体会到数学的科学价值、应用价值、人文价值和美学价值。

(五) 教材具有较强的可读性

教材的呈现在准确表达数学含义的前提下,根据学生的年龄特征,采用图片、游戏、卡通、表格、图像、文字等多种方式,直观形象、图文并茂、生动有趣地呈现教材内容,学生易于理解和接受,提高了学生阅读教材的兴趣,拓宽了学生的思维空间。

小学数学教材建设是一个不断发展的动态过程,需要在理论上加强探索,在实践中不断反思,反思理论与实践的差距,反思理想与现实的差距,加强教材评价研究,在设计、实验、总结、调整中不断完善,迈向更高水平。

思考与练习2.2

1. 新中国成立以来,人民教育出版社编写出版了哪几套全国通用小学数学教材,各有哪些主要特点?
2. "一纲多本"的教材制度是什么时候提出来的?有何重要意义?
3. 阅读现行某版本小学数学教材,举例说明它有哪些主要特色。

第三节　小学数学教材的分析

分析研究教材通常是指掌握教材所提供的全部信息,并对这些信息进行加工,从而使教材信息完整地、准确地、高效地显现出来。

一、教材分析的意义

对于小学数学教师来说,分析研究教材是教学过程中的重要环节。授课前,教师必须认真分析和研究教材,领会教材的编写意图,收集和整合教学资源,组织教学内容,编写教案,进行课堂教学准备,只有这样才能很好地运用教材,有效实施课堂教学。所以分析研究教材是备好课、上好课的前提。

在分析教材的过程中,教师要仔细琢磨教材的结构体系、素材选取以及各知识内容的地位、作用,教材的重点、难点和关键,挖掘教材所蕴含的数学思想和情感态度教育因素,以便合理确定教学目标。所以分析研究教材是每一位教师必须掌握的基本技能和能力。

此外,教师在使用教材的过程中,不断分析和研究教材,发现问题,提出改进意见,这无疑有益于教材建设,促进教材日臻完善。

二、教材研究的基本问题

近年来,数学教材研究非常活跃,讨论议题越来越广泛和深入。有学者从教学系统的逻辑要素来研究教材,需要分析教材的知识逻辑、教学逻辑、学习逻辑和认知逻辑。[1] 知识逻辑分析主要是厘清数学学科逻辑体系和教材中知识结构体系以及两者的一致性和差异性,明确教材的重点和难点;教学逻辑分析主要是建立符合目标任务的教学过程与方法;学习逻辑分析主要从学的视角剖析学生已有基础和学习新内容的心理特点及困难和障碍;认知逻辑分析是指从目标定位到目标达成的逻辑分析,客观评价目标设计及如何达成目标。按照这四条逻辑线索分析研究教材,可以解决是什么、怎样教、怎样学、效果如何这些基本问题。

为了提升小学数学教材编制水平,探索教材改革和发展的基本规律,更好地服务于育人目标,有学者从教材的因果关系上提出研究数学教材的三类基本问题。一是教材作为研究对象本身,主要解决数学教材是什么样的,它有哪些主要特征;二是教材作为因变量,主要解决教材受到哪些因素的影响,包括社会经济、历史文化、政府决策、价值观念等;三是教材作为自变量,主要解决教材如何影响其他因素,包括教材如何影响教与学的行为以及学生的学业水平,传递了怎样的价值观念等。[2]

教材的质量关乎未来人才培养和教学目标的实现。有学者从教材的内在质量和外在

---

[1] 潘超,吴立宝.教材分析的四条基本逻辑线[J].中小学教师培训,2019(3):51-56.
[2] 范良火,熊斌,李秋节.现代数学教育中的教材研究:"概念""问题"和"方法"[J].数学教育学报,2016(5):1-3.

质量两方面进行研究，客观反映教材的静态和动态状况。① 教材的内在质量是指教材的文本质量，文本的内容和结构是其关键要素，主要包括文本内容编写的组织结构、知识容量、教材难度、素材选取、呈现风格、与信息技术整合，反映了教材文本的静态特征；教材的外在质量是指教材的使用，包括教师、学生对教材的认可问题，教材使用的效果评价与改进等，具有动态特征。

教材文本的编制涉及诸多因素，有学者从相关因素出发，对教材的编制背景、结构体系（包括教材的单元设置、具体栏目的安排以及教材内容的逻辑联系等）、内容设计（包括知识容量、内容深度、习题难度、教材难度等）、呈现方式（包括素材选取、情境设计、插图运用、语言表达方式等）进行分析研究，运用定性、定量相结合的方法，客观理性地概括教材的主要特点，揭示教材发展的基本规律。②

总体来看，与教材的编写和使用相比，教材研究的历史较短，教材研究规模相对较小，教材理论研究成果相对缺乏，需要进一步拓宽教材研究领域，创新教材研究的理论和方法。

> 链接3.3　现代数学教育中的教材研究："概念""问题"和"方法"

三、教材研究的主要方法

教材研究方法呈现多元化趋势，比如内容分析法、比较法、实验法、模型法、问卷调查法、统计分析法、历史法、文献法等在小学数学教材研究中得到运用。采用什么样的方法研究教材通常因研究的主题、问题和要求而定，其中内容分析法、比较法最为常见。

其一，内容分析法。我国台湾学者欧用生认为，内容分析法是"透过量化的技巧以及质性的分析，以客观及系统的态度，对文件内容进行研究与分析，借以推论产生该项文件内容的环境背景及其意义的一种研究方法。"③内容分析法聚焦于数学教材的内容特征，对教材文本内容分析时，通常包括对教材的组织方式（如螺旋式、直线式、板块式）、教材的价值取向（如学科型、经验型）、教材的体例风格、知识容量、内容难度、呈现方式、习题编制，以及教材的综合性、社会性与教育性等进行客观、系统的定量或定性分析，并做出必要的逻辑推理和哲学思辨。

其二，比较法。教材比较研究，主要是针对不同版本教材，依据相关理论，描述教材现象，揭示教材特点，概括不同版本教材在不同维度上的相似性和差异性，以及形成差异的因素，为吸取先进经验、改进教材编写提供理论支撑。比较研究主要有以下两类：一是中外小学数学教材比较。中外小学数学教材比较的意义在于了解不同文化背景、不同教育体制影响下的教材编制情况，吸取他国经验，进而为改善我国小学数学教材编写提供借鉴。二是国内不同版本小学数学教材比较。对于国内不同版本小学数学教材的比较，有助于总结不同版本教材的特色，积累教材编写经验，探讨切合我国实际的教材编制理论，促进我国小学数学教材改革与创新的健康发展。国内不同版本小学数学教材的比较，包

---

① 孔凡哲，张恰. 教科书研究方法学与教科书质量保障研究[M]. 长春：东北师范大学出版社，2021：7.
② 刘久成. 小学数学教材研究[M]. 南京：南京大学出版社，2022：27-28.
③ 欧用生. 开放社会的教育改革[M]. 台北：心理出版社，1992：150.

括国内不同时期教材的比较和同一时期不同版本教材的比较等。

相对而言,调查研究法、实验研究法等的运用相对偏少,教材研究方法的科学化、体系化仍有较大拓展空间。加强方法论研究,动态与静态、定性与定量方法的合理运用,研究方法的规范与创新,必将有助于教材研究内容的突破、研究领域的拓展和教材研究体系的建构。

> 链接3.4　数学教材研究的综述与展望

四、基于教学的教材分析要求

为了能够恰当地运用教材实施课堂教学,每一位教师都必须分析教材,弄清编者的意图。那么,基于教学实践的需要分析研究小学数学教材的要求和要解决的问题有哪些呢?

(一) 分析教材的编排体系和知识之间的内在联系

首先要认真阅读教材,仔细推敲教材文本内容,整体把握教材的知识逻辑。具体包括弄清教材的单元设置、内容分布以及教材内容的逻辑联系;弄清各类知识的来龙去脉与纵横联系,以及它们在整个小学数学教材中的地位和作用。在整体把握教材编排体系和内在联系(尤其是分布在几册教材里的相同领域、相关内容的联系)的基础上,再着手对所教的一册教材、一单元教材或者一课时教材做深入具体的分析研究,明确所要教的那部分内容,其知识基础是什么,并且为哪些后继知识的学习做铺垫等。这样,可以避免教学过程中的前后脱节或者重复。同时,要弄清教材的栏目设置、情境图、导语、提示语及旁注等,掌握教材内容的话语运用和结构特点。

(二) 分析教材的重点、难点和关键

分析教材的重点、难点和关键,是为了科学地组织教学内容、设计教学过程,做到突出重点、抓住关键,突破难点,带动全面,有效地提高课堂教学质量。

1. 教材的重点

所谓教材的重点,是指教材中,关系全局、直接影响其他内容学习的那些知识。确定教材的重点,要以教材本身为依据,瞻前顾后,溯源探流,深刻分析研究所教的内容,并将其放到整个知识系统当中去判定其地位和价值。

如"数与代数"是整个小学数学教材的重点;整数的认识和四则计算又是"数与代数"的重点;其中,又以20以内的加减法,表内乘法和相应的除法为重点;在20以内的加减法中,又以进位加法和退位减法为重点。

又如,长方形、正方形、平行四边形等平面图形的面积计算中,长方形面积的计算是重点。如果长方形的面积公式不掌握,那么其他图形的面积公式就无法推得。

2. 教材的难点

所谓教材的难点,是指教材中学生难以掌握、容易产生混淆和错误的内容。小学数学教材中,有的内容比较抽象,不易被学生理解;有的内容纵横交错,比较复杂;有的内容本

质属性比较隐蔽,也有的内容体现了新的观点和新的方法,在新旧知识的衔接上呈现了较大的坡度;还有些内容相互干扰,易混、易错。这些都被看作教材的难点。

例如,在两位数除多位数的除法中,试商就较为复杂;有些实际问题从题意理解到列出算式,对小学生来说思维复杂,比较困难;连续退位减法、分数除法、最小公倍数的求法、圆面积公式的推导等,这些内容就可以看作教材的难点。从除数是一位数的除法到除数是两位数的除法,从简单应用题到复合应用题,从整数到分数,从自然数单位到分数单位,从普通数字到用字母表示数等,体现了新观点和新方法,显示出新旧知识衔接过程中的较大坡度,从而成为教材的难点。多位数的读写,数位与位数,等腰三角形与等边三角形等内容,因为易混易错而成为教材的难点。

教材的难点具有相对性。它与学生的知识基础、认知水平、思维能力以及学习精神等有一定关系,在相同内容的学习中对一部分学生构成了难点,但对另一部分学生来说可能不是难点。当然,难点的形成与教师的教法也有关系。

教材的难点具有积极与消极的双重性。通常我们对难点的消极的一面关注较多,但也应当看到教材难点在教学中的积极一面,它对深化认识、发展思维和培养数学素养有重要作用。事实上,没有困难也就谈不上去积极探索和刻苦学习,从这个意义上讲,数学教学中的难点不仅体现着数学的魅力,还蕴蓄着思索、探索的动力。在难点教学中,学生不仅深刻地领悟知识和锤炼思维,而且还可以培养毅力,磨炼意志。

3. 教材的关键

所谓教材的关键,是指教材中对掌握其他知识或解决问题时有着决定性作用的那些内容。作为教材的关键,它在攻克难点、突出重点的过程中往往具有突破口的功能,一旦掌握好教材的关键,与其相关内容的教学就可以迎刃而解。

如,掌握"凑十法"是学习 20 以内进位加法的关键;熟记数位顺序表是读、写多位数的关键;掌握部分积的对位原理和方法是学习多位数乘法的关键;理解分数的意义和分数单位则是理解算理、掌握分数四则运算法则的关键。

教材的重点、难点和关键有时可以相同。例如,"凑十法"既是 20 以内进位加法的重点,也同时是关键;掌握试商方法既是掌握两位数除多位数的重点,又是难点,同时也是关键。

准确地掌握教材的重点、难点和关键,才能保证学生正确理解和掌握教材内容,取得事半功倍的效果。如"小数除法"应以除数是整数的小数除法为重点,除数是小数的除法为难点。教学中要利用转化思想,引导学生根据商不变规律和小数点位置移动引起小数大小变化的规律,把"除数是小数"的除法转化为"除数是整数"的除法,这是小数除法教学的关键。

(三) 分析教材中的数学思想、能力发展等核心素养要素

《课标(2022 年版)》确立"三会"为小学数学核心素养,并且提出了 11 个具体的核心素养要素。基于教学需要,分析研究教材时,必须弄清教材中所反映的核心素养要素,并且在教学实践中加以落实。这些核心素养要素集中反映了学生对数学思想的理解、思维品质的提升和数学能力的发展。

数学思想是人们对数学的本质认识,它以数学知识为载体,在人类长期的数学活动中

形成和发展起来,是学生形成良好认知结构的纽带,是由知识转化为能力的桥梁,也是学生智能发展和数学素养提高的重要因素。数学思想可以在不同的层面进行分析,总体来说,包括抽象思想、模型思想、推理思想。具体来说,小学数学教材中渗透的数学思想很多,诸如集合、对应、函数、统计、极限、分类、转化、符号化、数形结合等。数学思想通常是隐性地渗透在教材内容中,对此,教师要挖掘、提炼渗透在教材中的数学思想,把握数学知识的本质。如:在数量大小、多少的比较中,渗透了对应思想;多边形面积计算公式推导中运用了转化思想;最大公约数和最小公倍数的表达中,渗透了集合思想;正(反)比例关系中,渗透了函数思想;圆面积公式的推导中,渗透了转化与极限思想。只有教师在分析教材时看得清、抓得准,才能在教学过程中做到有的放矢,达到渗透数学思想的目的。

发展学生数学能力是数学教育的核心任务,课程标准提出了"在探索真实情境所蕴含的关系中,发现问题和提出问题,运用数学和其他学科的知识与方法分析问题和解决问题。"在核心素养具体表现中,特别提到了抽象、推理、运算以及空间观念等。如:运算能力的培养,主要通过对数与运算的教材分析,明确算理、算法的相关要求,发现运算数据的特点,促进学生合理使用运算定律。如计算 $\frac{18}{37} \times 39$ 时,常规算法是 $\frac{18}{37} \times 39 = \frac{702}{37} = 18\frac{36}{37}$,而 $\frac{18}{37} \times 39 = \frac{18}{37} \times (37 + 2) = 18 + \frac{36}{37} = 18\frac{36}{37}$,则要简便得多。在注重"算法多样化"的同时,还应该强调算法规范化(强调"法则教学")和算法优化。合理、简洁的运算训练,对于培养学生的观察力、思维的灵活性以及运算能力,都有其独特的作用。

(四)挖掘教材中渗透的情感、态度和价值观因素

数学教育承载立德树人的根本任务,在开发学生智力、发展能力的同时,必须重视情感、态度和价值观教育,以丰富学生的精神世界,提升做人的基本修养。要挖掘教材中的先进文化、革命文化和中华优秀传统文化;要挖掘教材中法治、国家安全、民族团结、生态文明,以及科技进步、社会发展新成就等。这不仅可以强化学生的学习动机,增强学习的内驱力,还有助于引导学生树立正确的世界观、人生观、价值观,对学生的综合素质发展起到积极的作用。比如:

树立正确的学习目的,是学好数学的保证,在数学教学中,要结合有关内容,列举实例,说明数学在我国社会主义现代化建设中的作用,使学生体会到掌握数学知识的重要性。

通过反映我国生产建设发展的统计数据,对学生进行热爱祖国、热爱社会主义的教育;通过简介我国数学史上的伟大成就,激发学生的民族自信心和自豪感。

结合教材中创设的情境、提供的素材,激发学生的好奇心、求知欲,养成刻苦、细心、严格、认真等良好学习习惯,培养独立思考、不怕困难、勇于探索的科学精神。

数学的知识、方法及其来源和发展,都充满着辩证法。对此,小学数学教学要通过数学知识的具体分析、讲解,浅显地揭示数学知识与现实世界的关系,数学知识内部的矛盾运动,从而渗透实践第一的观点、事物普遍联系的观点、对立统一的观点、运动变化的观点等。

(五)研究教材中的习题

习题是教材的重要组成部分,是学生理解知识、形成技能、发展能力的必要途径。数学

教学中,对学生进行有目的、有计划,形式多样,层次递进,角度多变的解题训练,是学生掌握知识、发展思维、培养能力的必由之路。因此,在分析教材时,应重视分析教材中的习题。具体包括:① 理解习题设计的目的和功能,明确习题与例题的匹配关系,以及习题对于实现教学目标发挥了哪些作用。② 研究习题的层次和形式。弄清哪些是基本题、哪些是变式题、综合题、发展题和思考题;习题的难度如何,对思考性强、难度较大的习题,教师应亲自演算、体会,避免使用过程中处理不当。③ 研究习题中的不足。可以根据具体情况,减少同质习题的重复,增添富有思考性、趣味性、开放性的习题,提高学生的练习兴趣,促进深度思维,提高练习效率。

(六)确定教学目标

教学目标是指学生在教学活动后要达到的预期教学效果,对教学活动起着导向作用。它是教学评价的依据,也是教学活动的出发点和归宿。作为教材分析的成果,应体现在教学目标的制定上。因此,分析教材时,要弄清教材的编写意图,明确通过教学应使学生获得哪些基础知识、基本技能、基本思想和基本活动经验,达到什么要求,通过怎样的途径着重培养哪些能力,以及可进行哪些情感、态度、价值观教育,在核心素养上获得怎样的发展,并根据各部分知识内容,以及例题习题的安排、难易程度和地位作用等制订教学目标。提出的教学目标应该完整、准确反映课程标准和教材内容的要求,所提程度应当适切,内容表述应具体、明确、可测。

分析研究教材是有效利用教材的基本保证。在"一标多本"的教材制度下,当前有多种版本的教材经教育部审查通过并推广使用,借鉴不同风格、不同特色的教材,有助于加深对教材的理解,提升教师教材分析能力和运用能力。

五、小学数学教材分析举例

对教材内容的分析,可以从教材的构成上,分为针对整套教材、一册教材、单元教材、课时教材进行的分析;也可以从教材的内容结构上,分为针对知识领域、知识主题、知识单元、知识点进行的分析。知识领域是指课程标准中所划分的四个学习领域;知识主题一般指教材体系中密切联系的相对独立部分,如"数的认识和运算""图形的认识和测量"等;知识单元是指知识主题下由若干知识点构成的相对独立的知识组块,一般指教材中编排的大单元,或大单元下相对独立部分,如"长方形和正方形""多边形面积""圆"等;知识点是指知识单元下涉及的概念、方法、规则等,如"三角形的高""三角形的内角和""圆的画法"等。最为常见的是关于单元教材、课时教材进行的分析,下面举例说明。

案例3.1 单元教材分析——人教版三年级上册第七单元《长方形和正方形》

长方形和正方形是最基本的平面图形,形状简单、特征明显、应用广泛。正方形是表示面积单位的图形,长方形的面积计算方法是其他平面图形面积计算的基础,所以,这部分内容对图形的认识与测量,以及其他内容的学习极为重要。

本单元内容主要由三部分组成:一是四边形,包括四边形的初步认识,长方形和正方形的特征;二是平面图形的周长,包括周长的含义,长方形和正方形的周长计算;三是运用四边形及其周长的知识解决简单的实际问题。全套教材关于长方形和正方形的认识有三次编排,具体情况如表3.2所示。

表 3.2　人教版教材中"长方形和正方形"内容编排

册次	单元	主要内容
一年级下册	认识图形（二）	直观认识长方形和正方形，知道这些图形的名称，能识别这些图形。
三年级上册	长方形和正方形	从边和角的角度认识长方形和正方形特征，周长的含义、长方形和正方形的周长计算及其运用。
四年级上册	平行四边形和梯形	从与平行四边形的关系角度进一步认识长方形和正方形。

从教材的编排体系来看，学生已有直观认识长方形和正方形、初步认识角以及长度测量等知识基础，生活中学生也会经常遇到有关周长的问题，积累了一定的生活经验，这是教学本单元学生具有的基础。但由于三年级小学生的年龄特征，决定了他们对图形的认识处于以依据表象为主的直观辨认水平，逐步向以依据特征为主的初级概念判断水平的发展阶段，对抽象概念的学习不仅需要分阶段循环递进，也需要借助直观操作，丰富感知，形成清晰的表象。因此，在引导学生发现长方形和正方形特征，探究平面图形的周长计算时，离不开量一量、折一折、画一画、摆一摆等操作活动，促进形象、表象思维向抽象思维过度。

本单元教材的重点在于认识长方形、正方形的特征和周长计算的方法。难点在于理解长方形与正方形的关系，以及运用数学知识解决实际问题。对于认识长方形和正方形特征来说，关键在于引导学生从边和角进行探索；对于长方形、正方形的周长计算来说，认识长方形和正方形的特征是关键，没有掌握长方形对边相等、正方形四边相等，就不能概括出长方形、正方形的周长计算公式。

本单元教材中没有对四边形、长方形、正方形、周长等概念进行严格定义，但一定程度反映了平面图形是对事物表面的抽象，长方形和正方形都是对事物抽象化的产物；长方形和正方形周长计算公式的概括，是现实生活中事物量化的一种数学模型。因此，这些内容反映了数学中的抽象思想和模型思想。教材一开始给出了丰富的图形（有平面图形、立体图形，有直线形、曲线形，有凸多边形、凹多边形），让学生从中找出哪些图形是四边形，体现了分类思想；对于不规则封闭图形的周长，教材中让学生采取先用绳子围一围，再量一量，这里蕴涵了"化曲为直"的转化思想。

上述数学思想反映出对学生进行核心素养的教学要求。同时，在图形特征的探索中还有助于培养学生的观察力、动手操作能力和发现问题能力；在利用图形特征探索周长计算的方法中，也有助于培养学生提出问题、分析问题和解决问题的能力；在小组合作中，有助于培养学生的探究能力以及语言表达能力等。创设的数学活动情境、提出的现实问题等，都能激发学生参与学习数学的热情，感受到数学的价值。

本单元教材编排还体现了以下特点：一是注重让学生通过自主探索，掌握新知。包括图形特征的发现，长方形、正方形周长计算公式的探索等。二是注重体现知识的形成过程，渗透数学思想方法。比如，教材先从一般封闭图形引入周长的概念，让学生体会到周长是一个一般概念，然后让学生探索一般图形周长的求法，使学生经历周长求法的知识形成过程，认识到周长是图形的量化特征，是可以测量的，测量的过程同时渗透了"化曲为直"的数学思想。三是关注所学知识的及时运用，培养学生解决问题的能力。比如，在学习了长方形、正方形周长计算公式之后，教材安排了大量来自现实生活的实际问题，同时，教材还专门安排了解决实际问题的例5,让学生体会到所学知识的广泛应用。

依据课程标准要求和本单元教材的具体内容,以及学生的实际情况,可以确定本单元如下教学目标:

(1)通过观察、操作等活动,学生能认识四边形,并进一步认识长方形和正方形特征。

(2)结合具体实例,知道周长的含义,能测量简单图形的周长,探索并掌握长方形、正方形的周长计算公式。

(3)根据图形特征以及周长计算公式,解决生活中的实际问题,发展学生的推理意识和空间观念。

(4)通过联系生活实际和各种数学活动,体会数学来源于生活,感受数学的价值。

案例 3.2 课时教材分析——苏教版四年级上册第二单元《两、三位数除以两位数》例3(把除数看作与它接近的整十数试商)

两、三位数除以两位数的除法是本套教材中整数除法的最后一部分内容,本单元主要内容及前后联系如表3.3所示。

表3.3 《两、三位数除以两位数》单元内容及前后联系

已学过的相关内容	本单元主要内容	后续学习的相关内容
两、三位数除以一位数(三上) 用连乘计算解决实际问题(三下)	除数是整十数的除法 两、三位数除以两位数的笔算 连除计算实际问题 商不变规律 被除数和除数末尾有0的除法	小数乘、除法(五上) 分数的基本性质(五下) 比的基本性质(六上)

本节课是本单元中"两、三位数除以两位数的笔算"情形之一:把除数看作与它接近的整十数试商,即教材中的例3;另一种情形是除数不接近整十数,试商后需要调商的笔算除法。学习本课的知识基础以及进一步学习的相关内容可以从上表看出。本节课的教学内容可以确定为教材中第12页例3以及"试一试"和"练一练"(图3.4),完成练习三第1—3题(图3.5)。具体内容如下:

例3是学生第一次接触到除数不是整十数的除法。首先根据实际问题情境列出相应的除法算式,其次,引导学生比较"96÷32"与前面学习的除法算式有什么不同的地方,教学时要引导学生产生研究新的试商方法的动机。教材提示32比较接近30,可以把32看作30来试商。引导学生思考交流,然后让学生尝试完成竖式计算。初步了解和掌握用四舍五入法把除数看作整十数的试商方法。

"试一试"引导学生观察"192÷39"中的除数,想一想"39接近几十?"可以把39看作多少来试商,思考交流后,再尝试完成竖式计算。然后,组织学生回顾例3和"试一试"的计算过程,引导学生总结归纳除数是两位数的除法计算方法。并且知道,例3是用"四舍"法试商,"试一试"是用"五入"法试商。在此基础上,联系前面学过的除数是整十数的除法,归纳完善"除数是两位数的除法"计算方法:把除数看作和它接近的整十数试商,先用被除数的前两位除以除数,如果被除数的前两位比除数小,就用前三位除以除数;除到被除数的哪一位,商就写在哪一位的上面。

随后的"练一练"是四舍五入法试商的专项练习,把除数看作与它接近的整十数来试商,并独立完成计算。

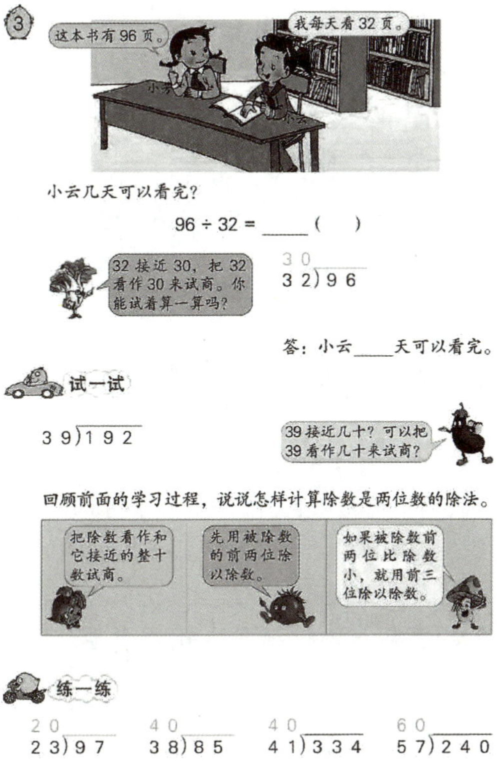

图 3.4　苏教版四(上)第 12 页(2014 年第 1 版)　　　图 3.5　苏教版四(上)第 15 页(2014 年第 1 版)

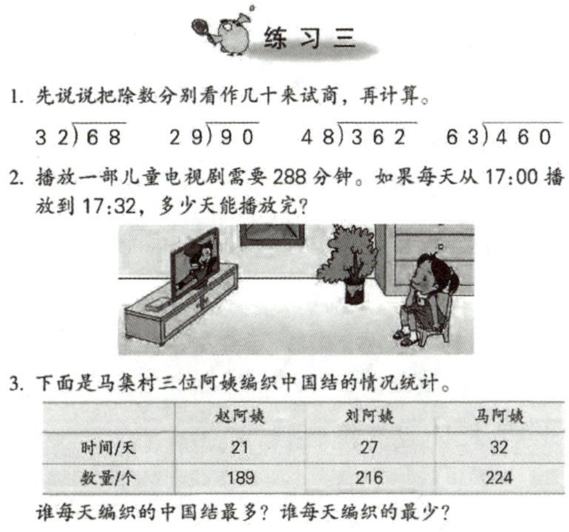

练习三共有 20 道习题,其中第 1—3 题可以作为本课教学的练习内容。三题的形式有所不同,第 1 题是式题,突出试商方法;第 2—3 题是实际问题,前者以文字+插图的表现形式,后者以表格的形式出现;三道题由易到难。第 3 题的信息量大,包含了三道"除数是两位数的除法",并且用到"四舍"法与"五入"法。每道题都要求学生把除数看作和它接近的整十数来试商,突出了运用"四舍五入"法试商的重点,着重帮助学生掌握试商方法,形成相应的计算技能。同时,关注实际问题数量关系的分析,明确先算什么,再算什么,体会和掌握分析问题和解决问题的过程和方法。

本节课的教学重点是理解并掌握除数是接近整十数的两位数除法的笔算方法,会用"四舍五入"的方法试商。难点在于理解算理,让学生感受到把除数看作整十数来试商是可行的。掌握"四舍五入"法试商不仅是本节课的关键,也是进一步学习其他两位数除法的关键。

本节课关于计算方法的探索和总结,渗透了归纳推理思想和算法思想,在这样的过程中发展了学生的运算能力和数学思维能力。

根据以上分析,可以确定本节课的教学目标:① 通过问题情境引导学生理解把除数看作整十数试商的算理,初步掌握"四舍五入"法试商的方法,并能正确进行除数是接近整十数的两位数除法计算。② 在探索"四舍五入"法计算两位数除法的过程中,归纳计算方法，让学生感受算法思想的重要性，发展学生的运算能力和数学思维能力。③ 让学生获得自主探索问题的成功体验，形成认真、严谨的学习习惯和学好数学的信心。

思考与练习3.3

1. 简述分析教材的意义和主要方法。
2. 基于教学实践的需要分析研究小学数学教材的要求有哪些？
3. 什么是教材的重点、难点和关键？举例说明。
4. 选择小学数学教材的一个单元或一节课内容进行教材分析。

参考文献

[1] 张奠宙,巩子坤,任敏龙,等.小学数学教材中的大道理——核心概念的理解与呈现[M].上海:上海教育出版社,2018.

[2] 孔凡哲,张恰.教科书研究方法学与教科书质量保障研究[M].长春:东北师范大学出版社,2021.

[3] 陈月茹.中小学教科书改革研究[M].北京:教育科学出版社,2009.

[4] 史宁中.基本概念与运算法则:小学数学教学中的核心问题[M].北京:高等教育出版社,2013.

[5] 刘久成.小学数学教材研究[M].南京:南京大学出版社,2022.

[6] 课程教材研究所.新中国中小学教材建设史(1949—2000)研究丛书(数学卷)[M].北京:人民教育出版社,2010.

第四章　小学数学学习

📖 内容提要

本章包括四部分内容。第一部分是小学数学学习概述，重点阐述了小学数学学习的含义及其特点、小学数学认知和小学数学学习分类；第二、三、四部分是《课标（2022年版）》总目标三部分的学习，分别阐述了小学数学"四基"的含义及其学习策略、小学数学"四能"的含义及其发展策略和小学数学情感与态度的含义及其培养策略。

🔒 思维导图

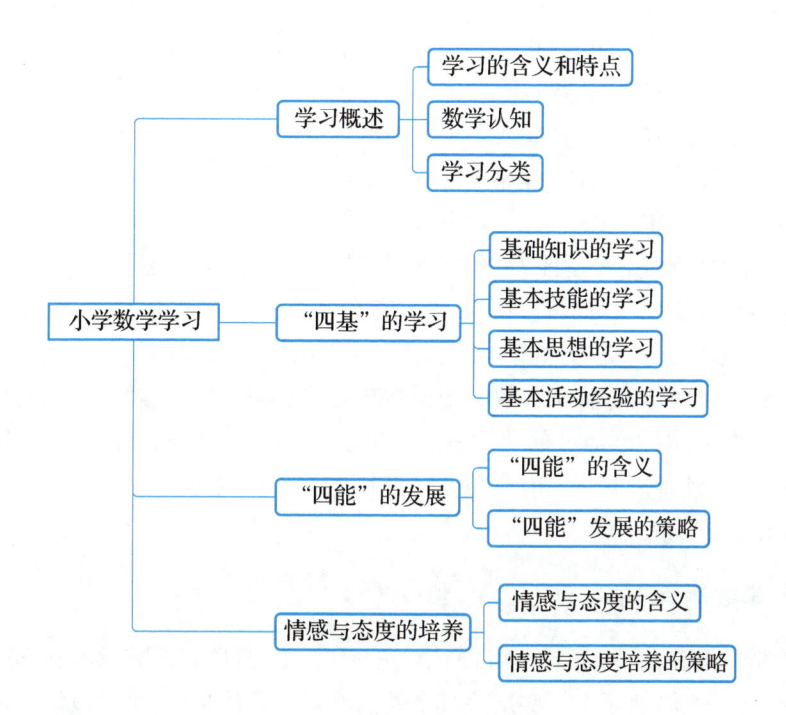

```
                    ┌── 学习的含义和特点
         ┌── 学习概述──┤── 数学认知
         │          └── 学习分类
         │
         │          ┌── 基础知识的学习
         │          ├── 基本技能的学习
小学数学学习─┼── "四基"的学习─┤── 基本思想的学习
         │          └── 基本活动经验的学习
         │
         │          ┌── "四能"的含义
         ├── "四能"的发展─┤
         │          └── "四能"发展的策略
         │
         │           ┌── 情感与态度的含义
         └── 情感与态度的培养─┤
                     └── 情感与态度培养的策略
```

📖 学习要求

1. 了解小学数学学习的含义及其特点。
2. 理解小学数学认知方式和分类。
3. 初步掌握小学数学"四基""四能"以及情感与态度的学习策略。

第一节　小学数学学习概述

学习是人类永恒的主题,古今中外许多的思想家、教育家都十分重视对学习的研究。小学数学教学作为一种教师指导下的以学生为主体的数学认知活动,它要解决的根本问题是如何引导学生高效率、高质量地进行数学学习。

一、小学数学学习及其特点

(一) 小学数学学习的含义

成功的数学教学是以对数学学习规律的深刻理解为基础。数学是一种人类活动,数学家们通过对自己数学创造活动的反思,概括出关于数学思维活动规律的理论。作为人类数学活动的一个有机组成部分,学生的数学学习活动有其本身的特殊性。学生的数学学习要建立在已有数学认知结构的基础上,要与学生的数学思维发展水平相适应。另外,数学学习要关注学生的情感体验,使学生在一种积极的情感环境中激发数学学习的兴趣,以坚韧不拔的意志努力学习,养成数学学习的良好习惯。因此,小学数学学习是一种特殊的学习活动,是指小学生在教师指导下,按照国家数学课程标准的要求,根据小学数学教科书提供的信息资源和学习线索,有计划、有步骤地掌握数学知识与技能,促进自身的数学活动经验、能力(特别是数学能力)和情感态度持久变化的活动过程。

小学数学学习是一个复杂的心理活动。它不仅是一个认识过程,而且交织着情感、态度以及个性心理特征等。一方面,学生原有的数学认知结构、思维水平与学习能力,都对数学学习起着直接的作用,影响着数学知识与技能的掌握。另一方面,学生的情感、意志、动机、兴趣、个性品质等也都对数学学习起着推动、增强、坚持、调节控制等作用。学生在学习数学时,要受到自身的认知因素与非认知因素的影响;同时,数学学习又促进认知因素与非认知因素的发展。

(二) 小学数学学习的特点

小学数学学习作为一门具体学科的学习过程,一方面具有人类学习和学生学习的共同特点;另一方面又必然还有一些反映其个性的特点。具体来讲,小学数学学习具有以下一些主要特点。

1. 小学数学学习需要感性材料的支持

数学学科严密的逻辑性与高度的抽象性客观上对学生的逻辑思维发展水平提出了较高的要求,而小学生的思维又处在以具体形象思维为主要形式逐步向以抽象逻辑思维为主要形式的过渡阶段,他们的逻辑思维还带有很大成分的具体形象性,往往要在感性材料的支持下思维活动才能顺利进行。因此,在学习活动中要充分运用感性材料的直观形象性,去帮助学生理解学习内容是小学数学学习特别明显的特点。学生在学习中要通过观察、操作等活动从感性上认识数学内容,建立表象,才能将所学数学知识内化成自己的数学认知结构。比如:在三角形、平行四边形和梯形等平面图形的学习中,就应当引导学生深入观察某一面是三角形、平行四边形和梯形的物体,让学生在头脑里建立起相应的表象,并利用其表象去更好地理解和掌握三角形、平行四边形和梯形的图形特征。

2. 小学数学学习要循序渐进地进行

数学学科严密的逻辑性特点在客观上决定学生学习数学比学习其他学科知识更需要循序渐进地进行。所谓循序渐进,在这里是指数学学习要按照一定的顺序进行,使学习过程的发展顺序充分体现数学知识本身的逻辑顺序和学生的认识发展顺序,从而获得最佳的学习效果。数学学习的这一特点集中表现在两个方面:一是小学数学学习过程必须遵循人的认识发展顺序,按照由浅入深、由表及里、由感性认识到理性认识的过程进行;二是小学数学学习要遵循数学学科本身具有的逻辑顺序,先学什么后学什么再学什么,要取决于所学知识体系内部的逻辑结构,这种逻辑结构既包括数学知识的纵向联系,也包括其横向联系。比如:乘、除知识从横向联系看,必须先学乘法后学除法,如果违背了这种逻辑顺序,学习就会发生困难;从纵向联系看,又必须先学表内乘、除法,再学习一位数乘、除多位数,最后学习两位数乘、除多位数等。这种逻辑顺序是不能颠倒的,它强烈地反映出数学学科特点对学习过程的客观制约性。

3. 小学数学学习是在人类发现基础上的再发现

小学数学学习是教师指导学生对人类已有数学知识再发现的过程。在这个过程中,学生要采用多种途径,把教材中的数学知识转化成自己的数学认知结构。其中,数学活动是一种重要途径。它不仅可以帮助学生建立起所学数学知识的表象,从而更好地内化,而且还有利于学生切实经历数学知识的形成过程,感受数学与生活的密切联系。在数学学习过程中,教师要让学生动手、动脑,用观察、模仿、实验、猜想等手段收集材料,获得体验,并且通过类比、分析、归纳,逐渐形成自己的数学知识与技能,发展自己的数学能力。为了降低学生"发现"的难度,教师应对人类的发现过程适当"加工",把它"剪接"成缩短的、简化的过程。

4. 小学数学学习是教师依据课程和教材的引导活动

在小学数学学习过程中,学生要通过分析、综合、比较、抽象、概括等思维方法和概念、判断、推理等思维形式去实现对抽象数学知识的理解和掌握。而小学生由于受自身思维发展水平的制约,在数学学习中常出现思维过程不流畅甚至中断的现象,这在客观上就需要教师根据课程标准和教材对学生的学习做必要的引导。教师对学生学习的引导主要体现在以下三个方面:① 启发和引导学生把握好思考的起点,让学生面对具体的学习任务,知道应该从什么地方想起。② 引导学生把握好数学思维发展的方向。知道朝什么方向去思考才能顺利完成学习任务,从而帮助学生克服思维过程中出现的种种障碍,保证思维过程的顺利进行。③ 启发学生对自己的学习过程做必要的反思。

二、小学数学认知

现代认知心理学的研究表明,数学学习的过程是一个数学认知的过程,在这个过程中,学生根据教师的指导积极内化数学知识,把数学知识结构转化成自己的数学认知结构。

(一) 数学认知结构

感知到的信息在人脑中被转移、简化、储存、恢复和运用的全过程,就是认知。在认知活动中,输入的信息被加工和改造,人脑中的知识便按照各人的理解深度和广度,结合自己的认知特点,形成一个具有内部规律的整体结构,这就是认知结构。

"数学认知结构就是学生头脑中的数学知识按照自己的理解深度、广度,结合着自己的感觉、知觉、记忆、思维、联想等认知特点,组成的一个具有内部规律的整体结构。"[①]简单地说,数学认知结构就是学生头脑里获得的数学知识结构。它是一种经过学生主观改造后的数学知识结构,其内容包括数学知识和这些知识在学生头脑里的组织方式与特征。比如:有关分数的意义及四则运算的认知结构,一方面要反映分数的概念和性质、分数四则运算的意义及运算法则等知识内容;另一方面更要体现学生在头脑里对这些知识内容的接受、理解、保持和运用等一系列活动的组织方式。

数学认知结构是数学知识结构与学生心理结构相互作用的产物。对于学生来说,数学知识结构是前人研究数学的经验总结,是客观的、外在的东西。而数学认知结构是学生学习数学时在头脑中逐步形成的智能活动模式,是主观的、内在的东西。不同的学生,其数学认知结构的特点也不同。同一知识内容,可以形成不同的认知结构。数学认知结构有正误优劣之分,在一定程度上,体现了学习数学的能力。所以,单纯的数学知识积累,并不等于良好的数学认知结构的形成。但是,数学认知结构不可能离开数学知识结构而产生,它是从教科书及课堂教学的知识结构转化而来的,体现了数学知识与数学认知的统一。形成了一定的数学认知结构后,一旦大脑接收到新的数学信息,学生就能不自觉地,甚至是自动地用相应的认知结构对信息进行处理和加工。所以,数学认知结构在数学认知活动中发挥着积极的作用,是不断学习新知识的基础。同时,随着数学认知活动的进行,学生的数学认知结构又会不断分化改组,扩大加深,变得更加精确和完善。所以,数学认知结构是在数学认知活动中形成的,并经历了由简单到复杂、由低级到高级的发展过程。

(二) 儿童的认知发展规律

著名的瑞士心理学家皮亚杰(Jean Piaget)是当代认知学派的主要代表人物,他一生最大的贡献就是创立了发生认识论的理论体系,研究了人类,特别是儿童认识(认知、智力、心理)的发展,提出了认知发展阶段论。在皮亚杰看来,要真正了解智慧,必须追溯到动作。数学思维,其实质上是一种动作。运算是他思维逻辑分析体系中的核心概念,是划分儿童认知发展阶段的主要标志。据此,他把儿童认知发展分为四个主要阶段,每一个阶段代表着一种完全不同的理解世界的方式。

---

① 曹才翰,蔡金法. 数学教育概论[M]. 南京:江苏教育出版社,1989:52.

1. 第一阶段,感知运动阶段

从出生到 2 岁,相当于婴儿期。此阶段儿童还没有语言和思维,主要靠感觉和动作探索周围世界,逐渐形成物体永存性观念。

2. 第二阶段,前运算阶段

2～7 岁,相当于小学入学前。此阶段儿童各种感觉运动行为模式开始内化成为表象或形象思维,特别是由于语言的出现和发展,促使儿童日益频繁地用表象符号来代替或重现外界事物,出现了表象思维。此阶段的主要特点有:

(1) 相对具体性。儿童开始依赖表象进行思维,但还不能进行运算思维。

(2) 不可逆性。儿童思维的灵活性还不强,如会计算 3+2,但却不会计算 2+3,知道 AB 表示某条线段,却不知道 BA 也表示同一条线段。

(3) 自我中心性。儿童只能站在自己经验的中心,只有参照他自己才能理解别的事物,而认识不到还有他人或外界事物的存在,也认识不到自己的思维过程。故前运算阶段又称为自我中心思维阶段。

3. 第三阶段,具体运算阶段

7～11 岁,相当于小学第一、第二阶段。此阶段的主要特点有:

(1) 儿童开始具有逻辑思维和真正运算的能力,先后获得各种守恒概念,但运算的形式和内容仍以具体事物为依据。

(2) 儿童的思想开始有较大的易变性,出现可逆性,能解决守恒问题,可凭借具体事物或形象进行逻辑分类和认识逻辑关系。

(3) 此阶段儿童的运算仍有其局限性。其一是这一水平的运算还不具有足够的形式化,还脱离不了具体事物或形象的支持;其二是运算还是零散的、孤立的,不能组成完整的系统。

4. 第四阶段,形式运算阶段

始于青春前期,十一二岁,相当于小学第三阶段。这一阶段儿童不再靠具体事物来运算,而能对抽象的和表征的材料进行逻辑运算,接近于成人的思维。与具体运算阶段相比,此阶段的儿童思维发生了四种变化:

(1) 能够进行假设—演绎推理。首先对事物提出一些假设,然后从假设推演出某些逻辑结论。

(2) 能够进行命题逻辑思维。能够在摆脱实际内容的情况下,对一系列推理的正确性进行评价,在不受命题性质束缚的情况下建立前提与结论间的逻辑联系。

(3) 能够在头脑中把形式和内容完全分开。他们的认识能超越现实本身,无须具体事物作为中介,把握抽象概念,进行形式推理。

(4) 能够形成两种形式运算的认知结构。儿童到了这个阶段,已经能够用这些结构形式来解决各种逻辑问题,表明他们的思维已经接近或基本达到成人的成熟水平。

以上四个阶段有其连续性和阶段性,每个阶段都有其独特的结构。也就是说,某个发展阶段的结构一旦确定,就有区别于其他阶段的质的特点。根据儿童的年龄特征,由于个人或社会的各种因素,阶段可以提前或延迟,但其先后顺序不变。低级阶段在向高级阶段逐步过渡时,低级阶段的认知特点成为高级阶段的组成部分。

(三) 小学数学认知的基本方式

小学数学认知结构主要是通过同化和顺应两种方式去建构的,同化和顺应是小学生数学认知的基本方式。

1. 同化

如果新知识与原有认知结构中的某些知识有着适当的联系,学生就把新知识纳入原有的认知结构中,从而扩大原有的认知结构,这一过程叫作同化。比如:如果原有的认知结构中已有了乘数是一位数、两位数的乘法运算知识,那么再学习乘数是三位数的乘法时,就可以根据"用乘数哪一位上的数去乘被乘数,所得积的末位就与哪一位对齐"这一联系点,将新知识纳入原有的数学认知结构。从同化的意义不难看出,同化学习的必要条件是所学新知识与原有认知结构中的有关内容相联系,即原有认知结构中有能够同化新知识的旧知识。很明显,同化主要适用于那些与旧知识有密切联系的新知识的学习。

2. 顺应

如果在原有的认知结构中没有适当的知识与新知识相联系,那么就要对原有的数学认知结构进行改组,使之能接纳新的知识,从而建立新的数学认知结构,这一过程称为顺应。比如:小学生开始学习分数时,由于分数与原有的整数认知结构不一致,就不能简单地依靠同化方式在原有的整数认知结构基础上学习,而要对整数认知结构进行改造,通过分数的初步认识的学习,使计数单位在个、十、百、…的基础上,增添各种分数单位,逐步顺应分数的学习。如果说同化是促进原有认知结构量变从而扩大认知结构内容的过程,那么顺应则是使原有认知结构发生质变从而建立新的数学认知结构的过程。顺应主要适用于那些与旧知识没有直接联系的新知识的学习。

同化和顺应是两种不同的认知方式,在实际运用中,两者是辩证统一的,甚至是密不可分的,它们往往同时存在于某个学习过程中。就其活动方式和发挥的作用来讲,同化主要是改造新的学习内容使其与原有认知结构相吻合,便于新知识直接纳入原有认知结构;顺应则是改造原有认知结构以适应新知识的学习。在小学数学学习中,同化和顺应总是相辅相成、互为补充的。一方面在改造新的数学知识内容的同时,学生也必须适当调整自己的原有认知结构,使新的学习内容与原有认知结构更加吻合;另一方面学生在调整原有认知结构的同时,也总是要对新的数学知识做适当改造,将其内容改造成更有利于接纳的形式,从而保证原有认知结构与新的数学知识之间的相互适应。

(四) 小学生建构数学认知的一般过程

小学数学学习过程是一个数学认知过程,即新的学习内容与学生原有的数学认知结构相互作用,形成新的认知结构的过程。这个过程包括三个阶段:输入阶段、新旧知识相互作用(同化或顺应)阶段和操作阶段。其一般模式如图 4.1 所示:

情境 → 新的学习内容 → 输入阶段 → 原有的数学认知结构 → 相互作用阶段 → 产生新的数学认知结构 → 操作阶段 → 形成新的数学认知结构 → 预期目标

图 4.1　数学认知过程的一般模式

1. 输入阶段

学习起源于学习情境。输入阶段实际上就是给学生创设学习情境,提供新的学习内容,激发学习动机,使学生在心理上产生学习新知识的需要(即心向),这是输入阶段的关键。在此阶段,教师所提供的学习内容应适应学生的能力和兴趣。

2. 相互作用阶段

产生学习需要后,学生以原有的数学认知结构为基础,对新的学习内容进行加工,以便进入相互作用阶段,即同化或顺应阶段。这一阶段要么改造新的数学知识,使之能纳入原有的认知结构(同化),或者改造原有的认知结构,以适应新的学习内容的需要(顺应),从而产生新的数学认知结构。

3. 操作阶段

操作,是指用新的数学认知结构去解决问题,使刚产生的新的数学认知结构臻于完善。

小学生建构数学认知过程的三个阶段是紧密相连的,任一阶段的学习出了问题都会影响数学学习的质量。从上面的分析可以看出:学生原有的数学认知结构总是学习新知识的基础。所以,教师首先要考虑学生已经知道了什么,掌握到何种程度,然后再考虑教学内容的深度和广度、呈现序列等问题,确保学生原有的认知结构和新的数学知识相互作用的顺利进行。

三、小学数学学习的分类

认知学习是一个复杂的心理过程,是一个动态的信息加工系统。对数学学习进行分类,能够揭示不同类型的学习规律,便于搞清影响学习的因素,并揭示出该类学习的心理过程。小学数学学习,按学习的深度划分,可以分为机械学习和有意义的学习;按学习的方式划分,可以分为接受学习和发现学习;按照学习的内容划分,可以分为数学"四基"的学习、数学"四能"的发展和数学情感与态度的培养。有关数学内容的学习,将在本章后面三节详细探讨。

(一) 机械学习与有意义的学习

学生学习数学,主要是掌握前人积累的数学知识,而这些知识是用语言文字符号来表示的。学生只有经过积极的思考,正确理解这些符号所代表的数学内容,才能将其转化为自身的数学认知。如果学生在学习时,不理解一些语言文字符号所表示的意义或方法,仅仅记住这些符号的组合或词句,那么这种学习就是机械学习。比如:有的小学生在解应用题时,见"多"就加,见"少"就减,不理解其实质意义,往往导致解答错误。

有意义的学习指学生理解由符号或词句所代表的实际内容,新知识与学生头脑中已有的知识建立了非人为(非任意)的和实质性(非字面)的联系。比如:对于"3×4",学生不仅知道结果等于12,而且知道这是3个4连加,或者是4个3连加,符号"×"表示求相同加数和的运算。这就是有意义的学习。

小学数学学习基本上应该是有意义的学习。但机械学习就像机械识记一样不可避免,有时甚至是必要的。因为小学生知识和经验少,寻求新知识与原有的认知结构的结合点较困难。他们在学习中对很多材料最初只能建立非实质性的人为联系,只能是一知半解。只有在以后不断增长知识经验的过程中,才能逐步深化对学过的材料的理解。

(二) 接受学习与发现学习

接受学习指学习的全部内容是以定论的形式呈现给学生,即把问题的条件、结论以及推导过程等都叙述清楚,不需要学生独立发现,只要他们积极主动地将所学的新知识与旧知识相联系,进行思维加工,就可以与旧知识融为一体。以这种方式获得的知识容易贮存,而且过程较科学,程式较稳定,时间较经济。

发现学习的主要特征是不把学习的主要内容以定论的形式提供给学生,而要让学生自己去独立发现,然后内化。这些经过自己发现而组织到认知结构中去的材料最容易保持。所以发现学习对于激发内部动机、掌握学习方法和培养创造精神都是有益的。不过,小学数学学习中的发现学习,只能就少数课题进行,并且一般都是在教师指导下进行的。

发现学习显然比接受学习复杂得多,所花的时间也较多。一般地说,学生的数学学习通常是接受学习方式,而各种数学问题的解决,则往往通过发现学习来实现。

有意义学习和机械学习、发现学习和接受学习是划分学习的两个维度。这两个维度之间存在着交叉,即接受学习可以是机械学习,也可以是有意义学习;发现学习同样可以是机械学习或有意义学习。在讨论发现学习与接受学习时,往往有这样一种认识,即接受学习会导致机械学习,只有发现学习才能导致有意义学习。这种认识是片面的。因为学习有无意义,并不决定于学习形式,而是由学习内容和学习者决定的。只要教师能将具有逻辑意义的学习材料,同学生已有的认知结构联系起来,使学生理解材料的真正含义,不管采用发现学习,还是采用接受学习,都是有意义学习。如果学生没有学习的心向(心理倾向),就是采用发现学习的形式,结果仍然导致机械学习。比如:在采用发现法学习圆周率时,如果一些学生无意去探索,最后只记住了 $\pi=3.14\cdots$ 这个结论,那么这些学生所进行的学习还是机械学习。

在小学数学学习过程中,有意义的接受学习是学生获得数学知识的重要途径。因为学生不可能也没有必要对前人积累起来的数学知识,再经过自己的重新发现。但是,发现学习有利于培养学生的实践操作能力、探索能力和创新能力。对于小学生来说,基本上是学习前人已发现的数学知识,教师要根据不同的内容与目标,按照适宜性原则,选择让学生采用有意义的接受学习,还是有意义的引导发现学习。

(三) 多样化的学习方式

《课标(2022年版)》指出:"认真听讲、独立思考、动手实践、自主探索、合作交流等是学习数学的重要方式。"在小学数学教学中除了有意义的接受学习外,根据课程改革的精神和小学生的年龄特点,以及数学学科的特点,还应倡导自主学习、合作学习、探究学习等学习方式。

1. 自主学习

自主学习是指学习者在学习活动中根据学习目标的要求和自己的学习能力,自主选择有效的学习方法和策略,自我监控和调节学习过程的一种学习方式。它的核心是学习者对学习方法和策略的自主选择,学习过程的自觉意识和自我监控,其目的是促进学生的自主发展。自主学习是一定教学条件下的高品质学习方式,在小学数学学习中可以从以下几方面去体现。

(1) 引导学生参与数学学习目标(特别是课堂学习目标)的制定,让他们在学习中从一开始就知道要学习什么、怎样学习、学习要达到什么结果,以此为后面的自主选择学习方法、自我监控和调节学习过程做出正确的向导。

(2) 引导学生根据学习目标和自己的学习水平制订学习计划,并按计划有序地进行学习。

(3) 重视学生学习后的自我反思,让他们对自己的学习过程及其结果做出客观评价,并从中获得积极的情感体验。

2. 合作学习

合作学习是指在学习活动中学生以小组或团队为单位,单位内每个成员都有明确的责任分工,通过分工合作而完成共同的学习任务的一种学习方式。它是相对个体学习而言的,是从学习组织形式的角度来讨论学习方式。合作学习在本质上是一种互助性的学习,它能使合作伙伴在学习中优势互补,不仅能够提高学生的学习效率,而且能增强学生的合作意识,促进学生健全人格的发展。合作学习在小学数学教学中有着广泛的适用范围,特别是那些挑战性强,需要多角度思考与探索的数学问题,更适宜通过合作学习加以解决。在小学数学课堂教学中需要具备以下基本条件,才能实现学生之间有效的合作学习。

(1) 要进行科学分组。通常按照组内异质、组间同质的原则分组,即在一个小组内部,学生的数学成绩、学习能力、性格等方面应具有一定的差异,使其成员之间具有一定的互补性;各小组之间学生的水平大体相当,以保证各小组之间展开公平竞争。

(2) 要在个人独立思考的基础上进行合作交流。合作学习主要是合作交流,要在个人独立思考的基础上才能进行合作交流,没有个人独立思考的合作学习是没有价值的。为此教师可采取一些措施:① 明确角色分工;② 分解学习任务,责任到人;③ 随机提问;④ 个别测试;⑤ 成果交流、分享。

(3) 教师对合作学习要给予必要的指导。在学生进行合作学习时,教师要以合作者身份参与学生的合作学习,在平等合作的过程中实施指导与帮助。

(4) 要能正确评价合作学习的效果。合作学习要以小组集体成绩为评价的依据,通常不以个人的成绩为评价依据,以便于把个人之间的竞争转化为小组之间的竞争,从而促进学生合作意识的形成。

应该指出的是，合作学习不是万能的，要与有意义的接受学习、自主学习等学习方式有机地结合起来，让学生在数学学习中实现自主探究与合作交流的有机结合。

3. 探究学习

探究学习是一个与接受学习相对的概念，它既是一种学习方式，同时也是一种课程形态。就学习方式而言，探究学习是指在教学中教师不把现成结论告诉学生，而是创设恰当的问题情境，让学生在教师的指导下主动发现问题、探究问题并获得正确答案的一种学习活动过程。探究学习有这样一些比较明显的特征：一是问题性，学习内容是一些待探究、待解决的问题状态，学习活动所追求的目标是实现这些问题的解决；二是实践性，一方面学习的内容大都是一些与生活实际有密切联系的问题情境，另一方面学习过程通常反映为学习者的实验、探究等实践活动；三是开放性，这一特点主要体现在学习内容题材的广泛性、解决问题方法的多样性和一些问题答案的不唯一性等方面。探究学习特别关注学生发现问题、探究问题、解决问题的学习过程，让学生在这样的过程中主动建构知识，掌握解决问题的方法，形成探究问题的意识和能力，并从中获得深层的情感体验。

小学数学学科内容严密的逻辑性和高度的抽象性为探究学习提供了广阔的空间，其中许多规律和原理都需要学生通过实验、探究等活动去发现。比如：三角形的内角和、平行四边形与三角形面积计算公式、圆周率、正比例关系等内容都可以运用探究学习让学生主动获取知识。根据小学生的年龄特征和认知水平，具体运用这一学习方式于小学数学学习活动时要注意以下几点：① 教师要帮助学生确立好探究的主题，让他们一开始就明确自己的探究任务。② 创设恰当的问题情境，激发学生探究学习的兴趣，让他们产生主动探究的心理需要。③ 教师既要鼓励学生自主发现问题和解决问题，同时又要对学生的探究过程给予必要的指导和帮助。④ 探究学习应与其他学习方式特别是有意义的接受学习和合作学习等方式紧密配合。

探究学习也有其自身的局限性，受学习内容和学生认知水平的局限，特别是那些难度比较大的全新数学知识，单靠学生的独立探究是难以解决问题的。一些科学技术中的规定，也没有自主探究的余地。比如：让学生自主探究"为什么1cm＝10mm"是不恰当的。对于规定的东西，主要是用讲解法结合谈话法教学。探究学习一般费时较多，就数学知识的掌握而言，学习效率较低。

> 链接4.1　促进深度学习发生的小学数学教学设计

思考与练习4.1

1. 什么是小学数学学习？它有哪些特点？
2. 什么是认知结构？数学认知结构与数学知识结构有什么区别？
3. 小学数学认知有哪几种基本形式？各有什么特点？
4. 简要叙述小学数学学习的一般过程。
5. 为什么说有意义的接受学习是小学数学学习的重要方式？

第二节　小学数学"四基"的学习

《课标(2022年版)》总目标的第一条是："获得适应未来生活和进一步发展所必需的数学基础知识、基本技能、基本思想、基本活动经验。"将"双基"发展为"四基",标志着育人目标的转变,教学必须以人为本,人的因素第一,新增加的"数学思想"和"活动经验"就直接与人相关,也符合素质教育的理念。

一、数学基础知识的学习

知识是人类对客观世界认识的总和,是对客观世界的本质的反映。在小学数学中,最重要的基础知识是数学概念和数学规则。数学基础知识的学习是数学学习最基本的形式,是数学基本技能、基本思想、基本活动经验学习的基础。重视基础知识的学习不仅是我国数学教育的传统,也是当前教育改革中仍需强调的重要方针。

(一) 数学概念的学习

1. 数学概念的含义

概念是思维的基本单位,是其他思维形式的基础。任何一门学科,为了说明它的研究对象、对象的性质和对象之间的关系,都需要引用一些概念。是否明确这些概念,往往成为能否学习这门学科的关键。

数学概念是一类事物的数量关系和空间形式方面的本质属性在人脑中的反映。数学概念常用一个符号或词语表示,如符号"+""=",名称"三角形""正方形"等。由于数学概念所代表的是一类对象,所以它在一定范围内具有普遍意义。比如:"三角形"这一数学概念,它是不同位置、不同大小、不同类别的三角形的本质属性在人脑中的反映。它的内涵是,三条线段首尾相接围成的图形;外延是,锐角三角形、钝角三角形、直角三角形。学习数学概念就意味着掌握一类对象的本质属性。数学概念是数学基础知识的"细胞",是学好数学基础知识的关键,也是提高数学能力的前提。

因为数学概念代表了一类对象的本质属性,所以它是抽象的。比如:现实生活中不存在抽象的三角形,而只有形形色色的三角形形状的物体。从这种意义上说,数学概念"脱离"了现实。由于数学概念往往使用符号化语言来表达,因而其抽象程度更高。数学概念的抽象程度愈高,与现实的原始对象(现实原型)联系愈弱,其应用便愈广。比如:单位"1",不仅可以表示数量1,还可以表示一条线段、一堆物体、一个班级、一块地、……

2. 数学概念学习的基本形式

概念的学习过程,就是对事物的本质属性进行抽象概括的过程,也就是舍弃事物非本质属性的过程。所以,概念学习就是学生对同类事物的本质属性与非本质属性的不断辨别的过程。数学概念学习一般有两种基本形式:概念形成和概念同化。

(1) 概念形成

① 概念形成的含义

在课堂教学条件下,从具体事例出发,从学生实际经验的肯定例证中,抽象、概括出一类事物的本质属性。这种获得概念的方式叫作概念形成。比如:小学数学教科书中的长方形、正方形、三角形、圆、长方体等概念的初步认识,都是通过观察、辨别一类事物的具体例子,从学生熟悉的肯定例证中抽象、概括出来的。这时,学生的认识仅仅是直观的,还不能给这些概念下定义。

② 概念形成的一般过程

用概念形成的方式学习概念时,首先要提供若干事例材料,这种材料可以是教师提供的,也可以是学生提供的熟悉的经验材料。通过分析、比较,抽象出各个事例的共同属性,在此基础上区分本质属性和非本质属性,再概括出共同的本质属性,从而明确新概念的内涵和外延,扩大或改组原有的认知结构。其一般过程如图 4.2 所示:

分析比较辨别一类事物的具体例子 → 抽象出各个例子的共同属性 → 概括共同的本质属性作为新概念的内涵 → 根据新概念的内涵明确新概念的外延 → 明确新概念与原有的认知结构中有关概念间的关系,扩大或改组原有的认知结构

图 4.2 概念形成的一般过程

例 1 循环小数概念的学习过程大致如下:

1) 先由学生计算 10÷3 和 58.6÷11,然后通过观察、分析发现,在 10÷3 这道除法中,因为余数重复出现 1,所以商重复出现 3,永远除不尽。因此,10÷3＝3.33……。在 58.6÷11 中,因为余数重复出现 3 和 8,所以商就重复出现 2 和 7,也除不尽。因此 58.6÷11＝5.327 27……。

2) 比较分析上述两个例子,抽象出它们的共同属性:这两个小数,从小数部分的第一位(或第二位)起,有一个(或两个)数字依次不断地重复出现。

3) 把上述两个例子的共同的本质属性推广到同类事物的全体,概括出新概念的内涵,并用定义表示:

一个小数,如果从小数部分的某一位起,有一个或几个数字依次不断地重复出现,这样的小数叫作循环小数。

4) 根据循环小数的内涵,明确它的外延。如 3.33……和 5.327 27……都是循环小数;又如 1.535 3……,8.466 6……也都是循环小数。但是像 0.192 92,3.141 592 6……就不是循环小数,因为它们都不符合循环小数的定义。

5) 明确循环小数(一种无限小数)与原有的认知结构中有限小数的区别,扩大学生原有的认知结构。

③ 概念形成的条件

内部条件(学生自身的条件):学生必须能辨别概念的正反例证。正例可突出有关特征,反例则能有效地排除无关特征的干扰。

外部条件(情境条件)：学生必须从外界获得反馈信息。教师必须对学生所提出的概念特征的假设做出肯定或否定的反应。

在概念形成的过程中，学生的观察、操作非常重要，但数学学习中的观察操作与学生在科学课中的观察操作不同。科学课上学生观察操作的对象通常就是要研究的对象本身，而数学课上学生观察操作的对象通常是研究对象的替代物。比如：学生没法操作"3"，只能操作"3"的替代物，如三根小棒、三本书等。

(2) 概念同化

① 概念同化的含义

利用学生已有的知识、经验，以定义的方式直接揭示概念的本质属性，这种获得概念的方式叫作概念同化。比如：偶数、奇数、质数、合数和分解质因数等概念都是用概念同化的方式获得的。

② 概念同化的一般过程

用概念同化的方式进行概念学习时，先要找出原有的认知结构中的有关概念，研究它的分类及分类的标准，并把新学的概念从中分化出来，给出定义，从而将新概念纳入原有的概念体系之中，扩大或改组原有的认知结构。其一般过程如图4.3所示：

图4.3 概念同化的一般过程

例2 学习直角三角形时，一般过程大致如下：

1) 先找出学生原有的认知结构中的有关概念：三角形、角、直角，研究三角形的三个角的各种情况。

2) 突出直角三角形"有一个角是直角"这一本质属性，把新概念从原有的三角形概念中分化出来，并给出定义：有一个角是直角的三角形叫作直角三角形。

3) 根据直角三角形的定义，明确任何一个三角形中，只要有一个角是直角，那么这个三角形就是直角三角形。

4) 将直角三角形纳入三角形概念体系，扩大原有三角形概念的认知结构。

③ 概念同化的条件

内部条件：学生认知结构中有同化新概念的有关知识。这些知识越巩固、越清晰，则新概念的同化越容易。

外部条件：必须把原有的有关概念精确分化。

在获得概念的两种形式中，概念形成主要依靠对具体事物的抽象概括，概念同化则主要依靠新旧知识的联系。概念形成更接近于人类自发形成概念的方法，而概念同化是具有一定心理水平的人在已有概念的基础上学习新概念的主要方式。在小学，特别是低年级的数学学习中，由于概念积累不多，认知水平又低，所以他们对数学概念的学习较多的是按概念形成的方式进行。随着学生年龄的增长、知识的增多和认知结构的不断发展,概念同化便逐渐成为学生获得数学概念的主要方式。同时,不论使用的是哪一种概念学习的方式,都要求学生将自己原有的知识与新呈现的材料在头脑里发生积极的相互作用,将外部提供的材料转化为自己的认知内容。所以,这两种方式都是有意义的学习。而且,在数学概念的实际学习过程中,这两种方式往往是结合使用。

3. 数学概念学习的策略

数学概念学习是数学学习的基础,在数学学习中占有十分重要的地位,学习时要注意以下几方面的策略。

(1) 注意选择学习新概念的感性材料和经验

学生学习数学概念,无论是用概念形成的方式,还是用概念同化的方式,都离不开感性经验的支持。概念形成主要依赖的是对感性材料的概括,概念同化主要依赖的是对感性经验的概括。因此,感性材料和感性经验是影响概念学习的主要因素。教学时,要注意以下几点:

① 材料或经验的数量

从感性材料或经验中抽象概括数学概念,首先要求材料或经验要有足够的数量。如果提供的感性材料或经验数量太少,学生不仅不能获得概念的丰富表象,同时也难以区分出一类数学对象的本质属性和非本质属性。比如:学习梯形概念时,如果仅仅提供一个表面是梯形的实物,学生就难以概括出"只有一组对边平行"的本质特征。

② 材料的典型性

概念的本质属性越明显、越突出,就越有利于学生对概念的理解和掌握;而概念的非本质属性越多、越明显,就越不利于学生对概念本质属性和非本质属性的辨别,学生就越难以理解和掌握概念。因此,在教学中,要选用那些能反映概念本质属性的典型材料说明概念。

③ 材料的表现形式

感性材料的表现形式对数学概念的学习和掌握也有重要影响,如果提供的感性材料都是一些"标准"的实物或图形,学生的感知就会不充分、不丰富,他们就难以区分一类对象的本质属性和非本质属性。因此,学习概念时还应提供一些变式材料。所谓"变式",即变换概念肯定例证中的非本质属性的表现形式,变更观察对象的角度或方法,突出对象中隐藏的要素,从而突出一类对象的本质属性,更准确、更深刻地掌握概念。比如:学习"垂直"概念时,不仅提供"标准式",见图 4.4(1),而且还要提供变式,见图 4.4(2),过直线外(或直线上)一点画直线的垂线,不仅要画水平方向的直线的垂线,而且要画铅直方向以及斜向的直线的垂线。

(1)　　　　　　　(2)

图 4.4 "垂直"的标准式和变式

（2）注意概念教学的阶段性和一致性

学生掌握数学概念，往往不能一次完成，需要有逐步深入的过程。为此，教材常常采取螺旋式的编排方式，把一些数学概念的教学分阶段编排，使学生的认识逐步深入。因此，教师要充分领会教材的编排意图，一方面注意教学的阶段性，防止教学的"不到位"与"越位"；另一方面又要注意教学的一致性，前一阶段的教学要为后一阶段做准备，后一阶段的教学应在前一阶段的基础上有所发展。

小学数学中的许多概念，如四则运算的意义、分数的意义，以及某些几何图形等概念都是分阶段安排的。但有些概念的教学又必须一气呵成，如定义"轴对称图形"离不开对称轴，把这个概念安排在两个不同的阶段教学是不行的。

（3）帮助学生形成概念系统

帮助学生逐步建立概念系统，这是数学概念教学的重要任务。每个数学概念都在相应的概念系统中占有一定的地位，只有当学生认识了一个概念与其他概念的相互联系以及这个概念在知识体系中所处的地位，才能对这个概念有比较全面、深刻的理解。同时，系统化、结构化的知识具有良好的抗遗忘作用。因此，当学生学习了一定数量的概念后，教师就要帮助学生形成正确的概念系统。为此，教学中常用如下方法：

① 用分类的方法表示概念外延间的关系

通过分类可以揭示概念的外延，使知识条理化、系统化，防止概念的混淆。

例 3 三角形以角为标准，可分类为：

$$三角形\begin{cases}锐角三角形\\直角三角形\\钝角三角形\end{cases}$$

以边为标准，可分类为：

$$三角形\begin{cases}等腰三角形\begin{cases}腰和底相等的等腰三角形（即等边三角形）\\腰和底不等的等腰三角形\end{cases}\\不等边三角形\end{cases}$$

② 用增加内涵的方法表示概念之间的属种关系

随着概念内涵的增加，外延将缩小。据此，可以把概念整理成系统。

例 4 几种四边形之间的关系可用图 4.5 表示。

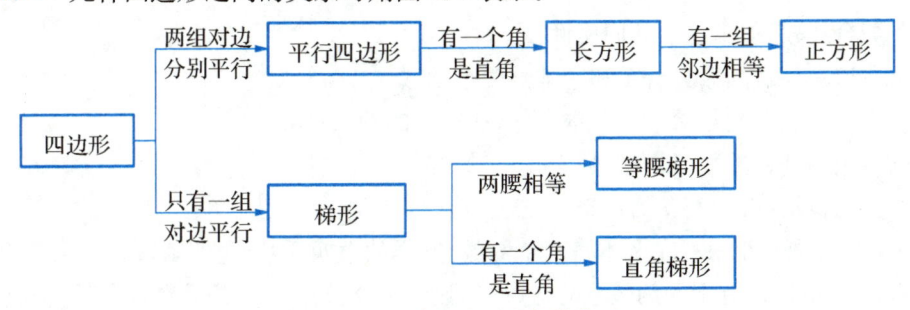

图 4.5 几种四边形之间的关系

③用欧拉图表示概念外延间的关系

例5 几种三角形外延间的关系可用欧拉图 4.6 表示如下。

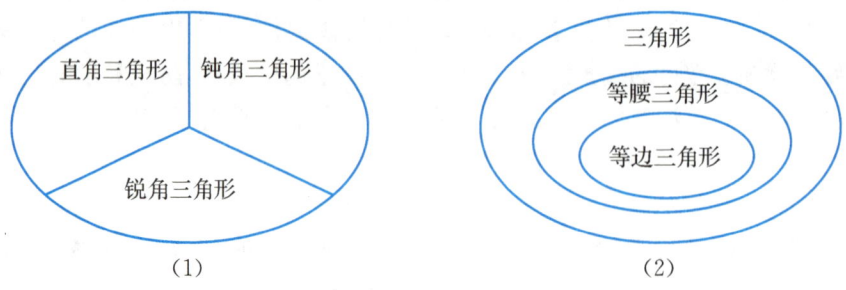

(1)　　　　　　　　　　　　(2)

图 4.6　几种三角形外延间的关系

图 4.7　三角形两种分类之间的联系

由欧拉图 4.6(1)可以直观地看到:在三角形中,直角三角形、锐角三角形和钝角三角形是并列的概念,它们的外延没有交叉。由欧拉图 4.6(2)可以直观地看到:三角形、等腰三角形、等边三角形都是属种关系,后一概念的外延包含于前一概念的外延之中。如果把图4.6(1)与图 4.6(2)叠合起来,则成为图 4.7。

根据图 4.7 可以进一步弄清三角形两种分类之间的联系,使学生对三角形的概念有更完整的认识。对于小学生,欧拉图可以使他们直观形象地了解概念之间的外延关系。

(4)注意在概念教学中培养学生的思维能力

通过概念教学,能够发展学生的思维能力。在概念教学的过程中,要组织学生在观察的基础上进行分析、综合、比较,抽象和概括获得概念,进而依据概念进行判断、推理,把培养学生思维能力的工作贯穿于始终。

例6 下面以"质数与合数概念"的教学过程为例,对学生的思维活动进行分析。

1) 观察分析下列三组自然数的约数

2 的约数:1,2　　　　4 的约数:1,2,4　　　　　　1 的约数:1

3 的约数:1,3　　　　6 的约数:1,2,3,6

5 的约数:1,5　　　　10 的约数:1,2,5,10

11 的约数:1,11　　　24 的约数:1,2,3,4,6,8,12,24

……　　　　　　　……

2) 综合比较,得出以下共同属性

① 左边一列自然数只有 1 和它本身两个约数;

② 中间一列自然数除了 1 和本身外,还有别的约数;

③ 右边一列自然数,只有约数 1。

3) 抽象概括,揭示概念的定义

一个自然数如果只有 1 和本身两个约数,这样的数叫质数(也叫素数);如果一个自然数除了 1 和本身,还有别的约数,那么这样的数叫作合数;1 既不是质数,也不是合数。

4）练习

① 判断下面的数,哪些是质数？哪些是合数？

$$23,32,41,59,89,91$$

② 质数是不是都是奇数？为什么？

③ 两个相邻的自然数中必有一合数,对不对？

(二) 数学规则的学习

1. 数学规则及其分类

（1）数学规则

数学规则是两个或两个以上数学概念之间固有关系的叙述,通常以经过严格论证的数学命题的形式呈现。实际上,数学学习的大部分内容是由数学规则组成的。有了数学规则,就能用一类动作对一类刺激做出反应。比如:学会了加法的运算规则,就能对一位数、两位数、……直到多位数的加法进行运算。而且,解答一个问题时,往往使用的不是一个规则,而是一系列规则。比如:进行多位数乘法计算,计算步骤少则十余个,多则几十个,每一个计算步骤都遵循相应的规则。数学规则的习得,是数学技能形成的前提,不仅可以促进学生智力的发展,而且可以使学生形成按规则办事的习惯。

在小学数学学习中,数学规则的学习主要是运算性质、运算法则和公式的学习。

（2）数学规则的分类

与概念的学习一样,规则的学习也是新规则的内容与原有的认知结构相互作用、形成新的认知结构的过程。规则学习的关键是获得数学概念之间关系的理解。而数学概念之间关系的理解又依赖于新规则与原有的认知结构中有关知识的联系。新规则和原有认知结构中已有知识之间的关系,可以分为下位关系、上位关系和并列关系三种。

一是下位关系。如果新规则在层次上低于原有的认知结构中的有关知识,那么,新规则和原有的认知结构中的有关知识就构成下位关系。此时,新规则可以直接和原数学认知结构中的有关知识发生联系,直接纳入原有的认知结构中,充实原有的认知结构,这样的学习叫下位学习。比如:学习了长方形的有关规则后,再学习正方形的有关规则,便是下位学习;在学习了"大数－小数＝差数"之后,再学习环形面积的计算公式:大圆面积－小圆面积＝环形面积,也是下位学习。在下位学习中,由于新规则所揭示的概念之间的关系是直接从原有的认知结构中处于概括水平较高的有关知识中分化出来的,所以这样的学习比较容易。在下位学习中,新规则和原有的认知结构的作用方式是同化。

二是上位关系。如果新规则在层次上高于原认知结构中的有关知识,那么新规则和原有的认知结构中的有关知识就构成上位关系。此时,新规则中概念之间的关系是通过归纳、概括比它层次低的已有知识获得的。这就是说,要通过对已有知识的归纳、综合与概括,将原有的认知结构改变为新的认知结构,这样的学习叫作上位学习。比如:学习分数除法时,先学习分数除以整数的法则,再学习一个数除以分数的法则,在此基础上概括出分数除法法则,就是上位学习。由于上位学习必须通过改造原有的认知结构才能完成,所以上位学习一般比下位学习困难。在上位学习中,新规则与原有的认知结构作用的方式是顺应。

三是并列关系。如果新规则与原认知结构中的有关知识有一定联系,但既不处于下位,也不处于上位,那么称它们为并列关系。此时,学习新规则的关键在于寻找这种联系,使它们在一定意义上进行类比。这样的学习叫作并列学习。比如:学习了整数除法中商不变的性质,再学习分数的基本性质,以及比的基本性质,都可以通过类比建立前后规则间的关系,让学生获得新知识。

2. 数学规则学习的基本形式

小学数学规则学习有两种基本形式:例—规法和规—例法。

(1) 例—规法

例—规法是指先呈现规则的若干肯定例证,然后从例证中概括出一般结论,从而获得规则的方法。小学数学学习中,大多数规则的学习都采用这种形式。

例7 学习"商不变的性质"时,让学生对一批例式:$6 \div 3 = 2, 12 \div 6 = 2, 20 \div 10 = 2, 30 \div 15 = 2, 60 \div 30 = 2, 600 \div 300 = 2, 2\,400 \div 1\,200 = 2$ 进行观察比较之后,概括出"被除数和除数同时扩大(或缩小)相同的倍数,商不变。"

显然,例—规法的学习属于上位学习,是一种指导发现学习。其认知过程与概念形成的过程相似,都需要辨别和概括,只不过这里对认知要求更高,因为这里的认知对象不是具体概念,而是由概念构成的关系。

(2) 规—例法

规—例法是指先推导出要学习的规则,然后用实例说明规则的方法。

例8 正方形面积公式的学习,就是将长方形面积公式用于正方形,推导出它的面积公式,然后举例说明公式的应用。

规—例法的学习一般属于下位学习,其认知过程与概念同化的过程相似。学习中,学生认知结构中已经有了上位规则,新规则被纳入原有的认知结构后,导致原有的认知结构进一步发展。

3. 数学规则学习的策略

(1) 学习新规则要与已掌握的知识联系,把新规则纳入原有的认知结构

有意义学习的过程,是通过新旧知识的相互作用,使新知识与原有的认知结构中的有关知识建立非人为的、实质性的联系。在小学数学学习中,要学的数学性质、法则和公式很多,众多的规则之间有着内在的联系。学习新的规则,必须与已掌握的知识联系起来,纳入已有的认知结构。这种充实了的认知结构又会促进学生对新规则的理解。

例9 分数加减法法则的学习

因为分数加减法的意义与整数、小数加减法意义完全相同,所以二者必然相互联系。实际上,它们的计算法则本质上完全相同——将计数单位相同的数直接相加减。因此,整数、小数加减法分别要求相同数位对齐、小数点对齐,而分数加减法则要求先通分,使分数单位统一。这样分数加减法法则便和整数、小数加减法法则统一起来了。这样形成的新的认知结构又将促进学生对分数加减法法则的理解。

(2) 弄清新规则的形成过程

学习每一个新规则,都必须清楚地知道规则的形成过程,知道运用了哪些概念、性质

和法则,运用什么方法得出结论。机械地记忆、应用规则,不等于完全理解规则,知其然未必知其所以然。

例 10　学习乘法法则时,大部分学生都能够按照法则进行计算,不一定能回答诸如"为什么用乘数十位上的数去乘被乘数,积的末位要和十位对齐"之类的问题,只有能回答这类问题,才算真正理解了规则。

规则的学习过程是一个积极思维的过程,新的学习内容要与原有的认知结构中的适当知识建立联系,相互作用,把它纳入原有的认知结构。真正理解规则,对于促进认知结构的发展,有着重要的意义。

(3) 通过规则的系统化,完善学生的认知结构

小学阶段,学生要学习的规则比较多。如果一个个地记忆,则负担较重,这就有一个规则的系统化问题。每当学习了更高级的规则之后,高级的规则就可以代替低级规则,从而简化了知识并且减少了记忆负担(遗忘低级规则是一种积极的遗忘)。因此,必须重视规则的系统化,沟通规则之间的联系,通过规则的系统化,完善学生的认知结构。

二、数学基本技能的学习

(一) 数学技能及其分类

1. 数学技能的含义

数学技能是顺利完成某种数学任务的心智或操作的活动方式。通常表现为完成某种数学活动时一系列动作的协调和活动方式的自动化,这种协调的动作和自动化的活动方式是在已有的数学经验基础上经过反复练习而形成的。比如:学生的四则计算技能,就是在掌握其运算法则的基础上通过多次练习而形成的。

数学技能与数学知识和数学能力既有密切的联系,又有本质上的区别。它们的区别主要表现为:技能是对动作和动作方式的概括,它反映的是动作本身和活动方式的熟练程度;知识是对经验的概括,它反映的是人们对事物和事物之间相互联系的规律性的认识;能力是对保证活动顺利完成的某些稳定的心理特征的概括,它所体现的是学习者在数学学习活动中反映出来的个性特征。三者之间的联系,可以从数学技能的作用中反映出来。数学技能在数学学习中的作用可以概括为以下几个方面:① 数学技能的形成有助于数学知识的理解和掌握;② 数学技能的形成有助于数学问题的解决;③ 数学技能的形成可以促进数学能力的发展;④ 数学技能的形成有助于激发学生的学习兴趣,调动他们的学习积极性。

2. 数学技能的分类

小学数学技能,按其本身的性质和特点,可以分为心智技能(智力技能)和操作技能(动作技能)两种类型。

一是数学心智技能。数学心智技能是指顺利完成数学任务的心智活动方式,它是一种借助于内部言语进行的认知活动,包括感知、记忆、思维和想象等心理成分,并且以思维为其主要成分。比如:学生在口算、笔算等活动中形成的技能更多的是一些数学心智技能。

二是数学操作技能。数学操作技能是指实现数学任务活动方式的动作主要是通过外

部活动或操作去完成的技能,它是一种由各个局部动作按一定的程序连贯而成的外部操作活动方式。比如:学生利用测量工具测量角的度数、测量物体的长度,利用作图工具画几何图形等活动中所形成的技能就是数学操作技能。

数学心智技能和数学操作技能既有区别又有联系。在完成复杂的动作时,人总是手脑并用,既需要操作技能也需要心智技能,它们相互影响,相辅相成。一般说来,心智技能的形成与操作技能有关,而操作技能又受心智技能的控制,并且二者相互转化。比如:学生计算技能就是从数实物的操作开始,然后转化为心算的。

(二) 数学心智技能的学习过程

小学数学技能学习中,最主要的是数学心智技能的学习。一般认为,心智技能的形成过程是一个从外部的物质活动到内部心智活动的转化过程,即内化的过程。数学心智技能学习的过程一般分为四个阶段:

1. 认知阶段

这一阶段主要是让学生了解并记住与技能有关的知识,形成表象,了解活动的过程和结果。

例 11 学习小数乘法的运算 3.21×1.4,先要了解运算方法。两个因数先按照整数乘法的法则来计算,即只要把两个因数的末位对齐,小数点不需要对齐,再观察比较,分析两个竖式的运算过程:

$$
\begin{array}{r} 3.21 \\ \times\ 1.4 \\ \hline 1284 \\ 321\ \ \\ \hline 4.494 \end{array}
\begin{array}{l}(\text{两位小数}) \\ (\text{一位小数})\end{array}
\begin{array}{c}\times 100 \\ \times 10 \\ \\ \\ \\ \div 1\,000\end{array}
\begin{array}{r} 321 \\ \times\ 14 \\ \hline 1284 \\ 321\ \ \\ \hline 4494 \end{array}
$$

根据积的变化规律,要使积不变,需要把乘得的积缩小 1 000 倍,即把小数点向左移动三位,也就是积里的小数位数是两个因数小数位数的和。最后概括出法则"计算小数乘法,先按照整数乘法的法则算出积,再看因数中一共有几位小数,就从积的右边起数出几位,点上小数点。"让学生理解后记住这个法则,然后进入下一阶段的学习。

显然,认知阶段实际上就是学习概念、规则的阶段。知识与技能的联系是密切的,没有知识无以形成技能;而没有应用知识的技能,知识也失去了存在的意义。

认知阶段的关键是理解,如果没有理解,一般很难记忆和应用法则,从而很难形成与此有关的技能。

2. 示范、模仿阶段

这一阶段学生把在头脑里已初步建立起来的活动程序以外显的操作方式付诸执行。不过,这种执行通常是在教师的示范下进行的。教师边讲边做,在言语指导的同时呈现活动过程。比如:概括出小数乘法法则后,教师就具体例子进行示范,边讲述法则、边进行相应的运算。学生面对小数乘法算题,就能模仿着进行运算。

3. 有意识的言语阶段

这一阶段的智力活动离开了活动的物质和物质化的客体而逐步转向头脑活动,学生进行数学活动时,不用模仿就能自己边说边做。学生可以一边念念有词地说着法则,一边按法则进行一步步的计算,由教师的言语指导转化成学生自己的言语指导。在这一过程中,学生对于活动方式是明确意识到的。

4. 无意识的内部言语阶段

在上一阶段,学生是自觉地意识到根据法则进行运算。在这一阶段,学生的智力活动过程有了高度的压缩和简化,整个活动过程达到了完全自动化的水平,无须去注意活动的操作规则就能比较流畅地完成其操作程序。此时,学生已掌握了心智技能,对于技能所涉及的数学活动达到了熟练的程度。比如:计算 $54+99\times99+45$,在这一阶段学生无须去回忆加法交换律和结合律、乘法分配律等运算定律,就能直接合并 54 和 45 两个加数,然后利用乘法分配律进行计算。整个计算过程完全是一种流畅的自动化演算过程。

(三) 数学操作技能的学习过程

数学操作技能作为一种外显的操作活动方式,它的学习过程大致分为四个阶段:

1. 动作的定向阶段

这一阶段主要是学生在头脑里建立起完成某项数学操作活动的定向映象,包括明确学习目标、了解与数学技能有关的知识、知道技能的操作程序和动作要领以及活动的最后结果等内容。也就是主要了解"做什么"和"怎么做"两方面的内容。

2. 动作的分解阶段

这一阶段是把数学技能的整套动作分解成若干个局部动作,在教师的示范下逐个练习,分别掌握。

例 12 用圆规按给定的半径画圆,在这一阶段就可把整个操作程序分解成三个局部动作:

(1) 把圆规的两脚张开,按照给定的半径定好针尖和笔尖之间的距离;
(2) 把针尖固定在作为圆心的一点上;
(3) 将笔尖落在纸上,绕圆心旋转一周,就画出了一个圆。

通过对这三个局部动作的依次练习,即可掌握画圆的要领。

3. 动作的整合阶段

在这一阶段,把前面所掌握的各个局部动作按照一定的顺序连接起来,使其形成一个整体连贯而协调的操作程序。

4. 动作的熟练阶段

在这一阶段通过练习而形成的数学操作技能能适应各种变化情况,其操作表现出高度完善化的特点,动作具有高度的正确性和稳定性,动作之间不协调的现象完全消除。全套动作达到自动化的程度,根本用不着考虑每一个动作及其组合,而是自动完成,形成熟练的技巧。比如:这时的画圆不需要思考就能顺利地完成全套动作,并保证其正确性。

以上四个阶段中,如果缺少某一阶段,或某一阶段的活动进行得不充分,便会引起学生学习的困难,或产生难于更改的不规范的习惯动作。

(四) 数学技能学习的策略

一般认为,数学技能的形成要经过一定数量的练习才能获得,以期熟能生巧。但是,练习也不是完全地机械重复,要获得技能并达到熟练程度,要注意以下几方面策略。

1. 练习要有针对性

技能学习要经历一个由"会"到"熟"的过程。完成这一转变,靠的是有目的的练习。法则的掌握是练习的结果而不是背诵的结果。这种练习要目的明确,要使学生能够自觉、主动、积极地对待练习,避免盲目、机械的重复。在练习时,不能只有操练,而且要有思考,在练习的同时不断地回忆规则、程序,这样就会提高练习的效果。

2. 练习要有计划性

练习要由易到难,循序渐进。由于学生年龄较小,开始练习的速度要慢一些,以后再逐步加快。练习的时间和次数要恰到好处,否则不仅浪费时间和精力,而且容易消磨掉小学生的学习热情和兴趣。一般说来,每次练习的时间不宜太长,但间隔的时距要短一些。简单的技能可采用集中练习(在一段时间内连续不断地进行相同的练习),复杂的技能以分散练习(每次练习时间较短,两次之间有一定的时间间隔)为宜。在练习初期,特别要注意保持练习的准确性,养成良好的练习习惯。练习的形式要多样化,不仅可以提高练习的兴趣,保持注意的稳定,而且可以培养他们灵活运用技能的本领。

3. 练习要及时反馈

学生在每次练习之后,如果能及时知道练习的结果,得到练习的反馈信息,对自己的技能做出分析和评价,便能及时强化正确的部分,纠正错误的部分。此时,除了练习本身所显示的结果外,教师的评分和评语起着至关重要的作用。因此,在学习过程中,教师要启发学生辨别错误并及时纠正,由于学生的数学活动经验较少,教师应注意帮助他们总结,促使他们正确、快速地掌握数学技能。

三、数学基本思想的学习

(一) 数学基本思想及其分类

1. 数学基本思想的含义

思想是人对客观存在经过思维加工的结果。数学思想是数学的基本观点,是对数学知识及数学规律的本质认识。而数学基本思想是指体现或应该体现于基础数学中的具有总结性和最广泛的数学思想。史宁中教授认为数学基本思想是较高层次的数学思想,需要满足两个条件:一是数学产生、发展过程中所必须依赖的那些思想;二是学习过数学的人所具有的思维特征。可以归纳为三种基本思想:抽象、推理和模型。通过抽象,把外部世界与数学有关的东西抽象到数学内部,形成数学研究的对象;通过推理,得到数学的命题和计算方法,促进数学内部的发展;通过模型,创造出具有表现力的数学语言,构建数学与外部世界的桥梁。三种数学基本思想也从某种意义上对应了核心素养的"三会"。抽象需要借助数学眼光,推理是基本的数学思维方式,模型是数学语言的表达。数学基本思想的形成和发展离不开对"双基"的理解和掌握,体现在探索和理解某些"双基"的过程中。

2. 数学基本思想的分类

(1) 数学抽象思想

数学中的抽象概念无处不在,如数学公式、概念、数学规律及用数学问题、数学活动等,都是用抽象概念来表征具体事物,抽象概念在数学学习中占有很大比重。由此可见,抽象思想是学生必不可少的数学基本思想之一。数学抽象思想是人们进行思考的一种思维活动方式,是指从现实生活中存在的客观事物中抽离出的有关事物的本质属性。数学抽象是对其中的数量关系或空间形式进行分析,而不是对现实事物本身进行分析。在其发展过程中派生了一系列的数学思想,如数形结合思想、集合思想、分类思想等。数学这门学科的抽象意义在于,使人们可以用数学的眼光去看待周围的事物,用数学语言去描述具体事物。数学所探究的这些抽象的事物都来源于我们周围的世界,人们可以通过直接观察或抽象表征得到。我们不论是学习文科还是学习理科,只要是所蕴含的理论知识都或多或少地存在抽象性。但数学抽象与其他学科的理论抽象不一样,因为只有数学这门学科才能更好地锻炼学生的数学抽象思维能力,所以要重视数学这一学科独有的价值。比如:小学数学教学中自然数的抽象、几何图形的抽象、分数的抽象、四则运算的抽象等,在这些抽象内容的学习过程中,如果教师在教学中注意渗透抽象思想,会加深学生对数学知识的理解,同时也会提高学生的数学抽象思维能力。

(2) 数学推理思想

数学推理思想在数学中无处不在,如正方形、长方形、圆的周长与面积的计算公式及正方体、长方体的体积计算公式的推导过程等,这些数学公式都需要我们进行一定的数学推理工作。数学推理思想是指根据一个或多个已知条件,从而推导出一个全新的结论的过程。《课标(2022年版)》明确提出,对学生推理能力的培养应该贯穿在整个数学教学过程之中,所以教师在教学中要注重渗透数学推理思想。数学推理思想包括归纳推理思想、演绎推理思想和类比推理思想。

归纳推理思想是指某类对象中有此特性,从而推出该类全部对象中都有此类特性的思维过程。也就是说归纳思想就是从"特殊"到"一般"的思维过程,在小学数学的实际教学中归纳思想的运用较为常见。比如:加法交换律,通过观察几个加法算式,发现两个数相加,交换它们的位置和不变。从而推而广之,归纳得到一般规律。

演绎推理思想是根据一些事物所具备的数学关系中的共同特质,来推导出部分事物中也包含此种特质的思维过程。也就是说演绎推理思想是从"一般"到"特殊"的思维过程,在小学数学教学中有很多结论的获得都需要运用该思想。比如:当学生学习了运算律以后,在四则计算中依据其进行简便运算,这样的推理过程就体现了演绎推理的思想。

类比推理思想是指两种事物具有相似特征,用其中一种事物的特质去推论出另一种事物的特质的思维过程。也就是从"特殊"到"特殊"的思维过程。比如：异分母分数的加、减法的学习，可以与不同计量单位数量的运算进行类比，启示要先通分，统一分数单位后才能直接相加减。整数中商不变性、分数的基本性质和比的基本性质也可以进行类比，以加强知识间的内在联系。

（3）数学模型思想

《课标（2011年版）》中对数学模型思想进行了清楚的描述："模型思想的建立是学生体会和理解数学与外部世界联系的基本途径。建立和求解模型的过程包括：从现实生活或具体情境中抽象出数学问题，用数学符号建立方程、不等式、函数等表示数学问题中的数量关系和变化规律，求出结果并讨论结果的意义。"数学模型与数学模型思想紧密相联，小学数学内容中有很多问题需要通过建立模型来解决。数学模型就是为了使某个具体对象达到必要的目标，先做出符合内部顺序的假设，再通过一定的数学工具把该对象转化成一定的数学问题。数学模型思想是用数学特有的语言来描绘我们所熟悉的周围世界，加强了数学与我们依赖的现实世界之间的联系。在小学数学教学中，包含了许多数学模型与数学模型思想。比如：鸡兔同笼问题的算法规则就是一种典型的数学模型，只要能找到其规则所对应的模型就可以解决此类问题，可见建立数学模型是解决这类问题的关键。教师在数学教学过程中，面对这类问题要注意渗透数学模型思想，让学生自己去探索和感悟。

（二）渗透数学基本思想的教学策略

1. 在知识的预备过程中，挖掘数学基本思想

教师要研读数学教材，挖掘数学基本思想。不能对数学教材的阅读理解限于知识层面，对于蕴含的数学基本思想更要进行深入探索。在小学数学教材的编排中，除了数学知识主线外，还渗透了一些重要的数学基本思想，并且以各种形式渗透在教材之中。比如：人教版小学教科书《植树问题》中就蕴含了丰富的数学抽象、推理、模型思想。教师研读完教材之后，应当明确本节课要达成什么样的目标。在制定教学目标时，教师不仅要把重点放在数学"双基"内容上，还应把数学基本思想的渗透作为明确的目标。这样数学基本思想才不会像一个依附物一样只是搁浅在数学教育目标之中，真正成为学生数学素养不可分割的一部分。

2. 在知识的形成过程中，渗透数学基本思想

在进行新知教学时，教师应该为学生提供丰富、直观的相应知识的背景材料，引领学生对生活中的实际问题进行探究，通过"再发现"学习数学，感悟数学基本思想，发展数学思维。可以通过巧设问题情景，使得数学知识与数学基本思想同时渗透其中，激发学生探索问题的需要，这样可以使学生对本节课所教学的数学知识有更为深刻的理解。在创设有关数学基本思想的问题情景让学生初步感悟之后，教师可以利用自主探究，使学生经历问题的分析、提出、探究、解决过程来展开新知教学，这样学生经历得越丰富，那么学生感悟的数学基本思想就会越深刻。比如：在进行《植树问题》教学时，教师在课堂导入环节，就可以通过巧设问题串，来激发学生探索问题的需要，为探索植树问题的规律奠定基础。教师可以借助手指数与手指之间的间隔数先让学生体会它们之间的关系，因为手是身体的一部分，学生对它的熟悉程度更盛，因此学生能更为直观地进行理解。首先，教师可以

带领学生举起右手,提出问题:"右手上的手指数是多少?手指之间的间隔数是多少?"其次带领学生放下一根手指,继续提出问题:"现在手指数是多少?手指间隔数是多少?"最后带领学生再放下一根手指,提出问题:"现在手指数是多少?手指间隔数是多少?"经过这样的三次提问,学生基本领悟到手指数与间隔数之间有所联系,即"手指数=间隔数+1"。这样的课堂引入,不仅联系了学生的生活,还让学生感受了数学抽象思想中的一一对应,同时为植树问题规律的探索奠定了基础,感知了模型思想的存在。

3. 在知识的解决过程中,强化数学基本思想

数学基本思想存在于问题解决的过程中,一个有意义、有效率的解题过程的每一步都体现数学基本思想解决数学问题的指导作用。当学生在学习新的知识的过程后,对数学基本思想有了初步的认识,再通过相应的练习来对其进行深层次的强化,这样才能使得学生在解决问题的过程中,能够反复回顾体会要义。学生亲自解决数学问题时,他们的大脑会迅速思考。他们将联想所学的数学基本思想,并试图运用这些数学基本思想来解决问题,使他们所领悟到的数学基本思想进一步内化和升华。因此,教师在引导学生解决练习题的过程中,应设置问题串,让学生思维更加活跃,更加深层次地去思考,使学生在思考问题时能够更加全面。比如:在《植树问题》练习第 1 题的过程中,教师可以通过设置问题串带领学生分析数学问题,如"此题是植树问题吗?""最多栽多少棵树这一问题是属于所学植树问题的哪一种情况?""最少栽多少棵数这一问题是属于植树问题的哪一种情况?"来帮助学生思考解答,提问的过程中可以让学生体会植树问题与生活的密切联系,它与我们的生活息息相关,让学生感知数学模型思想的存在。

4. 在知识的小结过程中,提炼数学基本思想

教师除了在课后小结、单元总结以及综合复习中帮助学生建立良好的认知结构之外,还要对所学内容中所包含的数学基本思想进行适当的讲解和引导,这样学生才能脱离数学思想的潜意识状态,很好地起到有意调节思维的导引功能,使学生从数学基本思想角度出发去理解知识。因为数学基本思想是不可传递的,只能依靠学生自己去进行感知。教师的作用是引导和激励学生思考、分析和总结他们的思路和结论。因此,教师在对所学知识进行总结时,不仅只是对所学知识进行归纳整理,还要引导学生分析和总结本节内容中隐含的典型的基本数学思想,以促进学生对数学基本思想的理解和记忆,并进一步巩固所学的数学知识。

5. 在知识的巩固过程中,应用数学基本思想

数学作业作为小学生课堂学习效果反馈的最直接的途径,应是教师根据所学内容进行精心合理布置。作业的布置应该精而简,学生既能巩固知识,也要发展思维,学会迁移和运用所学知识。这就需要教师在作业布置方面多花功夫将数学基本思想渗透其中,让学生对所学的知识进行及时的复习。不过教师要注意作业要有合理性,既要使学生能对所学知识进行温习,还要留出更多的时间让学生进行思考,发展思维。课后作业的讲评也是教学的重要一环。教师在进行讲评时,除了让学生对自己的错题进行深层次的挖掘,更要不失时机地对其中的数学思想进行点明。这样可以让学生更为深刻地记忆知识,同时也能够学会将数学知识进行迁移和运用,发展学生的数学思维能力。比如:"一条小路总长 20 米,现在要在这条路的一侧种树,每 4 米种一棵,可以种多少棵数?"这样一道数学题

如何讲评呢？这是一道没有界定的植树问题，包含了植树问题的三种植树情况。因此，在进行讲评的过程中，教师可以先让学生介绍自己的植树方案，并用图形展示出来，让学生领悟数形结合思想。然后让学生通过对比，感受本道题三种植树情况都有可能发生，让学生感悟分类思想。最后让学生进行思考，在解决植树问题时，我们可以采用什么样的方法？利用什么样的方式？要注意什么？然后点明植树问题可以采用化繁为简思想，借助数形结合的方式，注意条件是否有限定，若没有，要利用分类思想进行分类讨论。

> 链接4.2　小学数学教材与数学思想方法

四、数学基本活动经验的学习

学生的基本活动经验是在学习过程中积累的。学生只有切实参与数学学习活动，才能形成相应的基本活动经验。教学中，要设计和组织丰富多样的、学生切实参与的数学学习活动，促进学生形成基本活动经验。

（一）数学基本活动经验及其分类

1. 数学基本活动经验的含义

数学基本活动经验是在教学目标的指引下，在特定的数学活动中进行实际操作或者思考、反思，从感性向理性飞跃时所形成的认识。首先，数学基本活动经验是"数学"的；所从事的活动要有明确的教学目标，没有教学目标的活动不是"数学活动"。比如，同样是折纸，可以是美学欣赏，可以是手工技能训练，也可以是数学操作。作为数学活动的折纸，其目的是学习轴对称概念、图形的运动、图形的不变特性等。其次，数学基本活动经验与"活动"密不可分，包括手动、口动和脑动。最后，数学基本活动经验与"经验"密不可分；学生本人要把在活动中的经历、体会总结上升为具有个体性的经验。它可以是活动当时的经验、延时反思的经验、学生自己摸索出的经验，也可以是受别人启发得出的经验。但这些经验必须转化和建构为属于学生本人的东西，才可以认为学生获得了活动经验。

2. 数学基本活动经验的分类

一般来说，每个学科的基本活动经验都包括基本的操作经验、本学科特有的思维活动经验、综合运用本学科内容进行问题解决的经验等类型。数学基本活动经验则具体表现在基本的数学操作经验、基本的数学思维活动经验、数学问题解决的经验等方面。

（1）基本数学操作经验

基本数学操作经验是数学活动经验的重要组成部分，体现了数学学科的基本思维特征和学科属性。主要包括几何操作经验、数学表征工具的直接操作经验、数学公式和符号的直接操作经验。

几何操作经验。比如：在小学五年级"比较图形面积"操作活动过程中，学生可以获得图形面积的比较经验，如数面积单位、平移旋转、图形的割补、图形的拼接等。

数学表征工具的直接操作经验。比如：让学生使用示意图、插图、照片、统计图表等表达数学内容，有助于学生积累数学表达的经验。

数学公式和符号的直接操作经验。比如：学生直接利用简单的数学工具（如公式表、计算器等），有助于学生认识和应用数学定义、规则、算法和公式等。

(2) 基本数学思维活动经验

基本数学思维活动经验集中反映了数学学科的学科属性，体现了数学学科研究的侧重点和研究手法。主要包括代数归纳的经验、几何推理的经验以及数据分析、统计推断的经验。

代数归纳的经验。"数与代数"领域最突出的特点就是代数思维，其中代数归纳的表现尤为突出。对于有些问题，可以通过特殊情况归纳发现规律，而后再通过一般性的推理，验证自己的发现，进而感悟数学的严谨性，增强数学学习的兴趣。

几何推理的经验。几何推理是几何课程的核心内容之一，学生是否获得几何推理的活动经验，对于掌握几何推理的技能、形成推理能力具有十分重要的促进作用。而几何推理既包括归纳、类比、猜想等在内的推理（即合情推理），也包括演绎推理。

数据分析、统计推断的经验。"统计与概率"是义务教育阶段数学课程中唯一的"不确定性"的教学内容。经历数据分析、统计推断的过程，获得相应的直接经验，进而发展其数据分析观念，是其学习的核心目标，具有其他数学内容所不能替代的作用。让学生体验和掌握数据分析观念的最有效方法，就是让他们真正投入收集、整理和描述数据的活动中，探索如何以简单而直观的形式最大限度地描述数据，做出合理的判断等。

(3) 数学问题解决的经验

对于小学生而言，"发现问题"更多地指发现了数学书本上不曾教过的新方法、新观点、新途径以及知道了以前不曾知道的新东西。"提出问题"的关键在于能够认清问题、概括问题。问题的提出必须进行深入思考和自我组织，因而可以激发学生的智慧，调动学生的身心进入活动状态。"解决问题"是指学生运用适当的数学策略去发现问题解决思路或方法，并加以反思。数学地发现问题、提出问题并解决问题，这是数学知识、能力和思想在数学学科中的综合体现。亲身经历发现问题、提出问题并加以解决的全过程，获得直接的经验，这是培养创新人才所必需的前提和重要基础。

(二) 数学基本活动经验积累的教学策略

数学基本活动经验对于教师和学生来说感觉比较抽象、不易把握。教师可以根据数学基本活动经验内涵和类型逐步加深对它的认识，使学生获得数学基本活动经验具有现实的可行性。在数学教学中采取如下的教学策略，可以促进学生数学基本活动经验的获得与积累。

1. 要树立正确的数学教育观

获得数学基本活动经验作为课程目标提出，是基于动态的数学观，把数学看成人类的一种活动，是一种充满情感、富有思考的经历体验和探索的活动，这种数学观必然影响着数学教育观。首先，数学课程的目标，并非单纯体现于学生接受的数学事实，而更多的是对数学思想方法的感悟，对数学活动经验的积累。其次，数学教学不仅是结果的教学，更重要的是过程的教学。数学课堂教学必须结合具体内容让学生在数学学习活动中去经历过程。最后，数学课堂教学应该是开放的。数学活动经验不像事实性知识那样看得见、摸得着。学生在数学活动中对某一数学对象的认识是有个性特征的,在认识的过程中所获得的经验又是多样的,这就决定了数学课堂教学不能封闭式地灌输,而要开放式地组织活动。每个学生在学习过程中都有一定的自主性,教师应给各种不同意见以充分表达的机会,积极拓展学生的学习空间。

2. 要设计好的数学活动

数学基本活动经验是在活动中产生的,因此使学生获得数学基本活动经验的核心是要提供一个好的活动。一个好的数学活动对于数学课堂教学来说,应满足以下条件:是每一个学生都能进行的,能为学生获得更多的活动经验提供广阔的探索空间,能充分体现数学的本质。比如,经典故事"巨人的手"就是一个很好的数学活动:昨晚,外星人访问我们学校,在黑板上留下了巨人的手印,今晚他还会来,请你设计为巨人使用的书籍、桌子和椅子的尺寸。这是一个要求学生从事有关"相似"以及"比和比例"的数学活动。活动内容包括度量"巨人"和"我"的手(例如中指),找出两者的比值,然后按这个比值,放大我们的书籍以及桌椅的尺寸。这个经典活动的特点:学生通过度量活动不仅只得出一些尺寸数据,而是紧紧围绕"比值"不变的思想进行,将度量和几何上的相似的概念密切结合起来。这样量,量的有价值、有意义。可以相信,这种自己动手、探究体察出来的数学经验,将会长远地保存在记忆里,成为"比例""相似"等数学概念的现实基础。

3. 要加强过程性教学

"问题情境→建立模型→解释应用→拓展反思"已成为课堂教学的重要模式,而问题情境(乃至整个活动设计)旨在诱发学生经历、体验活动的过程,促进学生在独立思考、自主探索的过程之中真正理解和掌握相应的知识、技能与基本思想,同时获得广泛的基本活动经验。比如,一位教师是这样教学"周长"内容的:情境引入——通过"一个小蚂蚁爬树叶""一个枫叶的边缘线"两个情境,引入周长的概念;动手操作——通过"描树叶的边线"以及"摸课桌面和数学书封面的边线",初步感知、加深感性认识;实践活动——通过"量一量你的腰围、头围""量一量一片树叶的周长"等实践活动,让学生亲身体验周长就在身边。其中,通过从生活中的不规则图形之中抽象出数学的周长概念,试图给学生这样的认识:生活中的不规则图形有很多,不只是规则图形才有周长。同时,通过让学生测量周长,感受测量方法的多样性。强调从一般性的角度引入周长的概念,体现知识的形成过程,关注学生直接操作经验和体验基础上的自我建构。这样也可以避免学生产生"只有长方形、正方形、圆等规则图形才能求周长"的思维定势;与此同时,通过对一般图形周长求法的探索,使学生亲身经历长方形、正方形周长求法的形成过程,为进一步学习周长的求法等内容做好铺垫。在学习活动中积累必要的基本活动经验,就成为"周长"内容呈现的主线和关键。

4. 要增加平等交流的机会和必要的反思

教师与学生的交流主要反映在教师倾听学生表达的意思,并通过对话形式不断披露学生内心世界以及思维方式方法,这很可能成为教师教学中意料之外的数学活动经验。学生与学生的交流反映了学生对问题的理解与见解,反映了学生的学习方式,特别是反映了学生的学习经验和认知特点。通过倾听,学生之间的问题研讨与争辩的独特性、解答问题的方式方法的创造性都可能给他人启迪,就某一问题开展问答、研讨与争辩,吸取他人有益的观念、思想方法以及做法,弥补自己的不足,带来资源共享,会极大地丰富学生数学活动经验。反思就是将学习过程中那些有关的智力活动变为思考的对象,进行反省。特别是在课堂小结时,要对数学基本活动经验给予提炼、总结,加以强化,并通过适当的例子进行验证和评价。当经验积累到一定的程度时,教师要引导学生进行去粗取精,分类整理,或丰富原来的经验,或修正原来有误的经验或淘汰先前低级的经验,将其升华为数学观念系统。

"四基"虽然是由四个部分构成的,但不应仅仅看作四个事物简单的叠加或混合,而应是一个有机的整体,是互相联系、互相促进的。如何在教学中培养学生的"四基"？对此,有很多理论研究,也有很多成功的案例。下面以吴正宪老师执教的"小数除法"为例,简要分析如何在教学实践中体现"四基"要求。

案例4.1 小数除法

片段1:现实情境引入,引起认知冲突

师:甲、乙、丙、丁4人一起吃饭。饭后交给服务员100元,服务员找回3元。这次的饭费要AA制。请问,每个人应付多少钱？

学生独立解决这个问题,一位学生使用竖式得到了有余数的结果。

$$(100-3) \div 4 = 24 \cdots\cdots 1$$

$$\begin{array}{r} 24 \\ 4\overline{)97} \\ \underline{8} \\ 17 \\ \underline{16} \\ 1 \end{array}$$

生1:24元,25元,在24元和25元之间。

生2:这个1元怎么分？

面对这个真实的情境,用"有余数除法"解决,答案是24余1。这就产生了新的问题:是24元,还是25元？由AA制引出的问题,引发了学生的认知冲突。

片段2:深度互动交流,探索算理算法

师:这1元怎么分成4份？能用你原有的经验或者知识解决这个问题吗？把你的想法记录下来。

下面我们结合这个案例分析一下"四基"的意义、在教学活动中的体现,以及对于学生成长的价值。

首先,关于基础知识和基本技能。数学课程内容的几个领域包含众多的基础知识和基本技能,理解和掌握基础知识和基本技能既是数学学习的重要目标,也是学生进一步发展的基础。以"小数除法"教学为例,学习小数除法的核心目标是"理解算理,掌握算法",这属于基本技能,教学过程不是简单地告诉学生算法(小数除法怎样除,小数点怎么处理等),而是要让学生经历算法的产生过程,从中理解算理:面对"剩下1不够除怎么办？"学生要联系整数除法、小数的意义等基础知识,把1元看作10角,再看10角平均分成4份怎样分,进而在对数进行计算时,理解把整数1看作10个0.1,再用10个0.1除以4。在这个过程中，学生已有的基础知识（小数意义）和基本技能（整数除法）发挥了作用，促进了新的知识技能的学习，而小数除法算理算法的理解和掌握又为进一步的学习打下基础。

其次，关于数学基本思想。抽象需要借助数学眼光，推理是基本的数学思维方式，模型是数学语言的表达。数学基本思想的形成和发展离不开对"双基"的理解和掌握，体现在探索和理解某些"双基"的过程中。在"小数除法"教学案例中，理解算理的过程就是一个推理的过程，学生在表述自己方法的道理时，在质疑和参与讨论某一种方法的合理性时，都是在努力说理（推理）。"1元看作10角，10角平均分给4个人，每人2角，剩下的2角再看作20分，平均分给4个人，每人5分。所以1元平均分给4个人，每人是2角5分。"这样的解释就是一种推理。学生经历从不理解到理解、从说不清楚到说得清楚的过程，就是学习如何推理的过程，就是逐步形成推理意识的过程。此外，从结合具体情境中的数量理解算理，到根据小数的意义理解算理，有助于学生数感的形成和发展。

最后，关于基本活动经验。学生的基本活动经验是在学习过程中积累的，学生只有切实参与数学学习活动，才能形成相应的基本活动经验。教学中，吴老师设计和组织了丰富多样的、学生切实参与的数学学习活动，促进了学生形成基本活动经验。

> 链接4.3　数学基本活动经验：提出、理解与实践

思考与练习 4.2

1. 数学概念学习的基本形式有哪些？举例说明。
2. 如何促进学生掌握数学基础知识？
3. 举例说明数学操作技能的学习过程。
4. 如何促进学生数学基本技能的形成？
5. 重视数学基本思想的教学策略有哪些？
6. 如何促进学生数学基本活动经验的形成？

第三节　小学数学"四能"的发展

《课标（2022年版）》总目标的第二条是："体会数学知识之间、数学与其他学科之间、数学与生活之间的联系，在探索真实情境所蕴含的关系中，发现问题和提出问题，运用数学和其他学科的知识与方法分析问题和解决问题。"问题解决能力的培养是体现数学学科特征的重要目标，具体表现为学生在具体情境中发现、提出、分析和解决问题的能力（简称"四能"）。

一、数学"四能"的含义

小学数学"四能"包括数学问题解决能力的四个方面，即发现问题的能力、提出问题的能力、分析问题的能力、解决问题的能力。

（一）数学问题和数学问题解决

解决问题是数学的核心。数学问题解决的学习是数学知识学习的自然延伸，是高级形

式的数学活动,它对于发展学生的核心素养和能力、培养创造精神具有极其重要的作用。

1. 数学问题

美国著名数学家哈尔莫斯(P. R. Halmos)有一句名言:问题是数学的心脏。数学问题是指人们在数学活动中所面临的、用已有的知识和经验无法直接解决而又没有现成对策的新问题、新情境。

例 13　(学习了长方形、正方形、平行四边形的面积以后,学生面临以下问题。)　求图 4.8 中阴影部分的面积。

由于学生无法直接利用已学的面积公式求得答案,所以这里的"求阴影部分面积"对于学生来说,就构成了一个数学问题。

一道数学题能否构成一个数学问题,与接触它的人有关。对低年级学生是一个数学问题,对高年级学生就可能不是一个数学问题。数学问题的特征是抽象化、形式化。当实际问题变成数学问题后,都抽去了对象的物质性,变成了抽象的形式。比如:图 4.8 中,所求阴影部分的面积可能是河沟或小路,但把它们抽象成"图中阴影部分"时,它们就形式化了,变成了一个数学问题。

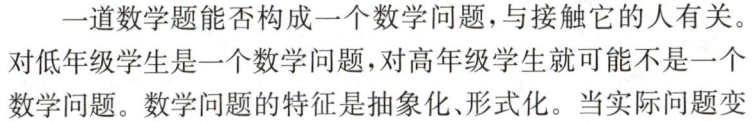

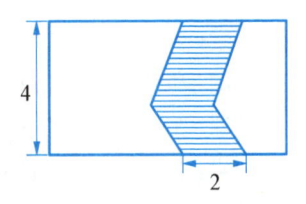

图 4.8　求阴影部分的面积

2. 数学问题的结构

数学问题一般由三部分构成:条件、目标和操作。① 条件指已知和给定的东西,一般是数据、关系(数量关系、位置关系、已知条件之间的关系、已知条件与问题的关系等)和问题的状态(如:甲、乙二人相向而行,用一只杯子向另一只空杯倒水等)。② 目标指问题的所求。③ 操作是指性质、公式、法则等的运用。解题过程中,正是通过操作不断地改变问题的状态,使之向目标状态过渡。

3. 数学问题解决

数学问题解决是运用已有的数学知识去探索新问题答案的心理过程或思考活动。比如:对于例 13 的问题,如下的思考过程便是数学问题解决(图 4.9):

图 4.9　割补法

阴影部分面积＝阴影长方形面积＝4×2＝8(面积单位)

数学问题解决是以思考为内涵,以问题目标为定向的心理活动过程,其实质是运用已有的知识去探索新情境中的问题结果。小学数学学习中的问题解决具有以下基本特征:

(1) 数学问题解决指的是学生初次遇到的新问题,如果是解决以前解过的题或同类型的题,对学习者来说就不是问题解决,而是做练习。

(2) 数学问题解决是一种积极探索和克服障碍的活动过程,它所采用的途径和方法是新的,至少其中某些部分是新的,这些方法和途径是已有知识和方法的重新组合。这种重新组合通常构成一些更高级的规则和解题方法,因此数学问题解决又是一个发现和创新的过程。

(3)数学问题一旦得到解决,学生通过问题解决过程所获得的解决问题的方法就成为他们认知结构的一个组成部分,这些方法不仅可以直接用来完成同类学习任务,还可以作为进一步解决新问题的已有策略和方法。

(二)发现问题的能力

发现问题就是在一定的数学情境中经过探索看到他人没有看到的事物或特点等。发现问题是创造的前提,心理学的研究表明,每个学生都有分析、解决问题和创造的潜能,关键是课程内容要提供好的素材,以促进学生的发展。《课标(2022年版)》在学段目标中要求学生:能在教师的指导下,从日常生活中发现数学问题。小学数学学习中,学生一开始就是从实际问题中抽象出数学对象,并在实际中发现数学的特点和因素,这也是观察能力的发展过程。比如,有一位教师在教学"按比例分配"时,提出问题:学校为我们五、六年级准备了380份食品,请同学帮忙分一下,每个年级可以分多少份?经讨论有学生提出,可以把380份平均分给两个年级,每个年级可以分得380÷2=190份,这时有一位学生站起来说:"我不同意这种分法,你怎么知道每个年级的人数相等呢?"此案例说明在教师创设的情境中,学生能够发现问题;也说明要培养学生发现问题的能力,提供发现问题的素材极为重要,而且教师提出的引导性问题也对学生的思维有触动作用。

(三)提出问题的能力

在数学活动中提出问题是指通过对情境的探索产生新问题,或在解决问题的过程中对问题的再阐述。它是教学活动中师生交往的重要手段,有助于培养学生的数学洞察力和对数学本质的理解。提出问题是人的重要素养,也是创造的源泉之一,不同的人能够在不同的层次上提出问题。小学生提出的问题一般都比较简单,正是在提出简单问题的过程中,学生锻炼了提出问题的能力。教师应该充分利用教学内容创造条件,启发学生清楚明确地表述问题,使学生敢问而且会问。比如:为了培养学生自主学习的能力,教师安排了一道学生自主探究的题目:$13.5 \times 0.7 = ?$ 不少学生都调动自己已有的知识进行计算,计算出结果是9.45。这时有一位学生提出质疑:为什么这里的积还要比乘数小呢?肯定结果错了。这个问题一提出,全班同学都怔住了:是呀!这是为什么呢?很显然,学生是受了原来学的整数乘法知识的影响。这时,班上又一个孩子抢着站起来,急切地说:"我知道,我知道,我家卖水果,如果是13.5元一斤,一个人只买0.7斤,不够一斤,所以就不到13.5元,这个答案是正确的。"教师顺势让学生明白了:小数乘法中,积有可能会比其中的乘数小。并且布置了一个课后探究题:一个数乘什么样的数,积会比这个数大?一个数乘什么样的数,积会比这个数小?让学生自己探究。此案例说明,只要教师给出适当的情境,学生可以提出很多有意义的问题。再如:一位教师在讲长度单位时,正准备结束教学,一位学生提出问题:我曾经在书上看到英里,我想知道一英里有多长?由于教师对问题的重视,激发了学生提问的意识,很快学生提出一海里有多长、一纳米有多长等问题。

链接4.4 提出问题:层次·因素·策略

(四)分析问题的能力

分析问题是解决问题的重要前提,如何能够使学生形成有条理地分析问题的思维方式,是数学教学要思考的问题。分析问题的引导要使学生不断地从问题中发现新的信息,不断地深化对问题的理解。

(1)合理提出猜想。分析问题的过程中要能够合理地提出猜想,解决问题则是检验猜想的过程。教师要不断引导,使学生不断发现问题。要不断地提出"还有什么发现?还有什么方法?"等问题,使学生的思维始终处于积极主动的状态,这对提升学生的分析问题能力具有重要的意义。

(2)合理选择问题解决的途径。在对问题信息进行全面分析后,教师应引导学生对问题解决的途径进行预测,而化归是最重要的解决问题的途径。比如:有一位教师在教学"圆锥的体积"时,准备了各种大小不同的圆柱和圆锥模型,并提出问题:如果我们今天要研究圆柱和圆锥的体积关系,你会选择怎样的圆柱和圆锥进行研究?学生依据比较的一般特点(只有具有某些相同属性的对象比较相互之间的差异才有意义),都选择了同底等高的圆柱和圆锥进行比较。此例学生利用了求同的原则将一般问题转化为特殊问题进行研究,为解决问题创造了有利的条件。

(五)解决问题的能力

数学解决问题的能力表现在能够综合、创造性地运用各种数学知识解决实际问题和源于数学内部的问题。建立数学模型的能力和将实际问题转化为数学问题的能力是其两个重要的方面。

(1)建立数学模型的能力。在培养学生建立数学模型的能力时,教师要善于捕捉生活中的数学现象,挖掘数学知识的生活内涵,将数学与生活密切联系,学生亲身经历将生活经验转化为数学活动经验的过程,使学生充分积累"数学化"的活动经验。比如:一年级数学题:图中哪些可以用7+3=10表示,体现了运用数学模型的要求。这里将7+3=10看成一个数学模型,解决实际问题。数学活动必须建立在学生认知发展水平和已有的知识经验基础之上,让学生亲历实际问题抽象成数学模型并解释与应用的过程,进而使学生在获得对数学理解的同时,在思维能力、情感态度与价值观等方面得到进步和发展。

(2)将实际问题转化为数学问题的能力。小学数学的很多问题都来源于对实际问题的抽象,比如:天平称重问题可以抽象为方程问题,怎样包装更节省材料的问题可以转化为计算表面积的问题。在解决数学问题时有时要将数学问题还原为实际问题。所以,也要让学生关注实际问题和数学问题的互化。

二、数学"四能"发展的策略

发展学生数学"四能"是数学教学过程中的长期目标,也是一项复杂的任务。教学中要把发展学生数学"四能"与小学数学课程的几个领域内容结合起来,采取有效的措施落实这一目标。

(一) 注重数学"四基"的学习

注重数学"四基"的学习是发展学生数学"四能"的前提。"双基"是数学能力和素养形成的基础,而"双基"的目标应当让学生通过知识的产生和发展过程来实现,在这个过程中学生感悟数学基本思想、积累数学基本活动经验。这样的学习过程就是数学"四能"和核心素养形成和发展的过程。数学"四能"是在"四基"学习的过程中逐渐形成和发展起来的。但是,数学"四能"也不是自然地随着"四基"的学习而提高的,需要教师在教学中有意识地、长期地加以培养和训练。比如:除数是小数的除法,对初学的学生来说,既是数学"四基"的学习,也是数学"四能"的学习。在学习的过程中,要有意识地对学生进行数学"四能"的培养。加强"四基"的学习是培养数学"四能"的基础,同时,要把问题解决能力的培养贯穿于数学"四基"学习的全过程。

(二) 注重数学学习情境的真实性

《课标(2022年版)》强调"探索真实情境所蕴含的关系",其中"真实情境"和"探索"是两个关键点。数学学习中有不同类型的情境,如个人情境、职业情境、社会情境和科学情境等。在低年级更多地运用个人情境或生活情境,随着年龄的增长逐步增加其他类型的情境。真实情境可以是现实的情境,也可以是数学情境,但一定是真实存在或确实能够发生的情境,义务教育阶段的教学要为学生提供更多现实的情境。从现实情境所蕴含的丰富信息中提炼出与数学相关的信息,并用数学的方法分析和解决问题,这个过程就是弗雷登塔尔所说的"数学化"过程,也可以看作数学建模的过程。学生的探索活动就是从现实情境到数学问题的发现、提出、分析和解决的过程。

(三) 注重运用数学和其他学科的知识与方法解决问题

现行课程方案和课程标准重视课程的综合性和跨学科学习,提出"加强课程内容与学生经验、社会生活的联系,强化学科内知识整合,统筹设计综合课程和跨学科主题学习"。对于数学学科而言,倡导在数学和其他学科之间的联系中发现和提出问题,进而分析和解决问题。数学的高度抽象性和广泛应用性,决定了数学可以应用于生活、科技和社会的各种场景,数学知识和方法与其他学科存在广泛的联系。因此,《课标(2022年版)》在课程目标中提出了三个方面的联系:数学知识之间的联系,数学与其他学科之间的联系,数学与生活之间的联系。数学知识之间的联系包括领域内的联系和领域之间的联系。为加强领域内知识之间的联系,《课标(2022年版)》将一些领域内的主题进行了整合,如小学阶段"数与代数"领域内的主题整合为"数与运算""数量关系","图形与几何"领域内的主题整合为"图形的认识与测量""图形的位置与运动",这为构建相关知识之间的联系创造了条件。同时,《课标(2022年版)》对"综合与实践"领域进行了较大的改进,以跨学科的主题活动和项目学习的方式呈现,强化了领域之间的联系和不同学科之间的联系。学科之间的联系体现在两个方面:一是各领域内容的呈现与学习中会运用不同学科的背景和知识,二是"综合与实践"领域的主题活动和项目学习会涉及不同学科背景、知识或方法。数学与生活之间的联系贯穿整个义务教育阶段,特别是第一、第二学段,考虑到学生的年龄特征,在新知识学习时问题情境的选择、主题活动内容的设计,以及例习题的安排上,应更多地体现与学生生活的联系。

(四) 注重鼓励学生质疑问难

数学"四能"的培养不仅反映对现成问题的解答上,还反映在学生能否根据一定的问题情境提出新的问题。鼓励学生在问题解决的过程中质疑问难,是培养学生问题解决的综合能力的重要方法。教师应重视为学生创设质疑情境,使学生有机会发现问题和提出问题。实际的问题情境是学生形成问题的基础和源泉,学生在探索具体问题的过程中,可以受到启发,提出问题。比如:教学"角的初步认识"时,让学生每人用两根纸条和一枚图钉做成一个角的模型,并用手拉动角的一条边。这样学生不仅可以直观地认识和掌握锐角、直角、钝角等概念,而且还会在此基础上提出"当两条边重合时是什么角?如果一条边固定,另一条边按逆时针方向继续拉动下去将得到什么角?"等一些很有意义的问题,为以后继续学习角的知识打下良好基础。教学中还可以指导学生运用已有的数学知识对问题做较深层次的思考,通过分析和比较,将问题转化,提出优化解答过程的新问题。由于不同情况下问题的内容、性质各有特点,因而观察、发现,并提出问题的角度、方法和形式也应各有特色,只有恰到好处地发现并提出问题,才能解决问题。因此,要提高学生的质疑能力,还必须教给学生一些基本的提出问题的策略。

(五) 注重解题策略的培养

数学问题的类型、难度与陈述方式都是影响数学"四能"发展的重要因素。面临性质不同、复杂程度相异的问题,学生解决问题的策略也是不同的。解决问题的策略是指解决问题的人用来调节他们自己的注意、学习、回忆和思维的技能。在问题解决的过程中,学生应当逐步学会根据问题的特点,灵活地选择和调整问题解决的策略。小学数学常用的问题解决的策略大致有以下几种。

(1) 猜测。猜测是一项重要的思考策略。学生在解决问题的过程中,要进行大胆猜测,并核对猜测与问题的情况是否符合,从而形成解题的有效策略。

(2) 作图。这是一项具体化的策略,可以帮助审题、分析和检验。作图不仅包括线段图,而且包括实物简图、示意图、关系图等。根据题意作图,可以使问题明确、关系明朗,比较符合小学生思维的特点。

(3) 举例。例子可以基于学生熟悉的具体事实,通过举例使问题的情境具体化,促使思路清晰。

(4) 模拟情境。在解决问题的过程中,用人或物模拟问题的情境,可使学生理解用语言叙述的问题,弄清问题的情境。

(5) 简化。对于比较复杂的问题,简化可以去掉一些次要的因素,也可以把大问题化为几个小问题,使因果关系更为清晰。

(6) 验证。学生在进行探索之后,需要对探索的结果进行验证。验证可以用多种方法进行。验证涉及多种思维的方法,也涉及对问题解决的回顾。

(7) 延伸。对问题进一步思考,使结论更一般化。利用这种策略,能更加清楚地看到研究结果的意义。

在问题解决教学过程中应重视启发学生体验具体的解题策略,逐步学会运用多种策略解决问题。要引导学生多角度、多方位考察问题,力戒将注意力局限于问题的某一方面。多角度、多方位考察问题,常常能使数学问题得到简捷、全面的解决。

> 链接 4.5　为"问题解决"而教:小学数学模型思维教育实践

思考与练习 4.3

1. 试述数学问题和数学问题解决的含义。
2. 举例说明如何提出数学问题。
3. 如何促进学生数学"四能"的发展?

第四节　小学数学学习情感与态度的培养

《课标(2022年版)》总目标的第三条是:"对数学具有好奇心和求知欲,了解数学的价值,欣赏数学美,提高学习数学的兴趣,建立学好数学的信心,养好良好的学习习惯,形成质疑问难、自我反思和勇于探索的科学精神。"可见,课标把培养学生数学学习的情感与态度作为学习的重要目标,置于十分突出的地位。

一、数学学习情感与态度的含义

(一) 数学学习情感

数学学习情感是指学生因数学学习而产生的种种内心体验。学生在学习数学时,并不是无动于衷的,他们常常会有各种不同的内心体验。比如:当回答问题后得到老师的赞扬、解决了一道比较难的数学问题、考试得到高分时会感到高兴、快乐,并有一种成就感;而当回答不出问题、学习失败时,会产生害怕和厌倦情绪。

学习情感对学生的数学学习有着直接的影响,起着动力的作用。愉快而积极的情感能活跃思维、激发智慧潜能,从而促进数学学习,提高数学学习的效率和质量。反之,痛苦而消极的情感会阻碍数学学习,并削弱和降低数学学习的效果。数学学习情感是在数学学习过程中逐步产生和发展起来的。学生在学习中感到数学的价值、数学的神奇和美妙,尝到获得数学知识、技能和解决问题的愉快,从而逐步形成学习的热情,喜欢上数学这门学科。所以,学习热情来源于数学本身、来源于学习者通过刻苦学习的收获与内心感受。一旦形成了学习热情,它就具有持续性、稳定性和巨大的推动力,鼓舞着学生坚持不懈地、努力地完成艰巨的学习任务。

(二) 数学学习态度

数学学习态度就是学生对数学学习的认识、情感与行为倾向。学生对数学学习的认识与其价值观紧密相连。当学生认识到数学对社会、对个人学习及能力发展有重要作用时,这种认识就会转变成一种态度倾向,直接影响着他们的数学学习。态度与情感有着密切关系。学生对数学学习的积极情感与消极情感,就是对数学学习的态度。

学习态度是一种无法直接观察的内在心理过程,只能通过其语言和数学学习活动中的外部学习行为来了解学生的数学学习态度。比如,学习数学认真还是马虎、勤奋还是懒惰、自信还是自卑、有责任心还是无责任心等。学生学习态度的形成除了个体先天身心条件外,社会、家庭、集体对学生的学习态度的形成往往起着潜移默化的作用。一般来说,学生学习数学的态度一经形成,它就是相对稳定的。要改变学生不正确的学习态度,应当从改变学生对数学的认识和价值观入手。

二、数学学习情感与态度培养的策略

《课标(2022年版)》中数学学习情感与态度的教学目标可以概括为四个方面:激励学生学习数学的动机;了解数学价值,欣赏数学美;对数学学习产生兴趣,建立信心;养成良好的学习习惯和科学精神。在教学中培养数学学习情感与态度,既要考虑学生的认识能力,又要注意数学学科自身的特点和规律,应结合具体的教学内容,采取渗透式的教学方式,让学生在探索数学知识的过程中潜移默化地受到良好的情感与态度的教育。进行情感与态度的教育,要注意以下几个方面的策略。

(一) 充分挖掘教学内容中的教育因素

小学数学教学内容中蕴含了丰富的教育因素,教师在教学时要充分挖掘这些教育因素,使学生在学习数学"四基"、发展数学"四能"的同时,情感与态度也得到同步发展。

1. 充分利用内容中具有教育意义的数据和统计材料

小学数学教科书结合有关教学内容列举了一些反映我国社会主义建设和改革开放所取得的巨大成就,反映生产技术水平、科学技术水平和人民生活水平不断提高的数据及资料,学生通过对这些材料的理解,既可以感受到数学在刻画、描述现实世界过程中的作用,也可以使他们受到爱祖国、爱科学的教育,激发学生学好数学报效祖国的热情。

2. 充分挖掘数学背景知识中的教育因素

数学是人类的一种文化,它的内容是现代文明的重要组成部分。数学内容不但是数学知识的载体,而且也是数学文化价值的体现。在小学数学教科书中,结合有关内容介绍一些关于数学发展与数学史料的知识,不但可以丰富学生对数学发展过程的整体认识,而且使学生从中受到爱祖国、爱科学的教育。比如:结合圆周长的教学介绍我国古代数学家祖冲之在探索圆周率的计算上所取得的巨大成就,不但可以丰富学生的数学知识,而且还可以激发学生的民族自豪感。同时,通过深入了解祖冲之解决问题的过程,让学生体会到"一分耕耘,一分收获"的道理。

3. 充分挖掘现实生活中数学素材的教育因素

数学来源于生活,是有关数与形方面的生活经验的系统化。在小学数学教学中应选择与现实生活联系紧密的素材作为教学内容,充分体现教学内容的生活性和现实性,使数学贴近学生的生活实际,使他们对数学产生真实感、亲切感,让学生知道数学知识的来源和作用,从而认识数学的价值。比如:教师认真组织学生参与小学数学的实践活动,一方面可以使学生灵活运用数学知识解决问题；另一方面，可以使学生亲身体验到数学在实际生活中的存在和作用，明确学习的目的和实际意义，受到良好的情感与态度的教育。

(二) 结合数学知识的教学渗透情感与态度教育

教学活动永远具有教育性，这既是教学过程的基本规律，也是知识教学与教育的辩证统一。在教学中要充分体现教学具有教育性的规律，把数学知识的教学和有关情感与态度的教育结合起来，将教育渗透于数学知识教学的过程中，让学生在主动探索数学知识的发生、发展及应用的过程中，受到良好的情感与态度的教育。

1. 把握好渗透的时机

在教学中渗透情感与态度教育应根据数学学科的特点，结合数学知识适时进行，使教育在数学教学中显得自然得体，达到"水到渠成"的效果。

2. 把握好渗透的度

任何事物的存在都有一个度的限制，超出了规定的范围事物就可能走向反面。在教学中对学生进行教育，同样应体现适度性原则，把情感与态度教育和学生的思维特点、认知水平、接受能力结合起来，既要结合实际完成教育的目标，又不能脱离具体数学知识的教学去随意发挥。

3. 创设有利于渗透教育的教学情境

生动形象的教育情境是提高教育效果的保证。在教学中渗透教育应创设与学生的生活环境、知识背景相关并且是学生感兴趣的、具有教育意义的教学情境，使学生在生动的情境中理解数学知识的产生、形成和发展过程，并获得积极的情感体验，受到良好的教育。创设的教学情境要生动具体、具有启发性和教育性，能引起学生的注意和思考，有利于学生在心理上产生情感的共鸣。

(三) 引导学生感受学习成功的体验

小学生的学习热情主要来源于在学习过程中获得的成功体验，只有当学生体验到数学学习的乐趣、感受到成功的欢乐时，才能给学习进一步增添动力。

1. 给学生创造获得成功的机会

根据有关调查表明，在众多学生中，学习成绩好的、长期受到教师鼓励和肯定的学生，其自信心明显好于学习成绩差、很少受到教师表扬和肯定的学生。因此，教师应充分相信每个正常的学生都有能力学好数学，每一位学生通过努力都能达到课程标准所规定的学习要求。教师应面向全体学生，充分体现义务教育的公平性，让每一个学生在学习过程中都能获得提出问题、回答问题以及讨论交流的机会。在教学中，教师应根据学生的文化环境、家庭背景和思维发展水平等方面的差异，全面贯彻面向全体与尊重个别差异相结合的教学原则，对具有不同认识水平的学生，提出不同层次的教学要求，把不同难度的学习任务交给具有不同学力水平的学生去解决。既要让优秀的学生充分发挥自己的潜能，获得更大的发展；更要向学习基础水平较差的学生提供适合的发展条件，让他们经常获得成功的体验,使不同的学生都能得到最佳发展。比如:对学生的作业应采用分类要求。对优秀生应让他们在完成基础题后,还应完成一些具有思维难度的练习;对中等生应在完成基础题后,鼓励他们去完成一些具有适度挑战性的练习;而对一些学习上暂时还有困难的学生,只要求他们完成一些基本练习,并让他们获得与优秀生同等的奖赏。

2. 实施激励性、发展性评价

评价不仅要关注学生学习的结果,更要关注学生在学习过程中的发展和变化。应采用多样化的评价方式,恰当呈现并合理利用评价结果,发挥评价的激励作用,保护学生的自尊心和自信心。在小学数学教学中,应建立激励性的评价机制,对学生实施激励性、发展性的学习评价,以鼓励和肯定学生的进步为主,尊重学生的人格,注意发现学生的闪光点,用发展的眼光去评价每一个学生。当学生有了进步或在学习上取得成绩时,教师应及时给予表扬和肯定,使他们感受到成功的体验,以此进一步强化学生的学习动机;当学生在学习上受到挫折时,教师应给予鼓励和关怀,引导学生进行正确的归因,使学生感受到教师的期望,以减轻失败给他们造成的心理压力,保护学生的自尊心和自信心,增强学生克服困难的勇气。

3. 发展学生的自我评价能力

自我评价能力是自我意识发展的主要成分,学生对自己进行积极的自我评价,实行正确的归因,能使他们获得成功和愉快的体验。在教学中可以通过增强学生的自我意识,发展学生的自我评价能力让学生获得成功的体验。首先,引导学生对自己的学习进行客观的分析,既要看到自己的不足,更要看到自己的进步和优点,正确估价自己的学习效果和学习能力,克服自卑心理,增强成功感。其次,引导学生把自己的努力与学习上取得的成功进行比较,让学生看到辛勤劳动所带来的进步,从而使他们进一步体验成功的欢乐。

总之,在数学教学中要根据课程目标,要把落实培养学生情感态度的目标作为己任,努力把情感态度的培养有机地融合在数学教学过程之中。

> **链接 4.6** 立德树人背景下中小学数学教材的教育价值审视

> **思考与练习 4.4**
> 1. 什么是数学学习情感、数学学习态度?
> 2. 小学数学学习情感与态度的教学目标是什么?
> 3. 如何培养小学生积极的数学学习情感与态度?

参考文献

[1] 施良方.学习论——学习心理学的理论与原理[M].北京:人民教育出版社,1994.
[2] [丹]克努兹·伊列雷斯.我们如何学习——全视角学习理论[M].孙玫璐,译.北京:教育科学出版社,2010.
[3] 朱智贤,林崇德.思维发展心理学[M].北京:北京师范大学出版社,1986.
[4] 徐速.小学数学学习心理研究[M].杭州:浙江大学出版社,2006.
[5] 金成梁.逻辑与小学数学教学[M].北京:北京师范大学出版社,2001.
[6] 范良火,等.华人如何学习数学[M].南京:江苏教育出版社,2005.

第五章　小学数学教学方法

内容提要

本章包括三部分内容。一是小学数学教学方法的历史变革，重点阐述我国几十年来小学数学教学方法变革的主要阶段、方法创新、发展趋势等；二是分析了小学数学教学方法的内涵、作用及类别，梳理了小学数学常见的教学方法，诠释了几种小学数学基本教学方法；三是依据当下小学数学教学的特征，从综合性、目标性、情感性、适合性四个角度，分析了小学数学教学方法的选择与优化。

思维导图

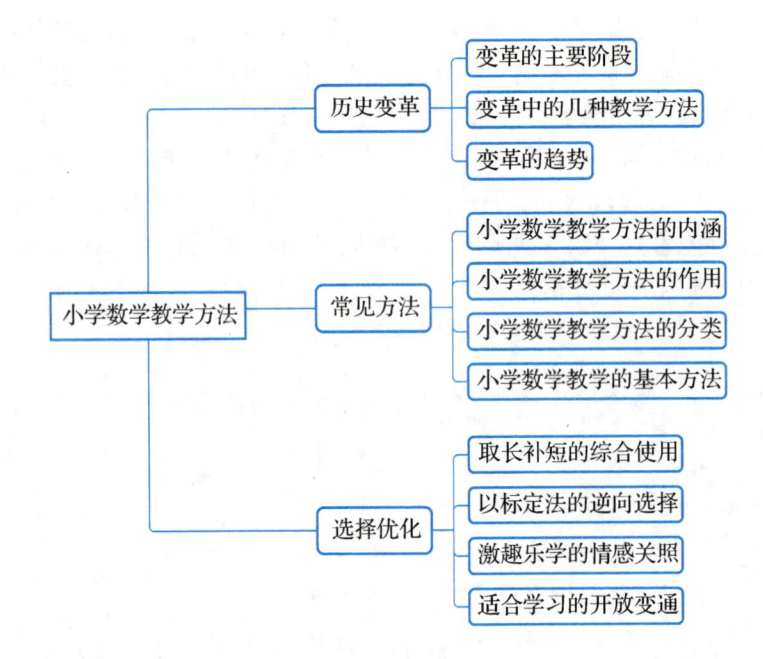

```
                          ┌─ 变革的主要阶段
                ┌─ 历史变革 ─┼─ 变革中的几种教学方法
                │          └─ 变革的趋势
                │
                │          ┌─ 小学数学教学方法的内涵
                │          ├─ 小学数学教学方法的作用
小学数学教学方法 ─┼─ 常见方法 ─┤
                │          ├─ 小学数学教学方法的分类
                │          └─ 小学数学教学的基本方法
                │
                │          ┌─ 取长补短的综合使用
                │          ├─ 以标定法的逆向选择
                └─ 选择优化 ─┤
                           ├─ 激趣乐学的情感关照
                           └─ 适合学习的开放变通
```

学习要求

1. 了解小学数学教学方法的历史变革。
2. 了解小学数学教学方法的内涵和作用。
3. 掌握小学数学教学的基本方法。
4. 理解小学数学教学方法优化的要点。

第一节　小学数学教学方法的历史变革

小学数学教学方法是指为实现小学数学教学目标，完成教学任务，依据教学理论，师生相互作用的数学活动方式。对小学数学教师来说，了解小学数学教学方法的改革及发展，恰当运用小学数学常用的教学方法，是教师实施有效教学的前提。小学数学教师只有对教学方法有深度的认识，才能为学生创造良好的数学教育。《课标(2011年版)》曾指出："教学活动是师生积极参与、交往互动、共同发展的过程。"《课标(2022年版)》又进一步提出："改变单一讲授式教学方式，注重启发式、探究式、参与式、互动式等，探索大单元教学，积极开展跨学科的主题式学习和项目式学习等综合性教学活动。"这要求教师须具备丰富的教学方法，能根据教学目标、教学内容等选择合适的教学方法，以有效地引导学生的数学学习，培育学生的核心素养。

一、小学数学教学方法变革的主要阶段

(一) 学习引入阶段(约 1950—1957 年)

1949 年新中国成立，百废待兴，中小学教育教学需要对旧教育进行改革。1949 年 12 月 23 日第一次全国教育工作会议就提出"以老解放区新教育经验为基础，吸收旧教育有用经验，借助苏联经验，建设新民主主义教育。"这成为新中国成立之初我国教学改革的方向，照搬苏联的数学教科书及教学大纲是当时的一种基本选择，教师课堂教学主要遵循凯洛夫的五阶段教学法。在学习以凯洛夫为代表的教育思想的过程中，人们将赫尔巴特的教学阶段理论与凯洛夫的课堂教学环节理论相结合，广泛形成组织教学、复习旧知、讲授新课、巩固练习、布置作业的五阶段课堂教学模式。

(二) 自主探索阶段(约 1958—1965 年)

由于苏联与我国中小学学制上存在的差异，社会文化与教育制度的不同，以及中苏两国关系的变化，我国中小学数学教学需要探索自己的方式、方法。在数学教育国际比较、自我经验反思的基础上，形成了 1963 年的数学教学大纲，强调数学基本知识与基本技能，注重知识的实用性，强调与生产实际的结合，在教学方法上强调精讲多练。

(三) 无序"开放"阶段(约 1966—1976 年)

在此期间，由于受"文化大革命"的影响，许多中小学的教学处于"无政府"状态，学校的正常教学秩序被打乱，要求中小学要开门办学，讲究实用。毛泽东曾提出学生要"以学为主，兼学别样，也要学工、学农、学军，也要批判资产阶级。"在破除"以课堂为中心，以书本为中心，以教师为中心"的要求下，学校课堂搬到了农村、工厂，搬到了生产一线，很多地方把实际生产场地当作课堂进行教学，过度的"开放"与社会环境导致数学教学方法的探索与改革难以展开。

(四) 恢复调整阶段(约 1977—1985 年)

1976 年年底"文化大革命"结束,我国教育教学急需恢复正常的教学秩序,1977 年年底高考恢复,掀起了全国性的文化学习浪潮,语文、数学等各科教学迎来了新的发展机遇。数学教学以 60 年代的成果经验为基础恢复教学,成为首先的选择,随后对数学教学目标、教学内容等进行了一定的调整,在突出数学基础知识和基本技能的同时,强调学生能力培养与智力发展。如 1978 年的《全日制十年制学校小学数学教学大纲(试行草案)》明确指出"加强基础,培养能力,发展智力"的要求。前期的一些数学教学改革也开始恢复,如中国科学院心理研究所卢仲衡主持的数学自学辅导教学实验,1978 年实验又恢复展开,1980 年华中师范大学开始了"小学数学启发式教学"实验,江苏省常州师范学校邱学华的"尝试教学法"实验不断拓展,北京马芯兰的小学数学教学实验也开始全国性推广。由此,中小学面向提高教学质量的数学教学改革实验不断出现,教学方法的改革从恢复走向多元化发展,提高教学质量成为教师改进教学方法的重要动力。

(五) 改革创新阶段(约 1986—2000 年)

1985 年中共中央在《关于教育体制改革的决定》中提出:"在整个教育体制改革过程中,必须牢牢记住改革的目的是提高民族素质,多出人才,出好人才"。1986 年《中华人民共和国义务教育法》开始实施,普及九年义务教育成为我国重要的任务,要求课堂教学要面向全体学生。1993 年颁布的《中国教育改革和发展纲要》明确提出了我国 90 年代至 21 世纪初教育改革和发展要"全国贯彻教育方针,全面提高教育质量"。实施素质教育,提高教学质量成为中小学数学课堂教学的基本要求。数学作为基础教育的一门重要学科,相关的创新性教学改革不断展开。

(六) 基于课标的变革阶段(约 2001—至今)

2001 年颁布的《基础教育课程改革纲要(试行)》提出"大力推进基础教育课程改革,调整和改革基础教育的课程体系、结构、内容,构建符合基础教育要求的新的基础教育课程体系。"同年 7 月,教育部颁发《全日制义务教育数学课程标准(实验稿)》。经十年改革实践,在广泛调查研究的基础上,对实验稿进行了修订和审议,并于 2011 年 12 月教育部颁布了《义务教育数学课程标准(2011 年版)》,2022 年又颁布了新的课程标准,特别强调学生数学学习的实践、探究、体验、反思、合作、交流等,发展学生的数学核心素养。近二十多年来,课程标准强调数学教学要以学生的发展为本,强调数学学习的过程体验及情感态度,强调让每一个学生都能受到良好的数学教育。数学教育理念与人才培养需求的变化,带来数学教学方法的巨大变革,自数学课程标准实施以来,合作、探究、交流等成为小学数学教学方法变革的关键词,基于课程标准,指向数学素养开展了系列教学方法的变革。

二、数学教学变革中的几种教学方法

随着我国数学教育改革的不断深入和数学教学研究的不断发展,教学方法也有了很大的革新与变化。下面是我国曾颇为盛行的几种数学教学方法。

（一）尝试教学法

尝试教学法是由邱学华提出的，又称五步教学法。所谓尝试教学法，是给学生创造一定条件或情境，让学生积极主动探索、独立思考、发现问题和解决问题，以培养学生的探索精神和自学能力为主要目标的教学方法。尝试教学法基本属于探究式教学模式范畴。其教学目标在于培养学生的探索精神，培养学生的自学能力，发展智力。

这一教学模式主要适用于中小学数学教学，其基本操作程序是：① 出示尝试题；② 学生自学课本；③ 尝试练习；④ 学生讨论；⑤ 教师讲解。

新课开始，教师宣布课题，明确教学要求，然后出示尝试题，激发学生兴趣。尝试练习题要同课本中的例题相仿，同类型同结构。学生带着问题自学课本，目标明确。自学课本例题后，大部分学生对解答尝试题有了办法，都跃跃欲试。教师让好、中、差三类学生板演，其他学生在草稿本上练习，教师巡回观察。尝试练习后，教师根据三类学生的板演情况，引导学生讲评讨论。最后教师针对学生感到困难的地方和教材重点进行讲解。这个程序不是固定不变的，可视教学的条件变化而灵活运用。

> 链接 5.1　先练后讲　练在当堂

（二）尝试指导、效果回授教学法

尝试指导、效果回授教学法是上海市青浦县顾泠沅教改实验小组从 1977 年起经过三年教学调查、一年筛选经验、三年科学实验和三年推广应用而提出来的一种新型教学方法。具体包括下列内容。

1. 创设问题情境，启发诱导

教师根据教材的重点和难点，选择尝试点，编成问题。教学过程中先与学生一起对问题进行考察和磋商，学生急于解决这个问题，但仅利用已有的知识和技能又无法立即解决，形成"认知冲突"，激发起求知欲。教师积极创设问题情境，使学生在注意最集中、思维最积极的状态中进行尝试学习。同时，教师还应适时地对学生的这种心理倾向予以调节和促进，使之保持明确指向并维持一定的程度。

2. 探究知识的尝试

这种尝试最重要的是充分发挥学生的学习主动性，改变以往那种被动的、单纯听讲的学习方式。在尝试过程中学生一般进行如下活动：阅读教材或其他有关书籍；重温某些概念和技能；对数、式和图形细致地观察；做一些简单的数学实验；对教学问题进行类比、联想或归纳、推演。通过逐步试探和试验，在讨论和研究中发现新的知识和方法，解决提出的问题。教师则应当拟订适合学生水平的尝试层次，确定"高而可攀"的步子，防止难易失度。

3. 概括结论，纳入知识系统

教师引导学生根据尝试所得，概括出一般结论，然后通过必要的讲解，揭示这些结论在整体中的相互关系和结构上的统一性，从而将其纳入学生的知识系统。

4. 变式练习的尝试

对于一般结论，教师运用概念变式、背景复杂化和配置实际应用环境等手段，编制好系列训练题，让学生进行变式练习方面的尝试。编制练习必须注意：应使练习的思维过程具有合适的梯度，逐步增加创造性因素；有时可将一道题进行适当的引申和变化，并使之与尝试学习过程有机地结合起来；题的组合应有利于学生概括各种解题技能或从不同的角度更换解题的技能和方法。此外，还可用多种形式给出问题条件，使学生受到训练。

5. 回授尝试效果，组织答疑和讲解

教师搜集与评定学生尝试学习效果的途径是多种多样的，如观察交谈、提问分析、课堂巡视、课内练习、作业考查等。教师通过及时回授评定的结果，有针对性地组织答疑和讲解。答疑要答在疑处，解决疑难问题；讲解则是在学生尝试的基础上，使研究的问题进一步明确，并通过帮助学生克服思维障碍，对那些不易被学生发现的问题给以适当指点。

6. 阶段教学结果的回授调节

在一个单元或一章一册教材教学完毕之后，要进行关于教学结果的回授调节，其中尤以"阶段过关"最为重要。教师应当给掌握阶段内容有困难的学生以第二次学习机会，针对存在问题帮助"过关"。教学细节的调节与阶段结果的调节，两者结合起来，可以大大改善教学系统的控制性能。

> 链接5.2 变式教学研究

（三）自学辅导教学法

自学辅导教学法就是在教师的指导和辅导下，学生进行自学获得知识技能，发展能力的教学方法。这种方法的主导思想是突出教学过程中师生的双边活动，提高学生的自学能力。自学辅导教学法是中国科学院心理研究所卢仲衡教授首先提出的，它是在程序教学法的基础上发展起来的一种广泛运用的教学方法。自学辅导教学法的运用，需要有专门编写的一套适合于自学的教材、练习册和测验本，因此，也称为"三本"教学法。

自学辅导法的课堂教学基本形式：教师只做精辟简短的指导性讲授或布置阅读课题及提纲；学生独立阅读教材、做练习、回答问题；教师巡回答疑或重点讲解有关问题；学生订正错误、摘要笔记，并做出小结。

自学辅导教学法，一般可分为四个阶段进行：

1. 领读阶段

目的在于指导学生初步学会自学阅读的方法，培养学生独立做题、认真进行自我检查的习惯。这一阶段的主要教学途径是，教师引导学生进行"三读"：初读扫除字词障碍，细读概括段落大意，精读钻研关键字句；学生独立做出相应的练习题，并核对答案；教师检查，重点按提纲检查学生对基础知识的掌握情况。

2. 启发自学阶段

目的在于培养学生的独立自学能力，养成自学的习惯。在这一阶段的教学中，教师应

适当放手,只要备好"启发自学提纲"和"小结检查提纲"发给学生,由学生独立地自学、做题、对答案、自检,最后纠正错误,进行小结。

3. 自学辅导阶段

目的在于提高学生的自学能力,强化自学习惯,达到教学要求。这一阶段教学中,教师在课上只交待学习任务和注意事项,学生独立阅读、练习、自检、小结,做出必要笔记。教师进行必要辅导、答疑、检查了解情况、小结并落实教学要求。

4. 教学研究阶段

目的在于进行阶段评价,为进一步教学提供策略依据。当一个单元教学结束后(期中或期末),学生的自学能力已有较大提高,也完全适应了自学辅导的方法,因此,教师应通过教育评价,研究教与学两方面的情况,总结经验教训,为下一步教学提供策略依据。

应该指出,自学辅导教学法强调学生自学为主,突出学生的主体地位,这并不意味着忽视教师的主导作用。相反,对教师的主导作用应该是有更高的要求,具体表现在:

(1)教师必须在正确评价学生的自学能力的前提下,从实际出发,对学生的自学方法做具体的组织和指导。

(2)教师必须进行有针对性的指导,全面进行教与学的评价。这就要求教师要善于启发与引导,辅佐学生自学入门;要善于点拨关键,纠正学生的毛病;要善于释疑导向,帮助学生理解概念、掌握方法、活跃思路;在进行全面评价的基础上,要善于因材施教,确保大多数学生都有收获、得到发展等。

(四)单元教学法

单元教学法就是根据知识整体的结构,把教学内容组织和划分为若干教学单元,并按教学单元分段进行教学的方法。这种方法打破了传统教学中按课时划分教学内容的办法,目的是避免人为地割裂知识结构系统对培养能力产生的不利影响。单元的划分一般要根据具体教学内容的难易、联系以及学生的认知水平进行,单元可大可小,但都要反映出知识的形成和发展过程,不允许割裂知识的整体结构。单元教学法的具体教学过程有知识结构单元四步骤教学、单元六课型教学法两种形式。

1. 知识结构单元四步骤教学

这种方法是北京景山学校于 20 世纪 60 年代初系统提出来的教学方法,是将一个单元知识的教学过程分为四步完成:

(1)自学探究。根据教材内容的特点,分两种方式进行:有关概念和描述现象的内容,用自学读书方式;有关观察、实验和推理论证的内容,用探究操作方法。单元教学开始,教师把内容概括地做出介绍,并给学生指出自学探究的路线图,提出一些思考题、启发学生积极思维,并鼓励学生发现问题、提出问题;然后引导学生去观察、实验、论证、独立得出结论。教师要及时了解学生自学探究的进展情况,收集提出的问题和独特新颖的思想方法等,为下一步重点讲授做好准备。

(2)重点讲授。目的是使学生在自学探究的基础上,将所获得的知识提高一步,获得规律性的认识。一般来说,重点讲授的内容是单元教学内容的重点、难点、关键和内在联系；获得科学的数学结论和寻求解题途径的思维方法以及知识的起源、发展和去向等。

（3）综合训练。就是让学生综合运用已掌握的数学原理和数学方法，灵活地去解决一些具有一定综合性的数学习题。在综合训练中，要选择有明确目的性和典型性的题目，设计好训练的程序，符合学生的发展水平，促进学生能力的提高。

（4）总结巩固。就是让学生总结本单元的内容，整理基础知识、基本方法，整理习题类型和解题思想方法，形成一个完整系统，充实学生的认知结构，从而达到巩固提高的目的。同时，还可以让学生写出学习心得，或陈述自己的见解，或将所学内容引申拓广，或变更问题，寻求新的结论和方法，或撰写研究性的小论文。

2. 单元六课型教学法

这种方法是湖北大学黎世法教授于20世纪80年代中期提出来的，是将每个单元的内容依次通过以下六种不同的课型进行教学，即①自学课：教师指点下，学生自学新教材；②启发课：教师重点讲解；③复习课：教师指导学生独立复习；④作业课：教师指导学生独立作业；⑤改错课：师生结合，共同批改作业；⑥小结课：师生结合，将知识技能概念化、综合化。

从以上两种形式的单元教学法的概略介绍中，可以看出它的突出优点在于：学生获得的知识较系统，有利于培养学生的自学探究能力。但运用这种教学方法需要教师经验丰富，学生有一定的自学能力和习惯。

（五）数学方法论的教育方式

数学方法论的教育方式（又称MM教育方式）是无锡市教科所徐沥泉于1989年首先提出的，其实验成果于1994年通过了由王梓坤院士、徐利治教授等组成的专家组鉴定：这一教育方式的实施"有利于提高学生的一般科学素质，增进社会文化素养、形成和发展数学品质，从而全面提高学生素质。"并且这个教育方式的实施"可以锻炼出一支既能从事教学，又能从事科研的'Polya型'的数学教师队伍"。因此，认为这一教育方式有进一步研究和推广使用的价值。

MM教育方式指的是教师遵循数学方法论的基本原则，遵循学生身心发展和学习规律，促使教学、学习和数学发现的同步发展过程（即教学、学习、研究三者同步协调发展的过程）。MM教育方式要求：教师要有意识地运用数学方法论的基本原则去处理教材、备课、安排教学环节、上课、辅导和布置作业；实现提高学生一般文化素养，使他们养成合理地思考、清楚地表达和有条不紊地工作的习惯；增进学生道德品质修养；形成和发展学生的数学品质。周春荔先生指出："MM上的仍然是数学课，内容少而精，方法为启发式；不过，它以数学方法论的分析方法作为解剖刀，师生共同参与，注意数学的文化教育功能。"所以MM教育方式的实施要求应用探索发现的启发式，渗透数学方法论的思想处理数学教学内容；每一个教学环节都应为学生创设一定的思维情境，让学生积极参与教学活动，动脑、动手、又动口。所以我们认为MM教育方式既有传统教学方法之优点，又具有深刻体现数学思想方法的特色，是一种值得深入研究、实践的启发式、探索式教学方式。

三、小学数学教学方法变革的趋势

根据课程改革的理念,我国小学数学教学方法的改革呈现出以下发展趋势:[①]

(一) 注重课程目标的整体实现

数学教学不仅要使学生获得数学的知识技能,而且要把知识技能、数学思考、问题解决、情感态度四个方面的目标有机结合与整合,强调学生核心素养的培育,注重学生发展的整体性。无论是设计、实施课堂教学方案,还是组织教学活动,不仅要重视学生获得知识技能,而且要激发学生的学习兴趣,通过独立思考或者合作交流感悟数学的基本思想,引导学生在参与数学活动的过程中积累基本经验,形成认真勤奋、独立思考等良好的学习习惯,培养学生的正确价值观与态度。

(二) 重视学生在学习活动中的主体地位

学生是数学学习的主体,在积极参与学习活动的过程中不断得到发展。学生获得知识,必须建立在自己思考的基础上,可以通过接受学习的方式,也可以通过自主探索等方式;学生应用知识并逐步形成技能,离不开自己的实践;只有亲身参与教师精心设计的教学活动,才能在数学思考、问题解决和情感态度等方面得到发展。

教师应成为学生学习活动的组织者、引导者、合作者。教师的"组织"作用主要体现在:应当准确把握教学内容的数学实质和学生的实际情况,确定合理的教学目标,设计好的教学方案;在教学活动中,选择适当的教学方式,因势利导、适时调控,营造师生互动、生生互动、生动活泼的课堂氛围,形成有效的学习活动。

教师的"引导"作用主要体现在:通过恰当的问题,或启发性的讲授,引导学生积极思考;通过恰当的归纳,使学生理解知识、掌握技能、积累经验、感悟思想;关注学生的差异,用不同层次的问题或教学手段,引导每一个学生都能积极参与学习活动,提高教学活动的针对性和有效性。

教师与学生的"合作"主要体现在:教师以平等、尊重的态度鼓励学生积极参与教学活动,共同探索,与学生一起感受成功和挫折、分享发现和成果。

要处理好学生主体地位和教师主导作用的关系。学生在学习活动中的主体地位的落实,依赖于教师在教学活动中的主导作用的有效发挥。教师富有启发性的讲授;创设情境、设计问题,引导学生自主探索、合作交流;组织学生操作实验、提出猜想、推理论证等,都能有效地启发学生思考,使学生逐步学会学习。

(三) 注重学生对基础知识与基本技能的理解和掌握

"知识技能"既是学生发展的基础性目标,又是落实"数学思考""问题解决""情感态度"目标的载体。

---

① 中华人民共和国教育部制定.义务教育数学课程标准(2011年版)[S].北京:北京师范大学出版社,2012:43-52.

数学知识的教学，应注重学生对所学知识的理解。学生掌握数学知识，不能依赖死记硬背，而应以理解为主，并在知识的应用中不断巩固和深化。应注重数学知识与学生生活经验的联系，引导学生进行观察、分析，抽象、概括，揭示知识的数学实质及其体现的数学思想，理清相关知识之间的区别和联系。要注重知识的"生长点"，把每堂课教学的知识置于整体知识的体系中，处理好局部与整体的关系。

在基本技能的教学中，不仅要使学生掌握技能操作的程序和步骤，还要使学生理解程序和步骤的道理。如对于整数乘法，不仅要掌握如何算，而且要知道相应的算理。基本技能的形成，需要一定量的训练，要组织好变式训练，不能依赖机械的重复操作。

（四）强调数学思想方法的感悟与数学活动经验的积累

数学思想是数学知识和方法在更高层次上的抽象和概括，学生在积极参与教学活动的过程中，逐步感悟数学思想。如分类，在学习数学过程中经常遇到分类，要使学生逐步体会为什么要分类，如何分类，如何确定分类的标准、被分的母项和分得的子项，使学生逐步感悟分类是一种思想。学会分类，有助于学生学习数学知识、分析和解决数学问题。

数学活动经验的积累是提高学生数学素养的重要标志。帮助学生积累数学活动经验是数学教学的重要目标，数学活动经验是在数学学习活动过程中逐步积累的。教学中设计有效的数学探究活动是学生积累数学活动经验的重要途径。教师要引导学生体验如何发现问题，如何把实际问题变成数学问题，如何设计解决问题的方案。通过这样的教学活动，逐步积累运用数学解决问题的经验。

（五）关注学生情感态度的发展

设计教学方案、进行课堂教学活动时，应当经常考虑：如何引导学生积极参与教学过程？如何组织学生探索，鼓励学生创新？如何引导学生感受数学的价值？如何使学生愿意学，喜欢学，对数学感兴趣？如何让学生体验成功的喜悦，从而增强自信心？如何帮助学生锻炼克服困难的意志？如何培养学生良好的学习习惯等？

在教学活动中，教师要尊重学生，以强烈的责任心、严谨的治学态度、健全的人格感染和影响学生，进行养成教育。

（六）强调面向学生全体与关注个体差异的有机协调

教学活动应努力使全体学生达到课程目标的基本要求，要求让每一个学生都能受到良好的数学教育，同时也要求关注学生的个体差异，促进每个学生在原有基础上发展。对于学习有困难的学生，教师要给予及时的帮助，鼓励他们主动参与数学学习活动，及时地肯定他们的点滴进步，从而增强学习数学的兴趣和信心。对于学有余力并对数学有兴趣的学生，要为他们提供足够的材料和思维空间，指导他们阅读，发展他们的数学才能。鼓励与提倡解决问题策略的多样化，引导学生通过与他人的交流选择合适的策略，丰富数学活动的经验，提高思维水平。

链接5.3　教学方法改革的新视野

思考与练习 5.1

1. 小学数学教学方法变革有哪些阶段性特征？
2. 试述有代表性的小学数学教学方法改革。
3. 当前小学数学教学有哪些变革与发展的趋势？

第二节　小学数学常见的教学方法

一、小学数学教学方法的内涵

什么是教学方法？人们对它的定义有着多种不同的表述。有人认为"教学方法是在教学过程中，教师和学生为实现教学目的，完成教学任务而采取的教与学相互作用的活动方式的总称。"[1]也有人认为"教学方法是指教师在教学过程中为了完成教学任务所采用的工作方法和教师指导下学生的学习方式。"[2]还有人认为，每一种教学方法是教师组织学生的认识活动和实践活动以及确保学生掌握教育内容而进行的一系列的有目的的行动。一般认为："教学方法是为达到教学目的运用教学手段进行的、由教学原则指导的、由一整套方式组成的师生相互作用的活动。"[3]

上述定义从不同的角度揭示了教学方法的一些共同的本质属性，即教学方法是为了实现教学目标、完成教学任务所采用的活动方式；教学方法注意了学生的主体地位以及师生的相互作用；教学方法不同于教学工具或手段，而是对工具或手段的运用；教学方法不是某种固定的方式或动作，而是一系列有目的的行动。小学数学教学方法是教学方法的一个下位概念，具备教学方法的内涵、目的、价值与意义，特殊性主要在于对象是小学生，教学内容是小学数学。

教学方法是教学思想的反映，是教学原则的具体化和行为化，它随着教学思想的更新、教学目标和教学内容的变化而变化。长期以来，我国存在着重教轻学的现象。不少教学论著作在谈到教学方法时，多强调教而较少重视学。20世纪80年代由于关注智力发展而强调激发学生的主动性，确认学生的主体地位，因而重视学法的研究，认为教法和学法是教学活动统一体的两个方面，教学内容要突出与学生生活的联系，强调让学生学习现实的、有意义的、富有挑战性的数学。所以在教学方法的改革上，强调学生动手实践、自主探索与合作交流，重视教师教法与学生学法的有机统一，突出对学生学习方法的指导。

二、小学数学教学方法的作用

从宏观的角度看，教学方法是教学过程中最重要的因素之一，是完成课堂教学任务的有效保障，能有效地提高课堂教学的效率和水平，不用适当的教学方法，就难以有效地实

---

[1] 李秉德.教学论[M].北京：人民教育出版社,1991:197.
[2] 上海师范大学《教育学》编写组.教育学[M].北京：人民教育出版社,1979:156.
[3] 王策三.教学论稿[M].北京：人民教育出版社,1985:247.

现教学目的。从微观的角度看,教学方法的作用在于唤起学生的注意,激发他们的兴趣,调节学生的行为,以学生能接受的方式呈现教材,扩大学生因学习成就带来的满足感。

因此,教学方法对完成教学任务、实现教学目的具有重要意义。当确定了教学内容和相应的教学目的,就必须有相应的、行之有效的教学方法,否则,完成教学任务实现教学目的就要落空。可见,教学方法关系到教学的成败。

小学数学教学方法具有综合性和相对性。综合性表现在:每一种教学方法都是一系列教学方式的综合,或者是几种基本教学方法的组合,一堂课很少只采用一种教学方法,常常是一法为主,多法相助,互相补充,综合运用。教学方法的综合使用有利于充分发挥不同教学方法的长处,提高教学的效率与水平。相对性表现在:没有也不可能有某一种或某几种教学方法能普遍适用于一切场合,各种教学方法都有自身的长处和短处,也都有一定的运用条件和适用范围。这体现了"教无定法",教师要根据情况科学选择,灵活运用。

三、小学数学教学方法的分类

小学数学教学方法作为小学数学教育研究的一个重要领域,不仅方法数量较多,而且分类标准也不唯一,为小学数学教师选择与使用教学方法提供了丰富的资源,也为提高小学数学教学效率提供了方法保障。

(一)小学数学教学方法的综合梳理

有学者依据当前小学数学教师的专业发展及教学方法的使用情况,梳理出了 20 种较为常见的小学数学教学方法:[1]

表 5.1　20 种常见的小学数学教学方法

序号	名称	内涵
1	讲授教学法	教师在教学中运用言语向学生传授系统知识,并促进其智力发展的教学方法。
2	谈话教学法	教师根据学生已有的认知结构,提问学生,与学生进行交谈对话,从而启发学生的思维,引导学生积极思考,使学生获得知识、发展智力的教学方法。
3	阅读教学法	教师创设良好的阅读情境,激发学生的阅读兴趣与动机指导学生数学阅读的方法,学生则在教师的引导下进行数学阅读学习,以获取数学知识、数学思想方法、数学表达能力以及严密的逻辑思维能力、推理能力和积极主动学习的良好习惯的一种教学方法。
4	故事教学法	在教学过程中,通过故事教学来完成教学任务或达成教学目标的一种教学方法。
5	游戏教学法	教师以游戏教学为手段,以活泼、具体的形式进行数学教学的方法。
6	竞赛教学法	教师指导学生采用比赛的形式来获取新知或复习巩固旧知,并对表现优胜者予以精神鼓励或物质奖励的一种新型的教学方法。
7	演示教学法	在课堂教学中教师根据教学内容、学生认知等方面的特点,向学生呈现或演示各种教具、实物,以使学生通过观察获得对事物形象或直观感性认识的教学方法。

---

[1] 徐文彬.小学数学教学方法[M].北京:教育科学出版社,2017:4-345.

续表

序号	名称	内涵
8	实验教学法	教师组织学生实验,让学生通过动手操作进行探究、观察、发现、思考、分析、归纳等思维活动,最后获取知识或解决问题的一种教学方法。
9	练习教学法	在教师指导下学生对学习的新知识或旧知识进行巩固、运用,形成一定技能技巧的教学方法。
10	变式教学法	在教学中用不同形式的直观材料或事例说明事物的本质属性,或变换同类事物的非本质属性以突出事物的本质属性。
11	单元教学法	教师按照知识的系统结构和内在联系,把教材内容分成若干个教学单元,以教学单元为单位组织教学的方法。
12	情境教学法	教师基于教学目标引入或创造与教学内容相适应的具体场景或问题,帮助学生迅速而正确地理解教学内容,形成积极的学习情感体验的教学方法。
13	尝试教学法	教师出示尝试问题,让学生根据已有知识经验,通过自学课本、互相讨论等方式解决问题,然后根据学生尝试学习出现的难点,进行有针对性讲解的教学方法。
14	探究教学法	教师指导学生通过自主探究,主动获取知识、发展能力的教学方法。
15	引导发现教学法	教师根据学生的兴趣、经验、知识和能力水平以及教材(学科)结构特点,采用引导的方式,将教学划分为不同层次的发现过程的教学方法。
16	示例教学法	借助精选的、清楚的、典型的实例帮助学生理解数学概念或原理的教学方法。
17	比较教学法	在教学活动中将两个或两个以上有联系的认识对象按照同一标准进行对照,从而确定认识对象的本质属性及内在联系的一种教学方法。
18	暗示教学法	教师通过各种暗示手段培养学生积极的学习动机,建立激发个人潜能的心理倾向,从而促进学生学习的教学方法。
19	动态生成教学法	教师在教学预设的基础上,能够根据学生学习的实际情况,捕捉教学现场的教学资源,灵活调控、积极生成的教学方法。
20	学案导学教学法	教师以"学案"为载体,引导学生自主学习、合作交流,共同完成教学任务的教学方法。

也有学者总结了 24 种数学教学方法:① 问题—尝试—变式—归纳—回授教学法;② 自学辅导式教学法;③ 读读、议议、练练、讲讲八字教学法;④ 三环节二次强化自学辅导教学法;⑤ 指导、自学、精讲、实践教学法;⑥ 三教四给教学法;⑦ 四段式教学法;⑧ 自学、讨论、精讲、演练、总结教学法;⑨ 自学、议论、引导教学法;⑩ 启发式问题教学法;⑪ 引导探索式教学法;⑫ 研究式教学法;⑬ 纲要信号教学法;⑭ 格式化教学法;⑮ 层次教学法;⑯ 低起点、多层次教学法;⑰ 程序教学法;⑱ 合作学习教学法;⑲ 辐射式范例教学法;⑳ 单元教学法;㉑ 数学解题教学法;㉒ 目标递进教学法;㉓ 目标教学法;㉔ 发现式教学法。[1]

(二) 小学数学教学方法的系统划分

还有的学者从方法体系的视角,对众多的数学教学方法进行系统分类。如我国数学

---

[1] 龙敏信. 数学课堂教学方法研究[M]. 昆明:云南民族出版社,1994:12-207.

教育研究者周学海把数学教学方法分为三类,每一类别中均包含多个既有联系,又有区别的方法。

第一类为组织与实施学习认识的教学方法。其中按传递和接受知识信息的方法来分,包括口述法、直观法、操作法;按传递和接受知识信息的逻辑来分,包括归纳法与演绎法、分析法与综合法、正搜索法与逆搜索法;按学生掌握知识时思维的独立性程度来分,包括发现法、探索法;按控制学习活动的程度来分,包括程序教学法、指导阅读法、指导练习法、指导议论法。

第二类为刺激和形成学习动机的方法。其中刺激学习兴趣的方法包括议论法、游戏法;刺激学习责任感的方法包括提问法、测验法。

第三类为组织和实施检查的方法。主要包括口头检查法(提问)、书面检查法(考试、测验)、操作检查法等。[①] 这实际上分别从学习认知、学习动机、学习检查的视角对数学教学方法进行系统的划分与归类,以便于教师进行教学方法的选择与使用。

有的学者把数学教学方法分为如下的五个系列、三个层次。

五个系列:一是传递接受型。主要通过教师的系统讲授使学生掌握知识,如讲解法。二是自学辅导型。把原来由教师讲解的部分内容,改由学生在教师指导下自学,如阅读法、自学法、辅导法等。三是引导发现型。向学生提供研究的材料,引导学生探索,发现应得出的结论,如引探教学法、问题探索法、引导发现法、迁移教学法等。四是情境陶冶型。通过教学环境的情感渲染,利用人的可暗示性,调动学生大脑中无意识领域的潜能,使学生在精神愉快的气氛中进行学习,如游戏法、情境教学法、愉快教学法、暗示教学法等。五是示范模仿型。通过教师或课本示范,让学生进行模仿练习,从而培养学生的技能、技巧和能力,如范例教学法、尝试教学法等。

三个层次:第一层次是基本的教学方法,主要有讲解法、谈话法、练习法、演示法、实验法、阅读法等,它们是教法体系的基础。小学数学教学可以凭着几种基本的教学方法,创造出许多具有特色的教法。第二层次是综合性教学方法,这些教学方法实际上都是几种基本教学方法的组合。比如,引导发现法是谈话法、实验法、演示法、讨论法的结合;自学辅导法是阅读法、练习法、讲解法、讨论法的组合。第三层次是创造性教学方法。在学习和模仿各种综合性教学方法的同时,不断总结,有所创新,创造出具有自己个性特色的教学方法,步入看似无法实有法的自由王国。

邱学华先生把小学教学方法分为基本教学方法与综合教学方法两类。其中基本教学方法包括讲解法、谈话法、练习法、演示法、实验法、阅读法、实习法、参照法。综合教学方法包括发现教学法、尝试教学法、目标教学法、自学辅导教学法、合作教学法、分层教学法、游戏教学法、情境教学法、程序教学法、"纲要信号"图表教学法。

四、小学数学教学的基本方法

小学数学教学的基本方法主要有讲解法、谈话法、练习法、演示法、探究法、实验法、阅读法、参观法、讨论法、实习法和复习法等。从学生获得知识的独立程度看,基本教学方法

---

① 周学海. 数学教育学概论[M]. 长春:东北师范大学出版社,1996:390-391.

可以分为三类：第一类，教师要进行较多的组织，学生的活动较少，如讲解法、演示法、复习法；第二类，教师进行必要的组织，学生的活动较多，如谈话法、讨论法、参观法、练习法；第三类，以学生的独立活动为主，如阅读法、实验法、实习法。常用的几种简介如下。

（一）讲解法

讲解法是指教师通过讲解向学生解释概念、说明规则，系统地、有论据地讲述新的规律性知识。讲解法主要用来教学新知识，有时也用来复习旧知识。这种教学方法需要学生有一定的听讲和理解能力。采用讲解法必须注意以下问题：

（1）要运用规范的数学语言。教师要正确、清楚地阐明数学概念，运用规范的数学语言，不要随意用日常语言取代数学语言。

（2）注意新旧联系，充分利用儿童已有的知识和经验。如讲解乘数是两位数的乘法，计算可以从乘数是一位数的乘法如 $34×3$ 的复习开始，然后出现 $34×23$，提出问题，引导学生思考，乘数十位上的 2 表示的数值是多少，怎样解决用十位数乘的问题，得到的部分积的末位应该记在哪里等。

（3）注意运用分析与综合、归纳与演绎等逻辑方法。如讲解两步应用题，应该引导学生从"已知"想"可知"，或者从"未知"想"需知"，即应用综合或分析的逻辑方法。

（4）语言要简练易懂，生动有趣。讲解时要注意儿童的年龄特点，使学生懂得讲解的内容，并且印象深刻。对于结论性语言，要逐字逐句讲清楚，注意留给学生思考的时间。

（5）注意启发学生积极思维。讲解时，要掌握学生原有的认知结构与现有的发展水平，努力创造"最近发展区"。

讲解法常用于小学高年级。

（二）谈话法

谈话法是通过有目的、有计划的师生谈话进行教学的一种方法。它的特点是，通过教师提问，驱动学生的思维，激起学生对旧知识的回忆，沟通新、旧知识之间的联系，让学生根据教师提出的问题思考，从而发现规律，得出结论。研究学生的回答，教师就能了解他们掌握知识的情况，还可以发展学生的语言表达能力。因此，谈话法是各个年级常用的、进行启发式教学最为有效的、适用范围比较广的一种教学方法。

采用谈话法必须注意以下问题：

（1）谈话前要找准新旧知识的连结点或原认知结构的生长点，设计好所提的问题。提问要明确，要富于启发性，并且难易适度。让学生联系已有的知识或经验，按教师的提问思考、研究，做出回答，逐步得出应有的结论。在此过程中，教师可根据学生的回答提补充问题或者做适当解释。

（2）谈话时要面向全体学生，要吸引全班学生积极参加，避免教师与优秀生一对一的谈话。对学生的回答，教师要认真倾听，及时评讲，并注意发展学生的数学语言。对于中下生的回答，更要耐心倾听，并且运用补充问题降低回答的难度，或引导学生弥补答案中的不足之处。

（3）谈话后要小结。针对学生回答的情况，教师要用简明、扼要的语言做出小结，使学生获得准确、完整的知识。

此外，在运用谈话法时，还要注意创设民主氛围。可以教师问、学生答，也可以学生问、教师答，还可以学生问、学生答，以形成生动活泼、轻松愉快的课堂气氛。

(三) 练习法

练习法就是在教师指导下，学生通过练习来巩固知识，形成技能、技巧，发展智力。练习法是小学数学教学中常用的一种方法，教师组织练习，要注意以下几点。

(1) 练习的目的要明确、适当。练习之前教师要向学生说明练习的目的和要求，以调动学生练习的主动性和积极性。练习要求的高低要适当。要求过低，会妨碍进一步学习；要求过高，有些学生难以达到，会影响他们的学习信心。

(2) 练习要有计划地进行。要根据教学的内容和目的要求按照循序渐进的原则来设计练习。如为学习新知识做准备时，需要安排准备性练习；教学一个概念或法则后，要安排巩固性练习，使学生加深对概念的理解，掌握法则。此外还要有形成技能的练习和复习性质的练习等。

(3) 练习的方式要多样化。选用多种练习方式，可以提高学生练的兴趣，也有利于加深对知识的理解。如低年级口算练习的形式有听算、视算、个人算、分组算、集体算以及游戏性或竞赛性的练习等。高年级也要根据具体内容适当变换练习方式。

(4) 练习的分量和练习的时间要适当。练习的数量应根据教学内容和要求而定，练习的内容要有针对性，防止单调重复，盲目多练，以免学生负担过重，降低练的兴趣。练习的时间要合理安排。一般新知识教过后要及时练习，以后可以适当间隔一段时间再进行同样的练习。第一学段主要是在教师的指导下进行课堂练习，一般不留课外作业；第二三学段也应以课堂练习为主，适当布置一些课外作业。

(5) 练习的要求应有弹性，做到因材施教。对学习困难生，可以少做几题，或者另外设计几道题；对优秀学生除完成规定的练习外，可适当布置一些思考性强的练习题。

(6) 在练习中注意发展学生的智力。让学生在练习中独立探寻解决问题的方法，避免单纯地模仿例题。练习中应包括一些可以用不同方法来解的题目，以利于发展学生思维的灵活性与创造性；还可以出少量思考题，鼓励学生动脑筋，探寻其中的规律与解题方法，但不做一般要求。

(7) 注意对练习的检查和指导，并严格要求。教师要及时检查了解学生作业的情况，发现错误，要及时予以纠正，使学生知道自己练习的效果，品尝成功的喜悦，提高练习的兴趣。同时要教会学生自己发现和纠正错误的方法，提高练习的效果。

(四) 演示法

教师通过演示教具或实物来说明或印证所教的知识，这种教学方法叫演示法。演示法不仅向学生提供了鲜明的感性材料，有助于理解抽象的数学知识，而且有助于发展学生的观察力和思维能力。

数学概念比较抽象，有时，单靠教师讲解很难使学生掌握，必须借助实物和教具的演示。它是直观教学原则的具体体现，因此，在小学数学教学中，应当十分重视应用演示法。

在演示过程中,一般伴有教师的解释或提问,引导学生观察和分析。运用演示法要注意以下几点:①演示要有明确的目的。②课前准备好演示用具。(购买或自制)③演示要与讲解相结合。要告诉学生:观察什么和怎样观察,以及思考什么问题。④演示后要及时总结归纳,得出规律或应有的结论,使学生的感性认识提高到理性认识。

(五)探究法

探究法主要指在教师的启发诱导下,充分调动、发挥学生的主体性,让学生在观察、猜测、分析、操作、讨论、交流和归纳过程中,理解数学问题的提出、数学概念的形成和数学结论的获得,以及数学知识的应用,从而培养学生的探究意识、创新精神和实践能力的一种教学方式。[①] 数学课堂教学中的探究主要指学生在教师的引导下,模仿数学研究者探讨数学知识的过程,是数学知识的一种"再创造"过程,让学生在获得数学知识、方法与能力的同时,形成探究的能力、意识和习惯。小学数学探究式教学具有趣味性、操作性、阶段性、情感性、过程性等特征。探究式教学有利于发展学生的数学学习能力,有利于培养学生的创新意识和创新能力,有利于小学教师的专业化发展,有利于转变学生被动接受的学习方式等。

> 链接5.4 探究式:课堂教学改革之理想选择

一般来说,探究法主要有以下四个基本步骤:

(1) 创设情境,提出问题。教师采用问题、任务、猜谜、专题等形式创设情境,让学生在兴趣盎然的活动中思考并发现问题、提出问题、分析问题与解决问题。也可从小学生的真实生活出发,创设生活情境,让学生在熟悉的环境中产生问题。

(2) 围绕问题,形成假设。教师要引导学生围绕所提出的问题进行观察思考,借助直观形象、知识经验,运用类比、归纳等数学方法鼓励学生大胆猜想,形成假设,这不仅能培养学生的创造性思维、创新能力,而且有利于增强学生学习数学的主动性。

(3) 自主探究,验证假设。教师要让学生明确假设要通过验证才能成立。要让学生通过各种途径收集资料作为验证假设的证据,通过自主探究,发现新知,验证自己的假设。

(4) 概括结论,实践运用。教师根据学生探究形成的多种结果组织学生进行归纳总结,实现知识的内化、延展和提升。在学生理解的基础上,要将所学的知识运用于实际的问题解决中,巩固和运用所学的知识,培养学生的解决问题的能力。[②]

> 案例5.1 《7、8、9的乘法口诀》探究教学片段[③]

在复习前面所学乘法口诀的基础上,通过教师提问"8×8=?"导入新课,教师借助学生的回答展开课堂教学,让学生进行自主探究,并给予适当引导与概括,得出结论。其中一个探究片段主要如下:

[①] 张崇善.探究式:课堂教学改革之理想选择[J].教育理论与实践,2001(11):39-42.
[②] 张辉蓉.小学数学教学论[M].重庆:西南师范大学出版社,2018:73-74.
[③] 孙旻晗.着眼能力 突出口诀学习的推理性——《7、8、9的乘法口诀》教学实录[J].小学教学设计(数学),2019(1-2):24-26.

师：……接下来我们就要来研究 8×8 是不是等于 64？
（贴板书：八八六十四，课件出示研究要求）

> 研究要求：
> （1）找：先从已经学过的口诀表里去找，哪些口诀对你解决 8×8＝64 这个问题是有帮助的？
> （2）写：把你的想法写下来。
> （3）圈：有困难的学生，可以在 8 乘 8 的格子上圈一圈。

（先请学生复述研究要求，再独立思考，把想法写下来）

师：（出示学生研究方法）老师找了同学们的几种研究方法，能看明白吗？他们是怎么研究 8×8＝64 的？用到了已经学过的哪几句口诀呢？

方法一：	方法二：	方法三：
8×8	4×8＝32	3×8＋5×8
＝6×8＋2×8	4×8＝32	＝24＋40
＝48＋16	32＋32＝64	＝64
＝64	8×8＝64	

方法一：2×8＋6×8＝8×8＝64。

生：我们已经学过了 6×8＝48 和 2×8＝16，6 个 8 加 2 个 8 等于 8 个 8，就等于 64。

师：2 个 8 和 6 个 8 合起来是 8 个 8，这是我们已经学过的，16＋48＝64 也是我们已经学过的，他的解释很清楚，我听明白了。

方法二：4×8＋4×8＝8×8＝64。

师：这位同学的方法，你们看明白了吗？

生：把 8 个 8 分成两份，就是两份 4 个 8，我们学过四八三十二，32＋32＝64。

方法三：3×8＋5×8＝8×8＝64。

师：那位有不同意见的同学，你看明白了吗？

生：我用 3×8＝24，再加 5×8＝40，24＋40＝54，结果算错了，我已经在纸上修改成 64。

师：所以你现在确定 8 乘 8 等于＿＿＿＿＿？

生：我确定 8×8＝64。

师：他用的是哪两句口诀？

生：他用三八二十四和五八四十得到了 8 个 8 等于 64。

师：（指板书）看一下，这三种方法有什么共同点吗？

生：这几个算式加起来都等于 64，每个算式里都有个 8。

师：都是用我们已经学过的几个 8 和几个 8 合起来等于 8 个 8，合起来等于八八六十四。

```
板书： □ × 8
       □ × 8
       8 × 8
```

小结：借助已经学过的口诀，来解决还没有学过的口诀，这是一种非常重要的数学学习的思想方法。

[设计意图：将8×8的口诀作为研究起点，为学生提供了"找、写、圈"的研究支架，让其选择符合认识水平的表征方式，进行方法多样化的推导。引导学生沟通方法的共同点，渗透转化的思想方法，为接下来的口诀推导确立思想基调。]

链接5.5　着眼能力　突出口诀学习的推理性

运用探究法的注意点：

(1) 教师要注意设计好的探究问题。开展探究教学时，要让学生感觉到这个问题是值得探究，有探究兴趣与价值，产生探究发现的驱动力。包括探究问题难易要适中，太简单的问题没有意义，太难的探究问题同样造成教与学的困难或形式化。

(2) 教师要注重适当引导。课堂教学时间是有限的，学生不可能像数学家、科学家那样进行长时间的、慢的思考，需要教师进行适当的引导，以提高课堂探究的效率。

(3) 教师要处理好探究的过程与结果的关系。学生所学的知识基本上是前人已研究出来的结果，小学生的探究性学习重在培养学生探究的兴趣、体验、方法，培养探究能力，让学生学会创新发现，重点不在于结果。

(六) 阅读法

阅读法的特点是，在教师的指导下，通过阅读课本获得知识。阅读是人的一生中最重要的学习方法。教师应当不断提高学生的阅读能力和自学能力。

在实际教学中，运用阅读法有以下几种形式：

(1) 先读后讲。教师先指导学生阅读课本，然后再讲解。学生阅读前，教师应提出要求，并帮助学生扫除一些阅读上的障碍。

(2) 先讲后读。教师先讲解，学生再阅读。明确讲的要点和所得结论。

(3) 边讲边读。教师一边讲解，一边指导学生阅读。

上述三种方式应根据学生的年龄特点灵活地选用。一般地，教材内容比较容易，课本中叙述的又比较详细，可用"先读后讲"；教材比较难，学生又没有这方面的知识基础，可用"先讲后读"；低年级适宜采取"边讲边读"的方法。

如下面摘自人教版小学数学教科书五年级上册(2022年审定第63页)"你知道吗？"栏目(图5.1)，关于"方程"的历史简介，可让学生先阅读，教师再补充说明的方法进行教学。

运用阅读法应注意以下几个问题：

(1) 阅读前，要向学生提出阅读要求。一般包括阅读的范围、重点以及阅读时要思考、解决的问题等。

> **你知道吗？**
>
> 早在三千六百多年前，埃及人就会用方程解决数学问题了。在我国古代，大约两千年前成书的《九章算术》中，就有用一组方程解决实际问题的史料。一直到三百多年前，法国的数学家迪卡儿第一个提倡用 x、y、z 等字母代表未知数，才有了方程现在这样的表达方式。

图 5.1　人教版五(上)第 63 页(2022 年第 2 版)

（2）重视阅读方法的指导，使学生逐步掌握阅读方法，提高阅读能力。首先要通读一遍，然后精读重点部分。不理解的要做上记号，以备提问或留心听教师的讲解。

（3）教师要及时检查学生的阅读情况，鼓励学生提出疑难问题，并且对此做出针对性的讲解。

以上概述了小学数学教学中几种常用的基本的方法。还有一些常见的小学数学教学方法，主要是某些基本方法的综合。如小学数学参与式教学法、小学数学活动式教学法、小学数学整体单元教学法等，主要是针对相应的体验、合作、交流、参与等教学目标所形成综合性教学方法。随着教育科学的发展，新的教学方法还会不断产生。

思考与练习 5.2

1. 小学数学教学法的内涵是什么？
2. 小学数学教学法的作用是什么？
3. 小学数学教学的基本方法有哪些？并举例说明其运用。
4. 哪种小学数学教学方法给你留下深刻的印象？为什么？
5. 选择一个小学数学教学案例，分析其中所运用的教学方法。

第三节　小学数学教学方法的优化

教学方法是多种多样的，且各有其适用范围。小学数学"教学有法""教无定法""贵在得法"，教师要依据教学目标、教学内容、教学条件、学生心理特征等因素进行综合考虑，对教学方法进行选择与优化。例如，在低年级教乘法的初步认识时，宜用演示法和谈话法；为了让学生熟练地掌握乘法口诀，宜用练习法。在高年级教一个数乘以分数的意义时，宜用讲解法或谈话法。教长度单位的认识和用长度单位计量时，宜用演示法；讲三角形内角和时，可用探究法；等等。

为了有效地完成教学任务，往往采用几种教学方法合理配合。如"边讲边练"，就是把讲解法和练习法融合起来。小学数学教学方法的选择与优化要注意以下几个方面。

一、小学数学教学方法取长补短的综合使用

每一种教学方法都有其优势与不足，一种教学方法的运用往往只能在某一个或几个方面发挥教学所需要的积极作用。一节课由于内容的复杂性、教学目标的层次性及多种

任务的要求,很难用一种方法完成。因此教师就需要根据学生认知和教学内容的特点等,综合使用多种教学方法,从而发挥良好的综合效应。

比如梯形面积的教学中,可创设问题情境,先采用讲解法教学,引出"如何求梯形的面积?"的问题,启发学生思考,然后采用尝试教学法,让学生进行探究式学习,进而发现梯形面积的计算方法,归纳出梯形面积的计算公式。教师也可采用相关图形教具或多媒体教学手段,通过图形的切、割、拼、补等变换,通过演示法与讲解法,推导出梯形的面积公式,引导学生进行有意义的接受学习。在学生习得了梯形的面积公式后,还要巩固和初步应用所学的知识和技能,教师可采取读书指导法、练习法促其实现。而为了激起学生探求知识的兴趣,在整个过程中的情感投入,情意教学法可能不知不觉地渗透其中。

> 链接 5.6　小学数学"双基教学"30 年:坚守、变革与展望

二、小学数学教学方法以标定法的逆向选择

任何一种教学方法总是要追求实现一定的教学目标。有的教学方法偏重于基本知识,有的偏重于基本技能,这对学生的可持续性发展能力的培养重视不够,致使学生动手操作能力的发展、情感因素的培养受到影响。现代数学教育思想所推崇的教学方法大都强调教学目标的综合性,指向学生的核心素养,重视数学兴趣的培养、情感的激发,激励学生主动思维建构活动,开发智力、发展能力、培养创新意识和用数学的意识。

这就决定了数学教学方法的复杂性和系统性。比如自学辅导教学法与"尝试指导、效果回授"教学法都不仅重视认知目标的全面性,同时重视教学中非智力因素的影响,强调教学的情意性,追求教学的情感发展等目标的实现。当然一种教学方法很难实现各种教学目标,各种教学方法都需要在侧重各自目标追求的同时,力求在一定程度、一定层面上追求实现教学目标的兼容性、综合性。

三、小学数学教学方法激趣乐学的情感关照

现代教学论认为教学过程是一个互动交流的过程,课堂越来越被看成是合作、对话的师生交流的场所。传统教学中信息传递的单向性、师生交流的匮乏性对教学效果的不良影响已逐渐得到重视,因此,教学方法愈来愈渗透着情意原理,情感因素成为推动教学过程、影响教学效果的重要砝码。

现代人们普遍认为,学习过程是一个热认知的过程,人的情绪状态影响个体的动机和知觉状态,情感是认知活动的动力系统;人的右脑半球的开发和利用依赖于轻松欢乐的情绪。因此,有效的教学方法不仅重视学生认知的因素,而且注重学习兴趣的培养、学习动机的激发,注重教学环境的情感因素,使学生在轻松欢乐的情绪体验中学习,变苦学为乐学。苏联教育家赞可夫说:"教学法一旦触及学生的情绪和意志领域,触及学生的精神需要,这种教学法就能发挥高度有效的作用。"这是因为教学过程中情感的因素对学生既能起到良好的熏陶、感染作用,又能有效地促进沟通交流,而学生良好的情感激发和培养不仅能带来学习的新动力,而且对于学生健全人格的培养与发展也有很大好处。

数学教学注重情意原理更有其必要性,这是因为数学常被认为是枯燥乏味的学科,大

多数学生对其几乎无兴趣可言。但数学枯燥的"坏名声",根本原因还在于教学方法缺少对兴趣的激发。著名数学家、数学教育家 M. 克莱因指出:"数学教育的最大缺陷之一正是缺乏情感的投入。"这一针见血地道出了传统数学教学方法的不足之处。因此,现代数学教学方法特别重视情感的投入,让学生在轻松愉快的环境中学习,通过激发兴趣、强化动机,提高学习效率。

四、小学数学教学方法适合学习的开放变通

传统封闭性教学拘泥于预先固定不变的程式,几乎全部是封闭的班级授课制,它不适应素质教育的需要,尤其是不适应学生个性充分发展、人格全面完善的需要。现代教学方法注重开放性,在教学过程上关注人为开放性与创造性的存在,教学过程是师生交往、互动的过程;在教学形式上注重综合运用集体授课与活动、分组讨论交流、个别自学与辅导等多种形式;在时间流程上,不局限于传统的课堂教学的固定环节,而是按照实际需要在课内外有机结合、延伸拓展,为学生素质的全面提高创造一个多样、颇为开阔的时空环境。

长期以来,数学课程总是强调它的逻辑性、演绎性、封闭性。自从 20 世纪 70 年代日本数学教育家岛田茂等提出"开放性问题"以来,在国际数学教育界引起了广泛的注意,数学开放性问题已成为国际性的数学教育关注点,开放化的数学教学模式是国际性的数学教学发展趋势。开放式教学方法之所以成为国际数学教育界的热门话题,在于这种崭新的教学方法是着力培养学生分析问题和解决问题等多方面活动能力和数学思维能力,让学生能够按各自的目的、不同的能力、不同的兴趣等选择不同的学习方式与内容。

总之,在教学过程中由于教师、学生、教学内容等教学要素的发展变化,必然要选择各种不同的教学方法,对于小学数学教学方法的选择与优化,教师要善于根据具体情况灵活应用,选择有效的教学方法配合使用。研究各种基本方法的最佳组合,以提高课堂教学效率,是数学教学的基本要求与发展趋向。

📖 链接5.7 从"四基""四能"到"三会"

思考与练习5.3
1. 小学数学教学方法优化要注意什么?
2. 以一节小学数学视频课为例,分析其所采用的教学方法的优势与不足。

参考文献

[1]涂荣豹,杨骞,王光明.中国数学教学研究 30 年[M].北京:科学出版社,2011.

[2]沈兰,郑润洲.变革的见证——顾泠沅与青浦实验 30 年[M].上海:上海教育出版社,2008.

[3]徐沥泉.教学·研究·发现——MM方式演绎[M].北京:科学出版社,2003.

[4]徐文彬.小学数学教学方法[M].北京:教育科学出版社,2017.

[5]邱学华.邱学华论尝试教育[M].上海:华东师范大学出版社,2018.

[6]王永春.小学数学核心素养教学论[M].2 版.上海:华东师范大学出版社,2021.

[7]郑毓信.数学教学的关键[M].上海:华东师范大学出版社,2023.

第六章　小学数学教学设计

内容提要

本章包括四部分内容。一是从小学数学设计的内涵、性质及类型等层面,对小学数学教学设计进行概述;二是主要从小学数学教学设计的基本内容、基本结构、设计案例三个层面,阐释了小学数学教学设计的过程;三是分析了数学教学设计的预设与生成的关系,以及教师对预设外生成的应对等;四是主要阐述了小学数学教学中的备课与说课,从数学教学实践的角度,分析教学设计的课前转化与交流表达。

思维导图

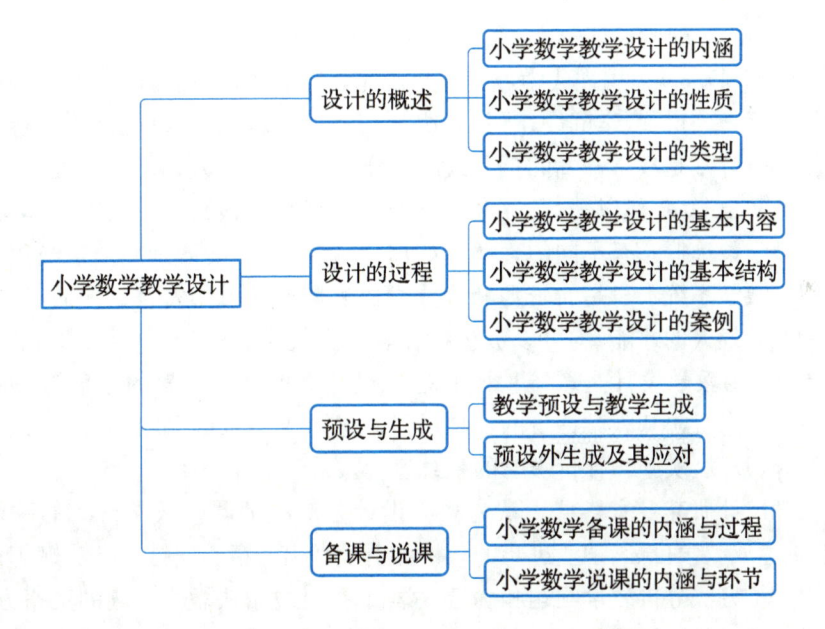

小学数学教学设计
- 设计的概述
  - 小学数学教学设计的内涵
  - 小学数学教学设计的性质
  - 小学数学教学设计的类型
- 设计的过程
  - 小学数学教学设计的基本内容
  - 小学数学教学设计的基本结构
  - 小学数学教学设计的案例
- 预设与生成
  - 教学预设与教学生成
  - 预设外生成及其应对
- 备课与说课
  - 小学数学备课的内涵与过程
  - 小学数学说课的内涵与环节

学习要求

1. 了解数学教学的设计的内涵、结构与步骤。
2. 能针对具体的小学数学课程内容进行教学设计。
3. 了解小学数学教学手段的选择。
4. 了解备课与说课的内涵,初步掌握备课与说课的方法。

第一节　小学数学教学设计概述

教学是一个复杂的系统过程,它既是一个需要预设规划,又往往会有意外生成的旅程。2021年教育部颁布的《小学教育专业师范生教师职业能力标准(试行)》明确提出小学教育专业师范生要学会教学设计,要求师范生"能根据课程标准要求和学情分析确定恰当的学习目标和学习重点,设计学习活动,选择适当的学习资源和教学方法,合理安排教学过程和环节,科学设计评价内容与方式,形成教案与学案。"教学设计能力已成为中小学教师具备的一项教学能力。特别是指向核心素养的教育教学,教师更需要成为一位课程与教学的设计者。

一、小学数学教学设计的内涵

(一) 教学设计

教学设计(Instructional Design,简称为ID)也称教学系统设计(Instructional System Design,简称为ISD),是运用现代学习、教学、传播等方面的理论和技术,针对特定的教学对象和教学目标,来分析教学问题、寻找解决方法、评价教学效果以及修改执行方案的系统过程。教学设计本是教学开发的重要组成部分,随着教学开发运动深入发展,推动了教学设计的研究,"自60年代以来,已逐渐发展成为教育技术领域的一门独立学科"。但不同的学者对教学设计概念有不同的理解。如加涅认为"教学设计是一个系统化规划教学系统的过程。教学系统本身是对资源和程序做出有利于学习的安排。任何组织机构,如果其目的旨在开发人的才能,均可以被包括在教学系统中。"史密斯(P. L. Smith)和拉甘(T. J. Ragan)认为教学设计是系统地同时也深思熟虑地将学与教的原理转换成教学材料、教学活动、信息资源和教学评价的计划过程。迪克(W. Dick)和凯利(L. Carey)认为教学设计是设计、开发、实施与评价教学的系统过程。

我国教学设计研究专家盛群力认为教学设计是对教师课堂教学行为的一种事先筹划,是对学生达成教学目标、学业进步的条件和情境做出的精心安排。乌美娜等认为教学设计是运用系统方法分析教学问题和确定教学目标,建立解决教学问题的策略方案、试行解决方案、评价试行结果和对方案进行修改的过程。

链接6.1　教师教学设计能力的内涵、构成与测评

(二) 小学数学教学设计

数学教学设计是教学设计的下位概念,是教学设计的相关理论、模式与方法在数学学科教学中的运用与拓展,其核心更关注学科内容及其教学特征。如奚定华认为,数学教学设计是以数学学习论、数学教学论等理论为基础,运用系统方法分析数学教学内容、确定数学教学目标、设计解决数学教学问题的策略方案、试行方案、评价试行结果和修改方案的过程。① 冯国平认为数学教学设计是教师以数学教育理论为指导,运用系统方法分析数学教学问题,确定教学目标,建立数学教学方案,并对方案进行评价和修改的过程。② 陈柏良认为数学课堂教学设计是根据一般教育心理学理论,特别是数学教育理论的基本观点和主张,依据课程目标要求,运用系统科学方法,对教学中的要素进行分析,从而确定数学教学目标,设计解决数学教学问题的教学活动模式与工作流程,提出教学策略方案和评价办法,并最后形成设计方案的过程。③ 曹一鸣认为数学教学设计就是针对数学学科特点、具体的教学内容和学生的实际情况,遵循数学教学与学习的基本理论和基本规律,按照课程标准的要求,运用系统的观点和方法整合课程资源、制定教学活动的基本方案,并对所设计的初步方案进行必要的反思、修改和完善。④

  一般来说,数学教学设计指基于一定的数学学科特点、数学教学规律、数学学习规律等,应用系统科学的方法对数学教学的各个要素、结构和功能进行整体研究,从而揭示出教学要素之间必然的、规律性的联系,达到数学教学过程的优化控制,使数学教学处于有效教学的系统过程。基于不同的视角,人们对教学设计有不同的看法。从教学设计的根本宗旨出发,教学设计要创设一个有效的教学系统。从教学设计的基本特征出发,教学设计要解决学生学业的问题。从教学设计的活动性质出发,教学设计是教学活动的预先设计与筹划。简单地说,教学设计就是教师为达到一定的教学目标,对教学活动进行的系统规划、安排和决策,也即对教(学)什么、怎么教(学)、教(学)到什么程度等所进行的设计。

  小学数学教学设计指基于小学数学的学科特点、教学规律、学习规律等,应用系统科学的方法对数学教学系统的各个要素、结构和功能进行整体研究,从而揭示出教学要素之间必然的、规律性的联系,达到小学数学教学过程的优化控制,使数学教学处于有效教学的系统过程。简单地说,小学数学教学设计就是为小学数学教学制定蓝图的过程。

二、小学数学教学设计的性质

  教学设计是随着人们对儿童教育教学复杂性的认识、教育教学理论的发展,以及系统论在教育中的应用等,逐渐发展与形成的一门交叉学科,有的学者称之为一门科学。从活动的视角来看,小学数学教学设计是具有创新性、技术性、艺术性的活动。

(一)小学数学教学设计是一种创新性活动

  小学数学虽然简单,数学的逻辑结构也不强,但教师在进行教学设计时,同样要依据数学学科的逻辑规律、教育教学规律、学习科学等,要综合运用科学理论对教学内容进行二次加工,形成符合学生学习进阶的教学规划,使数学教学的思路明晰、方法得当、效果可测、创意鲜明,表现出很强的教学学术创新。

---

① 奚定华.数学教学设计[M].上海:华东师范大学出版社,2001:1.
② 冯国平.中学数学教学设计[M].成都:西南交通大学出版社,2015:9.
③ 陈柏良.数学课堂教学设计[M].上海:华东师范大学出版社,2013:69.
④ 曹一鸣,张生春,王振平.数学教学论[M].2版.北京:北京师范大学出版社,2017:69.

(二)小学数学教学设计是一种技术活动

一个小学数学教学设计方案的形成,要系统运用多个学科的理论知识进行理性的思考,要把教育学、心理学、传播学、数学等内容进行有机的融合,具体落实到教学目标、教学方法、教学内容、教学过程、教学评价等各个环节,形成模块化、程序化、规范化的表达,为小学数学教学提供可操作的预设与方案。还有教育技术、传播手段等不断的更新与使用,均体现了教学设计的技术性。

(三)小学数学教学设计是一种艺术活动

小学数学教学是一种面向儿童的育人活动,不是冷冰冰的技术运用与知识灌输,教师在进行小学数学教学时,在依据科学规律、理论观点、教育技术的基础上,还要考虑针对小学生的特点,采用灵活的教学方式、巧妙的课堂衔接、清晰幽默的表达、具有美感的呈现等,以有效地激发学生的兴趣,使学生积极参与课堂,培养良好的数学学习情感,这体现了教学设计需要教师有一定的艺术素养,形成灵动的教学蓝图。

三、小学数学教学设计的类型

进行合理有效的教学设计,需要从宏观到微观、从环节到整体、从长期到短期等多个层面考虑。可以说小学数学教学设计渗透于数学教育教学的各个环节。

按数学教学内容划分,小学数学教学设计包括:数学概念的教学设计、数学规则的教学设计、数学问题解决的教学设计、数学思想方法的教学设计等。

按数学教学方法划分,小学数学教学设计包括:讲授的教学设计、谈话的教学设计、练习的教学设计、演示的教学设计、讨论的教学设计、探究的教学设计等。

按数学课型划分,小学数学教学设计包括:新授课的教学设计、练习课的教学设计、复习课的教学设计等。

按数学课堂教学环节划分,小学数学教学设计包括:课堂导入的教学设计、新课讲授的教学设计、巩固练习的教学设计、课堂小结的教学设计等。

按数学课程活动形式划分,小学数学教学设计包括:合作学习的教学设计、讨论交流的教学设计、尝试探究的教学设计、巩固练习的教学设计等。

按数学教学时间划分,小学数学教学设计包括:学段数学教学设计、年度数学教学设计、学期数学教学设计、单元数学教学设计、课时数学教学设计、课堂环节数学教学设计等。

按数学教育理论观点划分,小学数学教学设计的类型就更为复杂多样。如按建构主义学习理论,包括随机式教学设计、情境教学设计、抛锚式教学设计等。

四、小学数学教学设计的注意点

一是注意明确教学目标。教学设计是指向教学目标达成的。教学目标是指教学活动所要达到的预期结果、标准。教学目标在教学活动中具有导教、导学和导评的功能。按时间长短来分,教学目标一般分为近期目标和远期目标;按教学结果的程度分类,布卢姆等把教学目标分为认知、情感和动作技能三大领域;我国义务教育数学课程标准指向学生的数学核心素养,把教学目标分为知识与技能目标、过程与方法目标,情感、态度、价值观目标三个维度。由于教学目标具有复杂性、规定性及导向性等性质,数学教学设计必须明确具体的教学目标,按标设计。

二是注意形成设计意图。在形成设计意图时需要整体设计,需要分析重、难点,分析学生的状况。根据教学目标,选择适当的教学方法和教学策略,形成科学、合理、实用、艺术化的设计意图,这种设计是一种创造过程,具有自己的个性特征。

三是注意制定教学过程。将设计意图转换为采用可操作的、有效的教学手段,创设良好的教学环境,有序地实施各个教学环节,拟订可行的评价方案,从而促使教学活动顺利进行,达到原定的目标。

四是注意选择教学手段。从传统的黑板、纸笔,到当下的人工智能,每一种教学手段都具有其特殊的价值功能,小学生也是在具体的事物当中进行思考的。因此,在教学中要充分利用示范教学和电化教学。同时,要注意示范教学的内容要和课题吻合。选择与利用合适的教学手段,是教学内容得到重构,得到进一步生动具体呈现的有效方法。

思考与练习 6.1

1. 什么是小学数学教学设计?
2. 请结合某一案例,分析小学数学教学设计的创新性。
3. 简述教师教学设计能力的内涵。

第二节 小学数学教学设计的过程

小学数学教学设计是一项教与学的复杂规划过程。美国学者马杰(R. Marger)曾把教学设计比喻成一个旅程,要明确"我要去哪里?我如何去那里?我怎么判断我已经达到那里?"这形象地说明教学设计的基本过程主要包括:

"我要去哪里?"——制订教学目标;

"我如何去那里?"——分析学习者的起始状态、分析和组织教学内容、选择教学方法和媒体;

"我怎么判断我已经达到那里?"——进行教学评价。

教学设计要对教学的全程进行系统的预设,不仅涉及教学的各个要素与层面,而且要对教学实施后的效果进行反思,以不断地改进与完善教学。

一、小学数学教学设计的基本内容

教学设计需要考虑学生、教师、课程目标、教学内容、教学方法、教学评价等教学过程中的各个方面。肯普(J. E. Kemp)曾提出任何教学设计过程都离不开教学目标、学习者特征、教学资源和教学评价四个基本要素。我国学者王光明、康玥媛等认为,从教的角度来看,教学设计要解决的主要问题是"教什么""怎么教""教得如何"等问题,从学的角度来看,教学设计要解决的主要问题是"学什么""怎么学""学得如何"等问题。①

(一) 学什么

"学什么"不仅包括数学课程标准所规定的数学基本知识、基本能力,及养成积极的数学情感态度与价值观,还包括学生的数学学习能力、数学思维能力、数学交流能力,养成数学核心素养等。因此,从学生学习数学要获得什么来看,包括数学基本知识、数学基本技能、数学基本思想、数学基本活动经验四个要素,这也是数学课程标准的基本要求。

(二) 怎么学

《课标(2022年版)》指出:"学生的学习应是一个主动的过程,认真听讲、独立思考、动手实践、自主探索、合作交流等是学习数学的重要方式。教学活动应注重启发式,激发学生学习兴趣,引发学生积极思考,鼓励学生质疑问难,引导学生在真实情境中发现问题和提出问题,利用观察、猜测、实验、计算、推理、验证、数据分析、直观想象等方法分析问题和解决问题。"②从课标的规定来看,"怎么学"主要包括数学学习活动与数学学习方式两个要素。特别对小学生来说,数学教学就是数学活动的教学,强调数学学习的"活动化",强调课堂的认真听讲、独立思考、动手实践、自主探索、合作交流等学习方式。

(三) 学得如何

"学得如何"主要指数学学习评价。教学实施过程中教师需要依据课程目标对学生的学习进行评价,判断学生数学学习的效果与目标达成的情况,以全面了解学生的学习过程与效果,激励学生的数学学习与改进教师的数学教学。

综上所述,从学生学习的角度来说,小学数学教学设计需要考虑学什么、如何学、学得如何三个层面。具体包括数学基本知识、数学基本技能、数学基本思想、数学基本活动经验、数学学习活动、数学学习方式、数学学习评价七个基本要素。

二、小学数学教学设计的基本结构

小学数学教学设计是一个复杂的系统过程,不仅需要从学什么、如何学、学得如何三个层面综合规划与设计,具体还要考虑数学基本知识、数学基本技能、数学基本思想、数学基本活动经验、数学学习活动、数学学习方式、数学学习评价七个基本要素及其相互联系、相互融合,要通盘考虑学生、教师、数学课程三项不可缺少的教学要素,进一步还需要反思教学设计实施后的效果如何,不断改进与完善。因此,以学生学习为中心的小学数学教学设计的基本结构包括分析系统、设计系统与反思系统三个方面。③ 具体如图6.1所示。

由图6.1可知,小学数学教学设计要先分析,再设计,实施后反思,按先后顺序具体包括学习需求分析、教学内容分析、学习者分析、学习目标设计、学习内容设计、学习过程设

---

① 王光明,康玥媛.小学数学教学设计[M].北京:教育科学出版社,2014:36.
② 中华人民共和国教育部.义务教育数学课程标准(2022年版)[S].北京:北京师范大学出版社,2022:3.
③ 王光明,康玥媛.小学数学教学设计[M].北京:教育科学出版社,2014:47.

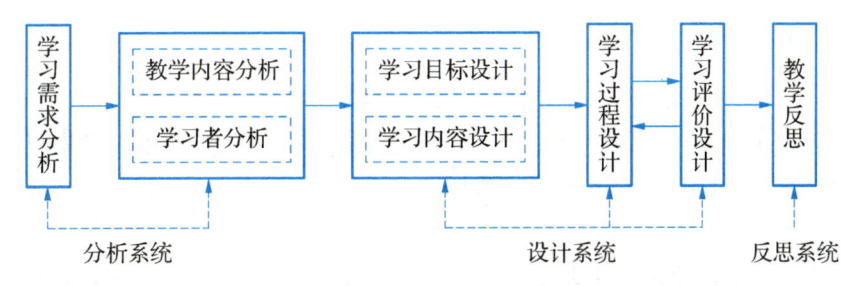

图 6.1 小学数学教学设计的结构框架

计、学习评价设计、教学反思八个基本步骤。另外,教学手段的选择与应用影响学生的学习方式、影响教学内容的呈现、影响着教学效果等多个环节,也是数学教学设计中须考虑的一个基本要素。

(一) 分析系统

分析系统由学习需求分析、教学内容分析及学习者分析三个基本环节构成。这是教学设计的起点,要求教师从学生的知识经验、能力基础、认知特征、数学课程内容等不同角度进行系统分析,全面了解教学设计的信息、资源、依据、要求等。

1. 学习需求分析

学习需求分析是教学设计的起点,也是有效教学设计的一个基本保证。学习需求就是学生学习期望与学习现状之间的差距。学习需求分析要求通过系统的分析,发现教学中存在的问题,确定问题的性质与解决的可行性等,以提供学习"差距"的有关数据和资料,并以此形成教学设计的目标与思路。

2. 教学内容分析

一般来说,数学教学内容的分析主要是指对数学教材的分析。第一,要求教师要深入钻研课程标准,明确课程标准的要求;第二,教师要深刻领会数学教材的编写意图、目的要求、深度与广度、作用与联系,了解数学教材的结构,了解例题、习题的编排、功能和难易程度,从整体和全局的高度把握教材;第三,教师要分析数学教材的重点、难点及关键点,对教材有深入浅出的把握;第四,教师还需要了解有关数学知识的背景、发生和发展的过程、与其他学科知识的联系,及在生产和生活实际中的应用等。既要注重教材显性知识的把握,又要关注教材隐性功能的挖掘与利用。

3. 学习者分析

学习者分析是要了解学习者的学习准备情况及其学习特征与风格,为学习内容的选择和组织、学习目标的定位、学习活动的设计、教学方法与媒体的选用等提供依据,从而使教学有效地促进学习者的学习与发展。如对小学生来讲,其认知发展一般缺乏抽象性,思维活动依赖具体的事物和经验的支持,学习动机通常取决于对学习内容感兴趣的程度以及对老师的偏爱,易接受新知识并善于发问,有很强的求知欲望,可塑性强,但数学学习起点水平较低,教师要选择相对直观、简单的内容组织教学。

（二）设计系统

设计系统由学习目标设计、学习内容设计、学习过程设计与学习评价设计四个基本环节构成，这是整个教学设计的主体，其结果是形成教学实施的方案，预设教学过程的各个环节，并对为何要这样设计有明确的依据与认识。

1. 学习目标设计

学习目标是指学习者通过教学后应该达到的要求，也就是学生学完某些数学知识后能够做什么的规约。它既决定教学的内容，又决定着教学的方法，同时也是衡量教学质量高低的标准。学习目标是数学教学活动的结果，更是数学教学设计的起点与指南，既支配着教学的过程，又规定教学的方向。

2. 学习内容设计

首先要依据数学课程标准的规定，设计学生所要学习的数学知识、所要习得的基本技能，及所能养成的数学情感态度与价值观。其次还要设计学生数学学习的能力、数学的思维能力、数学的交流能力，分析所能养成的数学素养等。并且这些学习内容设计中一定要体现学生的个性差异，要体现学习内容的层面性、累积性等。

3. 学习过程设计

学习过程设计主要有学习活动设计与学习方式设计两大主题。数学教学是数学活动的教学，设计高质量的学习活动显得尤为重要，教师精心设计适合学生参与的观察、操作、探究、讨论等学习活动，是教学中体现学生主体地位、获取数学基本活动经验的基本途径。教师在设计和组织学习活动时，应该围绕数学核心知识概念展开，并依据核心内容概念精选恰当的教学素材、教学策略，选取与之匹配的自主学习、探究学习、合作学习等学习方式，是促进学生理解、应用数学，改变学生的学习方式，学会学习与思考的基本教学要求。

4. 学习评价设计

学习评价是伴随着教学活动同步向前推进的，设计科学合理的学习评价不仅能及时了解教与学的效果，了解学生的学习状况，更主要的是采取有效的措施改进学生的学习行为与习惯，促进学生更好地学习与发展。因此，学习评价方案是教师教学设计的有机组成部分，教师在进行学习评价时，要结合自己的教学目标、教学内容和学生的知识基础、学习环境、个体差异等设计适合自己的教学和学生学习的评价方法，制定切实可行的评价标准。

（三）反思系统

反思系统指教师反思教学设计的实践效果，发现其中存在的问题，提出改进的措施与再设计，如此不仅能有效地提高教师的教学水平，提高教与学的效果，也能有效地提高教师教学设计的能力与水平。

教学反思是教师对教学设计的再认识、再思考，并以此来总结成功经验，发现存在问题及吸取教训，进一步提高教育教学水平与教学设计能力。教学反思是教师积累教学经验，提高个人专业水平的一种有效手段，也是教师走向优秀与卓越的有效途径。

(四)教学手段的选择

教学手段是影响数学教学设计的一个重要因素,从传统的黑板、粉笔,到音频、视频、电脑等多媒体,再到当下的互联网、大数据、人工智能等,均有其独特的教学功能与价值,影响着教与学的内容、方式、过程、评价、结果等。因此教学手段的选择也是教学设计必须考虑的一个要素。具体来说,教学手段是指"师生为实现预期的教学目的,开展教学活动,相互传递信息的工具、媒体或设备。"[①]这一定义从三方面表达了教学手段的内涵:一是教学工具、媒体或设备的使用不是盲目的,要受教学目标、教学任务的制约,不同的教学任务要使用不同的教学手段。二是教学手段既是教师教学的手段,也是学生学习的手段。三是教学手段表现为教学工具、媒体或设备,它们都是教学活动中所使用的物质工具。从教学手段的发展来看,一般可分为以下三类:

1. 传统教学手段

传统教学手段主要指教具与学具,如实物、标本、模型、图表等,它们在教学中使用较早,到目前仍然是小学数学教学中广泛运用的教学手段。这类教学手段具有实操性强、直观性强,体验感知好,易与学生的生活经验衔接,能较好地激发学生的数学学习兴趣等优点,多年来一直是小学数学教学及其设计考虑的一个重要内容。

教师设计使用教具和操作学具应注意如下一些问题。如教师使用教具时要让学生看清楚教具演示的过程。同时要配合讲解,引导学生观察、分析、思考。要正确处理使用直观教具与发展学生抽象思维的关系。由于儿童年龄小,接受抽象数学概念有困难,需要采用直观教具作为手段,但不能停留在直观的水平上,教师要通过分析讲解,及时进行抽象。例如,教学体积概念时,教师出示2只装有半杯水的玻璃杯,让学生观察,然后分别把大小不同的两块铁投入杯内,学生观察到:杯里的水面上升了,说明铁块要"占据"空间;而且水面上升的高度不一,说明这两块铁占据空间有大、有小。再让学生举例说明物体占据空间,从而抽象出体积的概念。

教师设计学具操作时要注意学具的使用要适时、适度。例如,让学生折一折纸,画一画图,表示出二分之一等分数,是为了帮助学生建立分数概念。一旦学生对二分之一有所认识后,就应当引导学生回忆操作过程,回忆分数二分之一是怎样得来的,然后对分数概念进行抽象概括。如不及时抽象,一味追求直观,将妨碍学生抽象思维的发展。学生在学具操作过程中,教师要及时引导学生观察、分析、比较,掌握数学知识,发展思维能力。操作过程中,教师要重视培养学生的语言表达能力,如要求学生一边操作,一边说;操作后,说出操作过程;根据操作的结果,说出结论。另外,有些学具可以让学生自己制作,如制作棱长是1厘米的正方体,通过制作,可以加深学生对正方体和体积单位的认识。

2. 电化教学手段

电化教学手段主要指幻灯、投影、录音、录像等以电力为动力的教学手段。这种教学手段具有较好的音频、视频效果,适合小学生的心理特点,常常能产生生动、形象、鲜明,感

[①] 田慧生. 教学论[M]. 石家庄:河北教育出版社,1996:226.

染力强等效果,能更好地吸引学生的注意力,提高学习兴趣,加深学生对教材的理解和记忆,提高课堂教学的效率。音频、视频等设备也能突破时间和空间的限制,把难以使学生直接感知的事物和现象直接有声有色地呈现出来。

教师在设计电化教学手段时,要注意声音、动画、色彩等主要是用来增加教学效果的手段,引起学生的学习兴趣,增强学生观察、感知的效果,不要让外在的辅助素材本身影响了学生的注意力,而降低学习的效果。

3. 现代化教学手段

现代化教学手段的特征是以计算机、网络为核心,并包括网络技术、信息技术、大数据、人工智能等的应用。较早的计算机辅助教学始于20世纪50年代后期,当时主要通过程序教学来进行,后来发展为多媒体计算机辅助教学。多媒体系统集声音、画面、文字显示等多种媒体于一身,具有人机交互功能,接近于人类的交流方式,因此发展迅速,应用广泛。通过计算机可有效地进行练习实操型、个别指导型、问答咨询型、模拟游戏型、问题求解型等形式的教与学。当下的网络教学、远程教学、人工智能等更是改变了教学的方式、途径、内容、评价等,为教与学带来了新的目标、新的时空、新的交流、新的内容。

> 链接6.2　教学设计模型研究综述

随着知识本位的教育向素养本位教育的转型,课程标准提出了数学教学内容的结构化,提出了跨学科、主题化、综合化等要求,教学设计也要求向素养本位转型,当下整体单元教学设计、追求理解的逆向教学设计等不断创新与实践,促进了教学设计的发展与完善,因篇幅所限,在此不再叙述。

> 链接6.3　小学数学单元设计的实践研究

> 链接6.4　基于UbD理论的小学数学逆向教学设计

三、小学数学教学设计的案例[①]

《圆的初步认识》一课是苏教版小学数学教科书五年级下册第六单元第85—86页的内容。下面按上述小学数学教学设计的结构与步骤对此课进行简略的教学设计。

(一)《圆的初步认识》教学设计的前期分析

1. 学习需求分析

日常生活中有很多圆的图形与场景,一般来说,学生对此有一定的生活体验与直观感知,但并没有抽象出圆的数学概念,学生对于圆的概念是不清晰甚至是错误的。不仅圆与人们的生产生活联系丰富,同时也是数学中的一种基本的、重要的几何图形,是小学阶段

---

① 此案例教学设计的主体内容引自:王茜.在文化的脉络中理解概念——《圆的认识》教学设计与思考[J].教育视界,2018(12):55-58.

学生需要认识的一个重要的曲线图形,学习圆的知识是必要的、重要的。本节课的学习内容是在学生学习了多种平面图形的基础上展开的,在《圆的初步认识》的教学中要从学生的生活经验出发,从具体到抽象,让学生理解与掌握数学中圆的概念,并学会画圆。

2. 学习者分析

(1) 学习者的思维特征

通常小学五六年级学生的年龄为11或12岁,按照皮亚杰的儿童认知发展理论,小学生处于具体运算时期,正准备向形式运算时期转变,这就意味着他们的思维主要是具体形象的,并逐步向抽象逻辑过渡,不过多数学生还处于具体形象阶段。他们虽然有初步的抽象概括能力,但空间观念还在不断发展之中,对几何平面图形的感知还是较为抽象的。这个年龄阶段的学生,占有主导地位的是有意注意和无意记忆,他们注意力的稳定性和集中性等都有了不同程度的发展,抽象记忆水平也有所提高。

(2) 学习者的认知起点水平

通过生活经验可得知,高年级段的学生已经具有关于圆的生活经验,如骑自行车,部分学生也见过圆规,对圆有一定的了解,但只是直观的认识,并不理解圆的本质特征。教学过程将从学生原有的认知基础出发,学习圆的概念,深切体会圆的特征与生产生活的紧密相连。对于圆的学习,学生有很大的兴趣,教师在教学中要紧密联系学生的实际生活,列举出日常生活、生产中所见到的圆形物体,引出圆的概念,了解圆的特征。由平面中的直线图形认识到曲线图形的学习,从而建立正确的圆的概念,掌握圆的特征,对部分同学而言还是有一定难度的,是学生认识发展的一次飞跃。

(3) 学习者的自我调节能力

小学生的年龄特征表现为好动、贪玩,自我调节能力较低。如上课时小学生常东看西望,玩耍学具,不能及时调控自己的注意力等。这就要求教师要把握学生的年龄特点,遵循他们的心理规律,通过教学设计来调控学生的学习,培养其自我调节能力。通常教师可从情感、认知、价值观等层面设计教学活动,使学生愿意学、知道学,感觉学得有意义,并学会自我调节。如认识圆的教学,可让学生动手画圆,认识其要素;看多媒体展示,了解其用处;探究讨论,分析其特征等,以实现师生共同有效地调节教与学的活动。

3. 教学内容分析

《圆的初步认识》是苏教版小学数学教科书五年级下册第六单元的教学内容,是学生在学习了长方形、正方形、三角形等多种平面图形基础上进行新知识学习,是小学阶段学习的最后一种常见的平面图形。在一年级学习中学生只是直观感知过圆,六年级还将继续学习圆柱和圆锥的知识。

学生在圆之前学习的平面图形都是直线图形,圆是曲线图形,与之有明显的差异。教学将从研究直线图形入手,过渡到曲线图形的学习。学生不仅要掌握圆的一些基础知识,还要感受与体悟"化圆为方""化曲为直"等数学思想方法,理解曲线与直线的内在联系,这对学生思维能力及其认知转变均具有一定的挑战性。

小学生的生活经验中有许多大小不同的圆形物体,在日常生活中经常见到圆。但是,小学生对于圆形物体与圆混淆不清,往往错误地把圆形物体的整个部分看作圆。对"圆上"这个概念理解不清,那么半径、直径的概念也就无法准确掌握。课堂教学时,教师应该明确:用圆规画出来的那条封闭曲线才是圆,在这条曲线上的点叫圆上的点,这样的点有无数个。小学生第一次使用圆规作图,必须向学生详尽地说明圆规的使用方法,并正确示范如何画出标准的圆,指导学生用圆规画圆。

(二)《圆的初步认识》教学的系统设计

1. 学习目标设计

(1)学生在观察、画图、交流等活动中感受并发现圆的基本特征,知道圆心、半径和直径的含义;会用圆规画指定大小的圆;能用圆的知识解释一些日常生活现象。

(2)学生在画圆的活动中进一步积累图形经验,增强空间观念,学会数学思考。

(3)学生进一步体验图形与生活的联系,感受平面图形的学习价值,提高数学学习的兴趣和学好数学的信心。

2. 学习内容设计

学习内容不仅是学生学习活动的对象与主题,也是学生学习活动的任务,教师需要对教科书中的知识内容进行重新设计。

首先,教师要善于挖掘生活原型,积极寻找圆的生活背景。再现形象真实的生活原型,能够有效地与学生的生活经验联系,而且还能培养学习兴趣,引发学生的学习动机;其次,教师善于激活已经获得的生活经验,培养发现问题意识。例如,在苏教版教材中,例题选择了钟面、自行车等生活图片,利用学生生活经验,促进知识建构,在课堂教学过程中丰富学生的生活经验,促进体验教学。同时,要沟通教学内容与生活的联系。充分利用学生的生活经验,引导学生去分析和解决实际生活问题,培养学生的实际应用技能和解决问题能力。

在圆的认识教学过程中,教师可以配合使用多媒体,直观地为学生展现圆在人类历史、生活、审美等各个层面的广泛应用。比如中国剪纸、中国结、中外建筑等,带领学生感受圆与人类生活的密切关联,体会圆的美学与人文价值。

3. 学习过程设计

(1)唤醒经验,引入探究

① 引入名言,启发置疑

(出示:毕达哥拉斯:"一切平面图形中最美的是圆形"。)

师:古希腊数学家毕达哥拉斯说过这样一句话"一切平面图形中最美的是圆形"。看到这句话,你有什么想说的?

师:圆为什么被称为最美的平面图形?圆里面又有哪些奥秘呢?今天我们就一起来研究圆。

② 联系生活,初步感知

师:在我们的生活中,你还在哪些地方见到过圆的影子?

出示:生活中与圆有关的自然现象、建筑工艺品、运动现象。

师:欣赏了这么多有关圆的图片之后,你能用自己的话来说一说什么是圆吗?

[设计意图:由毕达哥拉斯的一句数学名言引入,在学生的疑惑中催发学生学习的内驱力,刺激学生主动去探索圆的奥秘。此外,毕达哥拉斯的这句名言还揭示了圆属于平面图形的范畴。紧接着,利用"寻找生活中的圆"唤醒学生已有的感性经验,在寻找和欣赏图片的同时,初步感知圆的整体特征。]

(2) 活动操作,探究特征

① 尝试画圆,初步体验

师:看来,大家对圆都有自己的认识,那么你能试着画个圆吗?想想看,可以借助什么来画圆?

根据学生的回答,适时总结:没错,可以借助专门的画圆工具——圆规。

学生在练习纸上尝试画圆,教师巡视。

师:你是怎样画的?画圆时要注意些什么?

请画得好的同学交流并展示画圆的方法和注意点。

总结:画圆时要注意,把圆规的两脚张开不变,带针尖的一脚固定不动,手拿把手,稍稍倾斜,旋转一周。即"两脚分开,固定针尖旋转成圆"。

② 二次画圆,巩固方法

师:按照刚才的方法,你能再画一个更大一些的圆吗?

学生再次画圆,巩固画法。

师:仔细观察,两次画的圆有什么不一样?为什么?

明确:圆规两脚间的距离决定圆的大小。

③ 创造画圆,丰富体验

出示:《诗·沔水》中记载:"规者,正圆之器也"。

师:其实,早在古代,人们就已经创造出了画圆的工具——规,但和我们今天所用的圆规可不一样,而是"规绳"。(课件出示图 6.2)

师:想一想,古人是怎样借助"规绳"来画圆的?

师:"规绳"画圆时,将一端固定,作为圆心,另一端接上可以留下痕迹的物体,旋转成圆。

图 6.2 "规绳"画圆

师:同学们想不想体验一下用古人的方法画圆?

操作要求:同桌两人为一组,利用提供给大家的材料尝试画一个圆。(材料:图钉、毛线、橡皮筋、铅笔)

学生交流汇报:将毛线一头系在图钉上,另一头系在铅笔上,固定图钉,将铅笔旋转成圆。

师:把毛线换成橡皮筋可以吗?为什么用橡皮筋画不成圆?

明确:画圆时,绳长必须是固定不变的,而橡皮筋的长度会发生改变。

④ 观察对比,沟通联系

师:无论是用圆规画圆,还是用"规绳"画圆,仔细想一想,画的时候有什么相同的地方?

根据学生的回答,适时总结:都需要固定一点,旋转一周,在旋转的过程中长度不能改

变。(定点、定长)

[设计意图:"画圆"是本节课教学的重点和难点,结合学生已有的经验,在教学时设计了三个层次的操作:首先是所有学生必须掌握的基本技能——圆规画圆。在初次画圆中,通过交流"画圆时要注意些什么?",引导学生明确圆规画圆的基本方法和步骤。其次,巩固画圆。画大小不同的圆,既是作为画法的巩固练习,又在此过程中使学生体会到圆的大小和圆规两脚间距离的关系。最后,借助直线、图钉进行创造性画圆,给予学生一定的拓展空间。同时,在这个过程中,通过毛线和橡皮筋的对比,以及图钉的"固定"作用,帮助学生进一步理解圆的本质属性:定点和定长。]

⑤ 感悟提升,揭示概念

师:其实,早在两千多年前,我国著名思想家墨子就给圆下了一个定义:"圆,一中同长也。"同学们能看懂这句话的意思吗?

师:这里的"一中"指的是什么?"同长"呢?

根据学生的回答,顺势揭示圆的各部分名称(如图 6.3):这个定点,就是圆的圆心,用字母 O 表示。这些从圆心到圆上任意一点的等长线段叫"半径",用字母"r"表示。除此之外,圆内还有一条叫直径的线段,用字母"d"表示。

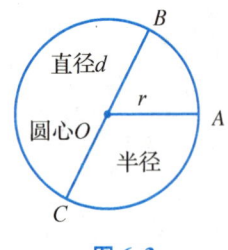

图 6.3 圆的构成与名称

追问:什么样的线段叫直径?

学生在自己画的圆中标出圆心、半径和直径。

[设计意图:在学生经历过充分的画圆练习并进行对比后,对圆的认识更为具体,但相对零散,缺乏系统性。而墨子这简单的 5 个字"一中同长也"非常简洁、凝练地将圆的本质特征进行了归纳概括与抽象命名。将"一中"和"同长"与圆的各部分名称一一对应起来,这样形成的圆心、半径不再是抽象的概念名称,而是学生在充分感知和理解后对圆本质特征的内化。]

⑥ 圆片折圆,探寻直径与半径的联系

师:借助圆规画圆留下的痕迹,我们很容易能够找到圆心和半径。那如果没有圆规的痕迹呢,你还能找到圆心吗?

学生操作:利用材料袋里的圆,找到圆心,并标出圆心、半径和直径。

师:你是怎样找到圆心和半径的?

明确:通过将圆对折再对折,两次对折的交点就是圆心,短的折痕是半径,长的折痕是直径。

师:这 4 条折痕都是半径吗?还能找到其他的半径吗?在一个圆内能找到多少条半径?多少条直径?在同一个圆内,直径和半径的长度有什么关系?

根据学生的回答,总结:在同一个圆里,圆的直径和半径有无数条,并且长度都分别相等。在同一个圆里,直径的长度是半径的 2 倍。

师:圆对折后,两边完全重合了,还能说明圆是一个什么图形?对称轴在哪?能找到多少条对称轴?

[设计意图:在找圆心的过程中顺势引导学生发现圆的半径、直径及它们之间的关系,学生在具体的操作中,自然而然地建构起圆各部分概念之间的联系。]

(3) 应用练习,总结提升

① 应用知识,内化新知

出示问题:如图 6.4,地震局预测 A 地于 14:28 左右将发生 6—7 级地震,波及范围为 20 km,请判断 B、C 两地是否在危险区域内。

师:你能在地图中画出危险区域并判断 B、C 两地是否在危险区域内吗?

师:你是怎么画的?

师:题目中给的这两条信息分别有什么作用?

明确:要确定一个圆,不仅要知道圆心,决定圆的位置,还要知道半径,决定圆的大小。

图 6.4 地震预测区域

② 价值渗透,人文关照

出示图 6.5。

师:知道这是什么场景吗?

明确:这是在举行重要的会议,圆桌会议。

师:想想看,为什么是"圆桌"会议?

明确:圆桌上的每个人与圆心的距离都相等,表示平等……

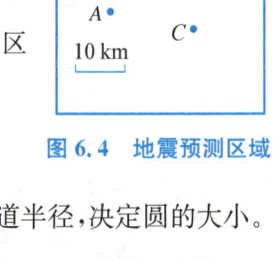

图 6.5 圆桌会议

师:说得太好了!据说在 5 世纪,英国国王亚瑟与他的骑士们围坐在一张圆形桌子的周围共商国是,骑士和君主之间不排位次,圆桌会议由此得名。关于亚瑟王和圆桌骑士的传说虽然有着各种各样的版本,但圆桌会议的精神则延续下来。第一次世界大战之后,这种形式被国际会议广泛采用。

③ 回顾过程,拓展延伸

师:再来看这句话,毕达哥拉斯:"一切平面图形中最美的是圆形"。通过今天这节课的学习,你对圆有了哪些新的认识?

师:其实,在这句话的后面,还有半句:"一切立体图形中最美的是球"。

师:如果也让你给球下一个定义,你想怎么说?

师:球,一中同长也。不过球不是简单的平面图形了,需要放大到立体图形中了,这个知识留给大家课后去研究。

4. 学习评价设计

按照评价功能的不同,可将学习评价划分为诊断性评价、形成性评价与总结性评价。

(1) 通过诊断性评价明确学生认识圆的学习起点

在教学设计前期,为了了解学生学习圆概念的学情,对学生们的学习知识准备及情感等状况进行摸底。例如,学生对"半径"和"直径"概念是否能完整地概括出来?"圆"的概念没有直接给出,在揭示概念后,学生从一个圆内各个不同的线段中找出,是否有必要?这些情况的了解,有助于教师在教学中对于教学重难点的考虑。设计的目的是为教学决策提供有力的依据,能够预设出满足不同水平和学习风格的学生需要的教学方案,使学生获得最有益的学习成果。

(2) 通过形成性评价了解与促进学生对圆的理解和掌握

为了更好地达到教学目标的要求,获得更好的效果,设计了形成性评价。教师在教学中及时了解教学的效果、学生学习的进展以及存在的问题,并以此为依据来及时调整与改进教学进程。同时对教学各阶段的教学活动进行分析,并就此教学资源对学生圆满地完成学习任务所起到的作用给出评价和总结。

(3) 通过总结性评价检验学生对圆的理解掌握及学习目标的达成

教学过程中通过总结性评价,了解学生是否掌握与理解了圆概念,确认教与学的目标达成情况。例如,简单的考试或考核等,或者学生是否能口头说出类似"车轮为什么是圆的"等问题,一是可检验学生的学习是否达到了教学目标,二是可更好地激励学生学习。

(三)《圆的初步认识》教学设计的反思

《圆的初步认识》一课是曲线图形学习的开始,对于丰富学生对平面图形的认识,发展学生的空间观念有重要的影响。反思本课的教学设计与实施,主要有以下认识与考虑。

1. 挖掘文化内涵,引领新知探究

《圆的初步认识》一课蕴含了大量的文化知识,历来是众多课例的精彩点缀。细究相关文化内涵,精炼的文字、凝练的概括彰显了文化的魅力,抛开为"文化"而"文化",本节课力求充分挖掘圆的文化内涵,用"圆是最美的平面图形""规者,正圆之器也""圆,一中同长也"等对圆的描述,"串"起学生对圆的认识。

2. 遵循学习路径,提升儿童思维

有效的学习不是告知,而是亲身体验。画圆作为本课的重点,在设计时充分考虑学生的已有经验,给予学生充分探索的空间。

首先,让学生大胆尝试画圆。基于学生的好奇和经验,学生对于"画圆"是跃跃欲试的,与其规范操作,不如大胆放手,让学生在"做"中习得经验。通过让学生自己去尝试画圆,自己总结操作要领,丰富活动经验,获取深刻的学习经验。其次,巩固画圆。这既是学生对画圆方法的巩固,又在操作理解上对学生有了进一步的要求——画"更大的圆",使学生初步感知到圆的大小与圆规两脚间距离的关系。最后,创造性画圆。在直观体验与具体操作之后,让学生借助毛线、图钉感受古人画圆,进一步感受到圆的两个本质属性:定点、定长。三次画圆过程遵循学生的学习路径,有效提升了学生的思维。

3. 融通知识联系,渗透空间观念

最后,以"你对圆有了哪些新的认识"回应课始疑问,这既是学生对于"一切平面图形中最美的是圆形"这句话的释疑,又是对于本节课的回顾与总结。当然,教学不仅于此,毕达哥拉斯这句话还有后半句"一切立体图形中最美的是球",这句话的呈现将教学向空间延伸,不但沟通了圆与球之间的密切联系,建立了平面和立体的初步联系,更有效发展了学生的空间观念。

思考与练习 6.2

1. 试述小学数学教学设计的框架结构。
2. 小学数学教学设计时,选择教学手段要注意什么?
3. 选一段小学数学教材,撰写其教学设计。

第三节　小学数学教学的预设与生成

一、教学预设与教学生成

（一）教学预设

教学预设就是教师在课前对教学目标、过程、方法的清晰、理性的思考和安排。预设主要思考三个问题：目标、起点、过程。三者相互联系，相辅相成。一次完整的课堂学习可以描述为学生从他的认知起点，到课堂学习目标之间的认知发展过程。为了有效地完成这一学习过程，教师一般在课前要进行通盘的考虑。对教学内容、教学方法、活动形式，以及学生可能出现的反应，遇到的困难，有一个预先的估量和设计。

教学预设是教师的教学先导活动，主要解决的是教学的目的性和程序性问题。教学的课前设计常体现在教案中，由教师按教学规律来完成。

（二）教学生成

生成是指从已有的事物中生长出新事物的现象。教学生成就是在教学活动中，学生表现出的教学反应，产生的思想认识和学习行为。这种反应和认识、行为是动态的，是具有个性特点的。生成主要由学生的认知发展的特点和教学活动所决定。生成可以分成两类，一类是教师可以预见到的情况，可以称之为预设内的生成，另一类是教师未能预料到的情况，可以称之为预设外的生成。

根据以学生为本的教学思想，教师应从学生已有的知识、经验、情感、兴趣和需要出发，根据课堂交流互动的实际情况，面对生成性的教学资源，及时调整预定的教学程序，变换教学行为，将其有效地转化为教育教学的契机，使教学更加有效地进行。

教学活动的目的性决定了预设的必要性，教学活动的动态性决定了生成的必然性。

传统的预设性教学忽视教学情境与教学行为的互动，使原本丰富生动的教学过程变成了单纯的设计思路的运演流程。

教师应把握生成性教学的基本特性：

一是过程性。教学过程存在着变化，一个具有生命力的课堂总会在动态中有所生成。

二是超越性。在富有变化的课堂情境中，生成出来的思想或行为常常是我们意想不到的，而这种生成常常是对于原有认识的一种超越。

三是互动性。教学生成往往是师生积极互动的结果，需要师与生、生与生、学生与教材的互动交流与相互作用。

预设体现教学的计划性和封闭性，生成体现教学的动态性和开放性，两者互补。预设重视的是显性的、结果性的、共性的目标，生成则关注隐性的、过程性的、个性化的目标。不重视设计的教学如无的放矢，会出现无序和混乱，且难以实现教学目标。但是恪守设计一成不变，忽视课堂现实的动态变化，也会阻碍学生的认知发展。在具体的教学过程中，教师应根据境遇的不同对教学思路做适应性的修改与调整。

二、预设外生成及其应对

预设内生成是教师课前可以预料到的情况,而预设外生成是始料未及或处于经验之外。预设外生成主要源于问题的开放性、学生思维的发散性及学生的认知错误等。

例如,教师在学习分数基本性质后,布置一道课堂练习题:

如果把分数 $\frac{5}{9}$ 的分母加上 27,要使分数的大小不变,分子应该加上多少?

这道题的解决方法,多数学生是把分母加上 27,转化为分母乘 4,然后运用分数基本性质,将分子乘 4,也就是分子应加上 15。其间两次运用了加法与乘法的转换。这种解法既有普遍性,也符合分数基本性质教学内容的练习目的。

课堂上,一学生提出:用 $\frac{5}{9}$ 乘 27 等于 15,就可以直接算出答案。

这种解法教师在预设时没有想到,同学们也为之愕然。可以这么简单吗?

面对这一生成,教师让这位学生说说是怎么想的。学生知其然,不知其所以然。

这种方法可行吗?还是一种巧合?继而教师让学生进行讨论。学生更换了其他数据,用同样的方法进行验证,结果屡试不爽。学生从结果上认可,但是难以从算理上讲清,此时需要教师的介入和指导。

事实上,这是一个可行的正确解法。(请你试试如何解决这个问题)

又如,学习加法交换律时,学生在完成 48+73=73+48 的同时发现 48+73=84+37。

因而提出这是否也是一种交换律?

面对这一生成,教师给学生探讨交流的机会,验证比较后学生了解到这一现象的局限性。此时,根据情况,教师可以告诉学生这种现象不具有普遍性,不能成为一种规律。

当然,也可以进一步让学生探究在什么条件下,这种情况成立。

预设外生成对于教师的教学准备而言可能是一种偏离,然而,这种偏离正是学生个人知识、经验的外显。它们应受到关注和尊重。面对预设外生成,一般可根据具体情况采取不同的应对策略,如辨明真伪,正确引导;借题发挥,放大生成;顺应学情,随机应变。

案例 6.1　比例尺

问题:一块长方形地,长 80 米,宽 30 米。把它画在比例尺是 1∶1000 的图纸上,平面图上的面积是多少平方厘米?

多数同学首先把长与宽按照比例尺转化为图上距离,然后算出图上面积是 24 平方厘米。这时,有一位同学提出了自己的不同解法:

80 米=8 000 厘米,30 米=3 000 厘米;

$8\,000 \times 3\,000 \times \frac{1}{1\,000} = 24\,000$(平方厘米)

面对这一解法,学生议论纷纷。此时教师要求同学们讨论以下"第二种解法有没有道理,为什么?"

片刻后,学生发表看法。

生1:我认为不对,图上面积 24 000 平方厘米太大了。

师:这位同学联系实际进行估算,感觉不合理。

生2:结果好像不正常,但是我又说不出计算错在哪里。

师:是的,我们还应该利用数学的知识和方法说出道理。

学生继续讨论。

生3:我认为应该先把长和宽化成图上距离,再算面积,而不是算出面积再用比例尺换算。

师:这位同学是从算法上分析的,那为什么要先用比例尺转化呢?

生4:因为比例尺 1∶1 000 表示的是图上距离与实际距离的比,而不是面积的比。所以第二种算法不对。(其他同学纷纷表示认可)

生5:老师,我发现一个秘密,比例尺 1∶1 000 的平方 $\left(\dfrac{1}{1\,000}\times\dfrac{1}{1\,000}=\dfrac{1}{1\,000\,000}\right)$ 就是图上面积与实际面积的比。

师:你有一个很好的想法,这种想法是否正确呢,大家可以验证一下吗?(讨论)

生6:我们小组是这样验证的,$\left(8\,000\times\dfrac{1}{1\,000}\right)\times\left(3\,000\times\dfrac{1}{1\,000}\right)=24$(平方厘米)。

$(8\,000\times3\,000)\times\left(\dfrac{1}{1\,000}\times\dfrac{1}{1\,000}\right)=24$(平方厘米),结果一样。

师:同学们真的很棒。不仅指出了第二种解法的问题,还找到了纠错的办法。

以上这一教学过程,表现出教师面对生成的良好应对,既辨明真伪,又有效放大生成,让学生经历了一次探究发现的过程。

案例 6.2　两位数乘两位数

教师出示问题:学校门前有一个花坛,每排摆放 19 盆花,摆了这样的 21 排,一共有多少盆花?教师要求学生说出计算方法和理由。学生提出了以下算法:

用竖式计算。理由是这种方法最常用。

$19\times21=19\times20+19=399$。理由是 21 个 19 想成 20 个 19 加 1 个 19。

$19\times21=20\times21-21=399$。理由是 19 个 21 想成 20 个 21 多算了 1 个 21。

老师肯定了同学们的算法,并进行了总结。此时一个同学举手要求发言,他说:"19×21 可以想成 $20\times20-1=399$",老师追问理由,他说,"我是看到结果是 399,所以想到 400-1。"同学们议论纷纷,"没有道理""瞎猜凑数"……这个情境超出了教师预设的范畴。

教师十分镇定地说:"真的是瞎猜吗?有没有一点道理呢,我们来想一想。"于是,同学们又进入了积极思考,课堂上也增加了一个新的教学环节。

一会儿工夫,有同学要求发言:"这样计算也有道理,每排有 19 盆花,一共 21 排。我们如果把最后一排去掉,21 排变成 20 排,再将拿出来的一排 19 盆花给每排添上 1 盆,每排也就是 20 盆了,只是最后一排少一盆,因此是 $20\times20-1$。"同学们听了一起鼓起掌来。

老师的镇定源于心里已经想到 $(a+b)(a-b)=a^2-b^2$。

教学生成的应对,应该有基本的价值取向,追求合理、有意义、有效的课堂生成。强调教学中的生成，并不削弱预设在教学中的重要作用。如果没有充分的教学预设，一味地追求生成，教学就会失去方向性，使教学出现盲目、无序的状态，影响教学效果。预设与生成并不是非此即彼的关系，预设和生成是一个有机的整体，预设是生成的前提，生成是对预设的补充和超越。

教师应该在教学的过程中不断提高对学生的理解，要积极鼓励学生发现问题和提出问题，同时认真钻研教材，从而敏锐地把握教学生成的时机，合理地利用教学生成的有效资源。

教师应该秉持相容兼顾的原则，使精心预设与动态生成互动共生，相得益彰。

> 链接6.5 对数学教学预设与生成的理性思考

思考与练习6.3

1. 如何正确认识预设与生成的关系？
2. 举例说明如何应对预设外生成。

第四节 小学数学教学的备课与说课

在小学数学教学实践中，教师日常的备课、说课及评课等活动，实际上是对课堂教学的准备、解释、评价与反思，本质上也是在做教学的设计，且已形成我国数学教学的操作性强的优秀传统，积累了丰富的成功经验，影响着教师的日常教学与专业发展。下面就备课与说课做简要阐释，评课在小学数学教学评价相关章节有具体讲述。

一、小学数学的备课

（一）备课的概念

备课，顾名思义就是教师上课前的准备工作。它是教师根据课程标准、教学内容及学生学习特征等具体情况，分析重难点、选择教学方法、规划教学过程等，以保证学生有效地学习。因此，教师上课前需要做各种教学准备工作，这传统称为备课。要保证教学质量，教师课前要备课；要提高教学质量，教师要提高备课质量。

传统备课是教师的一项基本功，是教师教学水平的一个重要体现，教师要通过认真备课，不断地提高自己的教学水平。不仅青年教师要认真备课，有多年教学经验的老教师也要认真备课，因为每年的学生情况不同，教学内容也不断变化，更重要的是随着教改的深入，教学方法也在不断革新，所以备课不能一劳永逸，而要不断地精益求精。

（二）备课与教学设计的关系

在数学教学中备课与教学设计均是为教学做准备的，都是指向教学的规划与筹谋，二者既存在诸多相似之处，也存在明显的差异。

1. 备课与教学设计的主要相同点①

(1) 二者都把教学看作一个过程,并注重对构成这个过程的各环节如导入、展开、结束等进行基本预设。

(2) 二者都把教学看作由环境、教材、教师和学生等相互发生联系的双边或多边活动,并注重对参与这个活动的各因素进行考察。

(3) 二者都注重教学内容和方法的选择。

(4) 二者都关心教学效果。

总之,在小学数学教学中备课与教学设计都是为教学的实施做准备,都是为了更好的教学做预设与规划。

2. 备课与教学设计的主要不同点

(1) 教学设计更加强调教学是一门技术

"教学有法,教无定法""教学是一门科学,也是一门艺术"等观点表明,数学教学既有一定的客观性,教学有规律可循,教学要遵循其内在的规律,又说明教学在很大程度上是可以变通的,教学存在一定的艺术性与主观性。不过从教学设计的角度来说,教学是一门技术,是知识、经验及科学原理的合理应用,旨在建立起促进学习的环境。为此,教学设计在诊断学生的学习水平,检查教学效果,选择教学方法,甚至在整个教学设计的科学性方面,为寻求教学设计的理论或事实的依据,往往比备课花费更多的功夫。教学设计充分注意到与教学有关的因素,并力求对之做出深入的分析和科学的解释。

(2) 教学设计要求教师对教学有更系统的认识

传统意义上的备课强调教师的作用,强调教师对知识的掌握与理解,主要关注教师的教。而教学设计强调对教学的系统认识与把握,强调对教学内容、教学方法、教学手段、教育技术、学生学习等的系统认识与把握,强调教学事件的系统组合与精心安排。如加涅指出,教学设计要关注如下九个事件:① 引起注意以待接受特定刺激;② 告诉目标,以建立合理的预期;③ 刺激回忆先前学过的东西;④ 呈现材料以供选择性知觉;⑤ 提供学习指导;⑥ 引发行为;⑦ 对行为表现提供反馈;⑧ 借助应答性反馈评估行为表现;⑨ 安排多样化的练习促进保持和迁移。②

(3) 教学设计强调为学生的学习而设计教学

一般的备课,虽然也注意教与学的关系,关注学生的主体地位,但在教学实践中主要还是以教师的教为中心,一份备课的数学教案常表现为一份教授计划。而教学设计明确提出"为学习设计教学",面向学生的数学学习进行教学的预设与规划。如加涅的上述九个事件主要是指向学生的学习的,这也是其倡导系统设计教学的一个基本理念,要求教师的教应努力将外在的教学事件与内在的学习条件相联系,为学习者提供一组精心安排的教学活动,以促进学习者有效学习。

(4) 教学预设的内容与表现形式不同

无论是备课还是教学设计,最后都要形成一个教学预设的方案。但一般来说,备课和

---

① 赖华强. 谈谈教学设计原理对传统备课理论的改进[J]. 韶关大学学报(社会科学版),2000(3):112-114.
② 盛群力. "为学习设计教学"——加涅教学设计观述评[J]. 外国教育资料,1993(1):15-24.

教学设计所形成的教学方案在内涵、结构、表现形式上是不一样的。备课所形成的教案，其结构常包括课题、教学目标、教学重难点、教学方法、课的类型、教学媒体、教学过程等。教学过程一般为引入、新知讲授、例题讲解、练习、课堂小结与布置作业5个基本环节，而教学设计的预设方案常包括：① 分析系统。主要包括教学内容分析、学习者分析。在教学内容方面需要分析其地位、作用、前后联系，及蕴涵的重要思想方法等。对学习者分析主要包括学生的生活经验、知识基础、思维能力、知识的固着点、学习特征等。② 设计系统。主要包括学习目标设计、学习内容设计、学习过程设计、学习评价设计等。需要根据课程的要求，设计学生学习所要达到的三维目标，明确学生的学习任务，分析学习的重难点以及突出重点、突破难点的策略，为学生有效的学习，为达到学习目标提供主要途径，要明晰教学的流程与步骤，明确师生的数学活动及其相应的教学形式和手段等，以及教与学的活动中教师的反馈与评价。③ 反思系统。在教学设计实施后，教师要及时地对教学设计进行反思，提出进一步的修改，促进自己在教师专业上的不断发展。[①]

由此可见，从一定意义上说，教学设计可看成传统备课的发展与拓展，是对教学更系统、更深入的准备，它已成为教师专业发展的一项基本能力。

（三）备课的基本要求

(1) 学习课程标准。要逐字逐句领会精神，理解课程标准中基本理念、目标内容、实施建议等。它们为课堂教学指明了方向。

(2) 钻研教材。小学数学教材是按照课程标准编写的，是进行教学的主要依据。要上好课，先要钻研教材，熟悉教材，掌握教材。钻研教材一般要达到如下要求：

在了解全套教材的前提下，深入钻研自己所教的那册教材。了解该册教材在全套教材中的地位、作用和教学要求，以及各个单元的教学目标和课时分配。

对于所教的一册教材，还要掌握各个单元之间的前后联系，注意教材的系统性和阶段性。防止前后脱节或不必要的重复，避免超越或降低阶段要求。

(3) 了解学生。了解学生原有的数学基础、学习兴趣、学习态度、学习习惯等情况。了解学生可从多方面进行，如请教原任教师、查阅成绩册、分析试卷、找学生谈话以及平时检查作业、复习提问、个别辅导都是有效的途径。必要时还可以采用摸底测验的方法。

(4) 选择教法。教学方法的选择没有固定的模式，要根据具体的目标、内容及教师、学生的实际情况而定。一堂课往往不会只采用一种教学方法，而是多种方法结合使用。

（四）制订教学计划

备课的全过程主要有三方面工作：

1. 制订学期教学计划

学期教学计划是一个学期的总备课，要在开学前订好。有了周密的学期教学计划，编写每一堂课的教案才有依据。

[①] 张彦春.数学教学设计与数学备课之差异[J].教学月刊(中学版),2010(8):9-11.

学期教学计划一般包括下面一些内容:

(1) 提出全学期总的目的要求。

(2) 对学生情况做简要分析,包括上学期学习成绩,好、中、差不同程度学生掌握知识的状况、学习态度、学习方法、习惯及作业情况等。

(3) 提出提高教学质量的措施。可以从钻研教材、认真备课、改进教法、加强辅导、开展课外活动、发展兴趣爱好等方面考虑。措施要切实可行。

(4) 确定本学期的研究课题(包括观摩课)。

(5) 安排本学期的教学进度(包括各单元或各节的课时分配,阶段复习和测验时间安排等)。教学进度的格式大致如表 6.1 所示:

表 6.1　小学数学学期教学进度表示例

_____学年第_____学期小学数学教学进度表
_____年级_____班　　执教教师_____

周次	教学内容及活动	课时数	执行情况	备注

2. 制订单元教学计划

制订单元教学计划时,应对本单元的教材内容和教学要求做全面考虑,具体划分课时,并且确定各课时的教学要求、课的类型和主要教具。

单元教学计划一般包括以下内容:

(1) 本单元的教学要求。

(2) 教材的重点、难点和关键。

(3) 完成教学任务的主要途径(包括使用教具、现代化教学手段等)。

(4) 划分课时,确定每节课的主要内容和要求、配备的例题和习题。

(5) 安排必要的复习课,使学生弄清单元知识的内在联系,并为后续内容的教学做好铺垫。

3. 制订课时教学计划

制订课时计划也称写教案,这是备课的最后一步,也是最关键的一步。

课时计划是进行课堂教学的依据,也是检查是否完成教学任务的主要依据和总结教学经验的宝贵资料。课时计划的好坏直接影响教学的效果。

写课时计划要详略得当,讲求实效,新教师要写详细些,有经验的教师可以简略一些。

课时计划应提前几天写好,上课前一天要根据前一节课的教学情况,进行必要的修改和补充,并且检查各项准备工作。

课时教学计划一般包括以下一些内容:

(1) 教学内容或课题。

(2) 教学目标。包括学生获得"四基",发展哪些能力,以及情感态度教育等。目标要有利于核心素养发展,力求明确、具体,便于检测。

(3) 教具、学具以及现代化教学手段的准备。要写清教师使用的教具或现代化教学手段,学生应准备的学具。学生要用的学具,应该提前布置学生准备。

(4) 拟订教学过程。这是课时教学计划的核心部分。教学过程要根据教学目标、教学内容和学生实际而定,没有统一的格式。

二、小学数学的说课

(一) 说课的概念

说课,一般是指教师以教育教学理论为指导,在精心备课的基础上,面对同行、领导或其他教学研究人员,针对具体课题,采用口头表述的方法,讲述自己的教学设计及其理论依据,然后由听者评析,达到相互交流、共同提高的目的。通俗地说,说课就是要说清某一课题教什么,怎样教,以及为什么这样教。

(二) 说课的意义

一是促进教研活动的开展。说课是教研活动深入开展的一种形式,反过来它又会对教研活动产生强大的推动力。说课比观摩课灵便和节约时间,较好地体现教学理论研究和教学实践的密切结合。

二是促进教师队伍的建设。教师参与说课活动,既要当说课者,又要当听课者。一方面,为了说好课,教师势必要学习更多的数学知识和现代教育理论。另一方面,教师听说课必然会从别人的说课中吸取营养,丰富教学经验,提高教学理论水平,从而提升教师素养。

三是促进教学质量的提高。说课活动的开展,营造了良好的教学研究氛围,提高了教师钻研教材的自觉性,为教学质量的提高创造了条件。

四是促进师范生的专业成长。师范院校是培养未来小学教师的摇篮,说课融教育学、心理学、课程教学论等教育理论于一"体",集普通话、粉笔字、简笔画、教具学具等多项教学基本功于一"身",兼备课、试教、上课、评价等多种教学步骤于一"环",提高了师范生的教育教学能力,缩短了他们与合格小学教师的距离,促进了师范生的专业成长。

(三) 说课的类型

说课的类型很多,根据不同的标准有不同的分类方法。

(1) 按表述的时间分,可以分为课前说课和课后说课

① 课前说课。课前说课是指教师在认真研究教材、分析教学资源、初步完成教学设计基础上的一种说课形式,是教师对自己的教学行为做出理性解释的一种方式,是教师备课后的一种教学预演活动。

② 课后说课。课后说课是指教师在上课后阐述自己教学得失的一种说课形式,是一种集体反思与研讨活动。

(2) 按用途来分,可以分为评比型说课、专题型说课和示范型说课

① 评比型说课。为了教学评比和业务考核的需要,考虑到时间和人员的影响,教育

管理部门常采取说课的形式对有关教师进行考核。评比型说课作为教师教学业务评比的一个项目,能反映教师运用教育教学理论的能力、理解课程标准和教材的水平、教学环节设计的科学性和合理性等。

② 专题型说课。专题型说课是以数学教学中的某些重点、难点或热点问题为主题,引导教师进行一段时间实践与探索,在此基础上,用说课的方式汇报其研究成果的一种教育教学研究活动。

③ 示范型说课。示范型说课一般由优秀教师(如教学能手、学科带头人或特级教师)做出,然后组织听课教师评议。

(四)说课与备课、上课的关系

说课与备课都是课堂教学的准备工作,都是为上课服务的,它们的不同点是:

① 说课是集体备课的一种重要形式,是有目的、有计划、有组织、有准备的教研活动。备课是教师上课前的准备,是教学工作的一个环节。

② 说课主要是面向教师,其目的是指导备课,提高备课、上课水平。备课、上课是面向学生的,主要目的是促进教师搞好教学设计,优化教学过程,提高课堂教学效益。

③ 说课是教师集体进行的备课活动。说课时要使用明确的外部语言,简洁、清晰、合乎逻辑地叙述备课的思维过程。备课是教师个体进行的活动,使用的是隐性的、内部的及书面的语言。

④ 说课与备课、上课要求不同。上课主要解决教什么、怎样教的问题,说课则不仅解决教什么、怎样教的问题,而且要说出"为什么这样教"的道理,说课使得教师的隐形思维变成显性。

⑤ 说课不受时间和空间的限制,便于操作,是全面考核、检验教师教学水平的一种很好形式。

(五)说课的内容

说课的内容一般包括说教材、说教学方法、说教学过程、说板书设计四个方面。

1. 说教材

教材是教学的依据。说教材就是要说某一单元或一节课的教材的地位和作用;说教材的特点、编者意图和前后联系,以及教者对教材的组织;说教学目标和教学重点、难点的确定等。说教材要达到两个目的:一是确定学习内容的范围与深度,明确"教什么";二是揭示学习内容中各项知识、技能的相互关系,为设计教学过程奠定基础,知道"如何教"。主要包括教学内容(课题),教材简析,教学目标,教学重点、难点。

(1)教学内容(课题)

说出本节教学内容在什么版本第几册教材第几页,同时还要说明这段教学内容课时划分,你讲的是哪一课时。要求表述准确、明确。

(2)教材简析

根据课程标准的要求,分析本节教学内容在整个学科知识体系中的地位、作用、结构及前后联系,具体说明本节教学内容包括哪些知识点,教学内容是在哪些旧知识的基础上产生的,又为后面哪些知识做铺垫。即包括知识基础、内容结构、对后续知识的影响。

案例6.3 "三角形的面积计算"的教材简析

【教材】苏教版义务教育教科书《数学》五(上)第15-17页

《三角形的面积计算》是《多边形的面积计算》中的第二课时。它是在学生已经掌握了三角形的特征以及长方形、平行四边形面积的计算方法,以及初步认识图形的平移、旋转等知识的基础上进行教学的。通过这部分内容的教学,学生能掌握三角形面积的计算方法,能相对独立地探索并解决实际生活中与三角形面积计算相关的实际问题;同时加深学生对三角形与长方形、平行四边形之间内在联系的认识,也为学生进一步探索并掌握其他平面图形的面积计算方法打下基础。

本课内容编排的最大特点是加强了动手操作,让学生在动手实践中建立各种图形的内在联系,发现推导三角形面积公式的方法。让学生经历实际操作、建立猜想、归纳发现和抽象出公式的过程,培养推理能力。这样的编排能使学生理解三角形面积公式的来龙去脉,锻炼数学推理能力,从而感受数学方法的内在魅力。

(3) 教学目标

教学目标是教学活动的出发点和归宿,是优化课堂教学的保证。制定教学目标要以课程标准为指导,以教材为依据,以学生为基点。教学目标可分知识与技能、过程与方法、情感态度与价值观三个方面。设计教学目标主要解决两个问题:一是阐述目标确定的依据,二是要将目标细化。

案例6.4 "认识小数"第一课时教学目标

【教材】苏教版义务教育教科书《数学》三(下)第100-101页

① 结合具体情境,学生能初步认识小数的含义,会认、读一位小数,知道小数各部分的名称。

② 学生在经历小数意义的探索过程中,通过观察思考、比较分析、综合概括,提高思维能力。

③ 通过了解小数的产生和发展过程,学生能进一步体会数学与生活的密切联系,提高学习数学的兴趣。

(4) 教学重点、难点

重点对教材而言,是指教材中最基本、最重要的知识,一般而言,数学中的概念、公式、法则、方法是教学的重点。

难点是指接受起来比较困难的地方,如难理解、难辨认、难掌握的内容。一般而言,内容抽象、计算复杂,或知识发展的飞跃、认识的转折点等,这些形成了教学的难点。

说课中的重点与难点的说法与教案中的重点和难点的表述不同,前者应当强调它们是在怎样的背景下被确定的,点明突出重点、突破难点的方法。

案例6.5 "平均数"的教学重点、难点

【教材】人教版义务教育教科书《数学》四(下)第87-88页

① 教学重点:理解平均数的概念;掌握求平均数的基本方法。

② 教学难点:理解平均数的意义和特点,平均数与实际数的区别与联系。

2. 说教学方法

(1) 说教法

说教法就是根据教者对教材的理解,说明采用何种教学方法与教学手段及其理论依据。说教法是教师运用现代教学思想解决教学中的实际问题的体现。教学方法的选择要根据教材的特点、教学目的和要求以及学生的实际情况来确定。恰当的教学方法有助于激发学生的学习兴趣,最大限度地调动学生学习的积极性,提高课堂教学效率。它包括以下内容:教法的选择及其理论依据,教学手段设计及其理论依据。

(2) 说学法

说学法是指说出在教学中要教给学生什么样的学习方法,如何指导学生学习数学,对问题如何去分析、归纳、推理,怎样掌握数学的认知结构。说学法包括以下内容:学习方法指导及理论依据,学习手段的选择及理论依据。结合本节课所采用的教法,说出你将交给学生哪些学习方法和技能,培养学生哪些能力。最有价值的知识是有关方法的知识。学而得法才能学而有效。

> **案例6.6** "分类"的教学方法
>
> 【教材】人教版义务教育教科书《数学》一(下)第 27-28 页
>
> 一年级学生年龄小,经验少,但乐于接受新鲜事物,思维活跃,因此本节课在教法、学法上突出了以下特点:
>
> ① 联系实际,从生活中学。在我们的生活中,到处充满着数学。本节课要注重把数学知识与实际生活联系起来,为学生提供丰富的感性认识和生活经验,激发他们学习的兴趣。
>
> ② 参与合作,在交流中学。交流与合作是知识经济时代社会发展的需要。本节课要注重让学生通过小组合作、操作、讨论与交流来发现问题及解决问题,培养他们团结协作的优良品质。

3. 说教学过程

说教学过程,就是把备课中设计好的教学思路、课堂结构及板书设计等方面内容简明扼要地说出来,并且说明这样安排的理论依据。一般分为说教学过程(流程、阶段)和说教学结构的特点两种类型,在说课的实践中,可以偏重于过程,也可以偏重于结构,还可以将过程与结构结合起来说。

(1) 说教学流程

数学教学任务是通过精心设计的教学过程来完成的,从教学过程论角度来分析,说教学过程一般包括如下几个部分:① 教学总体思路和环节。按传统知识教学程序看,一般分为组织教学—复习旧知识—导入新课—新课讲授—知识应用—巩固小结—练习(布置作业)。如今,我们更加重视学生的全面发展,强调学生发展的三个阶段:设置问题情境——非智力因素(学会参与);引导信息加工——智力因素(学会学习);设计实践活动——能力与技能(学会迁移)。② 教学环节与方法、手段之间的联系。③ 教与学的双边活动安排。教师准备提哪些问题,这些问题能起什么作用;学生怎样参与,如何组织,学生可能会出现哪些问题;教师有什么应对措施,有哪些思维定势需要克服,采取哪些措施等。

在说师生的双边活动时,应根据需要说突出重点、突破难点的具体做法。④ 总结归纳,拓展延伸。

(2) 说教学结构

说教学结构不同于说教学过程,教学结构是教师对教学具体程序的归纳,构成若干板块,而教学过程是教学流程中的步骤。说教学结构可以防止对教学步骤做过细分析。

现代教学强调教与学的互动、情境创设与情感体验。教师在课堂教学中应设计出若干师生互动的板块,如创设情境,架设桥梁;探究新知、自主构建;回归生活实际、解决问题;布置作业,课外延伸。这是一种组合式板块状的说课表达。

说教学结构的具体要求:① 说清教学总体构思和各个教学板块;② 每个板块的表述要充分体现是什么、为什么、怎么样;要突出教与学的双边关系;③ 适度交代重点怎样突破,难点如何化解。

案例6.7 "认识几分之一"说教学过程

【教材】苏教版义务教育教科书《数学》三(下)第64－65页

鉴于本课内容所设定的教学目标及学生的认知特点和实际情况,预设如下三个部分展开教学:

(一) 创设情景,导入新知

分两个层次引导学生学习。

1. 教师组织学生说说所认识的分数,并进行板书:如 $\frac{1}{2}$, $\frac{3}{5}$ 等,然后教师出示一个苹果,把它平均分给2个同学,由学生说说每个同学分得这个苹果的几分之几。在交流的基础上,教师将苹果随意切成大小不等的两部分,由学生判定其中的一份是否为一个苹果的 $\frac{1}{2}$,从而感受和体会分数的含义,感受分数的关键是"平均分"。教师结合学生的分析,板书:"平均分"。

2. 教师再出示一个苹果,把它平均分给4个同学,由学生说说每个同学能分得这个苹果的几分之几?从而感受和体会 $\frac{1}{4}$ 的含义。

(设计理念:这两个层次的设计,主要是创设学生熟悉的生活情境,唤醒学生已知的把一个东西平均分成几份,用分数表示其中的一份这个旧知,为下面探究新知做知识铺垫,同时让学生感受数学来源于生活。)

(二) 探索交流,发展思维

考虑到教材中猴子分桃的故事情景,具有一定的虚构性,结合本课知识特点及学生的知识背景,我准备采用学生分苹果的现实情景,让学生在熟悉的情境中感悟、理解、体会分数的产生过程。这一部分分三个环节进行:

1. 教师出示一盘(4个)苹果,组织学生探索"如果把一盘苹果平均分给4个同学,每人分得这盘苹果的几分之几?"学生独立思考后教师组织交流,引导学生说说自己的想法,得出 $\frac{1}{4}$。

2. 教师再出示刚才的一盘(4个)苹果,组织学生探索"如果把一盘苹果平均分给2个同学,每人分得这盘苹果的几分之几?"学生小组讨论后教师组织反馈,针对学生可能出现的 $\frac{1}{2}$,$\frac{2}{4}$ 等信息,组织学生小组交流并全班反馈,引导学生说说自己的思考过程,同时研究:应该把这盘苹果平均分成几份?每人分得几份?几份中的几份?一份是几个?是这盘苹果的几分之几?在此基础上,组织学生比较 $\frac{1}{2}$ 与 $\frac{2}{4}$ 的关系,从而说明 $\frac{1}{2}$ 的简易性,认定和建构 $\frac{1}{2}$ 的含义。

3. 教师组织学生观察和思考分苹果的情况,发现用分数表示的规律,即:把一个或一些东西平均分成几份,其中一份都可以用几分之一来表示,都是这个整体的几分之一。

(设计理念:通过这样一个动手操作、合作交流的自主学习活动,引导学生在学中做、在做中悟,从而获取数学活动经验,初步体会到把一些东西平均分成几份,这样的一份也可以用几分之一来表示,从而加深了对几分之一的认识;并通过小组讨论、辨析,培养了学生的抽象思维能力,为主动建构分数的意义做好了孕伏。)

(三) 实践应用,深化提高

安排三个层次的练习,通过层层深入,帮助学生进一步掌握本课知识,形成技能,让学生感受解决问题的乐趣,体会数学与生活的联系。

1. 基本练习

安排如书本"想想做做"第1、2、3这样的练习,使学生经历从实物组成的整体到几何体组成的整体,再到用图或实物表达自己认识的几分之一的过程,从而认定1个物体是整体的几分之一,若干个物体也是整体的几分之一,加深对几分之一的认识。

2. 综合练习

安排小组拿棋的实践活动,第一步先组织学生小组中拿棋(各组数量不等),由学生平均分,找出其中的 $\frac{1}{2}$。交流讨论其中一份的个数,并组织学生针对不同意见进行讨论,思考"为什么同是 $\frac{1}{2}$ 所对应的个数会有不同?"

第二步引导学生找出 $\frac{1}{3}$,比较研究每份的数量差别。让学生在具体的操作情境中,巩固对几分之一的理解。

(设计理念:这个设计让学生通过动手实践、合作学习,让学生运用已经学过的知识来解决实际问题,进一步巩固、加深对几分之一的认识,体会解决问题的乐趣。)

3. 开放练习

安排两个游戏,第一个游戏是学生排队,其中女同学人数是总人数的 $\frac{1}{3}$:第一步,教师先引导学生小组交流、思考,寻求解决方案;第二步,组织反馈,请3名女生排队,由女生邀请男生排队;第三步,组织9名学生排队,引导学生观察、思考,当1个学生下去时下去了 $\frac{1}{(\quad)}$,2个学生下去时下去了 $\frac{(\quad)}{(\quad)}$ 等。

第二个游戏是组织学生独立拿一堆(12根)小棒的几分之一,并全班进行反馈交流。在开放的情景中使学生进一步认识几分之一。

(设计理念:目的是全面巩固本课知识,在合作学习中体会解决实际问题的乐趣,激发学生的创新思维,使学生感受数学与生活的联系,体会数学的价值。)

4. 说板书设计

说明如何设计板书(如提纲式、归纳式、结构式等),为什么要这样设计(如条理清楚、突出重点、便于理解与记忆等)。

> 链接6.6 教师的教学智慧

思考与练习6.4

1. 备课有哪些基本要求?
2. 选择一节课内容,写一篇课时教学计划。
3. 说课一般包括哪些内容?
4. 选择一节课内容,写一篇说课稿。

参考文献

[1] 盛群力.现代教学设计论(修订版)[M].杭州:浙江教育出版社,2010.

[2] 吴晓红.小学数学教学设计[M].北京:北京师范大学出版社,2022.

[3] 沃建中.小学数学教学心理学[M].北京:北京教育出版社,2000.

[4] 涂荣豹.数学教学设计原理的构建——教学生学会思考[M].北京:科学出版社,2018.

[5] 孙雪梅,朱维宗,吴波,等.数学教学设计[M].哈尔滨:哈尔滨工业大学出版社,2019.

第七章 小学数学教学实施

📘 内容提要

本章包括三部分内容。一是简述小学数学教学实施的内涵、主要原则及策略;二是阐述小学数学教学实施中的课堂教学语言、教师的讲述与提问、练习作业三个重要环节;三是分析小学数学教学实施过程中应注意的问题,包括营造课堂教学氛围、强调学生的核心素养、重视学生的主体地位等。

🔒 思维导图

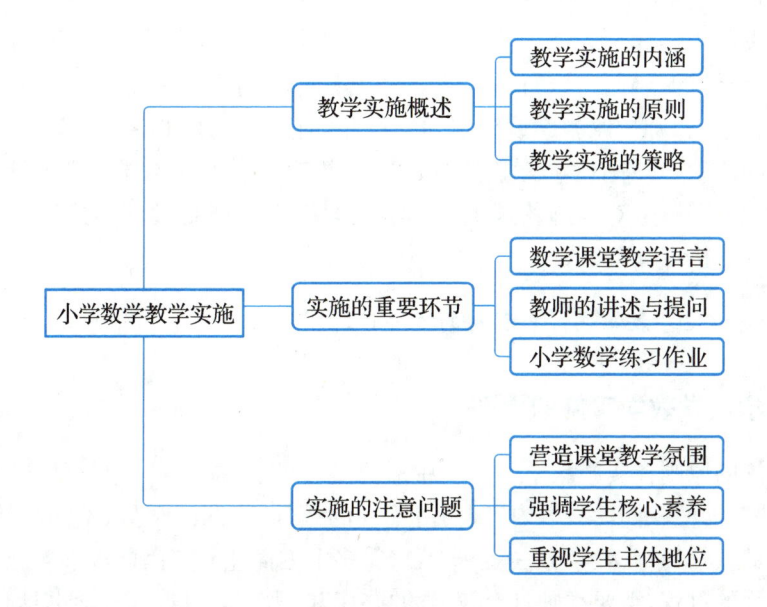

```
                            ┌── 教学实施的内涵
              ┌─ 教学实施概述 ─┼── 教学实施的原则
              │              └── 教学实施的策略
              │
              │              ┌── 数学课堂教学语言
小学数学教学实施 ─┼─ 实施的重要环节 ┼── 教师的讲述与提问
              │              └── 小学数学练习作业
              │
              │              ┌── 营造课堂教学氛围
              └─ 实施的注意问题 ┼── 强调学生核心素养
                             └── 重视学生主体地位
```

📖 学习要求

1. 了解小学数学教学实施的内涵、原则及策略。
2. 理解小学数学课堂教学语言的特征与要求,并能进行适当的实践训练。
3. 了解小学数学教师讲述与提问的内涵与价值,并能举例说明。
4. 理解小学数学练习作业的价值与意义,掌握练习作业设计的基本方法。
5. 了解小学数学教学实施应注意的主要问题及原因。

第一节　小学数学教学实施概述

教学实施是实现课程目标的关键环节,教育的方针与政策、课程的方案与标准、教学的设计与规划均要通过教学实施去践行,良好的教学实施是实现教育目标的保证。

一、小学数学教学实施的内涵

顾名思义,教学实施就是教师依据教学设计进行教学实践,实现教学目标的过程。从不同层面看,教学实施的内涵也有所不同。从宏观层面看,在课程方案与课程标准的规约下,课程的实践过程就是教学实施,包括教学设计、课堂教学、课后反思等所有基本环节。从中观层面看,教学实施是对教学设计进行实践与落实的过程,是把教学的"蓝图"付诸实践的过程。从微观层面看,教学实施主要指课堂教学的实践过程,包括课堂导入、课堂新授、课堂练习、课堂小结等具体环节。

考虑本书的内容体系,本章主要从中观层面上把教学实施看作教学设计的实践与落实,指在教学设计的基础上,践行教学的过程。因此,小学数学教学实施是指在一定的教学环境和条件下,教师按照教学设计规划的目标、内容、活动、步骤等环节,将教学设计转化为教与学的活动,开展小学数学教学的过程。也就是说,小学数学教学设计是实施的计划,是教学的"蓝图",是对实施的规范。小学数学教学实施是设计的操作,是教学的"施工",是对设计的执行和验证。

> 链接7.1　教学设计与实施的差异性与同一性

二、小学数学教学实施的原则

教学实施的原则指实施教学的过程中需要遵守的基本准则。数学教学"教学有法",但"教无定法",即使相同的教学内容,面对不同的教师、不同的学生、不同的教学环境,也会产生不同的教学目标、教学方法、教学策略等多个方面差异。因此教学实施的过程是一个流变性很强的过程,需要教师具有较强的"临床"能力。同时数学教学也具有科学性,在教学实施过程中要遵循与参照一定的原则。如早在1988年有些学者、教师就曾撰文阐释了"课堂教学的十条实施原则":

原则一:依据课本,超出课本。教师讲课要以课程标准和教材为"本",但不能"照本宣科",要对课本进行加工提炼、化难为易、化繁为简、加深加广,要挖掘课本背后的意涵。

原则二:疑始疑终。教学过程应是解决矛盾的过程,教学由矛盾始,到矛盾终,如此不断循环往复、螺旋式地向前发展。

原则三:要有适当的难度和密度。教学就是把学生的"最近发展区"转化为"现有水平"的过程。教师要充分估计学生的接受能力与情感因素,设计适当的教学容量。

原则四:教学要博而精。教学要注意广征博引,拓宽学生视野,形成厚实的基础,让学生学深学透。

原则五：浅者深入，深者浅出。浅显的内容，教师要透过知识的表面，深入地开掘。深奥的内容，教师就要将难点分解，用通俗易懂的语言，深入浅出地使学生掌握。

原则六：具体问题抽象化，抽象问题具体化。对具体的内容要加以综合、归纳、概括，上升为抽象的概念，对抽象的问题，要加以分析、解剖、比较、举例、演示、实验，具体化为学生容易感知的事物。

原则七：温故知新。复习是课堂教学的一个重要步骤，教师要认真准备复习提问的问题，注意在复习过程中引入新的内容，使温故与知新水乳交融、分不出界限。

原则八：让学生参与知识形成的过程。教师要让学生参与知识的形成、制作过程，亲自尝试思维的飞跃。教师的讲授要注意引导学生分析、对比、推理、判断的思维过程。

原则九：基本知识必须化为熟练技巧。教学中必须把最基本的概念、定理、法则从不同的角度反复讲解、练习，直至达到熟练，成为构成学生智力的基因，出现认识的飞跃。

原则十：教学过程始于课内，终于课外。课堂教学是整个教学过程的一个重要部分，但非全部。教师课外还要通过批改作业、个别辅导、师生交谈等工作完善教学任务。[①]

上述原则虽然是三十多年前针对中小学的一般课堂教学来说的，且具有明显的经验性特征，但对当下的小学数学教学实施仍具有切实的指导意义与价值。也有学者提出数学教学实施要遵循科学性原则、主导主体性原则、因材施教原则、启发性原则、思维性原则、机会性原则等。[②] 具体地，对小学数学教学实施来说，要注意以下实施原则。

（一）目标性原则

小学数学教学实施的过程就是以数学育人的过程，以立德树人为根本任务，具有较强的目标性，在此活动过程中要始终以数学课程目标为导向，指向学生的认知、技能、情意、素养，展开教与学的实施活动。为了达到教学目标，教师以特定的小学数学教学内容为载体，采用合适的小学数学教学方法，运用有效的小学数学学习评价方式，有目的地促进学生学习、成长与发展。

（二）科学性原则

小学数学教学实施的科学性主要体现在小学数学的科学性及小学生心理的规律性两个层面。虽然小学数学概念、命题的呈现方式多数是描述性的教育形态，性质命题之间也不需要严格的逻辑证明，但必须符合其背后的数学学科逻辑。数学是一个公理化的逻辑体系，强调知识的逻辑关联。学生的思维、发展与成长都是具有阶段性、规律性的，教学的展开必须符合学生的学习轨迹，符合学生的思维发展规律，否则教学是低效，甚至是无效的。因此，教学的实施必须符合数学的学科逻辑与学生的学习逻辑，要遵循科学性原则。

（三）创造性原则

小学数学教学实施作为教学设计方案的实践过程，虽然有较强的预设性，但其实施过

[①] 上海市复兴中学.课堂教学十条实施原则[J].上海教育科研,1988(1):51-52.
[②] 张晓贵.数学教学设计与实施[M].合肥:中国科学技术大学出版社,2022:156.

程不是一成不变的。教师面对几十个活泼的儿童,进行小学数学学习的互动交流、合作探究与协商分享等活动,这是一个"人—人"系统的动态过程。教师在教学实施过程中需要注意学生的个性特点、学习表现、课堂情绪等各个方面,不仅要能根据学生的学习情况,实施预定的教学设计方案,也需要及时地调整教学设计方案,以更好地适应学生的学习。即使是同一个教学设计,同一个教学内容,同一个数学问题,面对不同的班级与学生,优秀的教师会有不同的教学,正如有人所指出的"每上一堂课就是一次创造"。

(四) 艺术性原则

小学数学学习的过程是一个"热认知"的过程,具身环境及情感态度等因素均影响着学生的数学学习过程与效果,对小学生来说,这一影响更大。小学数学教学实施的过程也是一个有"温度"的过程,需要教师具有一些艺术的形象与表达。有研究表明,小学生认为适合他们的数学教师,除了应是一名生动、清楚、详细的讲解者外,他们还认为数学教师应是一个幽默的人、和蔼可亲的人、负责任的人。[1] 良好的职业道德与人格魅力是学生对教师素质的首要需求。[2] 教师教学过程中的艺术性表达与形象是学生对教师的一个跨地域、跨文化、跨时空的要求。

(五) 适合性原则

小学数学教学实施必须适合学生的学习与发展。尊重学生的身心发展规律,为每个学生提供适合的教学是教育改革与发展的一个基本愿景。"适合学生的教育"是一个既有现实紧迫性,又将对未来教育发展产生深远影响的议题。[3] "适合学生的教学"是我国"因材施教"教育思想的现代发展,是基础教育追求优质与特色的基本要求,是现代全民教育理念、教育公平理念、和谐发展理念的具体体现。[4] 调查发现小学生认为适合他们的数学教学,"教学内容的难度、容量要适中,要具有一定的挑战性,要含有趣味性、脉络化的数学知识;教学方式主要体现合作、探究、活动、愉快、生动、交流、讨论等关键词"。"小学生认同布置难度与数量适中的数学作业,且希望作业分层布置等。"[5]由此可见,适合性原则应是教学实施的一条基本原则,指向未来的教育教学需要更强的适合性。

三、小学数学教学实施的策略

小学数学教学实施是一个复杂的实践过程,为保证实施的有效性,教师需要采取一定的教学实施策略。如有学者从心理学的视角,提出了教学实施的先行组织者策略与概念(含规则)教学策略,其中后者又包括以下三条策略:概念同化与概念形成相互渗透的教学策略、概念获得的选择策略和接受策略、"形义"结合加强概念理解的教学策略。[6] 教学实

---

[1] 徐建星. 适合小学生的数学教学——基于学习者的视角[J]. 教育探索,2016(11):21—26.
[2] 李琼. 学生心目中的教师形象:一个跨文化的比较[J]. 比较教育研究,2007(11):18—22.
[3] 柳斌. 改造我们的教育[J]. 中国教育学刊,2010(6):卷首语.
[4] 刘要悟,邹慧明. 适合学生的教学:要义、理念和面临的困境[J]. 当代教育与文化,2014(7):44—49.
[5] 徐建星. 适合小学生的数学教学——基于学习者的视角[J]. 教育探索,2016(11):21—26.
[6] 张大均. 论教学实施与监控的基本策略[J]. 西南师范大学学报(哲学社会科学版),1999(2):65—69.

施策略的选择既要符合学生的心理特征与现实基础,考虑教学目标、教学内容的要求,又要考虑在特定教学条件下的必要性和可行性。

(一) 系统策略

小学数学教学实施的系统策略指教师在实施教学的过程中要综合考虑教学实施的各个环节及影响因素,有机协调与匹配,充分发挥教学要素的整体功能。小学数学教学是由多种要素构成的复杂系统,如动态要素有教师、学生及心理环境,静态要素有教学手段与物理环境;人的要素有教师、学生、教学管理者及家长,物的要素有校园班级环境、教学媒体、教学素材等,这些都是影响和制约教学实施效果的关键因素,教学实施中的知识传授、能力培养、素养形成、兴趣激发、情绪调节等目标与内容也是相互联系、相互影响的。因此教师采用系统策略,综合考虑教学实施的过程是必要的。

(二) 辩证策略

小学数学教学实施的辩证策略指教师要辩证统一地考虑教学实施的各个要素,以学生的学习与发展为核心,保证教学的有效实施。教师在教学实施过程中要采用辩证策略是由教学的辩证性决定的,如数学知识体系是形式严谨的,但小学数学多是现实描述的。每一种教学方法均有长处与不足,讲授法有利于系统知识的传授,但存在被动灌输的不足;探究法有利于培养学生的发现创新能力,但存在知识的系统性不足、课堂不易控制等问题。总的来说,既然教学是科学与艺术的辩证统一,教学实施也需要采取相应的策略。

(三) 动态策略

小学数学教学实施的动态策略指教师根据教学设计准备实施教学时,遇到有价值的教学机遇,要适时地进行教学生成,灵动地进行教学实施,以有效地提高教学的创造性。数学教学是预设与生成的统一,由于小学生的灵活多变、想象丰富等特点,这一点在小学数学教学实施中体现得更加明显。虽然教师的教学设计与备课已对教学进行了规划、假设、安排,可按计划有序地展开,但教学不是文本的宣讲,而是知识形成的参与与体验,每个师生都有其个性化的知识经验、认知风格,在教与学的过程中有教师和学生现场的切实体验、感悟、领悟、思考与创新,必然导致教与学的生成。当下及未来的教学提倡生成性,指向学生核心素养的教学也强调生成性教学,但教学的预设也是必要的,凡事预则立,不预则废。因此,教学实施过程中教师要采取动态策略,处理好预设与生成的关系。

(四) 优化策略

小学数学教学实施的优化策略指教师对教学实施的环节与影响要素进行优化组织,以实现教学实施效果的最大化,提高教学的效益。苏联巴班斯基提出了教学过程最优化理论,20世纪70年代末传入我国,巴班斯基指出"教育教学过程的最优化,就是指教师有目的地选定一种建立教学过程的最佳方案,使其能保证在规定时间内解决教养和教育学生的任务,并取得尽可能最大的效果。"其中"最优化"指的是"根据一定的标准衡量对当时条件来说是最佳的"①。在这一过程中要综合考虑教与学的多个要素,"教学过程最优化是在全面考虑教学规律、原则、现代教学的形式和方法、该教学系统的特征以及内外部条件的基础上,为了使过程从既定标准看来发挥最有效的(即最优的)作用而组织的控制。"这对当下的小学数学教学仍具有重要的、积极的指导意义与价值,小学数学教学实施要通过对教与学的课程目标、教学内容、教学方法、教育条件、心理规律等多层面的综合思考,进行优化组合,进而获得最大的教学效益。

> 链接7.2 指向核心素养的小学数学单元整体教学的实施策略

思考与练习7.1
1. 试分析数学教学设计与教学实施的异同。
2. 试分析小学数学教学实施的原则,选择某条具体原则进行教学案例的分析。
3. 试分析小学数学教学实施的策略,选择某条具体策略进行教学案例的分析。

第二节 小学数学教学实施的重要环节

教学实施是指把教学设计方案进行实践的过程,在此过程中需要数学教学语言的表达、教师的讲述与提问,需要布置、批改作业练习等微观层面的操作与实践。

一、小学数学课堂教学语言

教师的职业特点,要求具有相对出色的语言能力,能够完美地传达教学内容,有效地开展师生之间的互动,循循善诱地将学生引入教学情境之中,让学生感受到学习的乐趣。学生对教师的认同感,最初往往是从教师语言的吸引力开始的。

苏霍姆林斯基说过:"教师的语言素养,在极大程度上决定着学生在课堂上脑力劳动的效率。"数学的特点与小学生的心理特征决定了数学课堂教学语言要符合以下基本要求。

(一) 规范性

教师的语言必须具有规范性,以期产生语言的正面示范效应。教师的语言规范性主要包括两个方面的含义:第一,教师必须用国家宪法规定的"全国通用的普通话";第二,教师的语言在遣词、造句方面不要有错误,尽量避免用词不当、语句不通、语法混乱等问题。

(二) 科学性

教师语言所表达的内容必须符合科学性要求,做到准确无误,符合逻辑,不向学生传播错误、含糊、混乱的信息。

1. 语言要准确

数学语言是用来表达现实世界中数量关系和空间形式的特殊语言,它和日常语言有

---

① [苏]巴班斯基.教学过程优化——一般教学论方面[M].张定璋,等译.北京:人民教育出版社,2007:2,55.

着广泛的联系,但又不同于日常语言。因此,数学教学语言的表述,科学性、准确性是第一位的。数学知识的严谨性要求教师的语言必须准确,用词确切,叙述严密,避免产生歧义和误解。在准确的基础上力求精练,使教学信息体现简约性的特点。

如,小数的基本性质中"小数的末尾添上或者去掉零,小数的大小不变",此处要用"添上"和"去掉"零,而不能用"加上"或者"减去"零。

在进行退位减法运算时,常听到学生讲,"不够减,借一作十",而正确的说法是"退一作十"。此处的"借"是生活中的自然语言,而"退"才是数学语言。教师应给以指导。

又如,"增加2倍"与"扩大2倍"意义不同;"轴对称"与"对称轴"所指各异;"6、9两个数的倒数和"与"6、9两个数和的倒数"不可混为一谈。

至于,"都是""都不是""不都是","最少""至少",以及"且""与""或"等,作为数学术语,必须准确使用。

教学语言的似是而非、含混不清都将造成学生的概念混淆。如,"相邻两个数位之间的进率都是10",这里将数位与计数单位混淆了。正确的说法是"相邻两个数位的计数单位之间的进率都是10"。

又如,"分子和分母没有公约数的分数叫作最简分数",这里忽略了公约数1,造成了语言表述的漏洞。

2. 语言要有逻辑性

数学教学语言必须符合逻辑,要做到概念明确、判断恰当、推理合乎逻辑、论证有说服力。

例如,讲解轴对称图形,教师通过实物演示,告诉学生说,"我们沿着这条直线将图形对折,两边的图形完全重合,我们就说这个图形是关于这条直线的轴对称图形"。演示另一图形时说,"我们沿着这条直线对折,两边的图形不能完全重合,所以它不是轴对称图形"。

显然,后一说法违反了充足理由律,出现了逻辑错误。只有当这个图形无论沿哪一条直线对折,两边都不能完全重合,才可以说"这个图形不是轴对称图形"。

(三) 启发性

我国古代教育家孔子最早提出"不愤不启,不悱不发。举一隅不以三隅反,则不复也。"意思是只有通过学生积极思维和自觉学习,才能对知识融会贯通,举一反三,教学才能达到预期的效果。这就主张教师通过启发式教学,开发学生的智力,增强学生的自学能力、理解和应用知识的能力。因此,教师要善于用启发性语言调动学生学习的主动性、积极性,发展学生的智力,把学生引进一种力所能及的,促使他们获得成功的脑力劳动中去,最终达到预期的教学效果。

1. 语言要形象生动

数学概念一般比较抽象,教师的表述要以学生的可接受性为前提,在教学中,要根据学生的年龄和心理特点,处理好直观性与抽象性、通俗性与严谨性的关系,能够运用生动、形象的语言激发学生的学习兴趣,唤起学生的好奇心、想象力,架起感性认识和理性认识的桥梁,从而使抽象的知识形象化,深刻的道理通俗化,枯燥的内容趣味化,深入浅出,以语言的魅力促进学生的积极思维。

首先，教师的口头语言与图像语言相结合，可以使学生通过听觉与视觉的综合运用，有效地接受信息。例如，介绍公因数、公倍数概念时，口头语言辅之以集合图的图示，学生理解起来就比较容易。

其次，教师在讲解时可以运用具体生动的事例来帮助学生理解抽象的知识。例如，画出长方形顺时针旋转90度后的图形，学生感到困难。

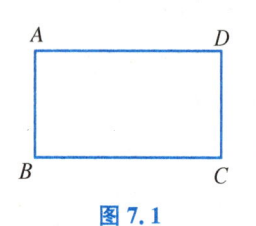

教师做了如下的引导：

如图7.1，现在我们把 B 点看成钟面上时针与分针的交叉点，经过 B 点的两条线段 AB 看成时针，BC 看成分针，我们要求顺时针旋转90度，时针 AB 从12转到哪？分针 BC 从3旋转到哪？

此外，教师运用恰当的修辞方法和适当的表情与手势，也可以增强语言的形象性。

图 7.1

2. 语言表达要适切

教学中，教师的语言讲授要把握好分寸，减少盲目性，不要绝对化。

如："要求平行四边形面积必须知道底和高"；"求一个小数的倒数，就必须先把它化成分数"；等等。

这些说法既不符合逻辑，也会造成学生思维的错误定势。

例如，图7.2中，三角形 ABE 的面积为24平方厘米，求平行四边形 $ABCD$ 的面积。显然这里求平行四边形的面积并不需要先求出底和高。

在教学中，教师设计如下一些问题供学生思考，可能会得到好的效果。

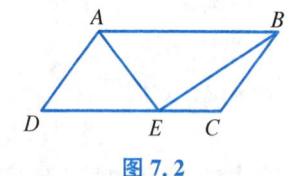

(1) 如果两个平行四边形等底等高，那么这两个平行四边形的面积具有什么关系？

(2) 如果两个平行四边形的面积相等，那么这两个平行四边形的底和高有什么关系？

图 7.2

(3) 如果两个平行四边形的底和高对应相等，它们的周长一定相等吗？

（四）趣味性

兴趣是最好的老师，孔子也曾指出："知之者不如好知者，好知者不如乐知者"，既然兴趣在学习中起到如此重要的作用，教师便应该正确地驾驭课堂教学语言，用生动、有趣的语言来弥补教学内容本身的单调枯燥，使学生能从教师的语言中获得愉悦和乐趣。

二、小学数学教师的讲述与提问

（一）讲述

讲述是指教师运用简明、生动的语言，叙述、解释、描绘教学内容的一种方式。讲述不等于注入式，更不是"满堂灌"。讲述要有启发性，教师从学生的知识基础、接受能力、学习方法等实际出发，通过讲述达到激发学生的兴趣，调动学生的学习积极性、主动性，引导学生展开思维,实现获取知识和技能的目的。

形象生动的讲述,可以化抽象为具象,变难懂为易懂。深入浅出的讲述,可以使学生深刻地理解知识。讲述要富有感染力,教学语言是师生双方传递信息和交流情感的载体,讲述不仅要晓之以理,也要动之以情。教师系统的讲述可以使学生既获得系统的数学知识,又学到分析推理的方法,教师的讲述要贯彻"少而精"和启发性原则。

1. 要讲清基本概念和规则

学生弄清了概念,才能正确地进行判断和推理;掌握了规则,才能熟练地计算和操作。

讲述概念,不仅要从具体到抽象,从个别到一般,讲清它的本质属性,还要讲清它与其他有关概念的联系与区别。如教学面积概念,既要讲清面积的意义和计量方法,同时也要与周长概念进行比较。

讲述规则(如四则运算的计算法则,面积、体积公式等),不但要介绍它的具体内容,还要帮助学生弄清它是怎样推导和总结出来的,使学生知其然,也知其所以然。

2. 要从学生的实际出发进行讲述

教师要充分了解学生,从实际出发,在学生原有知识或生活经验的基础上进行讲述。
下面是一位教师讲述"画平行线"的教学片段(如图7.3):
(学生自主尝试和交流之后)
师:下面由老师做示范,请大家看看可以怎样画。
师:先把三角板的一条直角边和这条直线吻合。(图2)
师:然后,我们给这块三角板配一条轨道,轨道建在哪里呢?(略作停顿,给学生想象空间)
建在它的另一条直角边上!(图3)
师:拿一把直尺贴上去,轨道就建成了。
师:现在我们可以沿着轨道开火车喽!(图4)

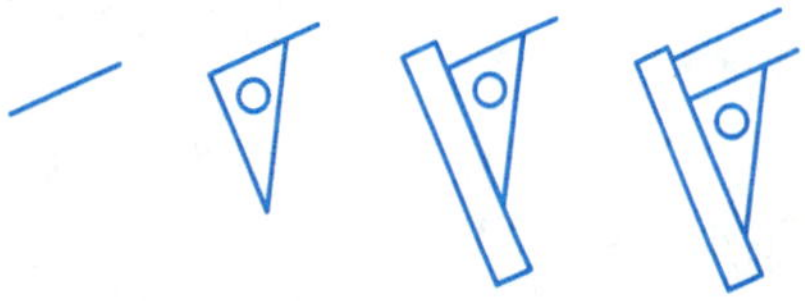

图1　图2　图3　图4

图 7.3　用直尺与三角板画平行线

教师按着直尺,把三角板上下滑动,然后停在某处,沿着三角板的一条直角边画出已知直线的平行线。教师的语言讲述辅以直观演示,更有利于学生理解和掌握。

3. 讲述要有适度的师生互动

要启发学生积极思维,引导学生独立思考,发现和提出问题,分析和解决问题。讲述的目的不只是使学生学会,还应该教会学生学习的方法,使学生会学。讲述技能,不只是教师的口才问题,它涵盖了教师的专业知识、语言功底、文化修养和教育思想。

(二) 提问

按照布鲁姆的教育目标分类学,依据回答问题所需要的认知操作,可以将提问分为六种类型。①事实型问题:是什么?什么时候?怎么样?等;②理解型问题:深入思考并用自己的语言清楚表述;③应用型问题:知识应用到新的领域;④分析型问题:运用多种材料验证观点;⑤综合型问题:整合已有知识解决问题;⑥评价型问题:有理有据地做出判断,并清楚解释。其中,前三种属于低认知水平的提问,后三种属于高认知水平的提问。

善教者必善问。课堂提问是教学活动的常见形式,提问可以提高学生的注意力,启发学生积极思维,有助于反馈教学信息,了解和掌握学生的学习情况,发现问题及时纠正。提问要做到以下几点:

1. 问题要围绕教学目标

例1 圆面积计算

先引导学生动手操作,将两个半圆分成若干个相等的小扇形,然后剪开,重新拼合,拼成一个近似的长方形。如图7.4,此时教师设计了两个问题。

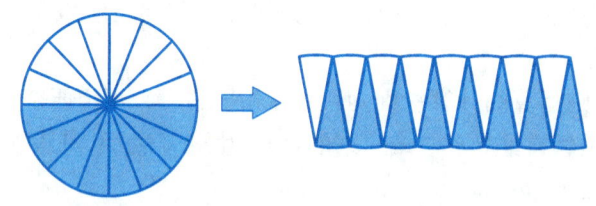

图7.4

第一问:"请大家认真观察,拼成的近似长方形与原来的图形有哪些联系?"学生观察思考发现后做出回答。

第二问:"我们已经知道长方形面积的计算,根据上面的发现,那么圆面积又该如何计算呢?"

紧扣教材内容,围绕教学目标,恰当设计问题,有利于引导学生主动探究,激发学生思维。

例2 乘法的竖式计算

如右式,在 34×12 的竖式中,方框中的这一步表示的是:

A　1个34

B　2个34 的和

C　10个34 的和

D　12个34 的和

这一提问的意图在于帮助学生理解计算法则中的算理。

2. 提问要符合学生的认知水平

提问要根据儿童的认识规律,尽量做到从特殊到一般,从具体到抽象。这样,就容易被学生所理解,进而做出回答。

例3 异分母分数的大小比较

比较 $\frac{3}{4}$ 与 $\frac{5}{6}$ 的大小。

同样的问题,针对不同基础水平的学生,可以设计不同的问题进行提问。

A　怎样比较这两个分数的大小?请你带着问题想一想,然后在小组里说一说。这题与以前学习的分数比大小有什么不同?怎样用学过的通分知识来解决问题?

B　这题与以前学习的分数比大小有什么不同?你能用学过的分数知识解决吗?

C 你能想办法比较这两个分数的大小吗？把你的想法在小组里说一说。

3. 问题要有层次性

"善问者如攻坚木，先其易者，后其节目"。提问要由易到难，从简单到复杂，从单一封闭问题到多元开放问题。

例 4 三角形面积的教学

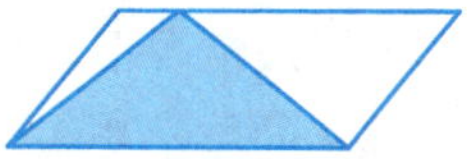

（1）看图求三角形面积（基本题）。（如图 7.5）

主要考查学生能否直接用公式求面积，包括能否有效选择底与高。

图 7.5

（2）已知三角形面积及底求高，已知三角形面积及高求底。（逆向题）

主要考查学生运用公式是否灵活，即不仅能正向运用公式，也能逆向运用。

（3）知识的综合运用。

① 已知三角形面积是 12 平方厘米，求平行四边形面积。

② 求一块三条边分别为 6、8、10 的直角三角形土地的面积。

（4）问题解决。

从一块长 3 米，宽 1.5 米的长方形红布上裁取底与高都是 3 分米的三角形小旗，可以裁多少面？

4. 提问要面向多数学生

课堂教学的对象是全体学生，要鼓励学生广泛地参与教学活动。设置问题要顾及大多数学生的认知水平和智力结构。如果提问对象过窄，只有少数学生在思考，多数人成为"局外人"，久而久之，一些学生就会产生"事不关己"的心理，成为教学的旁观者。提问要尽量使得人人都有机会。教师可根据具体情况，采用"让举手者回答""随机抽答""学生齐答"等不同方式。同一种问题可以对不同的学生提出不同的要求。比如，对学困生可以只要求他说出答案，对中等水平的学生可以要求他讲清思考过程，对于优秀学生则可以要求他论证自己的答案或者思考"还有没有其他解法"。

5. 反馈要及时有效

教师要对学生的回答做出及时评价，恰当有效的反馈评价也是影响学生学习兴趣，提高学习效果的重要因素。

教师在备课时，对问题的设计考虑比较周全，而提问后的反馈评价常不在考虑之列，表现为师生之间一种即兴的互动行为。提问后的应对处理可以因势利导，随机应变，因人而异。回答正确的予以肯定；回答错误的也要允许学生把话讲完，同时设计好纠错的办法适时介入。必要的学生相互评价和适当的追问也是反馈的有效策略。

教师实践中的一些成功做法可以借鉴：

● 延迟评价，适时等待。学生在老师提问时，兴奋点集中于期盼老师的点名，而把思考结果暂时遗忘，起立回答时会一时语塞或答偏答错。此时如能适时等待或相机点拨，会收到好的效果。

● 变换问题，启发思考。当学生对问题感到费解时，老师可以改变问题的形式和提法，使学生容易接受和理解。

- 发现错误，借题发挥。学生的错误回答，有时是一种宝贵的教学资源。教师要抓住机会，分析原因，正确引导，引起大家的重视。
- 捕捉亮点，智慧共享。学生回答问题时的新颖思路和别致想法，应该充分肯定，不失时机地进行拓展推广。

一般情况下，提问的反馈评价是不可预设的，需要教师的随机应变，这就要求教师具有扎实的数学功底、良好的语言素养和正确的教学理念。

三、小学数学的练习作业

练习是数学学习必要环节。练习具有促进理解、巩固知识、形成技能、培养习惯、发展能力的功能。为提高数学练习的有效性，必须了解练习设计的要求和练习设计的方法等。

（一）练习设计的要求

1. 目的性

设计练习时，必须明确练习所要达到的目的。

例如：一本练习簿 5.8 元，56 元最多可以买几本？

此题的练习目的有二：一是小数除法的计算，二是用去尾法取商的近似值的应用。

又如：下面的问题哪些与求体积或表面积有关？

(1) 水池里有多少吨水的问题。
(2) 制作一个盒子至少要用多少硬纸板的问题。
(3) 石头放入有水玻璃杯中，水面上升多少的问题。
(4) 游泳池贴瓷砖要多少块瓷砖的问题。
(5) 油漆大厅里长方体柱子要多少油漆的问题。
(6) 学校要砌一面墙，要多少块砖的问题。

此题的练习目的是帮助学生正确区分体积与表面积这两个概念。

2. 针对性

设计练习时，一是要针对学习内容的重点、难点和关键，二是要针对学生学习过程中易错、易混、易忘的知识点和技能环节。

例如：学习小数乘法的计算法则时，计算

| 12×13 | 1.2×13 | 12×1.3 |
| 0.12×1.3 | 0.012×0.13 | 1.2×0.013 |

这组练习，对于小数乘法中积的小数点定位，有很强的针对性。

3. 层次性

练习设计要由易到难、由简到繁、由基本到变式、由单一到综合，循序渐进合理安排。

以"圆柱的体积"的课堂练习为例：

(1) 圆柱的底面半径是 5 cm，高是 10 cm，求圆柱的体积。
(2) 圆柱的底面周长是 12.56 cm，高是 10 cm，求圆柱的体积。
(3) 圆柱的高为 10 cm，沿垂直于轴的方向切成两个圆柱，表面积增加 40 平方厘米，求原来的圆柱的体积。

（4）圆柱的高为 10 cm，沿一对平行的上下底面直径把圆柱切开，表面积增加 40 平方厘米，求原来的圆柱的体积。

以上四个练习，由易到难，层次分明。

4. 多样性

小学数学练习的多样性主要表现在两个方面：

一是题型多样。如计算题、填空题、选择题、应用题、画图题、实践操作题等。

二是方式多样。如书面练习、口头练习，个人练习、合作练习，即时练习、延时练习，课内练习、课外练习等。

5. 科学性

数学练习题的内容必须符合数学的概念、原理，不应出现知识性错误，条件与条件之间不应出现矛盾。

例如：求直角梯形的周长与面积（如图 7.6），单位：cm。

注意到直角梯形的上、下底之差与两腰应围成直角三角形，但是$(10-8)^2+3^2 \neq 5^2$。

题目的已知条件不相容，答案不存在。当编题者把注意力集中于公式或法则的运用上，忽视了事物的客观存在性，就会出现违背客观规律的错误。

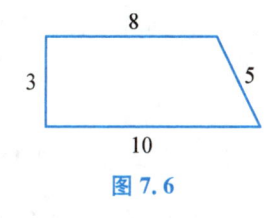

图 7.6

又如，在自然数中，奇数与偶数各占自然数的（　　）%。

学生往往想当然地回答"各占 50%"。但事实上，这道题目本身存在问题。因为以集合论的观点看，奇数集合、偶数集合与自然数集合之间可以建立一一对应关系。通俗地说，所有奇数或偶数与自然数一样"多"。这里，由于忽视了有限与无限的区别，把对有限集的认识，错误地引申到无限集。

鉴于小学生的特点，练习设计还应在保证科学性的前提下，尽量增强趣味性。根据因材施教的需要，设计多层面、有梯度的练习，体现选择性，适应差异教学的要求。

（二）练习设计的类型

小学数学练习按其不同的作用可分为以下几种：

1. 基本练习

小学数学中最基础的知识内容，如百以内加减法、表内乘法和相应的除法、基本应用题，简单图形的求积计算，计量单位的化聚和换算等，这些知识必须使学生熟练掌握，才能进一步学习其他数学知识。因此，这些练习要作为基本练习经常训练。这种练习虽然简单，但影响小学数学教学的全局。教师常把这类题制作成练习题卡片，安排在一堂课的基本训练阶段进行。

2. 单一性练习

它是围绕某一具体内容编排的练习。这种练习的主要作用在于巩固当前教学单元新授的知识。例如,叙述运算顺序的训练,小数除法中小数点的位置移动的训练,分数教学中单位"1"的辨认等。

3. 综合性练习

把新旧知识的运用安排在一起的练习。如教过除法应用题后,把乘除应用题综合在一起组织练习;教过计量单位"吨"以后,把吨、千克、克综合在一起练习。

综合性练习,利于新、旧知识的融会贯通、综合运用、灵活运用,发展学生的思维。

4. 对比性练习

对于容易混淆的知识,运用对比的方法而设计的一种练习。如让学生同时计算长方形的周长和面积,或者计算周长相等的长方形的不同面积,或者计算面积相等的长方形的不同周长,以防止学生混淆周长和面积这两个不同的概念。

5. 发展性练习

根据教学需要,从易到难、由浅入深安排的一种练习。如下列题组:

① 小芳三天看完一本小说,第一天看 20 页,第二天看 30 页,第三天看 50 页。这本小说一共多少页?

② 小芳三天看完一本小说,第一天看 20 页,第二天比第一天多看 10 页,第三天比第二天多看 20 页。这本小说一共多少页?

③ 小芳三天看完一本小说,第一天看 20 页,第二天比第一天多看 $\frac{1}{2}$,第三天看的是前两天的总和。这本小说一共多少页?

④ 小芳看一本小说,第一天看了全书的 $\frac{1}{5}$,第二天看了全书的 $\frac{3}{10}$,还剩下 50 页,这本小说一共多少页?

从基本应用题到复合应用题,再发展到分数应用题。把整数应用题和分数应用题串连起来,可以使学生清楚地看出应用题变化的来龙去脉,使知识系统化、条理化。

6. 变式练习

变式练习是指给学生呈现多种有变化的情境,如变换叙述方式,或变换条件的顺序,或变换练习的形式,使学生对知识和技能的理解掌握,逐步达到融会贯通,灵活运用。

如图 7.7,观察下面的三角形(阴影部分),把与其面积相等的图形涂上阴影。

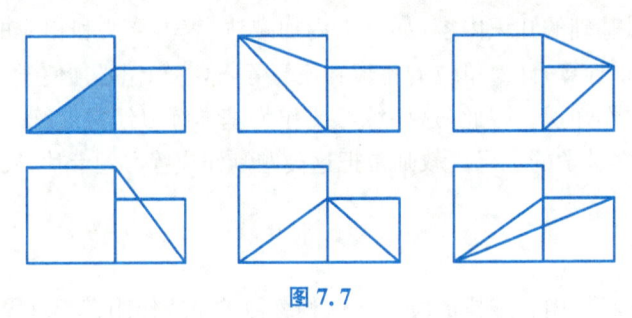

图 7.7

学生通过变式练习,对三角形面积的计算公式理解得会更加准确深刻。

(三) 练习设计的方法

进行小学数学的练习设计,首先要钻研教材,了解学生,同时要注意收集资料。在此基础上,可以采用以下的方法。

1. 筛选

根据需要,从习题资源里精心挑选,合理取舍,使练习题符合教学目标和学生实际水平。筛选后的题目,教师必须亲自"下水"做,以保证练习题的科学性和有效性。

2. 改编

小学数学的练习设计,比较常用的有以下几种改编形式:

(1) 扩缩改编

"扩"是指将比较简单的习题改变成稍复杂的练习题;"缩"则相反。"扩"是为了促进学习的迁移、深化;"缩"是为了启迪学生化繁为简。扩与缩是相对的,两者常常结合使用,扩缩改编在应用题的练习设计中比较常见。当然其他类型题目也可以扩缩改编。

例如,四则混合运算练习,由 96－21×3,经过扩与缩得到以下题组:

扩:32×3－21×3 (32－21)×3 96－21×3＋7

缩:96－21 21×3 96－63

这样的扩与缩练习不仅训练了学生的运算技能,而且能使学生通过练习看出它们之间的内在联系,对于简化运算也有明显的帮助。

(2) 可逆改编

交换已知条件和所求问题的位置,使学生的思考方向改变。思维的可逆性是数学思维的重要成分,可以通过适当的练习加以培养。

例如,老师买了 15 个溜溜球和 8 个魔方,溜溜球每个 10 元,魔方每个 12 元。一共用去多少元?

改编时,可以将总价作为已知条件,转而去求其中一个玩具的单价或数量。

例如,老师买了 15 个溜溜球和 8 个魔方,一共用去 246 元,溜溜球每个 10 元,魔方每个多少元?

(3) 情境改编

变换实际问题的情境内容,使学生透过不同的现实情境,抽象出相同的数学模型。如植树问题、敲钟问题、锯木料问题等虽情境内容各异,但是都反映节点与间隔的数量关系,属于同一个数学模型。

(4) 形式改编

主要是指根据练习的需要,选用适当的题型或答题方式,同样的内容可以设计为填空题、选择题,也可以设计为计算题、问答题等。

(5) 数据改编

数据改编可依据计算本身的特点,如计算法则、规律等,也可依据学生的个性特点,如易错、易混等情况。有时数据改编还可以考虑一些特殊数据的特殊教学效用。

例如,求棱长 6 厘米的正方体的体积和表面积。

两个答案的数值相等,单位不同。引导学生关注体积与表面积的区别。

3. 自编

练习设计需要推陈出新,别开生面,使学生能保持兴趣,活跃思维。

例如,填空练习:

① $38×99=38×(100-1)$,它的含义是把( )个 38 看作( )个 38 减去( )个 38。

② 体育课,小方听口令原地连续( )次"向右转",正好旋转了 360°,如果原地连续"向后转",那么,转( )次正好旋转 360°。

③ 爸爸给小明 63.5 元纸币,至少有( )张。

④ $a-b-c-d=a-($)。
$a÷b÷c÷d=a÷($)。

以上自编练习题,题材比较新颖,练习目的也很明确,既有对知识的灵活运用,也有数学思想的渗透,还体现与生活实际的密切联系。

(四)练习设计的调控

练习是数学学习的重要组成部分,数学基础知识的掌握,基本技能的习得,基本思想的形成,基本经验的积累都离不开练习。练习的质量直接影响着数学教学质量的高低。练习的"量"要适当,大量的机械重复的练习,既加重学生的负担,也会使学生生厌。练习的"度"要适切,符合学生实际的深度、广度和难度才能有效促进学生的学习和发展。

因此,在教学中,教师要想方设法设计好练习,引导学生掌握知识与技能,感悟思想与方法,积累活动经验,促进数学学习,提高数学素养。

(五)小学数学作业的处理

2021 年 7 月,中共中央办公厅、国务院办公厅印发了《关于进一步减轻义务教育阶段学生作业负担和校外培训负担的意见》,要求进一步加强、优化中小学的作业管理,切实减轻学生的课业负担,提高学生作业的质量与效果,中小学生作业的设计与布置等问题引起了人们进一步的关注与研讨。

1. 小学数学作业的方式

数学作业的方式要根据课堂教学的内容和目标而定。一般有课堂作业和课外作业两种。课堂作业通常在新知识教完后,用板演或书面的方式进行。教师要对学生的课内作业做出及时的反馈。教师之所以布置课外作业,是因为有些知识和技能的掌握仅仅依靠课内时间是不够的,还需要用课外的时间来巩固、拓展和延伸。课外作业一般有书面解一些式题、应用题或实习作业(如测量、制作几何模型、画统计图表、收集数据资料等),熟记某些重要的知识(如乘法口诀),也包括预习和复习整理。

2. 小学数学作业布置的一般要求

数学作业应在备课时就确定下来。根据教学内容和目的要求选择有针对性的作业题。为了减轻学生过重的课外负担，作业布置要防止数量过多，避免机械重复，力求难度适当。布置的作业大部分应能在课内完成。课外可以布置少量作业，一、二年级一般不布置纸质的书面作业，三、四年级一般不超过二十分钟，五、六年级一般不超过半小时。为了适应不同能力的学生，布置的作业要有"弹性"。如要求学习困难的学生做一些基本题，有余力的再做一两道稍有变化的题目；而对能力较强的学生，可以补充几道难度稍大的选做题。

布置作业时要向学生说明作业的目的要求和应注意的问题。课外作业要在学生理解和掌握了所学的内容以后才能布置，否则学生独立完成有困难，不仅加重学生负担，也影响学生的学习信心和作业积极性。

要强调和鼓励学生做作业时独立思考，防止抄袭或请求别人代做。有困难的学生，教师可以给予必要的指导或帮助。

3. 小学数学作业的批改

(1) 作业批改的意义

教师通过作业批改，能够及时了解学生掌握知识的情况和解决问题的能力水平，从而帮助学生纠正错误，弥补知识上的不足；形成正确的学习态度和认真对待作业的习惯。通过学生自批和互批作业，可以提高学生评价的能力。

(2) 作业批改的方式

根据不同的教学要求和不同类型的作业，一般有如下几种批改作业的方式：

当堂批改。作业当堂完成后，教师公布正确答案，或者学生交流各自的答案，各人分析研究错误的原因，课后随即订正，订正后再交教师批改。

课后批改。作业一般都在课后批改。

教师面批。对于个别学习困难的学生可采用面批的方式。边批改，边辅导。

学生互批。有些不太复杂的作业可以让学生互相批改，相互借鉴、评价。

(3) 作业批改的要求

对于课内没有订正过的作业和课外作业，教师课后要认真批改。发现作业中有错误，最好标出来，让学生自己研究错误的原因，并改正；必要时，教师可以找学生当面了解他是怎样思考和怎样计算的。对于普遍性的错误，要在课堂上讲评，引导学生订正。对于学生的作业有进步或有创见的，要给予鼓励。

对作业中的情况和问题，教师应有简要的记录，作为今后改进教学的参考。

> 链接 7.3　国内外关于作业设计的研究与启示

思考与练习 7.2

1. 数学课堂教学语言有哪些特征？
2. 练习设计的主要方法有哪些？
3. 如何提高小学数学作业的有效性？

第三节　小学数学教学实施的注意问题

小学数学教学实施除应遵守上述实施原则，采取一定的实施策略，注重相关的教学实施环节，还需注意以下问题。

一、注意营造积极的课堂教学氛围

良好和谐的课堂教学氛围是实现课堂教学目标的推动力。一般来说，和谐积极的课堂教学氛围有以下特征：课堂纪律良好，师生关系融洽，学生精神饱满，注意力集中，专心听讲，积极思维，发言踊跃，课堂呈现热烈活跃与祥和有序的气氛。

（一）教师要尊重和理解学生

营造积极的课堂教学氛围，让学生积极主动地投入数学学习中，前提是必须创设一个心理安全的课堂学习环境，这就要求教师的情感、态度、价值观必须围绕着"以学生为本"的理念来构建。要充分理解和尊重学生，理解和尊重学生在学习过程中的个性化特征，理解学生的差异、困难，在尊重和理解的基础上实施引导与帮助，因材施教。

在学生发言时，教师要认真倾听，特别是当学生的想法和教师不一致时，不要随意打断学生的发言，对于学生的理解错误要分析指正，对于学生的独特见解要给予重视和鼓励。师生之间的欣赏和悦纳有助于积极和谐的课堂教学氛围的形成。

（二）正确引导学生合作与竞争

在课堂学习过程中，同学之间良好的群体关系和积极和谐的情感体验，有助于学生感受到数学学习的乐趣。因此，教师要善于引导学生建立良好的群体关系。积极构建学生之间的友爱与合作的关系，在此基础上的自我超越和相互竞争，才具有积极的意义。

教师要有意识地促进生生交流，提高互动的广度和深度。让学生经历共同参与数学活动、解决数学问题的过程，营造友好向上的学习氛围。教师要引导学生学会倾听别人的意见，进行自我反思。学会善意地对同学的意见进行评价，提供帮助。

二、强调培养学生的核心素养

PISA中将数学素养界定为：数学素养是一种个人能力，学生能确定并理解数学在社会所起的作用，得出有充分根据的数学判断和能够有效地运用数学，形成作为一个有创新精神、关心他人和有思想的公民，适应当前及未来生活所必需的数学能力。[①] 在小学数学课堂教学中，要注意培养学生的数学核心素养。《课标（2022年版）》明确提出数学核心素养的"三会"目标，到具体的知识、能力、思维等层面上，可表述为以下三个层面。

---

① 黄慧娟，王晞. PISA：数学素养的界定与测评[J]. 上海教育科研，2003(12)：59-61.

（一）掌握"四基"

基础知识和基本技能是我国数学教育的传统优势,当下的课程改革又进一步提出了基本数学思想方法与基本数学活动经验,这是数学课程与教学的一个基本目标。扎实巩固的数学基础知识和灵活熟练的数学基本技能有助于学生建构数学知识系统,发展数学思维能力,有效运用数学知识解决问题,基础知识和基本技能是学生建立数学思想、积累数学经验的主要载体,也是学生感受数学文化,形成数学精神的根源所在。因此,在数学课堂教学的实施过程中,教师要重视"四基"的教学。

（二）培养"四能"

让小学生初步学会从数学的角度发现问题和提出问题,综合运用数学知识解决简单的实际问题,获得分析问题和解决问题的一些基本方法,体验解法的多样性。学习数学时,常能提出"为什么需要它？""它与前面学过的知识有什么联系？""它与生活实际有何关系？"等问题。

培养学生用数学的眼光,看待分析生活实际中的一些现象,找出其中数量关系或空间形式的问题。校园环境、体育运动、家庭生活以及商业活动等,诸多现象都蕴含着丰富的数学问题。如果能有效引导,学生一定会发现和提出许多有意义的问题。培养学生的问题意识是培养学生创新意识的基础。

（三）学会思考

"数学是思维的体操"。数学对学生的思维能力的培养发挥着独特的不可替代的作用。在数学课堂教学中,教师要通过培养学生的形象思维与抽象思维、分析思维与直觉思维、聚敛思维与发散思维等思维方式,体会数学的基本思想和思维方式。

指向核心素养,教师要通过课堂教学,帮助学生建立数感、量感、符号意识和空间观念,初步形成几何直观和推理能力,体会统计方法的意义,发展数据分析观念,感受随机现象。让学生会用数学的眼光观察现实世界,会用数学的思维思考现实世界,会用数学的语言表达现实世界,进而学会独立思考。

三、重视学生在学习活动中的主体地位

学生是学习的主体,学生学习应当是一个生动活泼的、主动的和富有个性的过程。

有效的教学活动,应是学生主体地位和教师主导作用的和谐统一。实施启发式教学有助于落实学生的主体地位和发挥教师的主导作用。教师富有启发性的讲授；创设情境、设计问题,引导学生自主探索、合作交流；组织学生操作实验、观察现象、提出猜想、推理论证等,都能有效地启发学生的思考,促进学生逐步学会学习。

学生成为学习主体的重要标志是他们积极参与各种教学活动,如积极参与观察、操作、实验、计算等活动；积极参与探索活动,通过对现象的分析、比较、猜测、验证、推理等活动,不断地发现问题、提出问题；积极参与讨论、交流、评价等活动,对自己和他人的意见进行质疑、反思,不断地分析问题和解决问题。

教师作为学习的组织者、引导者、合作者，要真正关注和了解学生，要创设良好的学习环境，给学生以思考的时间，给学生以交流的时间，给学生以操作的时间，给学生以运用的时间。让学生参与知识产生、发展和应用的全过程，引导和鼓励学生积极参与教学活动。设计的问题要从学生已有的生活经验和知识基础出发，启发学生自主探索，与学生一起分享发现的成果，感受获得成功的喜悦。

> 链接7.4　数学新课标"课程实施"研读及其教学启示

思考与练习7.3

1. 在数学教学中教师应如何引导学生学会数学的思考？
2. 如何正确处理教师的主导作用和学生主体地位的关系？

参考文献

[1] 曹一鸣.数学教学设计与实施[M].北京:北京师范大学出版社,2021.

[2] 张晓贵.数学教学设计与实施[M].合肥:中国科学技术大学出版社,2022.

[3] 赵秀云,张良朋.小学教学实施[M].济南:山东人民出版社,2014.

[4] 张辉蓉.小学数学教学论[M].重庆:西南师范大学出版社,2018.

[5] 贺永旺,胡庆芳,陈向青.提升教师教学实施能力[M].北京:教育科学出版社,2011.

第八章　小学数学教学评价

📖 内容提要

本章首先对小学数学教学评价进行概述，然后在《课标(2022年版)》理念的指导下，对小学数学的学业质量评价和课堂教学评价进行阐述，并给出具体的评价方法和操作过程。

🔒 思维导图

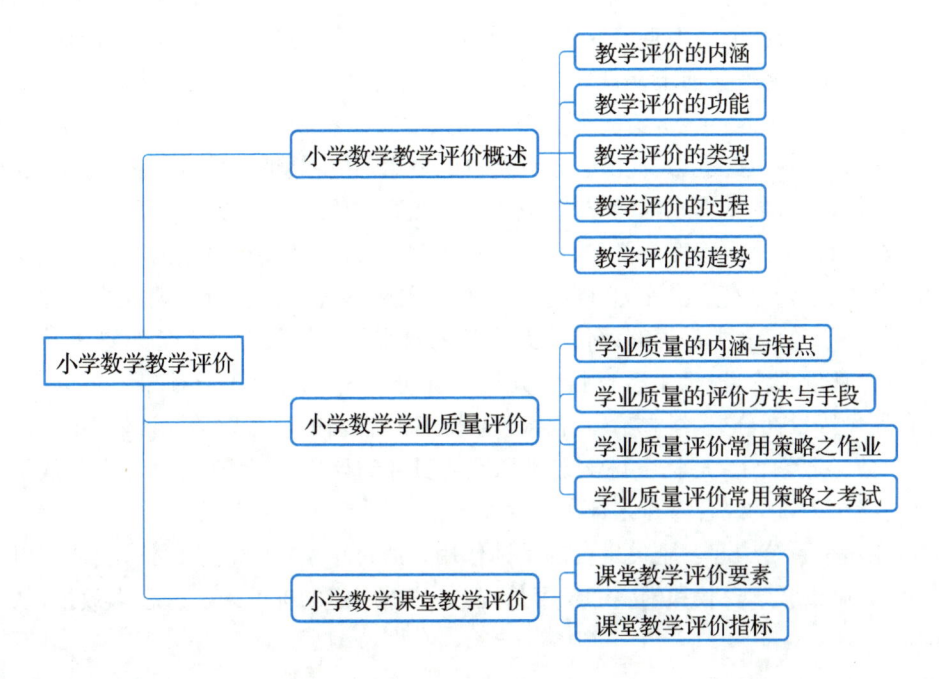

```
                          ┌── 教学评价的内涵
                          ├── 教学评价的功能
            ┌─小学数学教学评价概述─┼── 教学评价的类型
            │             ├── 教学评价的过程
            │             └── 教学评价的趋势
            │
            │             ┌── 学业质量的内涵与特点
小学数学教学评价─┼─小学数学学业质量评价─┼── 学业质量的评价方法与手段
            │             ├── 学业质量评价常用策略之作业
            │             └── 学业质量评价常用策略之考试
            │
            └─小学数学课堂教学评价─┬── 课堂教学评价要素
                          └── 课堂教学评价指标
```

📚 学习要求

1. 理解小学数学教学评价的概念与基本理念。
2. 理解小学数学教学评价的基本功能。
3. 掌握小学数学学业质量评价的方法与手段。
4. 掌握小学数学课堂教学评价的实施策略。

第一节　小学数学教学评价概述

教育评价是指按照一定的社会教育性质、教育方针政策和所确定的教育目标,对所实施的各种教育活动的效果、完成教育任务的情况以及学生学习情况和发展水平进行科学判断的过程。教学评价的范围则相对较小,是指对教与学的过程和结果做出价值判断。教学评价是教学过程中不可或缺的环节,在教育教学系统中占据极为重要的地位。

一、小学数学教学评价的内涵

教育评价有着久远且内涵丰富的历史。中国隋朝率先在世界上采用考试这一方式来选拔人才。这种举措一改之前通过人的出身、地位、财富、举荐等方式带来的种种弊端,以其公正、有效、易于操作的方式而受到广泛的推崇和青睐。直到今天,考试仍然是人们能够想到的关于"评价"的最为直接的手段。然而,随着社会发展、科技进步,人们对教育、心理、生理等知识掌握得愈加丰富,单一考试这种评价方式的客观性、准确性、全面性受到了质疑。到了20世纪30年代,美国俄亥俄州立大学教授泰勒在其主持的"八年研究"(the eight-year study)中首次正式提出了教育评价的概念,并将其纳入教育过程之中。这项研究提出了教育评价的基本原则和方法,成为现代教育评价理论和方法的开端。泰勒认为,要判断教育目标的达成程度,不仅要评价知识的掌握程度,还要评价人的行为以及对知识的应用、分析、综合等高层次能力,同时也要评价情感、兴趣、态度、价值观等非智力因素特征。随后,关于教育教学过程的评价受到广泛的重视。美国教育家布鲁姆继承并发展了泰勒的教育评价理论,提出了教育目标分类学理论。这一理论基于对知识领会、应用分析、综合评价等目标分类,建立了一套架构清晰、操作性强的教育教学评价体系。

小学数学教学评价是基于科学方法和预期目标的评价,它旨在通过对小学数学教学过程中的各个因素的综合考量来评估教学效果。如果把小学数学教学看成一个系统,那么,评价在整个系统中起着至关重要的反馈作用。通过小学数学教学评价,我们可以准确把握小学教师的教学现状和学生的学习情况,并依据一定的标准来衡量教学效果,从而改进教学。

二、小学数学教学评价的功能

在小学数学教学中,评价始终发挥着导向、诊断、调控、激励的功能,在某些竞赛类活动中也起到选拔的功能。

(一) 导向功能

导向功能指评价对于小学数学教学的指导、引导作用。教学评价中的标准和各项指标就像一根指挥棒,引导着被评价者为之努力。可以看到,导向功能集中体现在评价标准的建立上。当然,若要建立一套科学有效的评价标准,那就需要进行实事求是的调查,在全面了解数学教与学现状的基础上,进行充分比较、分析,汲取国内外评价体系的优势,展望数学教学发展的方向。唯有如此,才能创建出发挥有效导向功能的评价体系。

导向功能有正面导向和负面导向之分。在正面导向作用下,教师可以依据标准不断反思和改进教学过程,学生能够保持学习热情,全面发展,师生共进,良性循环,引导数学教学向着高效、健康的方向发展。相反,如果评价标准确立不当,那么评价起到了负面作用,从而导致不良后果。比如,如果小学阶段始终把分数作为评价的唯一标准,那么就会把数学教学导向应试教学,导向题海战术。

(二) 诊断功能

诊断功能主要是指对小学数学教学的状况做出价值判断。作为教学系统的组成部分,数学教学评价的目的不仅仅是对教与学的过程与结果做出价值判断,更重要的是总结教学活动成功的经验或者失败的教训,进而进行归因分析,找出改进的办法。

评价的诊断过程就是对整个教学进行查找、分析问题的一个过程。通过教学评价发现问题存在的根源,进而补救和改善。一方面要对教师的教学设计和实施的过程做全面的审视。比如,目标确定的科学性,内容呈现的合理性,方法选择的最优性,教学结果的有效性等。另一方面也要对学生的学习过程和结果做出评判。比如,学生学习效果是否理想,方法是否有效,在知识技能、问题解决、思想方法、基本经验积累、情感态度价值观等方面是否都得到了和谐的发展。通过诊断分析,从而有针对性地去改进教和学的策略与方法。

(三) 调控功能

调控功能是指根据教学活动提供的信息反馈,调节和控制教学活动的内容、进度、方式等,使教学活动朝着预定的目标前进。通过有效调控,可以有力推动数学教学的有序进行,从而达到最佳的教学效果。

通常,调控具有两个不同的层次。首先,它微观上涉及对事物的细致入微的处理。比如,通过对课堂教学中的反馈信息的分析、对比、筛选、处理,能够更好地实现教学目标。通过有效地监督、管理、指导,可以改善课堂教学效果。其次,宏观上可以根据不同地域、不同年级、不同学生的水平现状,采取有效措施,确保教学效果,促使学生全面发展。

(四) 激励功能

激励功能主要是指评价在小学数学教与学中激发师生的成就动机和精神意志,从而更好地开展教学活动。肯定的评价会对学生的学习起鼓励作用,尤其是小学生,无论是认知发展还是社会发展层次还不高,学生如能获得师长的肯定性评价就会获得心理上的极大满足,从而会提高其学习的积极性。与之对应的,否定的评价往往会使小学生产生焦虑,对学习失去信心和兴趣,甚至产生习得性无助。当然,"适度的紧张"则对学生的数学学习会有很好的激励作用。

通过数学教学评价,教师不仅仅为学生提供外部的奖励,更可以帮助他们培养内在的学习动机。这样,他们就会更加积极地探索新的知识,而不是只关注外部的奖励、高分或升学。对教师来说,评价信息的激励作用同样存在,激励评价可以让教师培养出自身的认同感和责任感,将数学教学视为一项终身的事业,而不是仅仅被外界的名利诱惑所左右。

三、小学数学教学评价的类型

从不同的分类标准来看,可以将数学教学评价分为不同的类型。比如,根据评价手段的特点,可以分成定性评价和定量评价;根据评价标准的不同,可分为绝对评价和相对评价;根据评价功能的不同,则又可以分为诊断性评价、形成性评价和终结性评价。鉴于定性评价和定量评价广泛内在地融合于各种评价中,这里就不给予具体的介绍,仅介绍后两者。

(一) 按参照标准分类

根据不同的参照标准,可以将数学教学评价分为相对评价与绝对评价。

1. 相对评价

所谓相对评价,是指在被评价对象的全体内确定一个恰当的评价标准,以他们的平均状态或者是选择其中一个对象作为标准,将每一个被评价对象与之做比较,从而确定每个对象在这个群体内的相对位置和状态的一种价值判断。例如,一名学生在一次数学测验中取得 85 分,好不好呢?实际上,由于不清楚其他同学的分数,我们无法确定该生的表现优秀与否。通过相对评价,我们能够更好地掌握受测者的表现,并且能够更加准确地预测他们的表现。它既简单易行,又能够帮助教师更好地指导学生的学习。再如,当教师观察到受测者的表现出现下降时,可以及时干预学生的学习。显然,相对评价是一种衡量个体的相对价值的方法,它通常被用来筛选出优秀的人员。由于义务教育的普及,在小学阶段,我们不提倡,也很少进行大规模的相对评价。

我们也可以运用常模测试,将所有被评估的对象或一个标准化样本的测试结果的平均值作为参考,从而进行相对评价。常模通常包括平均值、众数和标准差等,它们能够帮助我们更好地比较和分析数据。

2. 绝对评价

所谓绝对评价,是指在被评价对象的集合之外,确定一个恰当的评价标准,通常称为客观标准。比如课程标准、教学目标、教学要求。评价时,将被评价对象与客观评价标准进行比较,而不考虑被评价群体本身特征。绝对评价以某个被评价对象是否达到客观标准作为评价的主要依据,从而确定被评价对象所处的状态。例如,小学毕业考试就是一种绝对评价,一般都是事先规定一个毕业水平的客观标准,这个标准不会轻易改变。如果学生达到了毕业要求,那就可以毕业。

确立一个客观的、公正的绝对评价标准是至关重要的。如果标准过高,大多数人将无法得到公正的评价;如果标准过低,几乎所有人都可以被认可。因此,在制定客观的评价标准时,必须谨慎小心,并经过多次调研、分析、审视和科学论证。在小学数学教学中,确定绝对评价的标准要依据数学课程标准提出的教学目标和学业质量标准。

(二) 按评价功能分类

按照评价所起的作用、发生的时间节点,可以将其分为三类。

1. 诊断性评价

诊断性评价也称为准备性评价，一般在学习某一部分新知识之前进行，用来了解学生是否具有学习新知识必备的知识基础、认知水平，学生学习困难所在以及学生之间的差异，以便有针对性地进行数学教学。通过诊断性评估，数学教师可以更准确地掌握学生的学习状态，这些信息包括学生的知识基础、潜质、需求、期望等。

诊断性评价通常借助于诊断性测试、学习调查表、学习档案来进行，以便对数学教学背景和学生各方面的状况做出评价。这种评价的目的并非用来划定学生的优劣，它旨在帮助教师更好地理解学生的各方面发展水平，并根据学生的现实情况制定一个科学的、有针对性的、能够满足他们需求的教学方案。通过诊断性评价，我们不仅能够全面地把握大多数学生的学业情况，同时也能够为那些在数学方面存在挑战的学生或者数学资优生，提供适当的帮助。

2. 形成性评价

形成性评价是在数学教学实施过程中，为了查明学生在某一阶段的数学学习活动达到学习目标的程度，包括所取得的进步和存在问题而使用的一种评价。可以说，形成性评价作为一种过程性评价，其主要功能在于给教师和学生提供教与学的信息反馈。对教师而言，可以了解学生的学习情况，及时发现教与学中存在的问题，并加以改进。对学生而言，可以及时了解自己目前的学习状况，优势和缺陷，从而调整自己的学习行为，明确改进方向。形成性评价不是为了评定学生的学业等级，重在挖掘评价过程中潜藏的各种因素，如学生的综合表现、学业水平、潜力以及学业困难等，让教师和学生获得反馈信息，从而改进自己的教与学。

3. 终结性评价

终结性评价是在某个相对完整的学段或一门课程的学习结束之后，对整个数学教学活动进行的全面评价。目的是考核学生是否达到了数学教育教学目标。终结性评价作为一种结果性评价可以用来确定某学生在班级中所处的位置，并作为评价他进步情况的依据。而对教师来说，通过终结性评价，可以评定其教学方案的有效性，确定其教学水平的高低。例如，在学期、学年或学段结束时进行的期末考试、升学考试等，一般都是终结性评价。但是，正如 R. 泰勒所言："较为客观的评价结果的得来，需要把一定时期的前后进行的几种评价手段所得出的结果加以比较，以便估计正在发生的变化量。"

上述三类评价的划分是相对的，三者之间既有区别又有联系。诊断性评价在实际教学中用得最多。为更好地基于实际设计教学，可以在每一次数学教学活动开始前进行。形成性评价次之，通常当一种数学新观念或新技能的教学初步完成时，就应当进行相应的形成性评价。终结性评价次数较少，着眼于在较大范围内评价数学教学内容的掌握情况。

四、小学数学教学评价的过程

评价过程主要由评价标准的确定、执行、评价方案的实施和评价结果的运用这样四个环节组成一个循环。

（一）评价标准的确定

根据课程标准提出的数学核心素养和课程目标，以及学业质量标准，制定与具体教学内容相关的教学目标和学习目标，作为数学教学评价的参照标准。为了充分体现学生在评价中的主体地位，可引导学生参与评价标准的制定。同时，考虑到数学教学过程的动态性，评价的标准并不是一成不变的，可根据具体教学的操作情况做适当的调整和优化。

（二）评价标准的执行

有了衡量数学教学成效的标准，教师就要精心设计教学，创设良好的学习情境，引导学生共同实现预先设定的教学目标，并结合实际情况检查达标情况。教学总存在预设和生成的矛盾，但学校教育背景下的数学教学基本上是预设下的生成，尤其是一门课程的教学目标短期内是不会发生变化的。教师可以根据预设的教学目标设计和实施数学教学。

（三）评价方案的实施

根据评价标准，制定评价方案，首先确认需要围绕数学教学的各个环节收集哪些相关信息，接着选择需要使用的定量或定性的教育测量和统计方法，然后收集各类信息进行科学处理和分析，最后据此做出相应的判断和评价。通常，这些信息包括学生对基本知识和基本技能的掌握情况，对数学思想方法的理解和应用程度，以及合作能力、探究能力、创新能力等各种能力的发展情况，甚至在数学学习中表现出来的情感、态度、价值观等方面的资料，其参照标准就是每一个教学环节的执行情况，对所制定的各类目标达到的程度。

（四）评价结果的运用

反馈和调控是评价的关键环节，将收集到的各类信息及评价结论及时反馈给教师和学生，于教师能矫正和调控教学的进程，于学生能反思和改进学习。经过反馈和调控后的数学教学，应当能以更优化的教学结构实现预定的教学目标，也能对下一次教学目标的制定与修改起到参考作用。

五、小学数学教学评价的趋势

（一）注重对数学核心素养的评价

《课标（2022年版）》以"数学素养"作为一条主线，将小学、初中和高中的数学教育目标做了统整。史宁中教授认为：数学素养是具有数学基本特征的关键能力、思维品质以及情感、态度与价值观的综合体现；是数学教育的与人的行为有关（思维、做事）的终极目标；是学生在本人参与其中的数学教学活动中逐步形成和发展的。培养学生的数学核心素养是中小学数学课程的统一追求，也自然成为评价学生的标准。

数学核心素养被表述为"三会"，在小学阶段，我们必须基于小学生年龄特点来分析小学生的数学核心素养表现。只有强调了儿童特点，才有可能对其进行恰当评价。在对小学生的数学核心素养进行评价时，可根据"三会"在小学阶段的具体表现来进行。"会观察"的表现:抽象能力(量感,数感,符号意识)、几何直观、空间观念和创新意识;"会思考"的表现:推理意识,运算能力;"会表达"的表现:数据意识、模型意识、应用意识。

(二) 注重对教学的过程性评价

1. 注重学生对数学价值认识的提升

考虑到学生的全面发展,数学教育不仅要培养学生对于数学知识和技能的掌握,而且应该培养学生对于数学价值的正确认识。因此,对于学生的评价,应注重学生对数学价值认识的提升过程。随着社会发展、科技进步,数学不仅在自然科学领域,而且在社会领域以及人们的日常生活当中都发挥着越来越重要的作用。数学的抽象性和严谨性对于培养学生的科学精神以及理性思维起着十分重要的作用。另外,数学还具有科学美的一切特征。数学美不仅能够陶冶人的情操,而且能够引导人积极向上,献身科学。这种对数学价值的认识,能够使学生正确认识数学,进而产生对数学的积极态度、正向动机和学习兴趣。

2. 注重学生思考方法和思维习惯的养成

我国数学基础教育对于学生在数学学习当中的基础知识和基本技能一直有比较高的要求,但是对于学生的数学思考的方法和思维习惯的养成方面则有所欠缺。独立思考是数学学习的重要组成部分,因此,在评估学生的学习表现时,应该重视他们是否乐于探索、深入思考、坚持不懈。同时,评价也应关注教师如何指导学生改进思维方式及过程。

通过有效的评估,教师可以激发学生的探索精神,让他们拥有一种独立的、客观的、批判的思维能力,从而更好地发现、分析、探究、推演、总结,培养学生独立思考的良好习惯,形成解决实际问题的能力。

3. 注重学生的交流与反思

建构主义认为知识不能被传授,而是学生在与他人、与环境、与社会的交互中自主建构的。因此,数学沟通交流的能力成为学生的必备能力之一。能够接受、理解他人用数学语言传递的信息,并能用数学语言表达自己的思维与结果是评价关注点之一。

反思则是学习者对自己活动和认知过程的一种再认识,它包含自我监控、自我调节和自我评价的过程。数学学习过程中的反思,能有效提高学生学习的效率,加深学生对数学知识的理解和掌握,有利于培养学生的批判性思维、创造性思维等高层次思维能力。

对学生数学学习反思的评价可以从以下三个方面进行,一是学生对自己数学学习活动的计划和定向,二是学生在数学学习活动中有意识的检查和反馈,三是学生对自己的数学学习活动进行有意识的调节、矫正和管理。

(三) 注重数学教学评价的多元化

《课标(2022 年版)》指出,应该采用多元的评价主体和多样的评价方式,鼓励学生自我监控学习的过程和结果。传统的数学教学评价相对统一,评价的主体是一元化的。在实施评价的过程当中,虽然也发挥了作用,但其弱点也非常明显,主要是不利于对学生各方面能力的综合评价。为了促进学生的全面发展,数学教学评价应走向多元化。

1. 评价标准的多元化

评价标准的多元化源于评价理念的改变,是指基于学生个体设置符合其实际的评价标准,或从不同的角度来衡量需要评价的内容。一方面,评价要尊重学生的个体差异,考虑学生对数学的不同需求,为不同的学生设计不同的评价标准。另一方面,对同一数学内容的评价,不仅关注结果性标准,而且要关注学生经历与体验等过程性标准。

当前数学大型考试,为了减少评分误差,往往关注学生最终解题的正确性,对设想的每一种解题方法的过程按步骤严格给分。这样的评价模式导致教师在数学教学过程当中非常注重对学生解题规范性和准确性训练,学生逐渐失去了自己的思想个性,缺乏创新。只有实现评价标准的多元化和开放性才有可能引导教师评价的转向。在关注学生解决问题结果的同时,关注学生经验和体验,关注学生对数学的理解和思考,关注学生解决问题的方案和能力,关注学生不同方面的智能发展与个性。标准的多元化不是否定基本评价标准,而是在表达方式完整、准确的基础上,允许学生有独立的、个性化的思考。

2. 评价内容的多元化

评价内容的多元化是指评价不仅对知识、技能和能力进行评价,还对数学思考、交流表达、情感态度等多方面的内容进行评价。以往的数学学习评价侧重于对前者的评价,而忽视对后者的评价。

数学教学评价应采用多元的方式对学生进行全方面的评价。对于学生数学学习的过程与方法、情感态度价值观的评价仍然是当前数学教学评价的薄弱环节,因此评价中要有意识地加强这方面内容的考查,更多关注对学生理解数学概念、数学思想等过程评价,关注学生数学地提出、分析、解决问题等。

3. 评价方式的多元化

评价方式的多元化是指定性与定量相结合,书面与口头相结合,课内与课外相结合,结果与过程相结合。对数学教学效果的评价不能仅仅依靠其中的某一种方式,而要综合使用多种评价方式,才能得到更为客观、科学的结论。

学生对数学学习的态度、交流合作的能力、发现和提出问题的能力、思考的方式与习惯、思维的深刻性等,是很难用一张试卷的分数来精准判断的。因此,多元化的评价方式更能全面反映学生的真实情况。定性评价学生的数学学习可以通过观察、记录、交流、座谈等形式,采用记录档案袋、写评语、学生课题研究成果等多种方式进行。采用定性评价要多看学生的进步,多用肯定、赞扬、欣赏等鼓励性语言,以便更好地发挥评价的激励功能。

提倡评价方式的多元化,并不是否定考试、测量等定量评价手段的重要作用。实际上,考试和测验始终是评价的基本方式,只不过要对定量评价的手段加以革新和调整,使之变得更科学合理。

4. 评价主体的多元化

评价主体的多元化是将教师评价、学生自我评价、学生互评、家长和社会有关人员评价等结合起来,参与数学教学评价过程,充分体现出全面客观评价学生的主导思想。

长期以来,任课教师是学生数学学习的主要评价者,评价过程基本上是由教师发起对学生评价的单向过程,这样的评价难免出现偏颇的结论,不利于对学生全面认识和评判。学生学习会受到除教师外多种对象的影响,如其他学生、家长、学校管理人员等,因此多元评价主体参与到学校的数学教育过程中,平等合作,相互沟通,在互相尊重和理解的基础上达成共识,能够增进评价结论的客观性,更好地发挥教学评价的激励和反馈功能。

总之,通过多元评价,可以更好地实现对学生多角度、全方位的了解与激励,使每一个学生都能有成功的体验,有效地促进学生的发展。

> **链接 8.1　教学评价研究 40 年回顾、反思与展望**

思考与练习 8.1
1. 小学数学教学评价的内涵是什么?
2. 小学数学教学评价有哪些基本功能?
3. 简述小学数学教学评价的类型。
4. 简述小学数学教学评价的发展趋势。

第二节　小学数学学业质量评价

学业质量是《课标(2022 年版)》新增加的部分。义务教育数学课程学业质量标准体系的建立,有助于正确引导义务教育数学教学改革,深入推进义务教育数学考试评价改革。[①]

一、小学数学学业质量内涵与特点

(一) 小学数学学业质量的内涵与描述

学业质量是学生在完成课程阶段性学习后的学业成就表现,反映核心素养要求。学业质量标准是指根据核心素养发展的要求,以课程总目标以及各阶段课程内容要求、学业要求为依据,对学生应达到的学业成就表现特征进行的总体刻画。学业质量标准可以用来考查学生是否达到规定的学业水平,评价教师教学是否恰当,监控教育质量是否符合要求。学业质量标准是学业水平考试命题及评价的依据,同时对学生的学习活动、教师的教学活动、教材的编写等具有重要的指导作用。

依据义务教育各阶段学生核心素养表现、各学段课程目标及学业要求,《课标(2022年版)》学业质量标准主要从以下三个方面来评估学生核心素养达成及发展情况。① 以结构化数学知识主题为载体,在形成与发展"四基"的过程中所形成的抽象能力、推理能力、运算能力、几何直观和空间观念等。② 从学生熟悉的生活与社会情境,以及符合学生

---

① 曹一鸣,王立东,何雅涵. 义务教育数学考试评价与教学实施——基于《义务教育数学课程标准(2022 年版)》的学业质量解读[J]. 教师教育学报,2022(3):97-103.

认知发展规律的数学与科技情境中,在经历"用数学的眼光发现和提出问题,用数学的思维与数学的语言分析和解决问题"的过程中所形成的模型观念、数据观念、应用意识和创新意识等。③ 学生经历数学的学习运用、实践探索活动的经验积累,逐步产生对数学的好奇心、求知欲,以及对数学学习的兴趣和自信心,初步养成独立思考、探究质疑、合作交流等学习习惯,初步形成自我反思的意识。

《课标(2022年版)》改变了以数学知识点为纲的学业质量观,建立了素养导向的学业质量观,即要关注知识、能力的形成,更要关注数学素养的形成。数学学业质量按三个学段进行了具体描述,体现学业成就的进阶关系,符合儿童心理发展的特点,也符合儿童发展的需要。

> 链接8.2 义务教育数学考试评价与教学实施

(二)小学数学学业质量评价的特点

评估学生的学业质量,关键是评价学生的核心素养。学业质量评价,必然促进学生核心素养培养的落实,有效的小学数学学业质量评价及其路径应当具有如下特点。

1. 知识主题角度突出整体性

以结构化数学知识主题为统领,在形成与发展基础知识、基本技能、基本思想、基本活动经验的过程中,形成抽象能力、推理能力、运算能力、几何直观和空间观念等数学素养。比如,课标第一学段的学业质量标准的描述中,四个学习领域共凸显了七个知识主题,分别是万以内的数及大小关系;四则运算的含义及简单的整数四则运算;常见的立体图形和平面图形的特征;物体长度的测量;分类;货币单位、时间单位和基本方向;解决问题。如表8.1。

表8.1 第一学段的知识主题与素养表现

领域	知识主题	素养表现
数与代数	能结合具体情境,认识万以内的数及大小关系,描述四则运算的含义,能进行简单的整数四则运算	形成初步的数感、运算能力和符号意识
图形与几何	能结合现实生活中的事物,认识并描述常见的立体图形和平面图形的特征,会对常见物体的长度进行测量	形成初步的空间观念和量感
统计与概率	能对物体、图形或数据按照一定的标准分类	形成初步的数据意识
综合与实践	认识货币单位、时间单位和基本方向,尝试用数学方法解决问题,积累数学活动经验	形成初步的量感和应用意识

在学业质量评价时,需要整体理解,围绕这些主题来考察学生核心素养的表现。在每个领域中,知识主题是有结构的,所对应的主要素养在上述表中也已明确给出。比如第一学段中,数与代数领域的主要素养表现为形成初步的数感、运算能力和符号意识。

2. 问题情境角度突出实践性

学业质量标准中有这样一段非常重要的话:"从学生熟悉的生活和社会情境,以及符合学生认知发展规律的数学与科技情境中,在经历用数学的眼光发展和提出问题,用数学的思维与语言分析和解决问题的过程中所形成的模型观念、数据观念、应用意识与创新意识等。"在小学阶段,这些观念都是用意识来表述的,只是程度不同。它对实践性的强调是一致的,都要求学生在具体的情境中经历发现问题、提出问题、分析问题、解决问题,所以问题情境是评价学生数学素养的重要载体。

常见情境可以分为如下四类：① 生活情景,比如购物活动,买东西这是学生比较熟悉的生活情境。② 社会情境,比如对雾霾天气的统计,也是学生常见的现象。③ 科学情境,比如弹力问题、水质问题等。④ 数学情境,指包含有数学本身的问题情境。在传统小学数学学习阶段,数学情境十分常见,同时学生的知识储备对科学情境支撑力度较小,因此,需要特别重视对生活情境和社会情境的关注。

3. 情感态度角度突出数学学科育人价值

数学教育要从情感态度角度凸显育人价值。各个学段对情感态度的要求不一样。第一学段,要求通过操作、游戏制作等丰富多彩的活动,让学生对数学产生一定的好奇心,形成学习数学的兴趣和初步的合作交流意识与独立思考的学习习惯。第二学段,经历数学学习的过程,通过操作、游戏等丰富多彩的活动,对数学形成一定的求知欲,具有学习的兴趣,初步养成独立思考、合作探究等良好的学习习惯。第三学段,具有学习数学的兴趣,初步养成良好的学习态度和习惯,初步建立学习数学的自信心,体会数学的价值,在解决问题的过程中逐步克服困难,初步形成一定的应用意识和创新意识。

情感态度评价有三条主线,第一,关注学生兴趣发展;第二,关注学生态度与习惯的发展;第三,关注应用意识与创新意识。学业质量强调,三条主线不是互不相关,而是逐步孕育,互为助力,达到逐步进阶。比如,应用意识只有在第三学段提到,但在第一、二学段要蕴含、渗透,第三学段要有一个很明确的评价要求,这是一个逐步发展的过程。

二、小学数学学业质量的评价方法与手段

(一) 数学测验

数学测验是根据评价的目的和内容,拟定一些题目、作业或操作性练习,让学生做出书面、口头回答或者实际操作,旨在了解学生在知识、技能、能力等方面所达到的水平。数学测验一直是评价学生数学学习水平的重要手段,也是一种相对客观、准确地反映学生的知识掌握水平、能力发展情况的有效办法。数学测验有多种不同的类型,比如按照测验参照标准,可分为常模参照测验和目标参照测验；按照测验的作用可分为诊断性测验、形成性测验和终结性测验；按试题的主客观类型,又可分为主观性测验和客观性测验。对学生的数学学习的评价要做到客观、公正、合理,使之发挥其应有的功能,必须把握好测验过程当中的每一个环节。

依据不同分类标准可将习题分成不同类型,在小学数学教学中通常有下面两种分类办法。

1. 根据习题构成要素分类

根据戴再平教授提出的数学习题理论,数学习题是一个系统{Y、O、P、Z},其中系统的各要素分别是 Y 表示习题的条件,O 表示解题的依据,P 表示解题的方法,Z 表示习题

的结论。根据这一理论分析四个要素中已知要素的多少,可将小学数学习题分为如下几种类型:

(1) 标准性题:四个要素全部为已知的题。例如:15/96＝5/32 成立吗?如果成立,请说明理由。在这个问题当中,Y 算式,O 分数基本性质,P 除法计算方法,Z 计算结果相等,这四个要素都是已知的,因此这是一道标准性题目。

(2) 训练性题:四个要素只有一个是学生所不知道的,而其余三个要素都是学生已经知道的题。如将上面题目改为在括号中填上适当的数,使等式 15/96＝(   )/32 成立,这样 Y、O、P 是已知的,而 Z 是未知的,因此是一道训练性题目。

(3) 探索性题:四个要素中,有两个是学生不知道的,而其余两个为已知的题。比如将上面这个题目进一步改为在括号中填上适当的数时,等式 15/96＝(   )/(   )成立,则 Y、P 是已知的,O 和 Z 是未知的,因此这是一道探索性题目。

(4) 问题性题:四个要素中仅有一个是学生已知的。比如说,将上述题目改为根据给定的数 96 和 15,你能得到什么结论?这样的题只有 Y 是已知的,其余的要素 O、P、Z 是不知道的,因此它是一道问题性题目。

标准性题和训练性题由于不存在未知要素或者仅有一个未知要素,通常具有定向的解题方法,所以我们称之为封闭型题目。现行小学数学教材中的题目绝大多数都是这一类型的问题。探索性题和问题性题由于未知要素较多,通常不具有定向的解题方法,所以我们称之为开放性题。这是目前小学数学教材中比较缺乏的一类题型。

2. 根据题型评分误差分类

结合问题呈现的形式或学生反映的方式,根据习题评分过程中是否会出现理论性误差,将数学测验的题目类型分为客观题和主观题。从理论上讲,如果对习题评分能够做到无误差,这样的习题就属于客观题,否则就属于主观题。

(1) 客观题。客观题又可以分为两类,一类是选择反应式题目,要求学生从提供的备选答案中选出正确的或最佳的答案,主要包括是非题、匹配题和选择题;另一类称为建构反应式题目,也就是我们熟悉的填空题,即要求学生对一个问题或一个不完整的陈述做出一个词、一个短语或一个句子的回答。客观题的共同特征是结构严谨,事先规定好了学生反应的类型。为获取正确的答案,学生就必须具备该题目要测查的特定知识或技能。他们没有重新定义问题或用自己的语言组织并呈现答案的自由,而是必须从备选答案中选出一个正确答案,或者提供正确的数字或符号。这种问题使得快捷、简单并且准确的客观评分成为可能。其不足是不适合于测量阐明问题解决方法的能力,以及选择、组织并整合观点的能力。下面对几种常见的客观题体现的优缺点做出比较。

表 8.2 几种常见客观题的优缺点

题型	优 点	缺 点
是非题	题目简短,编制容易。包含信息量大,适合考查比较广泛的内容。	偏重于对知识的死记硬背,猜测的机会较大。
匹配题	编题评分简单,是考查事物关系的理想方法。减少了猜测成分。	侧重于细节性知识,强调记忆。

续表

题型	优　　点	缺　　点
选择题	适合知识、应用水平的测量,书写量小,评分高度客观。减少了猜测成分。	编制题目费时。
填空题	可以涵盖更多的内容,猜测的成分很小。	缺少对较复杂行为的测试,比较难以计分。

（2）主观题。主观题主要有如下基本特征,问题的答案需要学生自己提供,而且正确答案可以用多种表达方式表述,评价者必须凭借主观经验做出判断。在小学数学教学评价中,主观题主要包括计算题、应用题、作图题等。这些试题通过对学生解题过程的分析来了解学生对知识的理解和技能的掌握情况。

根据问题的结构特征,主观题又可以分为封闭题和开放题。

其一,封闭题。封闭题是具有完美的条件和固定的答案的问题。我们所熟悉的计算题、传统应用题都是封闭题。封闭题定向性强,有利于在不同条件下重复思维操作,是评价特定技能和知识理解的有效形式。

其二,开放题。开放题是指探究目标正确、答案个数不确定的问题。这里的探究目标可以是问题中数学命题的条件部分、问题中数学命题的结论部分、探索解决问题逻辑通透的策略和方法、数学对象的设计与描述等。开放题的关注点不在于得到问题的答案本身,而在于考察学生对问题整体结构的把握,能够通过给出反例、得到特殊的结论、补足需要的或者删除多余的条件等方式获得问题的正确解答。它特别适用于考察学生的高层次思维及解决问题的能力。

(二) 表现性评价

表现性评价有助于收集学生多方面的信息,保证评价的全面性和科学性,一定程度上弥补了数学测验中存在的问题与不足。有些学生在数学测验中因焦虑而不能正常发挥其数学能力;有些学生的思维趋向深思型,在规定的时间里不能顺利完成答题;有些学生擅长动手实验操作等。这些情况,仅凭数学测验不能全面反映学生的数学学习水平与数学能力,这就需要通过调查实验、数学日记、档案记录袋等形式记录下学生的表现,以便从总体上考察学生的发展水平。

1. 表现性评价的含义

表现性评价是通过实际任务来表现知识和技能成就的评价方式,是一种教师评价与学生自我评价相结合、评价的内容和过程融为一体的定性评价方式,它能够反映出学生发展与进步的历程,增加他们学好数学的信心。表现性评价又称基于表现的评价、真实性评价、操作性评价、另类评价等。尽管名称不同,但其实质是一样的。即评价题目不是标准化测验的多项选择题,而是更接近于现实生活的任务,通过学生在完成一系列任务中的表现来确定其能力水平的评定形式。

2. 表现性评价的特点

表现性评价有如下主要特点:既可以是一种课堂活动,又可以是一种测验形式;是对学习的直接测量；既测量学习结果又评价学习过程；可以嵌入在课堂活动中；能评价社会技能，如合作能力、分享和商讨等。

3. 表现性评价的方式

表现性评价既可以是书面形式，也可以是口头形式，或者是一些直接的实际活动，如调查活动、实验探究等。一般有调查实验、数学日记、档案袋、课堂观察、数学专题作业等方式。

（1）调查实验

调查实验提供了用于表现性评价的各种动手操作活动的形式，通过学生的调查实验，可以加强学生对数学内部的整体把握，促进学生加强数学与外部的联系。比如，描述某一商品一段时间内销售情况的（函数）关系的研究性学习活动等，这样的调查和实验的评价任务，为我们提供了考察学生提出假设、分析处理数据以及推断的能力。

（2）数学日记

数学日记提供了学生对自己所学的数学知识和方法进行总结、反思的一种自我评价方式，通过引导学生毫无顾忌地把自己的感受、困难之处、感兴趣之处等实际情况写出来，既发展了学生反省认知能力，又提供了评价学生真实学习情况的第一手资料。

（3）档案袋

档案袋又称成长记录袋，是指将反映学生学习进步的重要资料记录保存下来，归建成档，可为学生的发展成长过程提供一个很好的形成性评价。记录的资料可以不拘一格，如最满意的作业、最有意义的探究活动成果、印象最深刻的问题、解决问题的反思记录、阅读数学读物的体会、数学小论文等。

（4）课堂观察

表现性评价的特征之一，就是通过直接观察学生在任务中的表现来做出价值判断。数学课堂自然是实施表现性评价的最佳地点。当教师在课堂上有意识地观察学生在各种学习活动中的表现时，就会直接看到学生最真实的表现，就会对学生的数学学习兴趣、学习态度、学习意志力，以及学生发现问题、解决问题的能力等这些不容易量化的发展目标获得丰富的评价信息。因此，课堂观察就是一种表现性评价方式。尤其是新一轮课程改革积极倡导数学要采用动手实践、自主探索和合作交流的学习方式，就使得课堂观察更成为一种重要的数学学习评价方式。

（5）数学专题作业

所谓数学专题作业，不是以学习和掌握系统的科学知识为目的，而是以解决实际问题为目的，以培养和考查学生综合运用知识解决问题的能力、创新精神和实践能力为目的。

数学专题作业具有应用性、探索性、开放性等特征。学生要解决或完成它不仅要经历收集数据、寻找资料、观察实例、测量实物、发现模式、绘制图表、进行书面或口头报告等几个过程，通常还需要由几个学生作为一组共同参与、合作来完成整个解决问题的过程。这些作业既可以是基于数学内部知识的，比如，对数学规律或模式的探索等；也可以是应用性的或跨学科的，但在其中需要使用数学知识和技能。

总之,表现性评价是一种定性的过程性评价,其主要目的是激励学生的学习自信心与数学学习兴趣。上述几种评价方式是在课堂改革实验过程中进行评价改革的尝试,教师可以根据自己的实际情况,设计出合适的表现性评价方式。

(三) 交流式评价

1. 交流式评价的含义

交流式评价,主要指通过直接和学生交谈而获取关于学生学习状况的有用信息的一种方法。在数学教学中,教师经常会通过提问,听取回答来判断学生的学习效果;或者组织讨论,以得到学生理解有关概念的信息。

2. 交流式评价的形式

交流式评价主要包括如下几个具体形式:

(1) 课堂提问

课堂提问是教师了解学生学习情况的一种主要手段。在数学课堂上,教师经常会叫学生起来回答问题或让学生提出问题,并根据学生的回答或所提问题来估计学生对有关问题的理解或掌握程度。课堂提问的实质是出声地思考,即要求学生说出自己的思想、行动和情感,这对于以思维活动为主的数学学习来说,是一种比较有效的评价方式。

课堂提问方式的有效性受到诸多因素的制约,如所提问题的方式、质量、提问的情境,以及学生的性格特征等。因为言语表达本身是一件不容易的事,当一个人把知道的东西用言语表达出来时,由于有不熟悉的词汇、害怕说话或存在言语问题,就会影响其对真实思维的准确表达,从而用这种方式评价数学学习就可能会出现一些问题。

(2) 访谈

访谈是评价者通过与评价对象面对面地口头交流的方式获取评价信息。在数学教学中,教师可以通过集体访谈来获取评价信息,讨论学生已经掌握的知识和还没能学会的知识,也可以通过个别访谈了解个别学生的思想。

师生之间真诚地交流学生的学业水平,探讨学生已经掌握的知识、特殊的具体需要、兴趣和愿望,以及其他与学业相关的话题,不仅可以获得学生在情感、态度、价值观、行为规范等方面的信息,也有利于创造一个有效的数学学习环境。

(3) 课堂讨论

课堂讨论是教师或学生发起的一种团体互动,对要求掌握的材料进行全方位的探讨,教师听取学生的讨论,评估学生的表现,并推断单个学生或一个小组的学习成绩和水平。显然,课堂讨论既能促进学生的学习,也可以提高学生应用已有知识的能力。

(4) 口头测验

口头测验,简称"口试",是一种古老的考试方法。尽管在20世纪,由于对客观性评价的追求而失去了口试的传统,但在实际教学中这种评价方式还能发挥作用。相对笔试而言,口试更加能展示学生的思维过程,通过对学生思考、分析、解答问题以及真实操作过程的观察,不仅可以评价学生对知识技能的掌握运用情况,而且还可以全面了解学生的真实数学思考过程、解决问题的方法以及使用数学语言有条理地表达自己思考过程的能力。

由上可知,交流式评价是一种很灵活的评价方式。如果交流的重点突出,倾听积极,又慎重地得出结论,与学生的交流或学生之间的交流是评价学生数学学习表现的有效和可信的工具。

(四) 自我评价

树立现代的评价观,使评价从外部的转化到内在的、从形式的转向实质的、从被动的转向主动的,是当前教育评价亟待解决的问题,而学生的自我评价就是解决这一问题的突破口。

自我评价的理论基础是教学论和学习论,学生只有真正的掌握自己,驾驭自己,才能提高自己。布鲁姆的掌握学习理论就是调动内因、主动索取的理论,掌握学习必须掌握自己。而掌握自己的主要标志是能否正确地评价自己,因此,自我评价在教育评价中,应提到应有的位置。

自我评价的方法很多,但不管哪一种方法,都必须简便易行并适合学生的年龄特征。实践证明,建立"学生评价卡"是一种较为有效可行的自我评价方法。

"学生评价卡"是靠内在因素的作用,是学生自身为了实现自我评价而设立的一种形式,由学生本人使用和保存,不作为他人评价、教师鉴定、家长检查的依据,学生有权不允许别人察看。为了帮助学生建立"学生评价卡",教师可以提出"建卡"的要求。建立"学生评价卡"应注意如下几方面要求:

第一,在内容与形式上能简明准确地反映学生学习某一个系统知识的学习情况。

第二,用填表或画图的形式反映学生每次提问、测验、考试取得的原始分数,并注明每次测验的班级平均分和学生本人在班级的相对名次。

第三,学生定期检查自己学习情况的变化,是呈上升趋势,还是保持稳定状态。

第四,能体现学生自己的预定目标。

下面是"三角形的认识"这个小单元的"小学生数学学习成绩评价卡",通过这些栏目的内容反映出评价因素和量化表示。当然,还可以设计其他的评价卡。

表8.3 小学生数学学习成绩评价卡

编号_____   制表人_____

内容	项目	三角形的认识			
		概念	性质	判断	综合应用
学习目标					
日常学分	发言答对次数				
	作业正确题数				
	小测验分数 1				
	2				

续表

内容	项目	三角形的认识			
		概念	性质	判断	综合应用
单元测试	班平均分				
	个人分数				
	存在问题				
学习过程	数学学习情感态度(定性描述)				
	与他人合作交流情况(定性描述)				
补救措施	预测目标				
	再次达标措施				

三、小学数学学业质量评价常用策略之作业

数学作业是数学课堂教学的延续，它超越了课堂学习的限制。数学作业给学生提供了提炼和扩展知识的机会，是教师督促检查学生学习的重要途径，也是评价学生数学学习的最有力、最灵活且效率最高的工具。

(一) 数学作业评价的两个基本问题

1. 作业的布置

布置作业是数学教学的重要环节，通过作业教师可以收集学生的典型错误、优秀解法，为评价学生的学习状况提供机会，但在实际教学过程中关于作业的布置存在如下问题：① 作业内容的统一化。在实际教学中教师往往习惯于规定统一的作业内容，这种整体划一的作业布置给不同层次的学生造成的课业负担是不同的。因为学生在整个课堂学习过程中掌握知识的情况千差万别，有的需要进一步理解，有的需要巩固记忆，有的则需要拓宽视野。作为课堂教学的补充，作业应能针对不同学生的学习基础和要求安排不同的练习。另外，统一作业使学生的主体作用难以发挥，甚至会导致学生抄袭作业的现象。② 作业形式的单一化。受应试教育和考试指挥棒的影响，小学数学作业的布置往往仍带有较浓厚的应试色彩，较多强调标准答案的封闭型问题，每一个问题都要求学生在规定时间内独立完成，这种单调的作业形式不仅仅在发展学生思维、提高学生数学素质方面有较大的局限性，而且很容易使学生感到乏味。③ 作业布置的随意化。目前题海战术仍被绝大多数教师青睐，试图通过大量的作业量变带来成绩质变。不少小学数学教师布置作业时除本着面面俱到、多多益善的原则外，在习题的选取上带有较大的随意性。这种作业布置方式忽视了对习题的精心设计，很容易扼杀学生对数学作业的热情和对数学的热爱。

2. 作业的批改

作业的批改是数学作业评价中必须关注的又一重要环节。在实际教学中，学校通常要对教师批改作业提出明确的要求并会定期检查。当下作业批改存在较多弊端：① 作业

批改费时较多。据调查,小学数学教师每天批改作业多数采取面批形式,同时还要记录批改作业中的有关资料。这样教师一下课就忙于批改作业,除去学校的其他活动,真正用于钻研教材和备课、研究教法的时间会很少。由于备课不充分,对学生了解不深不透,教学效果就会不理想。反映在学生作业中为错误不断,反过来加重了批改作业的负担。② 作业批改流于形式。由于数学作业以封闭问题为主,教师在作业批改中只需要根据结果就可以判断学生作业的正确与否,从而批改作业也就是简单地打个√或×的工作。再加上学校对教师批改作业的严格规定造成了教师的工作负担太重,因此,教师只能疲于应付,很少对数学作业的布置与批改给予足够重视。

(二)数学作业评价的基本策略

1. 有选择地布置作业

关于作业布置方面的诸多问题其实可以归结为一点,那就是作业的布置缺乏弹性或选择性,尽管整齐划一的作业有助于教师实施统一管理,也使得随后的作业批改相对简单,但却是以牺牲学生的兴趣与个性发展为代价,并不能有效了解学生的真实学习状况。在当前课程改革理念和双减政策的指引下,教师团队须努力设计出高质量、有趣味的作业。在可能的情况下,减少书面作业,增加实践作业;减少短时作业,增加长时作业;减少低阶作业,增加高阶作业[①]。教师在设计和布置作业时须考虑如下几点。

(1)有层次地编排作业

有选择性地布置作业的首要目标就是要做到作业设计的层次化,即教师要根据教学目标的类型与认知水平分类设计作业。如帮助理解的,巩固记忆的,提炼概括的,迁移转换的,发散思维的;从基础知识和基本技能,到数学思考技能、问题解决能力,全面考虑。在分类设计的基础上,注意面向学生全体,把每类作业按难易程度设计出几个不同的档次。注意运用题组进行变式训练,做到作业梯度与学生层次相对应,使不同水平的学生都能从做作业中获得学习效益。

(2)作业形式多样化

单一的作业形式、重复的机械训练是导致学生作业低效的主要原因。尤其是在2022年课标第一学段学生课后无书面作业的要求下,单一作业就更为时代所不容。很多学生觉得作业枯燥无味,也只是因为它与课堂上所做的作业没有什么两样。解决这一难题的方法之一就是实现作业形式的多样化。这不仅是指题型多样,如是非题、匹配题、选择题、填空题、解答题、材料题等,更是形式要多样。既有一般的书面作业和口头作业,又可布置一些有关联系实际问题的研究性作业。

案例8.1 百分数的认识实践性作业[②]

师:就要下课了,老师留个作业请同学们课后思考和实践(出示下图)。二年级要举行踢毽活动了,如果请你们帮助二年级(10个班)同学制定一个踢毽达标个数的标准,该如

---

① 叶青."双减",我们这样让学生开心,家长放心,老师舒心[J].人民教育,2022(Z1):91-93.
② 吴正宪执教,冯佳圆(整理/赏析),张艳(整理/赏析),等.在统计视角下建构百分数的意义——"百分数的认识"课堂教学实录[J].小学教学(数学版),2022(7-8):134-138.

何制定呢?

生:我们先要调查,让二年级的同学真的去踢踢毽子,看看他们的踢毽水平。

生:我们可以统计一下二年级踢毽个数的平均数,再制定标准。

生:也可以根据他们踢毽子的情况,借助百分数定标准。

师:同学们说出了一个真理,实践出真知,真得测试一下,收集数据,让数据来说话。

生:我们收集了数据,然后进行整理与比较,才能定标准。

师:很好,这项具有挑战性的任务就留给大家课后完成,看看在这项实践作业中,我们能有哪些收获与进步。

> 如何确定二年级同学踢毽达标标准?
>
> 二年级同学开展踢毽活动,如果要确定一分钟踢毽达标的个数,你怎么设计呢?

图8.1 课后实践性作业

只是布置简单重复的作业学生往往不感兴趣,他们只是单纯地完成任务,缺少身心的深度参与。本节课的作业设计是让学生根据所学内容开展实践活动,运用自己学过的统计量真正解决学校里发生的问题。制定标准并非易事,学生需要经历收集数据、整理数据、分析数据、做出判断的过程,感悟到做出一项决策要调查研究、要实事求是、要用数据说话、要根据实际情况合理地选用统计方法。一个小小的实践作业埋下了一粒生长的种子,让学生的经验在思考与应用中实现迁移,进一步体会百分数的统计价值,发展数据分析观念和应用意识。

(3) 作业选择自由化

有选择地布置作业的更重要的含义就是给学生选择作业的自由,让学生自主选择作业的形式和数量,自主确定做作业的时间等。让学生自觉主动地选择作业、完成作业远比被动地应付教师布置的作业效果要好。如教师可以列出作业范围和要求,将作业区分为基本作业(人人都做)、选择作业(学生选做)、自主作业(完全由学生自主确定)。有选择地布置作业的最大益处,就是弹性而有选择的作业会吸引有兴趣的学生做更多的作业。教师仅从学生完成作业的数量就可以获得有关学生的大量信息,同时,让学生自由选择还可以确保作业的真实性,而不至于引发抄袭作业的现象。这样可以利用学生的作业信息做出可靠的推论或决策。不足的是作业的多样化将会给作业的批改带来困难。

2. 让学生参与作业批改

让学生参与作业的批改是一种既能减轻教师负担,又能激发学生学习热情的有效策略。如果作业有明确清楚的答案,那么可以采取组对学习的方式来检查作业,同学之间两两互相对照答案,有疑问或错误时互教互学。对于复杂的作业形式,可以采取以小组为单位的方式,对每个人的作业进行集体评判,学生可以充分发表意见,对不同的解法认真研究审定。作业结束后,要求学生以小组为单位填写作业意见反馈表。教师通过作业意见反馈表或抽查部分作业就可以实现对作业的了解与监控,以便做出相应的教学安排。

表8.4 小组作业评价表

小组		日期		记录人	
作业题目					
小组完成情况					

续表

小组		日期		记录人	
典型错误及矫正					
不同观点与解法					
体会与建议					

对于重要的、难度较大的或者可合作学习的作业内容,教师可以采取课堂评判的形式,组织学生进行集体讨论。让学生参与作业批改,在于促进学生关注重心从确保完成作业转移到利用完成的作业来加深和拓宽知识上来,真正发挥作业评价的发展性功能。同时,教师还可以节省更多时间精力从事教学科研。

3. 有效利用家长参与

利用作业进行评价是实现多主体评价的最佳途径,也是家长能够参与评价的唯一途径。然而,在课程改革中,一些学校或教师只是从形式上去理解多元评价,往往是不论评价的内容与目的,一律采取家长参与评价的方式。事实上,家长参与评价并非指家长可以控制作业的内容或者对作业进行评分,而是指家长要扮演一个观察者或记录员的角色,以监督学生在家中做作业的情况。家长参与评价过程中所负有的责任,就是代替教师监控学生做作业的过程,并帮助教师收集学生做作业的信息。当然,教师在此过程中要与家长协调、沟通,绝对不可让家长包办代替,将教师或者学生应该完成的任务指派给家长来完成。

四、小学数学学业质量评价常用策略之考试

数学考试命题是实施评价的难题,又是课程改革落地课堂的终极保障。《课标(2022年版)》直面这一难题,提出了解决问题的主要策略,包括考试命题的基本要求、小学数学命题的质量指标、命题考察重点和命题过程等。

(一) 考试命题的基本要求

考试命题要对基本知识和基本技能进行考察,要注重学生对其中所蕴含的数学基本思想方法的感悟,以及在具体情境中的合理应用,不出偏题、怪题。要恰当呈现并合理利用评价结果,发挥评价的激励作用,保护学生的自尊心和自信心。学业水平考试是根据学业质量标准,对学生学完本课程后的课程目标达成度进行终极性的评价。

编制数学试题是一项艰苦的脑力劳动,如果编制试卷时,所有的试题都要临时编拟,那将是非常辛苦的,而且常会发生错误。因此,教师平时应注意多编拟试题,并把它们记在卡片上积累起来,这样可以提高编拟试题的质量。在编制小学数学试题时,一般应该遵循以下基本的要求。

一是适中性原则。命题应以《课标(2022年版)》为依据,试题涉及的内容不能超标,也不能低于标准提出的要求。

二是代表性原则。试题取样应有代表性,样本应能体现测验的范围与要求,有较大的

覆盖面,同时保持各部分之间的适当比例,并能注意到考察教学内容中的重点部分。

三是科学性原则。命题要科学合理,试题的表达应清晰无误,用词简明准确,清楚具体,图形准确,试题的答案不应该有争议,实际问题的内容要符合生产和生活实际。立意要新颖。强调学生通过实践增强探究和创新意识,学习科学研究方法,发展综合运用知识的能力,注意体现试题的思想性。

四是客观性原则。评分标准要明确、简洁、客观、合理。

上述命题要求是原则性的,在实际编题时,仅知道一些原则是不够的,应注意灵活应用原则。从目前小学数学教学情况来看,错误的习题、试题还时常可见,有的错题还出现在书刊上,应该引起我们的重视。

总体说来,小学数学试题的命制,必须在目标明确的情况之下,按照上述原则,尽量命制出高质量的题。

(二) 考试命题的质量指标

评价数学试题的质量指标主要有难度和区分度。

1. 难度

难度是衡量试题难易程度的指标。它主要反映试题对学生知识和能力水平适合的程度,通常用难度系数 P 来表示。

计算难度系数的基本公式是:

$$P = \frac{\bar{x}}{w}$$

式中 P:某试题的难度系数;$\bar{x}$:所有参加测验的学生在该题的平均得分;w:该题的满分分数。

对于一类非对即错的客观型试题(是非题、选择题等)通常采用试题答对给满分,答错或不答均给零分作评分标准,对这类题可以用下面的公式计算难度系数 P。

$$P = \frac{R}{N}$$

其中 R:该题答对的人数;N:参加测验的学生总数。

当被试者人数很多时,难度系数还可以采用下面的计算方法:将每个被试者的测验得分由高到低依次排列,分别从最高分和最低分开始各取总人数的 27% 作为高分组在该题的得分率 P_H 和低分组在该题的得分率 P_L,再用下面的公式计算该题的难度系数 P。

$$P = \frac{P_H + P_L}{2}$$

例1 某主观型数学测验题的满分分数是 8 分,高分组人数是 95 人,实得分数是 579 分,则高分组的得分率为

$$P_H = \frac{579}{8 \times 95} \approx 0.76$$

如果算得低分组得分率为 $P_L=0.30$,则该题的难度系数为

$$P=\frac{P_H+P_L}{2}=\frac{0.76+0.30}{2}=0.53$$

从难度的计算公式可以看出,试题的难度系数 P 越大,表示该题平均得分较高,即表示试题越容易。反之,P 值越小,就表示试题越难。显然,P 的取值范围是:$0\leqslant P\leqslant 1$。当 $P=1$ 时,就表示全体考生该题都得满分;当 $P=0$ 时,表示该题得分的学生一个也没有。这说明当 P 取两个极端值时,试题无法区分学生的学习水平,所有被试学生在该题的得分没有任何差异。所以,难度太大或太小的试题都是不合适的。难度究竟多大才合适,并无绝对的标准。一般地说,每道题难度系数在 0.2～0.8 之间比较合适。整份试卷各试题的难度应该形成一定的坡度。

2. 区分度

区分度是衡量试题对学生实际学习水平区分程度的指标。好的测试题能将优秀生与差生区分开来,差的测试题则分不出学生学习水平的差别。对某个试题来说,如果实际水平高的学生得高分,而实际水平低的学生得低分,那么就说该题的区分度高。某题的区分度通常用学生在该题的得分与学生实际水平之间的相关系数来表示。由于学生的实际水平难以测量,于是就用该生试卷上的总分来表示,因此,计算某题的区分度 D,就是计算试卷上的总分与该题得分之间的积差关系数 r,其计算公式为:

$$D=r=\frac{\sum_{i=1}^{N}(x_i-\bar{x})(y_i-\bar{y})}{N\cdot S_x\cdot S_y}$$

式中 x_i 是第 i 个学生在该题的得分,y_i 是第 i 个学生的测验总分;N 是被试学生总数;S_x、S_y 分别表示变量 x、y 的标准差;$\bar{x}$、$\bar{y}$ 分别表示所有被试学生该题得分的平均数和测验总分的平均数;D 表示区分度系数。

区分度还有一种计算方法,这种计算方法是先将全体被试学生的测验总分按由高到低顺序排列起来,然后分别从最高分和最低分开始各取总人数的 27% 作为高分组和低分组,记高分组在某题的得分率(得分平均值与试题满分值的比)为 P_H,低分组在该题的得分率为 P_L,那么这两个得分率之差可作为该题的区分度系数 D,即

$$D=P_H-P_L$$

计算区分度的第一种方法我们把它叫作"积差相关系数法",第二种方法叫作高、低分分组得分率相减法。

从区分度系数 D 的计算公式可以看出,测验成绩较好的学生在某题的得分较高,测验成绩较差的学生在该题的得分较低,该题的 D 值就较大;反之,D 值就较小。因此,D 值越大,试题的鉴别力就越强。

在常模参照测验中,测验的目的在于测量学生的相对位置或等第,因此,区分度指标成为试题质量的重要标志。一般地说,区分度系数为 0.4～1.0 的试题质量为优,区分度系数为 0.3～0.4 的试题质量为良,区分度系数为 0.2～0.3 的试题为合格,区分度系数为

0.0~0.2 的试题为差,区分度系数为 -1.0~0.0 的试题为极差。

在目标参照测验中,由于测验的目的在于测量学生是否达到了预先制定的教学目标,因此,试题的区分度系数意义就不大。例如,在平时的数学单元测验中,常有一部分题目几乎所有学生都能答对,尽管这些试题的区分度系数几乎为 0,但根据测验的目的,这些试题可能仍然是完全有效的。

试题的难度系数 P 与区分度系数 D 是两个既独立又互相联系的衡量试题质量的指标。P 值过大或过小,表示试题过易或过难,因而 D 值必定小。反之,若 D 值大,表示试题的鉴别力强,那么 P 值必定适中。

例 2 一次数学考试的总成绩和第五题的得分如下表所示,计算第五题的难度和区分度,并说明该题的质量如何(该题满分为 20 分)。

表 8.5　学生得分表

学生学号	1	2	3	4	5	6	7	8	9	10	11	12
总分	97	53	67	84	88	47	78	75	66	83	92	61
第五题得分	19	4	8	14	17	12	16	13	18	15	20	6

解:计算难度系数:

$$\bar{x} = \frac{1}{12} \times (19+4+8+14+17+12+16+13+18+15+20+6)$$

$$= 13.5$$

$$P = \frac{\bar{x}}{w} = 13.5 \div 20 \approx 0.68。$$

计算区分度系数:

高分、低分组人数:$12 \times 27\% \approx 3$,

$$P_H = \frac{19+17+20}{20 \times 3} \approx 0.93,$$

$$P_L = \frac{4+12+6}{20 \times 3} \approx 0.37,$$

$$D = 0.93 - 0.37 = 0.56。$$

质量评价:

由于 $P \approx 0.68$,在 0.8 与 0.2 之间,$D = 0.56 > 0.4$,所以第五题是一个质量较好的试题。

(三)考试命题的考察重点

《课标(2022 年版)》强调要发挥评价的育人导向作用。因此,命题应该全面贯彻党的教育方针,落实立德树人根本任务,坚持核心素养导向,全面提高教育质量。为此命题应关注如下三个重点。

1. 重点考查学生对数学知识的整体理解

以具有联系的结构化的数学知识主题为载体,在形成基础知识、基本技能、基本思想、基本活动经验的过程中,考查学生数学知识的整体理解和核心素养。比如,要考察学生对方位的认识,不仅仅在纸上让学生进行标注,还可以让学生描绘回家路线示意图,注明方向和图中的主要参照物。这样的考察方式生动有趣,与学生的生活实际相联系,关键是有对数学的理解和对核心素养的渗透。在教学活动中,教师也可以先让学生用日常语言描述回家的路线,然后在图上标出方位,画出路线图,标明主要参照物,在这个过程中,帮助学生建立几何直观、发展空间观念。

2. 重点考查学生对数学思想方法的掌握与应用

数学的思想方法有很多,但是最基本的是数学抽象、逻辑推理、数学模型,其中最重要的是逻辑推理,这是数学本质最核心的部分。数学运算的算理与算法的本质都是逻辑推理,图形的性质、判断、计算、位置关系、图形的运动等都要用到逻辑推理。因此,应多考查数学思想,少考查可以模仿的计算;即使考查计算,也应多考查计算中的算理部分。在数学的世界里,最重要的不是我们已经知道了什么,而是我们怎么知道的。[①]

比如,三角形面积公式的探索是一个难点,原因是它无法像平行四边形那样转化成长方形或者平行四边形来计算,而是用两个全等的三角形拼成平行四边形来推导面积公式,这个方法学生不容易想出来。那么,除了这个方法,如何启发学生比较自然地利用已有的知识和方法探究三角形的面积公式呢?教师可像下题这样考查转化、推理、建模等基本思想方法:我们都知道,三角形的面积公式是通过用两个完全一样的三角形,拼成平行四边形来推导的。如果不用这个方法和思路,请你在方格纸上画图,把三角形转化成长方形或者平行四边形,然后推导三角形的面积公式。

再比如,数学新课标加强了对演绎推理思想方法的要求,通过直观和计算感悟等式的基本性质及等量相等这一基本事实,进行简单的推理。下面关于长方体的一些性质可以考查学生的推理能力。

如图 8.2 所示的长方体,每个面都是长方形。

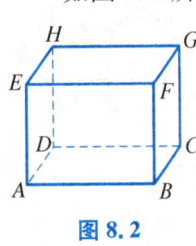

(1) 根据长方形的性质,$EF=HG$,$EF=AB$,所以 $HG=AB$。这是一个推理证明的过程,根据相等关系的传递性,请证明长方体 12 条棱,分为 3 组,每组有 4 条,相对的棱彼此相等。

(2) 平行关系也有传递性,请证明 $HG//AB$。请证明长方体 12 条棱,分为 3 组,每组有 4 条相对的棱,彼此互相平行。

图 8.2 长方体示意图

设计学生熟悉的生活和社会情境,以及符合学生认知发展规律的数学与科技情境,让学生经历发现和提出问题、分析和解决问题的过程,考察学生的核心素养。为此,设计真实的问题情境是非常重要的,特别是要包含生活情境、社会情境、科学情境、数学情境。在小学阶段,须重点设计生活情境和社会情境。

比如,利用生活情境来设计问题,让学生估算上界和下界。问题这样进行表述:"张阿姨去商店购物,带了 100 元,他买了两袋面,每袋 30.4 元,又买了一块牛肉,用了 19.4 元。他还想买一条鱼,大一些的每条 25.2 元,小一些的每条 15.8 元。请帮助李阿姨估算一

[①] 王永春. 小学数学核心素养导向的学业测评[J]. 小学教学研究,2022(28):5-8.

下,她带的钱够不够买小鱼,能不能买大鱼?"

再比如,利用社会情境来设计问题,让学生用统计图表达空气质量的变化。问题这样进行表述:"2018年7月,国务院颁布了打赢蓝天保卫战三年行动计划,北京市积极响应,聚焦移动源、扬尘源、生活、生产资源等重点污染源,深化秋冬大气污染防治共建。人们普遍感觉到雾霾天气明显减少了。请用统计图表达空气质量是否得到改善。"

> 链接8.3 小学数学核心素养导向的学业测评

3. 不断探索数学命题的革新创新

命题坚持核心素养为导向,充分体现数学学科的育人价值和功能。不断探索命题的革新创新,引导学生求知问学,增长见识,丰富学识。对于综合、创新性试题的设置,也要以课标为依据,避免超出课标要求和学生的认知水平。特别在双减背景下,提出命题创新是特别有意义的。命题创新并不是出难题。以下为来自课标样题的改编,让学生观察叠放杯子的总高度的变化规律。图8.3是一个纸杯和六个纸杯放在一起的纸杯示意图,请自行选择常量和变量,用一个含有字母的式子来表示叠在一起的杯子的总高度。

图8.3 叠放的杯子有多高

这道题是一道生活情境的数学题,要求学生能够根据图示,自行定义合适的常量和变量,并利用含有字母的式子来描述杯子的总高度,随杯子的数量增加的变化规律,考察学生对字母表示数的理解。要求学生能够从数学的角度观察示意图,抽象问题情境为数学情境,并能利用字母来表示杯子总高度。这体现了考察学生"会用数学的眼光观察现实世界,会用数学的思维思考现实世界",具体的素养为抽象能力和运算能力。其实这也体现了命题改革的基本方向——关注对知识主题的整体理解,关注在实际情境中的数学应用。

(四)试卷命题的过程

一份好的数学试卷必须处理好四个方面的问题。题量及其分布,每个章节各有多少试题,各占多少分;题型及搭配,每种题型有多少道题,在各章中是怎样分配的;难易及其层次,整个试卷的预计难度,不同难度试题的比例;试题在卷面上的安排;等等。一份好的试卷,无论它是由哪些题型所构成,除了每一道试题的科学合理性之外,还应该具备全面、适度、适量、独立、合理、简明、准确、新颖等诸多要求。只有用高质量的试卷,才能全面考查学生掌握知识和技能,以及运用知识、技能解决实际问题的能力,同时也能客观地检查教师的教学效果。为保证试卷质量,试卷的编制必须按一定的程序,依据一定的方法进行。

1. 试卷编制的基本原则

一是目标性原则。数学教学是按教学目标进行的,不同的考试,如过程性、总结性考试,目标参照、常模参照考试等,由于它们的目标和功能不同,所以编制试卷的目标和要求也不同。因此,依据教学目标和达到考试目的是编制试卷的首要原则。

二是科学性原则。所编制试卷的形式和试题都要科学,符合学生的思维水平和心理特点,体现各种题型对考试的作用。试题按由浅入深、从易到难和由简单到复杂的顺序排列。主观、客观试题的题量和分数比例恰当，试卷的题量与答题所用的时间相吻合，所编制试卷的试题内容科学无误，严格遵循学科特点和知识体系。试题的陈述简约、无歧义，无科学原理和事实上的错误。

三是客观性原则。编制试卷的标准是考试的目的和要求，不因命题人的更替而变化标准。编制试卷的内容在课标规定的范围，是学生学过且理应掌握的有价值的内容。客观性试题的答案要明确、无争议，正确答案随机安排，迷惑选项有意义，无重叠。主观性试题有合理的明细评分标准，对特殊情况要有具体、明确的规定。

四是时代性原则。编制的试卷要具有时代气息，体现现行课标的理念和要求，力求突出以数学核心素养为导向的考查。紧密联系学生学习和生活实际，联系生产实际和科技发展前沿，联系自然发展和环境保护等实际问题。要安排足量的实验考题，考查学生的研究性学习和科学探究等。

2. 试卷编制的基本要求

一份好的试卷，无论它由何种题型所构成，除了每一试题都科学、合理外，还应该具备下述条件，符合下列要求：

（1）全面。试卷考查的覆盖面广，考查点分布合理，考查的内容对整个考试内容有足够的代表性。根据学段内容，尽可能覆盖教学的各个方面，全面测试学生的能力与水平。

（2）适度。试卷试题的难度比例、考查深度要符合课标的要求，使试卷具有较高的内容效度，考试目标达成度高。一般情况下，水平考试的期末试卷难度以 0.85 为宜（当然，试卷的难度要求须根据年级的高低、学生的差异而有所不同，不能千篇一律）。

（3）适量。试卷的分量要适当，要让学生有较充裕的时间来完成试题的解答，并留有检查的时间，使学生不至于因时间不够造成思想紧张、笔误、书写不规范等。一般认为，教师做题时间和学生做题时间的比例可掌握在一比三。

（4）独立。试卷中各道试题间要有相对独立性，不能有构成对其他试题提供正确答案的线索，不能出现有答案暗示或引导答案线索的试题。

（5）合理。试卷中的试题排放要合理，同种类型试题之前应扼要说明该类试题的解答要求，使学生明确做什么、怎么做、答案以什么形式表述。试题排放要做到：同等难度试题中同类试题集中排放，不同等难度试题由易到难排放。

（6）简明。每道试题的叙述要简明、准确、易懂，避免使用艰深难懂的字词，使学生阅读试题后能确切知道题意，不致对题目的要求捉摸不透。

（7）准确。试题所涉及的内容，知识点清晰，没有争议。试题的答案要有确定的结论，应有不致引起争议的确切答案。选择题正确答案选项要随机排列。

（8）新颖。部分试题所提问的方式、设置解题任务的情景要新颖，不落俗套。试题的形式要多样，但活而不怪，多而有序，是非清楚，具有一定的发散性和创新性。

3. 试卷编制的一般程序

（1）明确考试目的。小学生的数学学习成绩就测验而言主要有摸底测验、单元测验、期中测验、期末测验、毕业考试等，由于测验的目的和类别不同，对试题内容的广度和深度、测验的方法与形式等都有不同的要求,因此,在编制测验试卷之前,教师必须明确小学数学测验的目的。

(2) 确定考试内容。研读课程标准的教学要求以及教材的相关内容,准确把握考试内容的难度和范围,从而把握考试内容。

(3) 设计制卷计划。根据考试目的、课标要求和教学内容,先制定出命题、制卷的具体计划,计划包括测试的内容、题量、题型、时间和分值等;再制定出具体的双向细目表。

双向细目表,也称试卷蓝图,是一种反映试题内容和考查要求的横竖两向的表格,它实际上是一份命题计划。双向细目表由双向栏目组成,一向栏目表示教学目标(现在有的双向细目表也将题型列在这一栏内),主要体现考试能力要求;另一向栏目表示考试内容,它反映知识的覆盖面。

例 3 下面是对某小学二年级下学期期末数学考试(教材为苏教版义务教育课程标准教科书数学)试卷分析后得出的双向细目表(仅供参考)。在编制试卷之前先编制这样的双向细目表,就为编制高质量的试卷提供了必要的保证。

表 8.6 某小学二年级下学期期末数学考试试卷双向细目表

知识内容	试题类型							教学目标				合计
	填空	选择	判断	作图	计算	应用题	…	识记	理解	简单应用	综合应用	
有余数的除法	2		2		4	4		4	4	4		12
认数	6	2	4			4		4	6	6		16
分米和毫米	4								2	2		4
加法		2			6	6		4	6	4		14
确定位置	2		2			4		2	4	2		8
减法		2			6	6		4	6	4		14
认识角	2		2	4				2	4	2		8
乘法			2		8	6		4	6	6		16
统计	2					4			2	4		6
实践活动	2									2		2
合计	20	6	12	4	28	30		24	40	36		100

要编制一张双向细目表,需要做好如下几方面工作:

第一,确定知识内容。细目表中"内容"一栏,反映了测验对知识内容的取舍,从中可了解整份试卷对教学内容的覆盖情况。知识内容罗列的粗细程度取决于测验内容。如单元测验的内容可罗列每个知识点,期末测验则可罗列到单元,毕业考试则可分"块"(如分为"数的认识""数的运算""图形的认识""可能性""常见的量"等)。

223

第二,确定教学目标应达到的数学学习水平层次和题型。这里的教学目标主要是指认知领域中的教学目标,一般分识记、理解、简单应用、综合应用等几个层次。题型可以根据教学内容及教学目标考虑。

第三,确定试卷容量。试卷容量是指一份试卷中试题的数量。试卷容量的大小主要由测验时间决定,此外也应当考虑到试题的难度、类型等因素,教师应根据学生学习水平适当地安排试卷容量。

第四,分配测验总分。测验总分应该按双向细目表中纵横两个方向统一进行分配。这里的纵向分配是指按"内容"分配总分,其依据是各部分知识内容占的教学时数和它们在教材中所处的地位的重要性。这里的横向分配指按"教学目标"和"题型"分配总分,其依据是测验的目的要求、学生的实际水平、各种类型测验题的特点等。一般的数学测验,基础部分试题分数约占总分的70%,中等难度的试题分数约占20%,较高难度的试题分数约占10%。在决定每个纵横交叉格中的分数时,主要考虑如何合理地按教学目标层次分配,同时也要考虑该层次上是否能编制合适的试题。

(4) 编制试卷内容。依据命题原则,紧扣命题细目表,按计划严格选择材料,进行选题组卷。

(5) 审查修改试题。对照课程标准,逐题进行审查、修改,并进行筛选,使试题科学、准确、合理。

(6) 试答试题内容。试卷初步编制完毕,进行试题解答,体验试卷难度,估测答卷时间。

(7) 调整试题内容。根据试答情况,对试卷题量或其中个别试题进行适当调整。

(8) 制定评分标准。根据试答和调整后的情况,对试卷做出准确、合理的参考答案和评分标准。

(五) 组织考试

1. 数学考试的实施层面

(1) 学校层面的数学考试。学校层面的数学考试,是指由学校(通常是教务处)统一组织实施的、采用年级统考或联考的方式(以激励教学班级之间的竞争意识)促进教学质量提高的考试。这种考试的性质属于阶段性的学业考试,其主要功能在于通过定期的考试来监控教师的教学质量,以实现教学的管理。

(2) 课堂层面的数学考试。课堂层面的数学考试,是指教师在具体的课堂教学与学习情境中实施的课堂测验、单元测验等,这种考试具有灵活性,考试的时间、地点、内容与方法等都是由任课教师视情况而决定,测验的对象只局限于自己所带的班级,测验所用的试题通常由教师自己编制。这种考试的主要作用是检测学生的学习状况,明确其努力方向,通过对学生考试成绩的分析,能够帮助教师发现教学所取得的成绩与不足,促进教学改革和教学水平的提高。

2. 数学考试的实施策略

此策略限于指学校范围(学校层面与课堂层面)的数学测验与考试,重在使现有的测验与考试尽量有利于教学的改善,减少考试所导致的负面效应。

(1) 减少考试次数,缓解心理压力

一般认为考试可以精确地测量出学生对知识与技能的掌握水平,以至于可以利用它来预测学生的进步与变化,衡量教师的教学成效,总是寄希望于考试来激励学生的热情,促使他们为提高教学质量而不断努力。但对考试所赋予的期望,不能保证充分发挥它们应有的积极作用,反而给教师与学生带来了许多消极影响。因此,在可能的情况下,尽量减少考试的次数,尤其是学校层面的考试,这是减轻教师与学生负担的有效策略。

(2) 开放考试过程,鼓励学生参与

就现实而言,教师与学生常常处于相互对立的位置。教师在编制试卷时想方设法将学生容易遗漏和混淆的地方作为出题的重点,试题及评分标准自然是严格保密的,学生则完全被排除出试题编制过程。而且在考试进行中,不准参考任何可能的信息,在这样的考试中,师生常常扮演着猜题与反猜题的角色,会使得一些学生为取得好的成绩弄虚作假,或者因情绪焦虑而不能正常发挥自己的水平,难以准确地反映其真实的学习情况,更难促使学生利用考试来提高学习成绩。

就学校而言,考试目的只是想利用考试来总结和展示学生的学习情况。那么,就没有必要采取严格的考试程序,而是应该开放考试过程,让学生在宽松的环境中发挥自己的真实水平。当然,开放考试过程并不是指教师要将自己编制好的测验题告诉学生,而是指要鼓励学生参与,充分发挥学生在考试过程中的积极性与主动性。对此,有以下一些措施可供选择:

一是让学生了解考试过程。让学生了解考试的意图,了解考试的考查目标以及试题编制过程,甚至可以要求学生按照他们对学习目标及对课堂材料的基本概念的理解为基础编制与组织试题,通过合作来判断试卷应该包括哪些内容,从而形成相应的试题及解答等,这样做将有助于激发学生的热情,减少学生对考试的恐惧感。

二是采取多样的考试方式。目前,不少地区的学校采取的考试方法有笔试(开卷、闭卷)、口试、实验、操作、活动等。特别是口试、实验、操作、活动等考试方式,给学生开放的时间与空间,在解答试题的过程中,学生可以自由地、广泛地进行查阅资料、调查访问、动手实验、自主探究和同学之间的相互交流。采取多样化的考试方式,无形之中就可以扭转"应试倾向",把学校教育引向素质教育的发展轨道。

三是引导学生进行自我反馈。考试中,重视发挥学生的主体地位,积极引导学生参与对考试结果的分析与评判,不仅有助于扭转以往只重视考试分数不重视改进教学的倾向,而且真正发挥了考试的反馈与导向功能。学生通过对考试结果的自我分析,可以真正地了解自己的进步与不足,还能运用考试信息来设立目标,做出与自我提高相关的学习决策,以形成对高质量学习的理解。

(3) 合理评定分数,重在促进理解

测验实施以后要进行阅卷评分,为使评分客观真实,一般采用封盖答卷人姓名、教师采用"流水作业"的方式阅卷。评卷人要严格按评分标准给分,还要慎重对待超越标准答案外的答案,合理评分。同时,要通过降低学生得分的意义来放松学生对分数的过分关注,使学生更多地注重对数学知识的真正理解。

目前,以核心素养为导向的考试评分机制还不够成熟,还需要进一步探索与实践。计分制评分方式在考试评价中已广泛运用,而等级评分方式的运用较少。若采用等级评分方式,试题的命制就须明确题目的作答标准,确定不同等级的作答表现。等级的划分应当以学业质量标准为依据,结合具体评价任务,将学业质量标准具体化,研制包括评价框架、表现水平和表现样例等成分的等级性评分标准。例如,将学生作答划分为3个水平:"水平1"的作答为"未达到学业质量标准的基本要求";"水平2"的作答为"达到学业质量标准的基本要求";"水平3"的作答为"高于学业质量标准的基本要求"。评分标准的制定应注重明晰的标准和具体的描述,对不同水平的作答描述要边界清晰。同时,评分方式的实施要注重对阅卷人员进行培训,确保阅卷人员能够理解核心素养的作答标准,以便能够准确评价学生的数学核心素养发展水平。在实践中,考试评价需要重新看待标准答案的意义,特别注意开放性试题的评分标准的多样性。

一道数学测试题往往不是仅仅考查学生数学核心素养的某一个方面。为了降低阅卷难度、保证阅卷效率与质量,考试评价一般仅要求阅卷人员评定学生作答的总分,不要求给出作答中学生在核心素养具体表现方面的得分。因此,数学核心素养的考查还须加强对认知诊断、学习进阶等较为前沿的教育测量方法的运用。[①]

(六) 试卷分析

每次数学测验之后,一般都要进行试卷分析,为改进教学及以后的测验工作积累资料。试卷分析一般有定性分析和定量分析两种,这两种方法通常结合进行,互相补充。

分析试卷和试题的质量通常以定量分析为主,辅之以定性分析。这里的定量分析主要是指测验成绩分布的统计,测验的信度、效度分析和试题的难度、区分度的分析。

分析学生在测验中存在的问题则以定性分析为主,辅之以定量分析。试卷的定性分析可根据实际需要来确定。如对学生普遍未答好的数学试题进行具体分析,找出带规律性的错误,以便改进教学。如要比较不同班级、不同学校的差异,则从各个班、各校中挑选部分试卷进行比较。通过试卷分析,教师还可将难度恰当、区分度高的试题积累起来,为以后编拟小学数学试卷积累资料。此外,教师应将试卷分析的情况通过集体讲评、个别讲评等形式告诉学生,使测验的功能得到充分的发挥。

(七) 结果分析

结果分析重在对原始分数的解释和处理。

根据测验的评分标准,从试卷直接得到的分数叫原始分数。由于原始分数计算简单,又直观明了,因此在各类测验中得到了广泛的应用。原始分数可以用来解释被试学生达到目标的程度,还可以用来解释被试学生达到的成绩等级。教师可自行确定一个划分等

---

① 曹一鸣,王立东,何雅涵. 义务教育数学考试评价与教学实施——基于《义务教育数学课程标准(2022年版)》的学业质量解读[J]. 教师教育学报,2022(3):97-103.

级的标准,将学生达到的原始分数转化为优、良、及格、不及格等不同等级。但是原始分数也存在一些缺陷。首先是原始分数的起点"0分"没有明确的意义。例如,某生一次数学考试得了零分,只能表示他对该份试卷一无所知。而不能表示他的"学习行为结果"为零,换一份同样内容范围的试卷,他未必也是零分。这是因为同样考试内容的试卷,其难度难以保持一致,各份试卷其参照零点各不相同,缺乏统一的起点,所以原始分数是不具有统一参照标准的分数。原始分数的另一个缺陷是每一个"1分"并不等值。例如99分与100分相差1分,19分与20分也相差1分,然而从99分升到100分要比从19分升到20分难度大得多,这两个1分的价值相差很大。

鉴于原始分数存在的缺陷,在数学学习评价中我们经常采用标准分数。

标准分数是根据概率论的正态分布原理,以平均分为参考点、以标准差为等值的分数单位,用原始分数离开平均分的距离中所含标准差的个数来表示标准成绩的分数。其计算公式是:$Z = \dfrac{x - \bar{x}}{S}$。其中 x 为某考生的原始分数,$\bar{x}$ 为该考生团体的算术平均分,S 为标准差。例如,某考生在考试中得了82分,该次测验的平均成绩为74分,标准差为8分,那么这个学生标准分数 $Z = \dfrac{82 - 74}{8} = 1$。

由此可见,标准分数是具有统一参照标准和统一单位的分数。它的起点分——"0分"统一定为考生团体的平均学习水平,它的每个"1分"就是一个标准差。标准分可以清楚地表明每个考生在团体中的位置。Z 为0表示位于平均水平,Z 为正表示在平均水平以上,Z 为负表示在平均水平以下。

由于标准分有正有负,与我们习惯上使用的百分制分数相差甚远,因此人们定义了一个 T 分数:$T = 10Z + 50$。这里 Z 是标准分,在成绩近似地满足正态分布的情况下,T 分数取值范围一般在 20~80 之间,与百分制分数比较接近。

应该指出,标准分也不是完美的,它不能代替原始分数。标准分数虽然可以表明个体在集体中的相对位置,却不能描述集体的状况。选拔性考试运用标准分数较好,而水平性考试仍用原始分数较好。

思考与练习8.2

1. 小学数学测验有哪几种类型?各类测验有什么功能?
2. 表现性评价的方式有哪几种?
3. 交流式评价的形式有哪几种?
4. 考试命题如何体现以核心素养为导向?
5. 小学数学试卷编制有哪些基本原则和要求?
6. 小学数学试卷编制的一般程序是什么?
7. 选择小学数学教材中某一单元,制订一份双向细目表,并在此基础上编制一份测验试卷。
8. 对附近小学一个班级的数学期中或期末测验试题的质量进行一次分析,并对该次测验所反映的学生学习情况进行分析。

第三节　小学数学课堂教学评价

　　课堂教学评价是指专门针对数学课堂教学环节所进行的评价活动。其评价的内容涉及教学的方方面面，不仅包括教学目标是否清晰、要求是否合理、教材内容是否完整、教学方式是否科学，还包括学习者参与情况、教师自身的各种能力（讲解能力、观察能力、反馈能力、激发性、创新性、反思性等）。通过进行客观、公正、科学的课堂教学评价，可以起到检验、反思、引领、激励和调控等功能，从而更好地改进数学教学，促进教学的创新，提升教师的专业素养，以及促进学生的全面成长。

　　近年来，我国的课堂教学评价研究已经有了显著进步。通过分析众多的文献，可以清楚地感受到进步的核心表现在：创新的理念、深入的探索以及丰富的实践。在改革开放的早期，对课堂教学的评价主要集中在传统的教育领域，只关注教师的表现。随着复杂的思想的出现，人们对课堂教学的评价范围得以扩大，并且可以从哲学、心理学、社会学、艺术学和测量学等不同的角度来进行探讨。经过课改的长期濡化和教育中人的价值不断张扬，课堂教学评价研究旨趣逐渐从工具理性走向价值理性。研究内容已经由相对单一转向丰富多元。总的来看，研究内容的转变历程基本围绕评价目的、评价对象、评价主体、评价标准和评价方法五个方面进行。[1]　由于信息技术的介入，课堂评价也逐渐由个体的人的行为到现在对课堂评价体系的开发与应用。[2]　对于师范生来说，从基本评价要素入手，能较为快速地把握课堂教学的基本要点并展开评价活动。

一、小学数学课堂教学评价要素

　　数学课堂教学是一个复杂的系统，为了确保其客观性和公正性，我们必须综合考虑多种因素，包括但不限于课程的目标、内容、过程、方法、效果等，以便更好地实现教学目标。对于课堂教学的评价可以从施教者的视角来考察，也可以从受教者的视角来考察。当下大多数研究者赞同凸显"以学生发展为本"课堂教学价值取向，但从师范教育的特点来看，师范生从教者的视角来看也颇为有益。因此，此处采用了教者视角，但在每一个要素中都关注了学生的学习体验、过程和效果。

（一）教学目标

　　教学目标既是教学的出发点，又是教学的归宿。它对整个数学教学过程具有重要的导向作用，直接决定了数学教学过程的发展方向和价值取向，起着导学、导教、导测评的作用。因此，数学教学目标是数学课堂教学评价中首要因素。评价数学课堂教学目标主要可以从以下几个方面来进行考察。第一，教学目标明确、具体、具有可操作性。在一节具体的数学课堂教学当中，需要明确指出要培养学生哪些数学素养，学生要通过

---

[1] 刘志军，徐彬. 我国课堂教学评价研究 40 年：回顾与展望[J]. 课程·教材·教法，2018(7)：12-20.
[2] 吴钢. 中小学课堂教学评价系统探析[J]. 课程·教材·教法，2010(11)：27-32.

何种活动,掌握何种知识和技能,能够解决哪些问题,能够经历和感悟何种思想方法,有哪些非智力因素的卷入。在目标陈述中需要规定好每一个方面要达到的层次和水平,这也有利于后面对教学效果评价的实施。第二,教学目标合理、贴合学生实际。从最近发展区的理论来看,目标设计既要使学生能够通过一定的努力来实现,还要能促进学生的最佳发展。第三,教学目标的完整性。教学目标须对情境问题、知识技能、数学思考、交流反思等各方面都有所考虑,既重视结果性知识的获取,也重视数学活动过程知识的获取。

(二) 教学内容

数学教学内容不仅是教师的重要教学资源,更是学生学习、探究的基础,是他们获取知识的重要途径。因此,教师应该积极研究和挖掘数学教材,并运用多种方式,将其呈现给学生,激发他们的学习兴趣,培养他们的独立思考能力。评价数学课堂教学内容的质量要关注以下几个方面。第一,教学内容的正确性。教师在课堂上呈现和讲解的内容必须正确无误,这是教学最基本也是最重要的一点,是教学有效性的基本保障。第二,教学内容的适切性。教学内容的选择、组织和呈现形式要符合当下的教学理念,符合学生的认知发展水平,与学生认知结构中已有的知识和经验具有非人为的本质的联系。教师应根据学生的实际情况,调整内容的难度、广度,以促进学生的观察、分析、猜想、推理等活动。第三,教学内容的建构性。如教师是否深度研读、剖析了教材,呈现出来的内容是否有利于激发学生思考,是否有足够的空间促进学生的自我交流、探索与创新等。通过综合分析各项指标,评价者全面把握课堂教学的质量和水平。

(三) 教学过程

教学过程是实现教学目标的主要体现,也是师生之间的交流与合作的过程。通过教学过程来帮助学生掌握数学知识,培养思维技巧,进而形成良好的个性品质。在进行数学课堂教学过程的评价时,应重点关注以下几点。第一,教学各环节的有效性和可操作性、教学环节之间的关系合理性以及各环节产生的整体作用。评价时,我们应该重点关注每个教学环节的独特作用,并同时考量这些环节如何协调和适当地结合,以达到最佳的效果。第二,评价教学各环节的实施是否有助于学生独立理解和掌握数学知识,并且是否提供了适宜的学习氛围。通过给予充足的资源、充分的时间和空间,保证学生的参与度,在老师的引领下积极学习,独立思考,实践操作,从而更好地提升数学教学效果。第三,评价学生之间的互动情况,信息交流的流畅性,以及师生之间信息反馈的及时性,观察教师在教学过程中的掌控能力。综合评价课堂教学的整体效果,从而更好地理解和评价教学过程。

(四) 教学方法

在数学课堂上,仅靠传统的讲解法已经不能完成好教学任务,因此,合理地综合运用各种教学方法来提高授课质量和效率显得尤为必要。对教学方法进行评价时,可以主要关注以下四点。第一,教学方法的目的性。所有教学方法的使用都必须围绕教学目标的实现,突出重点、分散难点等因素来进行。第二,教学方法的针对性。不同年龄阶段的学生其认知水平、已有经验基础差异极大,小学阶段的孩子这种差异性尤为明显。因此,教学方法的采用应符合他们的现实水平。第三,教学方法使用的启发性。教学方法的使用要能激发学生的学习动机,启发思考,唤醒学生求知欲,调动学生的学习热情,以更积极的态度去参与、去思考。第四,教学方法的综合性。在进行数学教学时,应该充分考虑如何将多样的教学工具结合起来,以达成最佳的教学效果。在进行教学方法评价时,应该综合考虑多种教学方法的整体效果。

(五) 教学效果

在评价一堂数学课的效果时,除了对教师的表现进行评估外,还需要综合考虑多个因素,如学生回答问题的正确率、学生的参与情况、老师的指导、同伴的互动等,才能准确地判断一堂课的优劣。但是,在进行教学效果评价时,至关重要的就是判断这节课否实现了教学目标。这是评价一节课是否成功最为关键的一点。当然这里需要全面评估一节课是否落实了一个科学合理的教学目标的各个维度。第一,学生的学习成果,包括他们的基础知识、基本技能、数学思想、个性心理品质以及感情的发展。第二,关注学生全体的学习状态。比如学生学习的情绪是否饱满?有多少学生愿意主动提问,积极交流与合作?是否所有学生都能顺利完成学习任务?第三,关注学生的学习负担,争取以较少的课业负担获得更优的教学效果。

在数学课堂中,除了上述五个关键的因素起着重要的作用,还有其他很多因素也在发挥作用。例如,我们也可以将教师的教学技巧、语言表述、板书、交流和问答能力作为一个单一的衡量指标来衡量。课堂教学的各因素之间还存在着多种关联,只有综合考量它们才能更好地评价一节课的教学。因此,在进行数学课堂评价时,我们需要充分理解这个复杂的进程,不能仅仅依靠一种模板来衡量所涉及的所有内容,而要灵活地把握每一个细节,同时也要采取一些措施来保证评价更加科学、准确、客观、公正。

> 链接 8.4 促进深度学习的课堂评价:内涵与路径

二、小学数学课堂教学评价指标

对小学数学教师课堂教学质量进行评价,必须依据明确的反映教师课堂教学质量的指标体系进行。近年来,全国各地的教研部门、学校和教师在教改实验或教学实践中都提出了评价课堂教学质量的指标体系。这些指标体系的项目多少不一,内容详略不同,但一般都注意到:指标和教学目标的一致性,直接可测性,系统内指标相互独立性,指标体系整体完备性,指标可接受性等。随着教学改革的不断深入,评价的指标体系也将不断地发生变化。对于师范生而言,经常参与的是模拟课堂的评课。这一类模拟教学由于没有实际的学生参与,因此评课指标与实际课堂教学评价指标略有不同。下面是一个小学数学课堂教学评价表,可供小学数学课堂教学评价时参考。

表8.7 小学数学课堂教学评价表

被评课人：_____ 所授课题：_____ 执教班级：_____

项 目		评 价 内 容	权重	得分
备课 (30分)	教学目标	教学目标的制定指向学生核心素养发展，符合知识与技能、过程与方法、情感态度与价值观三方面的要求和学生的实际。	10分	
	教学设计	1. 教学设计项目齐全。 2. 难点、重点分析正确，教材处理符合课标要求。 3. 结构合理，内容具体，理解正确。 4. 教案要对学生学习中可能出现的问题有预设，有解决的方案。 5. 写明教学效果反馈的内容和方式；作业设计目的明确，突出重点，形式多样，对学生有分层要求，题量适度。	20分	
课堂教学 (55分)	教学内容	1. 教学内容符合课程标准的要求。 2. 知识传授准确无误，无知识性、科学性错误。 3. 重点突出，难点的分解、引导合理。	20分	
	教学过程	1. 课题引入合理，创设探究氛围，举例联系学生实际。 2. 教学环节的组织有条理、有层次，衔接紧密，过渡自然，时间分配合理。 3. 知识传授循序渐进，系统完整。 4. 突出学生的主体地位，师生互动交流，学生对所学内容兴趣浓厚，踊跃发表意见，课堂气氛和谐。 5. 精讲多练，加强能力培养，提高教学效率。在必要的时候引导学生开展探究学习、合作学习。 6. 教学方法选择灵活多样，与教学目的、教学内容和学生的年龄特征相适应。	25分	
	教学效果	1. 过程性练习有利于巩固和加深理解所学知识，提升数学素养。 2. 学生能达到教学目标中所提要求。	10分	
教学技能 (15分)	教态	1. 仪表端庄，行为规范。 2. 态度亲切自然，师生交流融洽。	5分	
	语言	1. 语言清晰，准确，简练，逻辑严谨。 2. 有趣味性，启发性，富有感染力。	5分	
	板书演示	1. 板书科学，重点突出，层次清楚，布局合理。 2. 字体规范，书写工整，画图正确。 3. 操作演示规范、熟练。	5分	
评课人：		年 月 日	总分合计：	

备课、上课是教师的日常工作，评课也是每一位教师工作的重要组成部分。教师必须紧跟理论前沿，更新教学理念，提升评课能力。

链接8.5 "以学评教"的课堂教学评价指标设计

思考与练习 8.3

1. 影响数学课堂教学质量的因素有哪些?
2. 你能说一说如何评价一节数学课的课堂教学过程吗?
3. 在小学实际听一节数学课或观看一节数学教学视频,并进行课堂教学评价。
4. 自录模拟授课,并根据评价表对自己的教学进行评价。

参考文献

[1] 人民教育出版社课程教材研究所小学数学课程教材研究开发中心.小学数学学业评价标准(实验稿)[M].北京:人民教育出版社,2015.

[2] 魏超群,罗才忠.数学教育评价[M].3版.桂林:广西教育出版社,2007.

[3] 马云鹏.数学教育测量与评价[M].北京:北京师范大学出版社,2009.

[4] 任子朝,孔凡哲.数学教育评价新论[M].北京:北京师范大学出版社,2010.

[5] 喻平.发展学生数学核心素养的教学与评价研究[M].上海:华东师范大学出版社,2021.

第九章　数与代数的教学

内容提要

本章包括五部分内容。首先是数与代数教学概述，立足《课标（2022 年版）》，重点阐述数与代数教学的意义、内容与要求；接着从整数、分数、小数三方面分别探讨数的认识与四则运算的教学要点；最后探讨数量关系的教学，包括常见数量关系、解决实际问题、探索规律、用字母表示和正比关系等内容的教学要点。

思维导图

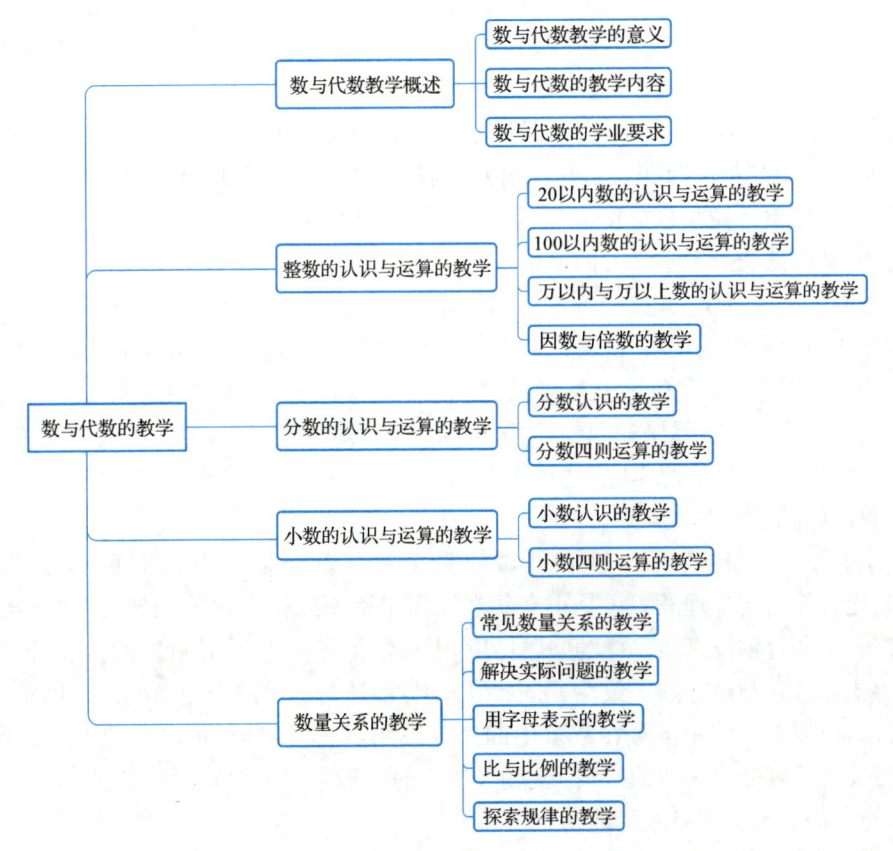

- 数与代数的教学
  - 数与代数教学概述
    - 数与代数教学的意义
    - 数与代数的教学内容
    - 数与代数的学业要求
  - 整数的认识与运算的教学
    - 20 以内数的认识与运算的教学
    - 100 以内数的认识与运算的教学
    - 万以内与万以上数的认识与运算的教学
    - 因数与倍数的教学
  - 分数的认识与运算的教学
    - 分数认识的教学
    - 分数四则运算的教学
  - 小数的认识与运算的教学
    - 小数认识的教学
    - 小数四则运算的教学
  - 数量关系的教学
    - 常见数量关系的教学
    - 解决实际问题的教学
    - 用字母表示的教学
    - 比与比例的教学
    - 探索规律的教学

学习要求

1. 了解数与代数教学的意义、内容与要求。
2. 掌握整数、小数、分数的认识与运算以及数量关系的教学要点。
3. 能正确分析相关教材，初步形成数与代数的教学设计与实施能力。

第一节　数与代数教学概述

数与代数是义务教育阶段数学学习的重要领域。了解数与代数教学的意义、内容、要求以及各部分内容教学的要点，能更好地把握该领域教学的内在规律。

一、数与代数教学的意义

数与代数是整个数学知识体系的基石。小学阶段数与代数是进一步学习小学数学其他内容乃至中学数学的必备基础，其基础性、重要性不言而喻。具体来说，数与代数教学的意义如下：

一是能使学生体会数学知识之间、数学与其他学科之间以及数学与现实生活的紧密联系。数学科学具有高度的抽象性、严密的逻辑性与应用的广泛性等特点，这些特点首先是建立在数概念的不断发展基础上。数是数量的抽象，数量来源于现实世界，在数概念基础上形成的数与代数的知识体系反映的内容往往与现实生活联系密切，是现实世界的数学化。以数为操作对象的数学运算相互之间联系密切，具有内在一致性，在数与运算基础上产生的数量关系反映了数学内部规律，直接应用于现实世界的问题解决，这些问题不仅包括现实世界中的数学问题，也包括其他学科的问题解决。因此，在数与代数教学中，联系生活实际，把生活经验数学化、数学问题生活化、数学应用多元化，能使学生体会到数学就在身边，从而感受到数学学习的价值。

二是有助于提升学生发现与提出问题、分析与解决问题的能力。问题是数学的心脏。引导学生用数学的眼光观察现实世界，在真实情境中发现问题、提出问题，探索真实情境中蕴含的数的关系、数量关系，用数学的思维思考现实世界，引导学生运用数的关系、数量关系分析与解决现实世界中的问题，用数学的语言表达现实世界，感悟数概念与运算的本质。通过引领学生观察、思考、表达现实世界，有助于提升学生发现问题与提出问题、分析问题与解决问题的能力。

三是有助于发展学生数学思维，形成数感、符号意识、运算能力与推理意识。数感、符号意识、运算能力与推理意识等是小学数学课程中重要的核心素养表现。在"数与代数"学习过程中，通过创设真实多样的问题情境，引导学生逐步建立、扩展数的概念，进行数的运算，感悟数概念与运算的一致性，可以促进学生数感与运算能力的形成。在用字母表示的学习中，可以充分感受符号在数学中的广泛应用，促进符号意识的形成。在对数的关系、数量关系及其变化规律的探索过程中，学生的推理意识也可获得逐步的形成与发展，为推理能力的形成奠定经验基础。

四是有助于学生树立辩证唯物主义观点，学会用科学观点认识现实世界。数与代数的知识是在人类生产与生活中产生和发展的，涉及许多相互依存、对立统一的概念和方法，如加与减、乘与除、整数与分数、因数与倍数、通分与约分、精确与近似等。这些内容有助于渗透辩证唯物主义观点，有利于学生学会用科学辩证的观点去发现与提出问题、分析与解决问题。

二、数与代数的教学内容

《课标(2022年版)》在核心素养发展背景下对以往数与代数的学习内容进行了结构化整合,小学阶段设置了"数与运算"和"数量关系"两个主题。

"数与运算"包括整数、分数和小数的认识及其四则运算。数与运算之间有密切关联。学生经历由数量到数的形成过程,理解和掌握数的概念;经历算理和算法的探索过程,理解算理,掌握算法。初步体会数是对数量的抽象,感悟数的概念本质上的一致性,形成数感和符号意识;感悟数的运算以及运算之间的关系,体会数的运算本质上的一致性,形成运算能力和推理意识。

"数量关系"主要是用符号(包括数)或含有符号的式子表达数量之间的关系或规律。学生经历在具体情境中运用数量关系解决问题的过程,感悟加法模型和乘法模型的意义,提高发现和提出问题、分析和解决问题的能力,形成模型意识和初步的应用意识。

(一) 数与代数领域的具体内容要求

表 9.1 小学阶段"数与代数"各学段主题教学内容

主题	第一学段 (1—2年级)	第二学段 (3—4年级)	第三学段 (5—6年级)
数与运算	20以内数的认识与运算 100以内数的认识与运算 万以内数的认识与运算	万以上数的认识 多位数乘除法 分数与小数初步认识	因数与倍数 分数和小数的意义 小数、分数四则运算和混合运算
数量关系	解决简单实际问题 探索简单规律	运用数和数的运算解决问题 常见数量关系 探索简单规律	用字母表示 运用常见数量关系解决问题 探索规律 正比关系

数与运算具体内容要求如下:

第一学段:

(1) 在实际情境中感悟并理解万以内数的意义,理解数位的含义,知道用算盘可以表示多位数。

(2) 了解符号<,=,>的含义,会比较万以内数的大小;通过数的大小比较,感悟相等和不等关系。

(3) 在具体情境中,了解四则运算的意义,感悟运算之间的关系。

(4) 探索加法和减法的算理与算法,会整数加减法。

(5) 探索乘法和除法的算理与算法,会简单的整数乘除法。

(6) 在解决生活情境问题的过程中,体会数和运算的意义,形成初步的符号意识、数感、运算能力和推理意识。

第二学段:

(1) 在具体情境中,认识万以上的数,了解十进制计数法;探索并掌握多位数的乘除法,感悟从未知到已知的转化。

(2) 结合具体情境,初步认识小数和分数,感悟分数单位;会同分母分数的加减法和一位小数的加减法。

(3) 在解决简单实际问题的过程中,理解四则运算的意义,能进行整数四则混合运算。

(4) 探索并理解运算律(加法交换律和结合律、乘法交换律和结合律、乘法对加法的分配律),能用字母表示运算律。

(5) 会运用数描述生活情境中事物的特征,逐步形成数感、运算能力和初步的推理意识。

第三学段:

(1) 知道 2,3,5 的倍数的特征,了解公倍数和最小公倍数,了解公因数和最大公因数,了解奇数、偶数、质数(或素数)和合数。

(2) 结合具体情境探索并理解小数和分数的意义,感悟计数单位;会进行小数、分数的转化,进一步发展数感和符号意识。

(3) 结合具体情境理解整数除法与分数的关系。

(4) 能进行简单的小数、分数四则运算和混合运算,感悟运算的一致性,发展运算能力和推理意识。

数量关系具体内容要求如下:

第一学段:

(1) 在简单的生活情境中,运用数和数的运算解决问题,能解释结果的实际意义,形成初步的应用意识。

(2) 探索用数或符号表达简单情境中的变化规律。

第二学段:

(1) 在实际情境中,运用数和数的运算解决问题;在解决实际问题的过程中,能结合具体情境,选择合适的单位进行简单估算,体会估算在生活中的作用。

(2) 能借助计算器进行计算,解决简单的实际问题,探索简单的规律。

(3) 在具体情境中,认识常见数量关系:总量＝分量＋分量、总价＝单价×数量、路程＝速度×时间;能利用这些关系解决简单的实际问题。

(4) 能在具体情境中了解等量的等量相等。

(5) 能解决生活中的简单问题,并能对结果的实际意义作出解释,经历探索简单规律的过程,形成初步的模型意识和应用意识。

第三学段:

(1) 根据具体情境理解等式的基本性质。

(2) 在解决实际问题的过程中,会选择合适的方法进行估算。

(3) 在具体情境中,探索用字母表示事物的关系、性质和规律的方法,感悟用字母表示的一般性。

(4) 在实际情境中理解比和比例以及按比例分配的含义,能解决简单的问题。

(5) 通过具体情境,认识成正比的量;能探索规律或变化趋势。

（6）能运用常见的数量关系解决实际问题，能合理解释结果的实际意义，逐步形成模型意识和几何直观，提高解决问题的能力。

（二）数与代数领域的教学内容的主要变化

与《课标（2011年版）》相比较，数与代数领域的教学内容变化较大，主要表现在：

1. 内容主题在核心素养导向下进行了结构化整合

《课标（2022年版）》将小学阶段设置的"数的认识""数的运算""常见的量""式与方程""正比例、反比例""探索规律"六个主题整合为"数与运算"和"数量关系"两个主题。

从形式上看，数与运算是"数的认识""数的运算"的合并，但是这种合并在"三会"核心素养背景下赋予了新的内涵。有学者认为，这不只是形式上的变化，更是从学科本质和学生学习视角对相关内容的统整，更好地体现了学科内容的本质特征和学生学习的需要。[①]我们知道，数的认识是整个小学数学学习的最基础内容。甚至可以说，数学科学的发展本质上就是源于数概念的不断扩展。数是运算的对象，对数概念本质的理解不仅仅局限于概念的内涵与外延，而且包含着数的性质、关系以及运算学习的延伸。运算需要明确运算法则，但是不关注算理的算法学习会导致学生"知其然而不知其所以然"，不符合现代教育的价值追求，而算理的理解最终都要回溯到数的意义。《课标（2022年版）》将"数的认识"和"数的运算"整合为"数与运算"，旨在将运算对象和运算联系起来，体现数概念及其运算的内在一致性。

数量关系是对现实生活中数量之间的规律和关系的表达，反映的是若干个数量之间的大小关系，是数学研究的核心内容。数量关系与数的关系不同，数量关系更强调有实际背景的数量之间的关系。如常见的数量关系"总量＝分量＋分量""路程＝速度×时间"等，《课标（2022年版）》首先把其作为数量关系主题的重要内容。探索规律的内容本来在小学数学中普遍存在，《课标（2022年版）》把其作为数量关系的学习内容，也是更多地从数量关系的角度探索。小学阶段另外一个内容是"运用数和运算解决实际问题"，解决问题当然要运用数与运算，但是目的是运用，本质是进一步理解数量关系。"用字母表示"倾向于说用字母表示数量关系，另外还有比与比例的内容（主要是正比关系）。《课标（2022年版）》把这些具有共性特征的内容整合为一个学习主题，有利于从数量关系的角度达到整体把握，促进学生发现与提出问题、分析与解决问题能力的形成与发展。

2. 部分学习内容进行了增删与调整

为达到对小学阶段数与代数学习内容的整体性建构，《课标（2022年版）》对数与代数领域的原有学习内容进行了适当的增删与调整，将"常见的量"的相关知识调整到综合与实践领域，以主题活动形式展开，丰富了综合与实践领域教学内容的内涵。

（1）数与运算学习内容的调整

首先，在"数与运算"主题中将"负数的认识"调整到综合与实践领域，以主题活动形式

[①] 马云鹏.聚焦核心概念 落实核心素养——《义务教育数学课程标准（2022年版）》内容结构化分析[J].课程·教材·教法，2022，42（6）：35-44.

展开,将"百分数"学习内容安排到统计与概率领域,更加突出了百分数的本质,有助于发展学生的数据意识和应用意识。

这样数概念的学习将集中于整数、分数与小数,另外还包括因数、倍数等数的整除性内容,便于学习者整体性把握数概念的数学本质。内容要求增加了"感悟小数和分数的计数单位""探索加法、减法和乘法、除法的算理与算法"等,有助于引导学生理解运算的本质以及整数、小数、分数的统一性。

(2) 数量关系学习内容的调整

《课标(2022年版)》把"式与方程""正比例、反比例"中的"方程"与"反比例"内容后移到第四学段,某种程度上解决了小学数学中方程学习的困惑与争议,也突出了小学生解决实际问题过程中的四则运算方法的运用。这是由于学生在小学阶段学习该内容客观上存在困难,如由于不会解方程而出现了一些"学困生",后移到第四学段考虑了学生的实际学习情况。

"数量关系"主题中增加了"用字母表示运算律、事物的关系、性质和规律""加法模型""等量的等量相等"。强调用字母表示关系,要求"在具体情境中,探索用字母表示事物的关系、性质和规律的方法,感悟用字母表示的一般性。"这样处理可以让学生感受字母表示的一般意义,体验从算术到代数的抽象过程,有助于培养学生的符号意识与代数思维。增加"加法模型"旨在培养学生的模型意识与应用意识,进而提升学生问题解决的能力。增加"等量的等量相等",要求"能在真实情境中,合理运用等量的等量相等进行推理,形成初步的推理意识。"通过该内容的学习可以让学生初步感受代数推理,培养学生的推理意识。

3. 突出了数与运算教学的整体性与一致性

数学学科的知识模块通常内在联系非常密切,具有内在整体性与一致性。同一个分支领域,新知学习往往要建立在已学知识基础上,即使那些表面上看没有旧知基础需要借助经验引入的新学内容,往往通过深层分析也能探寻到新知的逻辑根基,从而可以实现知识的整体性与一致性建构。《课标(2022年版)》的一个重要变化就是突出了数与运算的整体性与一致性。课标明确指出了"初步体会数是对数量的抽象,感悟数的概念本质上的一致性""能进行小数和分数的四则运算,探索数运算的一致性""感悟数的运算以及运算之间的关系,体会数的运算本质上的一致性""通过小数加减运算、同分母分数加减法运算,与整数运算进行比较,引导学生初步了解运算的一致性""数的运算教学应注重对整数、小数和分数四则运算的统筹,让学生进一步感悟运算的一致性"。课标通过"计数单位"这一最为核心的概念统领数概念的学习,实现了学习内容的一致性。整数、小数的计数单位、分数的分数单位,本质上都是度量数大小的单位,数概念的一致性理解是数运算一致性的基础,运算本质上就可以看成是基于计数单位与计数单位个数的某种操作。一旦学生从本质上理解了数的运算的一致性,计算的算法与算理也就融为一体。

4. 进一步加强了幼小学习衔接

幼小学习衔接是近年来教育界高度重视的话题。根据《教育部关于大力推进幼儿园与小学科学衔接的指导意见》(教基〔2021〕4号),《课标(2022年版)》要求在一年级第一学期的入学适应期,利用生活经验和幼儿园相关活动经验,通过具体形象、生动活泼的活动方式学习简单的数学内容。在数与代数领域,这期间的主要目标包括:认识 20 以内的数,会 20 以内数的加减法(不含退位减法);解决日常生活中的简单问题;对数学学习产生兴趣并树立信心。

三、数与代数的学业要求

《课标(2022 年版)》在课程总目标基础上分别就每一个学段提出学段目标,并在相关内容要求基础上分学段提出对应的学业要求与教学提示,进而提出相关学段学习的学业质量标准,从而整个课标体系实现了课程目标、课程内容、课程教学以及课程评价的一致性。这里罗列"数与代数"领域各主题的学业要求:

数与运算主题的学业要求如下:

第一学段:

(1)能用数表示物体个数或事物顺序,能认、读、写万以内的数;能说出不同数位上的数表示的数值;能用符号表示数的大小关系,形成初步的数感和符号意识。

(2)能描述四则运算的含义,知道减法是加法的逆运算、乘法是加法的简便运算、除法是乘法的逆运算;能熟练口算 20 以内数的加减法和表内乘除法,能口算简单的百以内数的加减法;能计算两位数和三位数的加减法。形成初步的运算能力。

第二学段:

(1)能结合具体实例解释万以上数的含义,能认、读、写万以上的数,会用万、亿为单位表示大数。能计算两位数乘除三位数。

(2)能直观描述小数和分数,能比较简单的小数的大小和分数的大小;会进行同分母分数的加减运算和一位小数的加减运算。形成数感、符号意识和运算能力。

(3)能描述减法与加法的关系、除法与乘法的关系;能进行整数四则混合运算(以两步为主,不超过三步),正确运用小括号和中括号。能说出运算律的含义,并能用字母表示;能运用运算律进行简便运算,解决相关的简单实际问题,形成运算能力。

第三学段:

(1)能找出 2,3,5 的倍数。在 1—100 的自然数中,能找出 10 以内自然数的所有倍数,10 以内两个自然数的公倍数和最小公倍数;能找出一个自然数的所有因数,两个自然数的公因数和最大公因数;能判断一个自然数是否是质数或合数。

(2)能用直观的方式表示分数和小数,能比较两个分数的大小和两个小数的大小;会进行小数和分数的转化(不包括将循环小数转化成分数)。能在实际情境中运用小数和分数解决问题,进一步发展符号意识和数感。

(3)能进行简单小数和分数的四则运算和混合运算(不超过三步),并说明运算过程。能在较复杂的真实情境中,选择恰当的运算方法解决问题,形成运算能力和推理意识。

数量关系主题的学业要求如下:

第一学段:

(1)能在熟悉的生活情境中运用数和数的运算,合理表达简单的数量关系,解决简单的问题。

(2)能在解决问题的过程中,体会解决问题的道理,解释计算结果的实际意义,感悟数学与现实世界的关联,形成初步的模型意识、几何直观和应用意识。

第二学段:

(1)能在简单的实际情境中,运用四则混合运算解决问题,能选择合适的单位通过估算解决实际问题,形成初步的应用意识。

(2)能在真实情境中,发现常见数量关系,感悟利用常见数量关系解决问题;能借助计数器进行计算,并解释计算结果的实际意义;形成初步的模型意识、几何直观和应用意识。

(3)能在真实情境中,合理利用等量的等量相等进行推理,形成初步的推理意识。

第三学段:

(1)能在具体问题中感受等式的基本性质。

(2)能在解决实际问题中运用恰当的方法进行估算,并能描述估算的过程。

(3)能在具体情境中,用字母或含有字母的式子表示数量之间的关系、性质和规律,感悟用字母表示具有一般性。

(4)能在具体情境中判断两个量的比,会计算比值,理解比值相同的量,能解决按比例分配的简单问题。

(5)能在具体情境中描述成正比的量 $\frac{y}{x}=k(k\neq0)$,能找出生活中成正比的量的实例;能根据给出的成正比关系的数据在方格纸上画图,了解 $y=kx(k\neq0)$ 的形式,能根据其中一个量的值计算另一个量的值。

(6)能解决较复杂真实问题,形成几何直观和初步应用意识,提高解决问题的能力。

从上述学业要求的表述中可以看出数与代数领域学习的整体规划与层次安排。一方面,上述要求依据学段目标,对照教学内容,立足"三会"核心素养,从整体上考虑了学生的学业发展。围绕数与代数两个学习主题的核心素养表现,综合考虑了知识技能学习与核心素养发展,部分核心素养表现既反映在数与代数的学习中,也延伸到其他学习领域。另一方面,对于具体内容教学的阶段要求层次分明。如数与运算学习中的相关核心素养表现的学业要求,第一学段是"初步形成",第二学段是"形成",第三学段则表述为"进一步发展",并在"数感、符号意识与运算能力"基础上提出"形成推理意识"的要求;再如数量关系的学业要求,第一学段的表述是"熟悉生活情境",第二学段的表述是"简单实际情境""真实情境",第三学段表述则是"具体问题""具体情境"等。学业要求层层递进,明确具体,为学业质量评价提供了可操作的依据与标尺。

应予指出的是,聚焦核心素养发展的课程教学不仅要关注学科知识技能、思想思维等层面的要求,也要注重学习者情感、态度、价值观的发展,这是立德树人的时代要求。在小学数与代数领域的三个学段目标中,都具有相关的层次性表述,如第三学段的目标是"对数学具有好奇心和求知欲,主动参与数学学习活动。在解决问题的过程中,体验成功的乐趣,相信自己能够学好数学,感受数学的价值,体验并欣赏数学美。初步养成认真勤奋、独立思考、合作交流、反思质疑的习惯。"情感、态度、价值观目标是各部分内容教学合力的效果,作为小学数学最基础、最重要的内容之一,数与代数的目标达成度需充分关注。

链接9.1 《义务教育数学课程标准(2022年版)》的改革意涵探析

思考与练习 9.1

1. 简述数与代数教学的意义。
2. 《课标(2022年版)》中"数与代数"部分的内容与《课标(2011年版)》相比,主要有哪些变化?
3. 以一套现行教材为例,简述各册教材"数与代数"领域的内容及其编排。

第二节 整数的认识与运算的教学

数概念是数学概念逻辑体系中最基本的部分,数的运算是学习数量关系、解决实际问题的基础。因此,正确理解数概念,弄清概念与概念之间的关联,理解数运算的算理并正确运算,对于学生数学知识逻辑体系的构建,乃至完善认知结构的形成与发展都具有积极的意义。

整数(自然数)的认识与运算一般可分成"20以内""100以内""万以内"与"万以上"(或称"大数的认识")几个阶段。每个阶段教学侧重点各有不同。另外还包括因数与倍数等内容。

关于数的认识与运算,《课标(2022年版)》明确提出要以"计数单位"为核心要素统领教学,要让学生初步体会数是对数量的抽象,感悟数的概念的一致性。数概念本质上的一致性首先体现为整数、分数和小数都是对数量或数量关系的抽象;其次,整数和小数的计数单位、分数的分数单位,都是度量数大小的单位,都可以从计数单位和计数单位个数的角度来认识。数概念的一致性是学生理解运算一致性的基础。运算的一致性主要体现为运算可以看成是基于计数单位和计数单位个数的操作。如果学生看到数就能关注到计数单位和计数单位的个数,就可更好地为认识运算一致性奠定基础。整数的认识与运算内容较多,用"计数单位"统领该部分内容教学,可以更好地体现课程内容的整体性与结构性,感悟数学知识内在关联,为分数、小数的认识与四则运算奠定基础。

一、20以内数的认识与运算的教学

根据《课标(2022年版)》,一年级上学期是入学适应期,数与代数领域主要教学认识20以内的数,会20以内数的加减法(不含退位减法)。20以内数的退位减法一般安排在一年级下学期。在衔接过渡阶段,要遵循本阶段学生的思维特点和认知规律,充分考虑学生在幼儿园阶段形成的生活经验与活动经验,采取生活化、游戏化的活动方式,更好地引导学生完成从幼儿园阶段到小学阶段的学习过渡。

(一) 20以内数的认识的教学

自然数是现实世界中数量的抽象,是"实实在在"存在的数,在自然数基础上逐步扩展形成的整数、有理数、实数,乃至复数、超复数等,本质上说是更高程度的数学抽象。德国数学家克罗内克(Leopold Kronecker,1823—1891)有句名言:"上帝造就了自然数,其他的数都是人为的。"因此,自然数概念的学习具有丰富的现实原型,通常宜根据丰富的现实

原型在儿童的生活经验基础上逐步抽象概括出概念的内涵。20以内数是儿童认数的开始，对于数概念的建立与发展非常关键。教学实践中，10以内数的认识容易被教师忽视。有人认为，儿童在入学前大都会数10以内的数，许多儿童在幼儿园就已经学习了10以内的数，因此只要关注写数即可。这种看法是偏颇的。儿童由于思维特点与认知规律的特殊性，他们对这些数所代表的实际意义不一定理解得很清楚。因此，教学时，重点要引导儿童理解与感悟数的实际意义。

1. 引导学生在生动具体的情境中认数

对于小学生来说，生活经验是他们认数的重要基础。教学中要充分利用生动具体的真实情境，借助数概念丰富的生活原型，逐步抽象，形成概念。例如，通过排队买票的活动场景，让学生直接观察、数数，看出一共有几人在排队，某人排在第几个；让学生数出教室里一列有几个座位以后，再让学生指出某同学处在第几个座位，通过这些联系实际的练习，可以使学生充分地体会到自然数的基数意义与序数意义。

一般来说，情境创设应来源于现实生活，如当前教材大都安排了主题图，教学设计应充分利用主题图创设生活情境。当然也要充分发挥教学设计的艺术，不要局限于教材，也不要拘泥于生活，要善于创设多样化的有效的情境，如童话情境、游戏情境等。

案例9.1　"0"的认识教学片段

【教材】苏教版义务教育教科书《数学》一（上）

（一）教学例3

师：星期天到了，四只小兔约好到野外采蘑菇，我们来看看，它们分别采了多少个蘑菇？（出示主题图）每个小兔采的蘑菇可以用哪个数表示呢？

（学生介绍时，教师对应写出3、2、1、0。教师在写0时，动作慢一点，让学生看清楚0是怎么写的。同时强调说明一个也没有用0表示，0与1、2、3一样也是一个数。）

（二）教学试一试及0的写法

让学生想一想，两幅图表示怎样的一件事情，再跟同桌说一说。

师：原来的萝卜数用什么数表示？现在呢？教师强调一个萝卜也没有用0表示。

师：你会写0吗？（让学生先想一想怎样写0，再让学生尝试在田字格里书写0。）

教师引导全班学生对几个学生的书写做出评价，同时教师强调写0时的起笔、拐弯和收笔，强调拐弯要圆滑。

（三）教学例4

师：通过我们刚才的学习，我们知道0这个数可以表示什么？是不是所有的0都表示一个都没有呢？请同学们拿出自己的直尺，看一看直尺开始的地方是几？直尺上的数是怎样排列的？请你从左到右依次读一读。

【点评】创设兔子采蘑菇的童话情境，引导学生在观察、比较、分析、判断、概括中逐步感受"0"的抽象意义，"一个也没有""没有了"都用"0"表示，"0"还可以表示起点。三个例子，三个层次，符合一年级小朋友的年龄特征。

2. 突出计数单位"十"的感悟与理解

计数单位是理解数概念本质的关键。自然数的计数单位以及分数的分数单位、小数的计数单位的内在统一性是理解整数、分数、小数四则运算一致性的关键。因此,计数单位是非常重要的核心概念。这部分内容中"10"这个数的认识比较困难。因为其本质是"进位",9个"一"再加1个"一",是10个"一",称为1个"十"。即这里涉及新的计数单位"十",一旦儿童对"10"这个数有了深刻的感悟,以后进一步学习其他计数单位就会方便得多。例如,计数单位"百"就是通过99加1(9个十加1个十)、"千"通过999加1(9个百加1个百)认识的。如何表示1个十呢?涉及位值制和"0"。教学中要注意引导儿童逐步体会:我们已经知道1—9这9个记数符号,"十"如何表示呢?如果简单地写成"1",就会与已学的"1"相混淆;如果创造新的符号,符号太多,使用也不方便。因此,人类创造了位值制。

例如,我国古人把1个"十"表示成"1□",印度人将其表示成"10",这就与"1"区别开来。这里的"□"和"0"均具有两重性——占位符与记数符,对应两个作用:一是"占位",占了个位,于是"1"就被推到十位;二是表明"个位上什么都没有,是空的"。这种理解与历史上位值制、"0"的发展是一致的,因为"0"是位值制的产物。这样学习,就可以体会到位值制以及"0"产生的必要性与优越性,也渗透了数学文化,融入了课程思政。[①]

(二) 20以内加减法的教学

20以内加减法包括10以内加减法以及20以内进位加法与退位减法两个部分。根据《课标(2022年版)》,20以内数的加减法(不含退位减法)属于幼小衔接过渡内容,一般把有关的加法与减法算式结合起来通过口算进行教学。现行教材通常避免单调的式题呈现,而把各类式题与实际情境相融合(即以实际问题的形式呈现)。例如,苏教版数学教材中"10以内加减法"从学生周围的生活实际出发,开始用一幅图表示一个算式,逐步过渡到一幅图两个算式,再过渡到一幅图四个算式,使儿童逐步建立起加减法的内在联系,这样处理便于学生逐步认识加减法之间的联系与区别,为实现有意义学习提供了可能。

20以内的进位加法与退位减法是这部分内容的重点,教材的编排通常有两种处理:并列与穿插。穿插编排即先讲9加几,再讲十几减9;然后讲8加几,再讲十几减8,……这样有助于学生更好地体会加减法之间的联系,同时渗透转化的思想方法;而并列编排有利于计算方法的类比迁移。现行教材一般采用后种方式。就20以内的进位加法的编排来说,编排时通常把9+1,9+2,9+3,……安排在一起教学,称为"9加几",然后是8加几,7加几……这样编排便于学生体会到"一个加数不变,另一个加数改变,和也随着改变"的函数思想,同时也突出了"凑十法",便于学生掌握计算方法。所谓"凑十法",即先把第一个加数凑成十,学生要能根据第一个加数恰当地把第二个加数分成两个数,这对初学儿童来说是比较困难的。为此,课程标准一般允许学生用自己习惯的方法去计算。应予注意的是,教学中应鼓励学生掌握高效、优化的方法。如数数法可以解决20以内的进位加法,但对于学生的后继学习价值不大,因此不应鼓励。

案例9.2 **"9加几"教学片段**

【教材】苏教版义务教育教科书《数学》一(上)

[①] 巩子坤,史宁中,张丹.义务教育数学课程标准修订的新视角:数的概念与运算的一致性[J].课程·教材·教法,2022(6):45-51.

（一）创设情境

请小朋友从袋子里先取9个桃(实物图)，再从袋子里随便取出一些桃。你能提出什么问题？(一共取了几个桃)会列算式吗？(按顺序罗列算式9＋1，9＋2，9＋3，9＋4，9＋5，9＋6，9＋7，9＋8，9＋9，9＋10)这些算式有什么共同的特点呢？(揭示课题：9加几)

（二）探究新知

(1) 看一看：小猴贝贝也取出了一些桃，我们看看它是怎样取的？(出示例题图：盒子里9个桃，盒子外4个桃)学生观察后提出问题：一共有多少个？列出算式：9＋4。

(2) 算一算：请大家想办法算一算9＋4得多少，也可以用学具来摆一摆。

(3) 说一说：鼓励学生畅所欲言，说出不同的算法，并提醒学生注意与同伴比较方法的异同。

学生的算法可能有：

① 数一数。

② 9＋1＝10，10＋3＝13。

③ 4＋6＝10，10＋3＝13。

……

(4) 介绍"凑十法"：结合学生交流，用学具演示"凑十法"的思考过程，边演示边板书。指出算法名称："凑十法"。

下略。

【点评】学生的生活经验、认知背景、思维方式等方面存在客观差异，教师因材施教，鼓励学生用适合自己的方式探索算法，符合学生实际，并且没有流于形式，通过引导学生与同伴比较方法的异同，使得学生自觉实现算法的优化。

二、100以内数的认识与运算的教学

（一）100以内数的认识的教学

教学100以内的数，主要是使学生通过数数认识100以内的数，进一步认识计数单位"十""百"，了解数的组成，会读、写百以内的数，会比较数的大小，并能用百以内的数描述生活中的事物，结合实际进行估计，与他人交流，发展数感。

教学100以内数的认识，要注意以下几点：

1. 结合实际情境数数，理解新计数单位

100以内的数有些学生在学习前就已会数，但往往是在机械识记的水平上一个一个地数，对数的真实含义和组成并不理解。因此，教学时要结合实际，引导学生经历从真实情境中抽象出数的过程，让学生交流数数的方法。可以一个一个地数，也可以五个五个地数，十个十个地数等，在交流中，体会数的实际含义，认识计数单位"一"与"十"，知道10个一是10，10个十是100。还可以通过在计数器上表示整十数与一百，使学生初步感受数位的意义，及十进制计数法的位值原则，加深对数位和计数单位的理解。

2. 了解百以内数按组成命名的原则，掌握写、读的方法

对于百以内数的组成、命名与读写，都可以结合事例或操作进行教学。

如 4 个十与 3 个一组成的数叫作"四十三"。写这个数时，就在十位上写"4"，个位上写"3"，成为"43"。"43"读作"四十三"。

3. 进一步加强数与生活实际的联系

数的产生与发展都是生活实践的需要，认识数是为了利用数解决生活中的实际问题，利用数进行交流。因此，教学时可通过例举或让学生讨论现实生活中的例子，如读门牌号码、公共汽车线路、电视频道编号，数班级学生人数，看电影票上的排数与座位号码，用"大一些""小一些""大得多""小得多"等语言描述去探索两个数之间的关系，等等，让学生体会数与生活的联系。

（二）100 以内数的运算的教学

1. 100 以内加减法的教学

100 以内的加减法，是在学生能比较熟练地口算 20 以内加减法与百以内数的认识基础上教学的。主要学习整十数加减整十数、两位数加减一位数或整十数、两位数加减两位数的口算，并初步学习简单笔算，为学习多位数加减法打下基础。教学时应注意引导学生借助具体情境，感知加减法要在相同数位上进行，探索加法与减法的算理与算法。

在引导学生探索计算方法时，应充分利用学生已有经验，借助小棒或算珠操作，探索两位数加、减的各种口算方法。教师可以组织学生交流，在此基础上突出笔算方法，理解"满十进一"的道理，领悟从个位加起的必要性与合理性，从而顺利地完成从口算到笔算的过渡，进而从不进位加过渡到探索进位加，从不退位减过渡到探索退位减的计算方法。在探索的过程中，学生往往会根据亲身经验，获得不同的计算方法。对这些计算方法，教师应当鼓励与尊重，并创造条件引导学生积极思考与合作交流，及时优化算法。这样教学不仅能使学生领略算理，而且也能使学生深刻地体会到运算的实际意义，体会简单的推理过程。

2. 乘除法意义与表内乘除法的教学

在整数乘除法运算的体系中，乘除法的意义与表内乘除法是乘除法运算学习的基础。乘除法的意义是理解乘除法算理的关键，表内乘除法是学习乘除法运算的关键。学生在学习乘法意义之前已经有了加法的基础，但他们往往对几个相同的数连加比较陌生。因此，教学乘法的意义，应注重从学生周围的生活实际入手，通过观察和操作，在充分感知同数连加的基础上去理解乘法是加法的简便运算。而除法是乘法的逆运算，本质上是相同减数的连减运算。教学中要注意借助具体的情境，引导学生沟通四则运算之间的内在关联，感悟蕴含其中的数学本质。

表内乘除法是学生学习乘除法运算的开始，是学生今后学习多位数乘除法乃至分数、小数乘除法的基础。因为整数、分数、小数乘除法运算的共同本质都是计数单位及计数单位的个数的运算，最终都可归结为表内乘除法，这就是数的运算贯穿始终的一致性。表内乘除法的教学内容可采用不同编排。一种是先教学表内乘法，在学生比较熟练地掌握表内乘法后安排表内除法（即用乘法口诀求商），这样并列编排能使知识更具系统性；另一种是交叉编排，一般先教学 2—6 的乘法口诀，接着教学用 2—6 的乘法口诀求商，然后再教学7、8、9的乘法口诀以及用7、8、9的乘法口诀求商,这样编排能突出乘除法的密切联系。现行人教版教材采用了前一种编排方式,苏教版教材采用了后一种编排方式。

乘法口诀是我国的"传家宝",由于汉语里的数字都是单音节,乘法口诀能朗朗上口,小学生很容易熟练地记忆,从而大大地提高运算能力。教学乘法口诀,应该引导学生经历乘法口诀的形成过程,不要把编好的口诀灌输给学生,应该让学生亲自参与编口诀的活动,体会编口诀的方法,逐步学会"自编"乘法口诀。这样教学不仅能使学生进一步理解乘法的意义,而且在自编口诀的过程中能感受到相邻口诀之间的关系,有利于学生在理解的基础上记忆乘法口诀。

为了使学生理解口诀的含义,教学时还应把口诀置于实际情景中,教师可以先编给学生看,然后师生同编,再过渡到学生模仿编,最后让学生独立编。编写出口诀后,要及时记忆口诀和运用口诀,让学生在"用"中"记",避免机械记忆。还可以设计助记"游戏",巩固口诀。

用乘法口诀求商这部分内容的教学是建立在除法意义与相关的乘法口诀基础上的。为使学生顺利领悟到求商的方法,并把求商应用于解决实际问题,教学时宜结合乘法口诀的教学,用现实问题作为求商的素材进行训练,让学生逐步掌握用乘法口诀求商的方法。

三、万以内与万以上数的认识与运算的教学

(一) 万以内数的认识的教学

万以内的数在日常生活中经常会用到,由于我国的计数习惯是四位一级,学生掌握了个级的读写方法,数位再多的数都可以用类似的方法读写。因此,万以内数的认识的教学在整数的教学中处于十分重要的地位。现行教材一般是先认识整千数,再认识几千几百几十几,最后安排万以内的数的大小比较。教学时,应特别重视以下几点:

1. 引导学生感悟新计数单位"千"与"万"有多大

前面已述,计数单位是非常重要的核心概念。整数的读写本质上是基于十进制计数法。例如,3 245可以读成"3个千2个百4个十5个一",如果简便一些就是"三千二百四十五"。本质上是要读出计数单位以及计数单位的个数。万以内数的认识出现了新计数单位"千"与"万",相对于百以内的数来说,小学生认识"千"与"万"有一定困难。因此,教学中要充分运用各种真实情境,引导学生对新计数单位有切身的感悟,发展学生的数感。首先,可以出示一些图片,如珠穆朗玛峰的高度、商店里家用电器的价格等,使学生感受比100大的数,然后,再让学生找一找周围生活中这样的大数。为了使学生认识新的计数单位"千",可出示一个由10×10×10个小正方块组成的正方体,让学生先估计一共有多少个小正方体,再数一数一共有多少个。当然要讲究数的方法,这一过程可结合学具操作,在小组合作与全班交流中进行,从而复习已学过的计数单位"个""十""百",然后再以一千个小立方体为单位,出示图片,组织学生一千一千地数,感受几千的实际含义,进而认识到10个一千是一万,认识到新计数单位"千"与"万"之间的十进关系。为了让学生认识新计数单位"千"与"万"有多大,可联系实际引导学生思考和想象,如1 000名学生在操场上活

动的场面,万人体育馆的场景,一千页的书有多厚,10本这样的书又有多厚,等等。

2. 正确读写万以内的数

掌握万以内数的读写方法的关键在于借助计数单位理解数位意义和记熟数位顺序。教学时可以结合计数器说明各个数位的意义,拓展数位顺序表,并要求学生记住数位顺序。然后对照数位顺序表,用实例说明万以内数的读写方法。举例要全面,也要注意前后次序:先举没有"0"的,再举末尾有"0"的(1个、2个或3个"0"),最后举中间有"0"的(1个或2个)。在教师举例的基础上,还可组织学生进行"你拨我写"的活动,如学生甲说一个数是由几个千、几个百、几个十、几个一组成的,学生乙在计数器上拨珠,学生丙对照计数器写数,学生丁再把丙写的数读出来。通过以上活动,让学生讨论和小结:读数与写数时要注意什么。

3. 掌握万以内数的大小比较

教学万以内数的大小比较,可设置比较商品价格高低的情境。先比较两个位数不同的数,再进行位数相同的数的大小比较。鼓励学生自主探索比较数的大小的方法,比较数的大小时,还可以组织学生进行猜数游戏。这种游戏渗透了朴素的用"区间套"逐步逼近的思想。通过游戏,学生在体会数的大小的同时,还可能感悟到一种解决问题的策略。

(二) 大数认识的教学

这是整数认识的最后阶段,是在学生认识个级数的基础上,教学万级和亿级,即教学"万""十万""百万""千万"和"亿""十亿"等计数单位,以及十进制计数法与亿以内数的读、写等内容。教学时要注意以下几点:

1. 结合现实情境或事例,引导学生感受大数的意义

大数在日常生活中也会经常遇到,如估计操场上大约有多少人,一个体育馆大约能容纳多少人,估计从自己的家走到学校大约走多少步等。这些大数对小学生来说还是比较抽象的。教学中要善于挖掘生活中大数的实例,如身份证编码、学生学号等都是学生生活中能够感受到的实例。

2. 引导学生从已有知识或经验出发,展开认数活动

学生认识大数的支撑点是万以内数的认识。由于大数对学生来说感性经验并不丰富,因此,教学时要引导学生逐步建构大数的意义。

如认识新的计数单位,可利用计数器,先复习学过的计数单位一(个)、十、百、千、万,在此基础上引导学生一万一万地数,十万十万地数,……,从而引出新的计数单位十万、百万、千万,让学生对照计数器从右往左把各个计数单位写出来,最后整理出包括个级与万级的数位顺序表。由于学生有万以内数的认识作为基础,并且知道四位一级的分级规定,因此,教师只要适当引导,即可把数位由万级扩展到亿级,整理出千亿以内的数位顺序表,认识相应的计数单位,在此基础上,对于含有亿级与万级的数的读写,就不会产生太大的困难。

3. 体会近似数意义,培养学生估计意识

在用大数进行表达与交流时,一般不需要用准确数,而常用近似数。教学时,可先举

一些实例，也可让学生收集一些生产生活中用近似数表示的信息，说明近似数在日常生活中的应用。在此基础上引进近似数的教学。教学用"四舍五入"法求一个数的近似数或写成用"万"或"亿"做单位的近似数，也应通过实例帮助学生感受近似数。如"地球的直径大约是多少千米？太阳的呢？"学生在用近似数回答这些问题的过程中，也容易形成对数的大小的直觉，从而发展数感，同时能感受到估计的必要性，有利于估计意识的培养。

(三) 多位数四则运算的教学

1. 万以内加减法教学

万以内加减法是在学习百以内加减法基础上教学的，是整数加减法教学的最后阶段。《课标（2022年版）》没有对四位数加减法提出相关的学习内容，原因就在于多位数加减法本质上具有内在的一致性，可以从数位较低的加减法类推到高位数加减法。因此，教学两位数加减法笔算就要注意借助"计数单位"这一核心概念引领学生感悟蕴含其中的算理，及时引导学生认识两位数与三位数乃至其他多位数加减法内在的关联，进而把已经学习的计算方法类推到三位数以及其他多位数加减法运算中去。

值得指出的是，在四则运算教学中，通过实际问题引出算题是普遍采用的呈现方式。也就是说，借助学生的生活情境探索算法、感悟算理。情境的设计要追求真实性、教育性。例如：设计一个收集矿泉水瓶的真实问题，显然要比公园里有多少朵红花多少朵蓝花的问题要现实得多。因为学生在现实中可能到公园里观赏花，但不会去数有多少朵花。同时，上述两个情境的思政教育价值也有显著不同。这一点，教学设计应予充分关注。

2. 多位数乘除法的教学

多位数乘除法内容较多，包括乘、除数是一、两位数的乘除法等。多位数乘除法是在学生熟练掌握表内乘除法的基础上教学的。

这部分乘法内容主要包括五个方面：① 各个数位都是不进位的；② 一次进位的；③ 连续进位的；④ 乘数中间有零的；⑤ 乘数末尾有零的。其中有些乘法思维过程比较复杂，如进位乘法（尤其是连续进位）以及乘数是两位数的乘法中积的对位问题等。要使学生能够正确、熟练地进行计算，不仅需要学生对乘法口诀非常熟练，而且需要学生在理解算理的基础上掌握计算法则。《课标（2022年版）》强调学生要理解多位数乘法算理的内在一致性。教学时要引导学生借助图形直观等方法探索算理、理解算法，体会把已有的算法迁移到新的计算中去，从而实现对多位数乘法的整体性理解。

这部分除法内容在四则运算中属于比较困难的内容，思维要求高。因为除法运算过程中交织着加、减、乘三种运算，哪一种运算不熟练都会影响除法的正确计算。另外，除法运算往往需要首先试商，如果学生口算能力不强，试商是非常困难的。并且，即使试商正确，竖式计算中商的位置书写不正确也不能获得正确结果。教学中要多采用直观手段向学生说明算理，讲解竖式的书写格式与计算法则。

关于整数乘除法运算的教学，还要注意处理好口算、笔算、估算三者之间的关系，做到三算互相促进。如教学笔算之前一般都要安排一些口算内容，使学生已有的口算技能得到进一步发展。估算则渗透在计算教学的始终，如进行笔算之前先估计结果的大致范围，利用估算试商或判断计算结果是否正确,等等。

案例9.3 "两位数乘两位数"教学片段

【教材】人教版义务教育教科书《数学》三(下)

(一)情境导入

师:读书节快到了,张老师想购置一些书。已知每套书有14本,张老师买了12套。一共买了多少本?怎么列式?

生:$14×12=$

师:谁能口算出答案?同学们可以先估一估,并和同桌说说,你是怎么估算的。

生1:把14看成10,$10×12=120$,多于120本。

生2:把12看成10,$14×10=140$,多于140本。

生3:把14看成20,$20×12=240$,少于240本。

师:这些估算的结果与准确结果相比,会怎么样?

生:准确结果在140本与240本之间。

师:小脑筋转得真快!

(二)初步探索,感悟算理

师:$14×12$的准确结果到底是多少呢?把你的方法试着用点子图表示出来。再在小组里分享你的方法。

生1:我把12套分成3个4套,先用$14×4=56$,再用$56×3=168$,得出结果168。

生2:我把12看成10和2的和,先用$14×10=140$,再用$14×2=28$,最后$140+28=168$。

师:非常棒!把两位数乘两位数转化成了已经学习的计算!

(三)竖式计算,明了算法

师:除了用这种口算的方法,我们还可以像以前用竖式来计算。

第一步算的是什么?怎样算的?

生:用乘数个位上的2乘14,得28。

师:28是$14×2$的积。这算的是几套书?

生:2套。

师:对,我们要注意28的8和乘数12个位上的2需对齐。

第二步算的是什么?

生:用乘数十位上的1乘14,得140。

师:这里的1其实是什么?

生:是10,实际上是14乘1个10,也就是140。

师:140是$14×10$的积,也就是10套书。注意相同数位要对齐。

师:最后一步,是什么?

生:把两个乘积加起来,$28+140=168$。

师:在这里,个位上是$8+0$,0只是起着占位的作用,为了书写时的简便,这个0可以省略不写。

师:谁能用自己的话再说说怎么用竖式计算两位数乘两位数。

生：将两位数乘两位数转换成两位数乘一位数与两位数乘整十数，再把所得的积相加。

【点评】在两位数乘两位数的笔算之前，安排学生估算，是为了帮助学生养成估算的习惯，注重发展学生的数感。从横式计算过渡到竖式计算，则使学生在明了算法的过程中更加清晰地理解算理。教学中强调14乘12的十位上的1本质上是乘1个十，突出了计数单位是理解运算算理的关键。

值得指出的是，本案例借助图形直观（点子图）引导学生探索算法，把两位数乘两位数转化成已学计算，可以使学生逐步感悟到蕴含在算法中的算理，也可使学生感悟贯穿多位数四则运算始终的转化思想方法。多位数的四则运算本质上是通过"拆、算、合"最终转化为一位数的运算。如本案例中的两位数乘两位数，本质上最终都转化成一位数乘一位数。教学中引领学生感悟转化思想，能促进学生从已有运算自主探索新学运算，从而达到对四则运算系统本质的数学理解，同时，转化的过程实质上也蕴含着数学推理，从而感悟转化思想的过程也促进了学生数学推理意识的形成与发展。

> 链接9.2　融算理　重通法　聚核心

四、因数与倍数的教学

因数与倍数是数论的基础知识，涉及的知识点比较多。如能被2，3，5整除的数的特征，公因数与公倍数、偶数与奇数、因数与倍数、质数与合数等，相关概念容易混淆，但逻辑上又存在内在的一致性。掌握这部分知识不仅能丰富学生对自然数本质属性的理解，也有助于学生数感的进一步发展，同时为后面分数的学习奠定了基础。随着概念学习的丰富，学生可能对相关概念的本质产生认识偏差。教学过程中，应注重通过自主探究活动引导学生亲历概念的自我建构与规律的归纳概括过程，充分利用概念异同比较帮助学生认清楚概念的内涵与外延。例如：在1～20的数表中，用"△"圈出质数，用"○"圈出偶数，并引导学生圈数时思考"什么是质数、什么是偶数""所有质数都是奇数吗？所有合数都是偶数吗？"数表里的2既圈○，又圈了△，说明质数中有一个偶数2。数表里有些奇数没有被圈△，表明合数有可能是奇数，即合数不一定是偶数。这些操作，可以帮助学生进一步区分质数与奇数、合数与偶数等不同的概念，并发展推理意识。

案例9.4　"质数与合数"教学片段

【教材】苏教版义务教育教科书《数学》五（下）

（一）谈话导入

师：前面我们已经学习有关倍数和因数的知识，你能找出一个非零自然数的因数吗？同学们都有自己的学号，请把表示你学号的这个数的所有因数找出来。

选择一些同学发言，逐一板书他们学号的因数。其余同学互相交流。

（二）分类比较，揭示概念

师：请同学们仔细观察黑板上这些数，能不能把这些数分类？小组可以互相议一议。再指名回答。

可能的分类有：(1)奇数与偶数；(2)因数个数不同；(3)一位数与两位数。

师：这些分法都有道理。奇数、偶数我们以前已经认识了，今天我们重点来研究按因数个数分类的情况。像这样只有两个因数(1与它本身)的数,叫作质数,也叫作素数;有两个以上因数的数叫作合数。

(三)观察讨论,建立概念

师:同学们仔细观察一下:质数有什么特征?合数有什么特征?相互之间可以议一议。

生:质数的因数只有1和它本身两个,合数的因数除了1和它本身之外还有别的因数。

师:有没有不同意见?谁再来说一说?课本上又是怎么说的呢?

(四)举例说明,巩固概念

师:现在我们知道了什么是质数,什么是合数,那么除了黑板上这些数,你还能举一些例子吗?

生:17,23,31,37,51是质数,4,16,20,25,32是合数。

师:这些数是不是质数?我们来判断一下。

生:17、23、31、37是质数,51不是质数。

师:51为什么不是质数?

生:因为51除了1和它本身以外,还有因数17和3,所以是合数。

师:这些都是合数吗?(学生没有意见)谁能说说20为什么是合数?

最后讨论"1"的特殊性:得出1既不是质数,也不是合数,因为它只有一个因数。

【点评】质数与合数概念比较抽象,教师严格遵循学生概念学习的特点展开教学序列。课始紧紧抓住"因数"这一知识基础,就地取材,让学生找一找表示自己学号的数的因数,从而使抽象的教学内容变得生动具体,贴近学生生活。通过进一步的观察、讨论,逐步认识质数、合数概念的内涵与外延,自主建构概念的意义。整个过程学生参与度高,效果显著。

思考与练习9.2

1. 举例说明自然数概念教学要注意哪些问题?
2. 以"113×12"教学为例,谈谈如何引导学生探索三位数乘两位数的算理与算法。

第三节　分数的认识与运算的教学

分数概念比较抽象,从数系发展看,虽然分数是整数的扩展,但是分数在形式上与整数大有区别,因此要使小学生理解分数的本质,并不是一件简单的事。并且就现有的分数四则运算内容看,分数运算的算法似乎不难掌握,但其算理本质的理解往往比较困难。如何改进分数内容学习体系,是近年来教育界一直关注的话题。

一、分数认识的教学

从数系发展看,分数的产生是基于度量与均分的需要。认识分数概念的本质不仅包括概念本身的内涵界定,还应当涉及这个概念的性质或者关系。根据《课标(2022年版)》,计数单位(即分数单位)是贯穿分数认识始终的核心概念。

（一）分数意义的教学

分数概念通常可从三个层面帮助学生理解：

一是"比率"，即指部分与整体的关系或部分与部分的关系。例如：一个圆平均分成 4 份，每一份是整体的 $\frac{1}{4}$，反映的是部分与整体的关系；再如小红有 5 个苹果，小丽有 3 个苹果，小红的苹果是小丽的 $\frac{5}{3}$ 倍，可视为部分与部分的关系。这一层面的理解，可帮助学生完成对分数的基本性质以及通分、约分等相关知识的正确认识。

二是"度量"，指的是可以将分数理解为分数单位的累积。例如：$\frac{3}{4}$ 里面有 3 个 $\frac{1}{4}$，就是用分数 $\frac{1}{4}$ 作为单位度量 3 次的结果。该层面的理解可大大丰富学生对分数的认识。度量层面的体验也可直接作用于分数加（减）法的学习中。

三是"商"，即把分数视为两个整数相除的结果（即商定义）。该层面的理解能使学生认识到分数也是一个数，也可和其他数一样进行运算。

以上三个层面对学生多角度认识分数都发挥着重要作用，它们相辅相成，共同承担着分数意义的完善建构。

为使学生更好地理解分数概念的本质，这部分内容通常遵循概念认识的一般过程，即感性具体、感性一般、理性具体与理性一般的抽象过程，分成两个层次教学：

第一层次，结合学生的生活经验，初步认识分数，感悟分数单位。一般安排在第二学段。主要是结合现实情境认识具体分数，突出分数的实质是"平均分"，帮助学生初步建立分数是部分与整体的关系。

第二层次，结合具体情境探索分数的意义与基本性质，感悟计数单位，多维度理解分数概念的内涵，进一步发展数感与符号意识。一般安排在第三学段。通过实例，使学生理解：单位"1"不仅能表示一个物体、一个计量单位，……，还可以表示由一些物体组成的整体。在此基础上引导学生明确分数的意义和分子、分母的含义，并且着重理解分数单位的概念，明确不同分母的分数有着不同的分数单位，知道一个分数和"1"都是由几个分数单位组成的，从而为分数四则运算的教学奠定基础。

分数概念比较抽象，是数概念教学的一个难点，也是小学生难以理解的概念之一。因此，要使学生理解分数概念的抽象意义，必须遵循数学概念形成的一般规律。除此之外，还要注意以下几点：

（1）充分利用与学生生活密切相关的真实情景，引导学生通过操作感悟分数的意义

分数的产生是由于均分与度量的需要。而"均分"与"度量"在日常生活中经常出现。在教学分数概念时，充分运用直观形象，配以生活中的真实情境，能使学生更好地感悟概念的意义。

（2）充分利用各种模型，在不同层次上理解分数的意义

初步认识分数概念通常借助于学生熟悉的日常事物与活动。例如：把一个月饼平均

分为两份,其中的一份是 $\frac{1}{2}$,把一张纸平均分为四份,其中的一份是 $\frac{1}{4}$,这里实质是从"面积模型"的角度来理解分数,除此之外,还有集合模型、数轴模型等。

集合模型与面积模型联系密切,但理解难度大,关键是单位"1"不再真正是1个物体,而是把几个物体看作"1个整体",作为一个"单位",所取的"一份"也不一定是"一个",可能是"几个"作为"一份"。例如:把4个桃子看作"单位1"平均分成2份,每份2个占整体的 $\frac{1}{2}$。分数的集合模型的核心是把"多个"看作"整体1";分数的数轴模型即用数轴上的点表示分数,需要学生有更高程度的抽象能力。教学中要借助多种模型在不同层面上帮助学生理解分数。

(3) 突出分数单位的教学

分数单位是贯穿分数认识始终的核心概念,不仅有助于学生建立数概念的整体性认识,对于分数四则运算的算理的理解也非常关键。从《课标(2022年版)》看,教学分数概念可以分为三个层次:第一层次,初步认识分数,感悟"在相同的计数单位上才能比较大小",同时渗透"分子和分母同乘以一个数,分数大小不变";第二层次,借助通分,将分数转换为相同的计数单位,进行加减运算;第三层次,建立分数与整数除法的关系,完整认识分数。[①]

(二) 分数大小比较的教学

关于分数的大小比较,可分成三种情况:一是分母相同的分数比分子;二是分子相同的分数比分母;三是分子与分母都不同的分数先要通分。三种情况下的比较法则虽有不同,但是本质上都是(或者转化成)相同分数单位个数的比较,不仅三种情况具有内在的一致性,与整数、小数也具有内在的一致性。教学分数的大小比较,要联系分数单位或借助图形直观帮助理解,重点是引导学生理解比较分数的大小的依据,即不但要让学生知其然,更重要的是知其所以然。如比较 $\frac{3}{8}$ 与 $\frac{5}{8}$ 的大小,要让学生联系分数单位进行分析:因为3<5,所以3个 $\frac{1}{8}$ <5个 $\frac{1}{8}$,即 $\frac{3}{8}$ < $\frac{5}{8}$。同分子分数的大小比较也应如此。如比较 $\frac{1}{2}$ 与 $\frac{1}{3}$ 的大小,简单地告诉学生"分子相同的分数,分母大的分数值反而小"不符合新课标理念。教学时可把两个同样大小的圆分别平均分成2份和3份,通过比较各自1份面积大小的方法,引导学生直观理解分数的大小。然后,进一步把这两个圆都平均分成6份,通过" $\frac{1}{2}=\frac{3}{6}$, $\frac{1}{3}=\frac{2}{6}$, $\frac{3}{6}$ > $\frac{2}{6}$,所以 $\frac{1}{2}$ > $\frac{1}{3}$",帮助学生理解分数单位之间的关系,知道只有在相同单位下才能比较分数的大小。该法则与整数比较大小的法则本质上是一致的。

---

① 巩子坤,史宁中,张丹. 义务教育数学课程标准修订的新视角:数的概念与运算的一致性[J]. 课程·教材·教法,2022(6):45-51.

(三) 分数基本性质的教学

分数的基本性质是约分、通分的依据,而约分与通分又是分数四则运算的基础。教学时,可联系分数与除法的关系,借助商不变的规律来帮助学生理解分数的基本性质。然后再通过图形演示或学生自己动手操作,总结出分数的基本性质。

案例 9.5　"分数的基本性质"教学片段

【教材】苏教版义务教育教科书《数学》五(下)

(一) 操作

教师请学生拿出准备好的正方形纸,先对折,用涂色部分表示它的 1/2。

师:你能通过继续对折,找出和 1/2 相等的其他分数吗?(学生操作活动,交流汇报)

师:对折后,正方形被平均分成了多少份?涂色部分有多少份,可以用什么分数表示?

(二) 探索

师:得到的这些分数与 1/2 相等吗?能不能再写一些与 1/2 相等的数?

师:观察每个等式中的两个分数,它们的分子、分母是怎样变化的?观察、思考,试着完成填空。在小组中说说你有什么发现。

(三) 总结

分数的分子和分母同时乘或除以相同的数(0 除外),分数的大小不变,这就是分数的基本性质。

【点评】通过动手操作、自主探索,在特例基础上归纳概括出结论,是小学数学教学中常用的设计模式。

二、分数四则运算的教学

分数四则运算与整数四则运算乃至小数四则运算具有本质上的一致性。由于运算法则通常简洁明了,学生掌握没有多大困难,根据法则操作似乎也不存在认知障碍,但是学生有可能不理解其中的道理,如两个分数相除,可以借助"倒数"转化为两个分数相乘,其中的道理是什么?"知其然,不知其所以然"的教学不是现代教育的价值追求。《课标(2022 年版)》抓住"计数单位"这一核心概念,力求使学生感悟到分数四则运算与已经学习的整数四则运算具有内在一致性,从而促进学生对整个四则运算系统本质的理解。

(一) 分数加减法的教学

这部分内容一般结合分数意义的教学,按照由易到难,由简单到复杂的原则,分为两个层次教学:第一层次,结合分数初步认识,教学同分母分数加减法;第二层次,结合分数意义的教学,系统教学分数加减法。

1. 同分母分数加减法

实际教学中教师可能会发现,学生能够轻松地计算同分母分数加减法。但要注意学生的计算可能是根据计算法则进行机械操作。即学生可能会计算但却不理解为什么可以这么算,从而就会对后面异分母分数加减法学习带来负面影响,并且也不利于推理意识发展。因此,教学中要注意联系分数的意义,使学生在理解算理基础上掌握同分母分数加减的计算方法。在这里,关键是要突出分数单位这一核心概念。如$\frac{3}{8}+\frac{2}{8}=?$因为它们的分数单位都是$\frac{1}{8}$,3个$\frac{1}{8}$与2个$\frac{1}{8}$相加,是5个$\frac{1}{8}$,所以$\frac{3}{8}+\frac{2}{8}=\frac{5}{8}$,事实上,在$3+2=5$的每个数的后面,都可以带相同的计数单位或计量单位,得到一些新的等式。这些等式,包括$\frac{3}{8}+\frac{2}{8}=\frac{5}{8}$,实际上都是$3+2=5$的逻辑推论。

2. 异分母分数加减法

两个分数相加减,需要先统一分数单位,同分母分数由于分数单位相同,因此可以分子直接相加减,即直接实现了相同计数单位上的数相加减。异分母分数相加减,由于分数单位不同,因此需要先通分,再按同分母分数加减法法则计算。其中"通分"和"同分母分数加减法法则"均为学生已学过的知识。既然构成法则的两个主要成分都已学过,为什么学生还可能不会计算异分母分数的加减呢?问题就在于他们没有深刻领悟到分数与整数加减法内在的一致性:只有计数单位相同的数,才能直接相加减。把异分母分数转化为同分母分数的目的,就在于将分数单位不同的分数化为分数单位相同的分数。因此,教学时,要引导学生弄清异分母分数加减法的计算法则的实质所在。

案例 9.6 "异分母分数加减法"的教学

【教材】苏教版义务教育教科书《数学》五(下)

关于异分母分数加减法教学设计,可以有不同的思路。

思路一:引导学生回忆:(1)同分母分数加减法怎么计算?(2)什么叫通分?通分的方法是怎样的?然后揭示课题:"异分母分数加减法",并提问:分数的分母不同,能不能直接加减?(不能)所以计算异分母分数加减法,一定要先通分。然后引导学生结合实际问题与图形直观,计算4/5+1/2。

思路二:先让学生复习同分母分数加减法法则,再口算$\frac{8}{10}+\frac{5}{10}$、$\frac{8}{10}-\frac{3}{10}$。然后提问:这些题中哪些不是最简分数?能把它约成最简分数吗?随着学生的回答,板书:$\frac{8}{10}+\frac{5}{10}=\frac{4}{5}+\frac{1}{2}$;$\frac{8}{10}-\frac{3}{10}=\frac{4}{5}-\frac{3}{10}$,并擦除等号左边式子,指着右边式子提问:(1)这两道题能直接加减吗?(2)怎样计算呢?在此基础上点明:这就是我们今天要学习的异分母分数加减法。

思路三:先让学生进行整数加减、小数加减竖式计算以及同分母分数加减法计算练习,再组织学生讨论:这些加减法计算有没有什么共同的地方?使学生认识到:整数和小数加减法,计算时都要把相同数位对齐,实际上是为了保证相同计数单位的数相加减,同分母分数加减法法则实际上就是相同分数单位上的数相加减,它们的共同实质是"计数单位相同的数才能直接相加减",在此基础上引出新授例题$\frac{4}{5}+\frac{1}{2}=?$采用直接转化与图形直观探索运算法则。

【点评】比较上述三种教法,可以发现:

思路一是典型的注入式教学。在这种教学中,学生只能是被动地接受,记住结论。他们知道要通分,却不知道为什么要通分;他们知道计算异分母分数加减法要先转化成同分母分数去计算,但不能意识到"转化"的思想方法。

思路二在实际教学中经常碰到。但此法对异分母分数加减"先通分"给出了某种暗示。尤其是过渡练习,在得出$\frac{8}{10}+\frac{5}{10}=\frac{13}{10}$以及$\frac{8}{10}+\frac{5}{10}=\frac{4}{5}+\frac{1}{2}$的基础上,出现计算$\frac{4}{5}+\frac{1}{2}=?$使得这种暗示变得明显,于是,其后的启发引导也难免流为形式。

思路三抓住了整数加减、小数加减和同分母分数加减内在的一致性——计数单位相同才能直接相加减,把前后知识很好地沟通起来,并使其迁移到新知的学习中,从而使学生不仅知道计算异分母分数加减法要先通分,而且理解为什么要通分,从本质上理解了异分母分数加减法法则,知其然,也知其所以然。

(二) 分数乘除法的教学

1. 分数乘法的教学

分数乘法包括分数与整数相乘以及分数乘分数两个层次的内容。这是在整数乘法的意义、分数的意义和分数加法计算的基础上进行教学的。通过教学,要使学生理解分数乘法的意义,掌握分数乘法的计算法则。

分数乘法与整数乘法具有内在的一致性:单位分数相乘的算理本质是计数单位相乘得到新的计数单位,非单位分数相乘,本质上是计数单位与计数单位相乘,计数单位上的数与计数单位上的数相乘。

教学分数与整数相乘,通常分两步,先教学分数与整数相乘的意义,再教学分数与整数相乘的计算法则。分数与整数相乘的意义同整数乘法的意义相同,也是求几个相同加数的和的简便运算,只是这里的相同加数变成了分数。因此,教学时要注意在整数乘法基础上引入,最后总结出分数与整数相乘的计算法则。

分数乘分数的意义是分数乘整数的扩展,一般分两个层次教学:先解决求一个数的几分之一的问题,再解决求一个数的几分之几是多少的问题。计算方法并不复杂,算法应用也不难,但其算理较难理解,处理不当容易产生机械学习。因此这部分内容是分数乘法教学的重点,也是难点。教学时要充分发挥图形直观对探索和发现计算方法的重要作用,通过直观操作,帮助学生理解算理,体会分数意义与相应计算方法的内在联系。当然,教学时应注意从一致性角度进一步引导学生理解算法的数学本质。例如:计算$\frac{4}{5}\times\frac{2}{3}=?$ $\frac{4}{5}$的单位为$\frac{1}{5}$,$\frac{2}{3}$的单位是$\frac{1}{3}$,$\frac{4}{5}\times\frac{2}{3}$就是 4 个$\frac{1}{5}$与 2 个$\frac{1}{3}$相乘,从而算法的本质是计数单位与计数单位相乘,得到新的计数单位,计数单位上的数与计数单位上的数相乘,得到新计数单位的个数。

案例 9.7 "分数乘分数"教学片段

【教材】人教版义务教育教科书《数学》六(上)

(一) 研究 $\frac{1}{5} \times \frac{1}{2} = ?$

引导：画图是一种不错的方法。先想一想：画什么，怎么画。再独立画图表示出 $\frac{1}{5} \times \frac{1}{2}$。

总结：画一个正方形，把正方形平均分成 5 份，取其中 1 份，就表示出了 $\frac{1}{5}$，再把这一份平均分成 2 份，取其中 1 份，就是 $\frac{1}{5} \times \frac{1}{2}$，即 $\frac{1}{10}$。

(二) 独立研究 $\frac{1}{5} \times \frac{2}{3} = ?$

(1) 学生独立画图。
(2) 小组展示，全班交流。

(三) 共同研究 $\frac{4}{5} \times \frac{2}{3} = ?$

课件出示：小蚂蚁每分钟爬 $\frac{4}{5}$ 米，$\frac{2}{3}$ 分钟爬多少米？

列式计算 $\frac{4}{5} \times \frac{2}{3} = ?$

师：怎么解决呢？(画图)

学生独立画图，教师展示。

师：有没有其他的方法？

生：直接计算。原式即 4 个 $\frac{1}{5}$ 乘 2 个 $\frac{1}{3}$，$\frac{1}{5} \times \frac{1}{3} = \frac{1}{15}$，$4 \times 2 = 8$，因此为 $\frac{8}{15}$。

师：你是怎么想到这样做的？

生：如果分数的分母比较大的时候，画图不方便。这样做结果一样。

师：你能说说 $4 \times 2 = 8$ 以及 $\frac{1}{5} \times \frac{1}{3}$ 分别是什么意思？

生：$\frac{1}{5} \times \frac{1}{3}$ 得到新的计数单位，$4 \times 2 = 8$ 是新的计数单位的个数。

在学生讨论的基础上总结分数乘分数的法则。

【点评】教师充分借助学生已有的知识基础，通过画图实现了直观算理和抽象算法的连接。在操作、观察、推理等探索性与挑战性活动中，引导学生自主探索和归纳分数乘分数的方法，逐步感悟与理解分数乘分数的算理，培养学生用简洁的语言表达思考过程，发展学生推理意识。在画图理解算理基础上适时引导学生进行抽象层面推理，感悟蕴含在算法中的算理。在掌握分数乘分数算法的同时感受"分数乘分数是分数单位上的数与数相乘，分数单位相乘，再把结果相乘"的数学本质。这样教学实际上也体现了分数乘法与整数乘法的内在一致性。

2. 分数除法的教学

分数除法一般是作为分数乘法的逆运算来定义，其意义可通过实际问题说明，要使学生明确分数除法的意义与整数除法的意义本质上是一致的，都是"已知两个因数的积与其中一个因数，求另一个因数的运算"。

分数除法包括分数除以整数、整数除以分数和分数除以分数三种情况。无论哪种情况，其计算方法最终都可归结为乘以除数的倒数，即分数除法可直接转化为分数乘法。教学时固然要重视"倒数"这个概念的理解，要教给学生求倒数的方法，但是算法中蕴含的算理客观上并不容易理解。教学时要借助具体事例引导学生在运用多种方法探索算法的过程中逐步理解算理本质。

例如：$\frac{5}{7} \div 3$，可以理解为"把 $\frac{5}{7}$ 平均分成 3 份，求每份是多少？就是求 $\frac{5}{7}$ 的 $\frac{1}{3}$ 是多少，用分数乘法的意义进行转化"，也可以设法转化为整数除以整数"$\frac{5}{7} \div 3 = \left(\frac{5}{7} \times 7\right) \div (3 \times 7)$"，还可以转化为同分母分数相除，即"$\frac{5}{7} \div \frac{21}{7}$"，从而看成 5 个 $\frac{1}{7}$ 除以 21 个 $\frac{1}{7}$，等等。这些方法的思考过程也蕴含了推理意识的培养，从而把运算能力与推理意识的培养融合于运算过程。相对而言，分数除以分数可能难以理解。例如：为什么 $\frac{2}{5} \div \frac{3}{4} = \frac{2}{5} \times \frac{4}{3}$？根据《课标（2022 年版）》的一致性理念，分数除以分数本质上就是计数单位的个数相除，计数单位相除，再把结果相乘，即：$\frac{2}{5} \div \frac{3}{4} = (2 \div 3) \times \left(\frac{1}{5} \div \frac{1}{4}\right)$，但是对于 $\left(\frac{1}{5} \div \frac{1}{4}\right) = \frac{4}{5}$，学生实际学习时客观上存在理解困难。换一个角度，或许更能从本质上解释分数除法的算理。例如：计算"$\frac{2}{5} \div \frac{3}{4} = ?$"，若把其先转化为相同计数单位的分数相除，即"$\frac{8}{20} \div \frac{15}{20} = ?$"，从而理解为"8 个计数单位除以 15 个计数单位"，或者理解为"8 个计数单位是 15 个计数单位的几倍"，从而获得计算结果"$\frac{2}{5} \div \frac{3}{4} = \frac{8}{15}$"，这种理解实际上也解释了四则运算本质，即计数单位个数的运算。

因此，教学时可分别通过实例引导学生观察、比较，探索出每种情况下的计算方法，在理解算理的基础上总结出统一的分数除法计算法则：甲数除以乙数（零除外），等于甲数乘乙数的倒数。

> 📖 **链接9.3** 义务教育数学课程标准修订的新视角：数的概念与运算的一致性

思考与练习 9.3

1. 义务教育教科书关于小数与分数的知识是怎样编排的？为什么这样编排？
2. 在下面的课题中任选一个，拟出本课的教学目标、教学重点以及教学流程。
   (1) 分数的意义；(2) 异分母分数加减法；(3) 分数乘分数。

第四节　小数的认识与运算的教学

小数(有限小数)是十进分数的改写形式,从数学知识发展的逻辑讲,引进小数知识离不开分数基础。如小数0.3,是3/10的改写形式,表示"把单位1平均分成10份取其中的3份",若取10个这样的1份(0.1),则通过"十进"变成1,因此"十进"才是小数概念的本质。即小数是通过"逢十进一"和"退一作十"的规则建构的,小数概念的这一数学本质使得其可与整数一起构成完整的十进位值制系统,计数单位则是建构小数概念的基础。这正是小数与整数、分数概念一致性的体现。小数概念的十进制本质也使得小数的加减乘除四则运算与已学运算形成了内在的一致性。

一、小数认识的教学

在日常生活中学生碰到小数的机会非常多,他们能从感性层面比较早地接触到小数,相对来说,从心理上接受小数要比分数容易一些。同时,由于小数的计数系统是从整数的十进位制扩充而来,整数知识系统的学习基础也有助于学生理解小数的本质。但是毕竟小数学习需要分数基础,因此,小数与分数知识的编排顺序历来是教材编写者关注的问题。由于分数的书写形式和运算法则从形式上看与整数差异显著,并且需要数的整除知识做基础,学生接受有困难。而小数的写法和运算法则与整数类似,学生可以方便地通过类比迁移进行学习。所以,从学生认知发展顺序来讲,宜先学习小数。但是,从数学科学本身的发展逻辑来讲,应当先教学分数,再教学小数。因此,对于分数与小数的编排顺序历来存在着不同的看法。当前教材一般是把数学本身的发展顺序与学生的认知发展顺序结合起来编排学习内容。

(一) 小数意义的教学

小数概念的教学一般分成两个层次:

第一层次,联系生活实际中具体的量,在感性层面上体会小数的含义。教学时可以首先在复习分数的初步认识与已学有关计数单位基础上,从学生熟悉的商品标价引进小数。可事先让学生到超市或附近的商店观察各种物品的价格。把这些价格写下来,到班级交流,说一说不同的数表示什么意思。为什么不能都用整数表示?然后引导学生认识到,商品标价一般是以元做单位,某商品价格如果是几元几角,就可以改写为小数,小数点左边的数表示元,右边第一位表示角,第二位表示分,从而使学生初步认识小数,进而帮助学生认识小数的结构,正确地读写小数。教学时还可通过组织学生测量长度认识小数,多运用一些方法让学生感受学习小数的现实意义。

第二层次,在学生已有分数初步认识、小数初步认识的基础上,系统地学习小数。计数单位是理解小数概念的关键。教学时,可结合实际让学生测量课桌或黑板的长度,使学生了解小数是在实际生活的需要中产生的,把一个整体平均分成10份,100份,1 000份,……,这样的一份或几份都可以用分母是10,100,1 000,……的分数表示,也可以用小数来表示,从而使学生体会到小数实质上是十进分数的另一种书写形式。教学时还可运用多种直观手段,如用等分线段或者正方形的方法,帮助学生进一步体会"平均分"。例如:画一条线段表示"1",把它平均分成 10 份,1 份就是 $\frac{1}{10}$,写成小数就是 0.1,再把每份平均分成 10 份,也就是把整体"1"平均分成 100 份,每 1 份是 $\frac{1}{100}$,写成小数就是 0.01,……,使学生体会到小数单位与整数单位一样,都是十进关系。

为使学生能从本质上理解小数的意义,教学时可注意结合整数的计数单位从整体上进行理解。例如,可引导学生思考:在认识整数时,个位满十向十位进一,十位满十向百位进一,百位满十向千位进一,等等。反过来看,把计数单位"千"平均分成十份,一份就是计数单位"百";把计数单位"百"平均分成十份,一份就是计数单位"十";把计数单位"十"平均分成十份,一份就是计数单位"个"。从而可以借助分数的初步认识类推,把计数单位"个"平均分成十份,一份就是"个"的十分之一,称其为十分位。

在学生理解了小数意义的基础上,要及时通过引导学生归纳出整数与小数的数位顺序表帮助学生形成整体性理解,再教学小数的读法和写法、小数大小比较。这里应注意,小学生在开始学习小数时,常常会用比较整数大小的方法来比较小数的大小,可能会误认为位数多的小数就大,而忽略了数位和它们的计数单位。所以,教学时要重视从小数的意义及小数的数位顺序等学生已有的知识基础出发,以学生熟悉的事物为例,通过自主探索,归纳出小数大小的比较方法:先看整数部分,整数部分大的那个数就大;整数部分相同,十分位上的数大的那个数就大;十分位上的数相同,百分位上的数大的那个数就大,……以下类推。

应该在适当的时候向学生说明:这个由整数大小比较法则类推出来的"小数大小比较法则"只适用于有限小数,不适用于无限小数。如 $0.9\dot{5}\dot{9}=0.96$,而不是 $0.9\dot{5}\dot{9}<0.96$。

(二) 小数性质的教学

小数的性质有两条,它们是小数四则计算的基础。

性质 1:在小数的末尾添上"0"或者去掉"0",小数的大小不变。

性质 2:把小数点向右(或向左)移动一位,两位,三位,……,原来的数就扩大(或缩小)10 倍,100 倍,1 000 倍,……。

现行教材通常把性质 2 作为"小数点位置移动引起小数大小变化规律"出现。

小数的性质与分数的基本性质是相通的,教学时可从学生已有知识或经验出发,结合图形和学生熟悉的十进复名数帮助理解。如 0.3=0.30,可从以下不同角度说明:① 利用货币单位知识,比较 0.3 元与 0.30 元的大小;② 利用正方形图进行探索,让学生体会到 0.3 与 0.30 实际上是用不同方式表示同一事物;③ 利用直尺直观比较 3 分米=30 厘米=300 毫米,所以 0.3 米=0.30 米=0.300 米;④ 根据小数数位及其计数单位论证 0.3=0.30。

小数点位置移动引起小数大小的变化规律是小数乘除法计算的基础,也是把十进复名数改写成用小数表示的单名数的依据。教学时,要采取有效方法帮助学生从本质上理解这一规律。可安排如下活动:每人写一个小数,移动一下小数点使它变成另一个数,看看能写出几个? 在原数的左右按一定规律排成一排。然后组织学生讨论:小数点位置的移动如何引起小数大小的变化。也可以利用计算器引导学生探索变化规律。

二、小数四则运算的教学

小数四则运算与整数四则运算以及分数四则运算具有本质上的一致性,小数四则运算的算理与算法可以基于分数的四则运算,也可以建立在整数四则运算基础上理解。教学的关键是要引导学生沟通与整数四则运算以及分数四则运算的关联,达到对算理与算法的理解。

(一) 小数加减法教学

小数加减法无论是基于整数加减还是分数加减,均是相同计数单位上的数相加减,而计数单位不变。整数加减法笔算的关键是相同数位对齐,分数加减法笔算的关键是相同分数单位上的数相加减。若两个分数的单位不同,就需要运用通分转化成分数单位相同的分数再进行加减法计算。小数加减法笔算的关键是小数点对齐,实质都是将相同计数单位的数直接加减,而计数单位不变。这就是数的加减法运算的一致性体现。

小数的加减法可按照以下两个层次进行教学:

(1) 结合小数的初步认识,学习一位小数的加减法。要让学生初步认识到小数加减法必须小数点对齐。教学时可从学生十分熟悉的购买早点的情境出发,通过各种早点价格启发学生提出用加法或减法解决的实际问题。对于算题,先让学生根据生活经验口算,然后过渡到竖式计算。

引导学生发现,因为十个 $0.1\left(\dfrac{1}{10}\right)$ 就是 1,所以小数点对齐后,小数加减法就可按照与整数加减法相同的法则进行计算。

当然,也可以结合同分母分数加减法的算理帮助理解。因为小数是十进分数的改写形式,两个小数相加减,可以方便地转化成同分母分数相加减。这样处理可以进一步引导学生感悟加减法内在的一致性。

(2) 系统教学小数加减法。因为学生在整数、分数加减法的学习中已经知道了只有计数单位相同的数才能直接相加减,所以只要小数点对齐,相同数位就能对齐,从而使学生对于小数加减法的计算法则,不仅知其然,而且能知其所以然。

(二) 小数乘除法教学

小数乘法的算法是先不看小数点,按照整数乘法来计算,然后在得到的积中点上小数点。从算法角度看,几乎与整数乘法完全一致,只要处理好小数点问题即可。从算理角度看,与整数乘法具有内在的一致性。例如:计算

$$\begin{aligned}
0.32 \times 0.4 &= (0.3+0.02) \times 0.4 \\
&= (3 \times 0.1) \times (4 \times 0.1) + (2 \times 0.01) \times (4 \times 0.1) \\
&= (3 \times 4) \times (0.1 \times 0.1) + (2 \times 4) \times (0.01 \times 0.1) \\
&= 0.128
\end{aligned}$$

可以发现,小数乘法的本质是将乘数按照计数单位分解后,将计数单位上的数相乘,计数单位与计数单位相乘,得到新的数与新计数单位,再获得部分积,最后将各部分积相

加得到结果。

上述过程虽然算理清晰,但是存在逻辑问题。例如:0.1×0.1 是怎么等于 0.01 的,显然需要借助分数的乘法才能说明白,也就是说,蕴含在算法中的算理需要追溯到分数乘法。而直接从分数乘法角度直接推演小数乘法,算理就非常清晰,并且也具有内在的一致性。即"计数单位与计数单位相乘,计数单位上的数与计数单位上的数相乘"。因此,在分数乘法基础上学习小数乘法或许更便于学生理解小数乘法运算的本质。

教学小数乘法,可以先引导学生探索小数与整数相乘的方法,再推想小数乘小数的方法。在此基础上感悟算理,得到法则:小数乘法先按照整数乘法来计算,再看两个因数共有几位小数,积就有几位小数。

小数除法主要包括除数是整数的小数除法与除数是小数的小数除法,与小数乘法一样,也可以基于整数除法或者分数除法推演算理。也就是说,小数除法运算的本质与分数、整数一样,都是计数单位与计数单位相除,计数单位上的数与计数单位上的数相除。这是除法运算内在的一致性。

由于除数是小数的小数除法要根据小数点位置移动引起小数大小变化的规律与商不变的性质转化为除数是整数的小数除法计算。因此,教学时不仅要让学生弄清算理,掌握算法,还要引导学生感受"转化"这一重要的数学思想方法。

小数乘除法中还有一个重要内容,就是取积或商的近似值。因为乘积的小数位数等于两个因数小数位数的和,所以积可能会出现较多位小数,实际生活中的计算并不需要这么多位小数。因此,小数乘法中积取近似值的情况在实际生活中会经常遇到。另外,小数除法计算实际上许多是除不尽的,根据需要,也要对商取近似值。教学中,可通过美元与人民币兑换的实例说明取近似值的必要性与怎样取近似值,从而使学生在掌握知识过程中感受到数学的应用价值。

案例 9.8 "小数乘整数"教学片段[①]

【教材】 苏教版义务教育教科书《数学》五(上)

(一)初悟算理,感知算法

师:0.8×3 的积是多少?你会计算吗?先独立思考,再和小组同学交流你是怎样想、怎样算的。

学生自主探索,教师巡视并收集不同方法,然后组织学生集体交流。

生:我是把 0.8×3 转化成 0.8+0.8+0.8 来算的,结果等于 2.4。

师:你为什么这样想?

生:因为 0.8×3 就表示求 3 个 0.8 的和是多少。

师:非常好。大家还有不同的想法吗?

生:我是把 0.8 元看成 8 角来算的。8×3=24(角),24 角=2.4 元。

师:这样想可以吗?

生:可以,这样想就是利用了我们学过的整数乘法。

师:很了不起,遇到新的问题时可以先想想能不能转化成已学的问题。还有不同

[①] 衡德翠. "一致性"视角下的运算能力培养——"小数乘整数"磨课实践与反思[J]. 小学数学教育,2022(11).

的方法吗?

生:可以直接得到结果,因为0.8就是8个0.1,8个0.1乘3,就是24个0.1,也就是2.4。

师:大家的想法都很好,都算出了2.4。我们再看看把0.8元看成8角的方法,实际上就是先不看0.8的小数点,当作已经学过的乘法来做,是吗?这种想法对我们列竖式计算很有启发。你会列竖式吗?

学生尝试列竖式,教师提醒学生要把乘数的末尾对齐。因为竖式计算时是按照整数乘法来算的,所以要把乘数的末尾对齐。

师:按照整数乘法算出24后,为什么要在积中点上小数点?

生1:因为真正的乘数不是8,而是0.8。

生2:因为是把8角当作8元来算的,如果是24的话就是24元了,实际上应该是24角。

师:如果联系小数的数位来说,这里的0.8就是8个十分之一,乘3得到24个十分之一,24个十分之一就是2.4。

(二)层层深入,感悟算理

师:根据刚才讨论,同学们认为2.35×3可以怎样计算呢? 不妨先估一估结果。

生:2.35比2大一些而比3小,2.35×3的结果应该比6大,也应该比9小。

师:真棒,看这个小数在相邻的哪两个整数之间,就可确定算式的乘积大致在什么范围。大家试着算一算,看看结果是不是在这个范围。

生1:我先把2.35看成整数235,乘3,得到705,但是原来是两位小数,所以积也是两位小数,是7.05,大于6也小于9。

生2:我是把235个百分之一乘3,就得到705个百分之一,就是7.05。

生3:我用竖式计算,先按照整数乘法算出积,再点上小数点。

师:2.35里面有多少个百分之一? 得到的积呢?

(三)猜测验证,概括算法

师:观察刚才计算的两道算式,乘数中小数的位数与积的小数的位数有什么关系?

生1:积的小数位数与乘数的小数位数保持一致。

生2:乘数有几位小数,积就有几位小数。

师:这仅仅是我们的猜测,对不对呢? 能用计算器计算进行验证吗?

组织学生小组合作用计算器举例验证。

师:通过刚才的研究,你发现了什么?

生:小数和整数相乘,乘数中的小数位数有几位,积就有几位小数。

师:小数和整数相乘,可以怎样计算?

生:小数和整数相乘,可先看成整数乘法计算,得到积后,再看乘数中小数的位数,在积中点上小数点。

师:小数乘整数,如果列竖式,要注意什么呢?

生:按照整数乘法那样列竖式,把末尾对齐。

【点评】教师引导学生在理解小数乘整数含义的基础上,设计了三个循序渐进的教学环节,引导学生自主探索算理,明了算法,并通过"猜想—验证—发现结论"的思维过程,引导学生在理解算理的基础上概括出算法,同时沟通了小数乘整数与整数乘法之间的内在联系,提升了学生对算法本质的数学理解。

> 📖 链接9.4　以理驭法,体会运算一致性

思考与练习9.4

1. 数概念本质的一致性体现在哪些方面?如何帮助学生感悟数概念的一致性,发展数感?
2. 数的运算的一致性体现在哪些方面?如何帮助学生感悟数的运算的一致性,发展运算能力与推理意识?

第五节　数量关系的教学

数量关系是将相似特征的学习内容整合在一起形成的学习主题。数量关系与数的关系不同,数的关系脱离了实际问题,数量关系则追求实际背景下数量之间关系的领悟。数量关系的内容主要包括:① 常见数量关系(如加法模型与乘法模型);② 运用数与运算解决问题,主要指真实背景下的实际问题;③ 探索规律,一般是从数量关系角度探索数量之间蕴含的数学规律;④ 用字母表示,指用字母表达数量之间的关系;⑤ 正比关系,包括比、比例、成正比例的量,侧重从数量关系的角度进行认识。上述内容都具有数量关系的特征,通过重点分析数量关系解决问题,提炼出这些内容的共性特征,整体性把握数量关系的实际应用价值,培养学生发现与提出问题、分析与解决问题的能力。

> 📖 链接9.5　怎样理解"数量关系"学习主题

一、常见数量关系的教学

常见数量关系是人们对客观世界蕴含的数量关系的高度概括与抽象,具有普遍应用价值。学生在平时学习中实际上或多或少积累了数量关系的一些经验性知识,引导学生对经验层面的数量关系进行抽象与概括,进而在更抽象层面上去理解与应用所学知识,既可发展学生的模型意识,也可培养发现与提出问题、分析和解决问题能力。根据《课标(2022年版)》,小学阶段常见数量关系包括加法模型与乘法模型,还有"等量的等量相等"的基本事实。加法模型是表示总量等于各分量之和,乘法模型可大体分为与个数有关(总量=分量×数量)以及与物理量有关(路程=速度×时间)的两种形式。常见数量关系的模型往往存在多种变式,不同背景下的数量关系往往又存在内在的一致性,一些普适性数量关系可能还存在独特的字母表示。因此,教学常见的数量关系要充分考虑学生的认知基础与思维发展的阶段特征。

(一)理解数量关系本质,感悟模型中的量纲意义

数量关系是具体情境下数量之间的关系。比如,路程、速度、时间是三个数量,而"路程=速度×时间""速度=路程÷时间""时间=路程÷速度"则是它们之间的关系。这些关系具有内在的关联,而这种关联与四则运算的意义有关。如"总量=分量×数量""路

程＝速度×时间"等都是"总数＝每份数×数量"关系的具体化,更高层面上看,就是"几个几相加"的乘法意义具体化。因此,对于数量关系本质的理解要在四则运算意义基础上理解"数量"这一关键要素,尤其是模型中量纲意义的感悟。如"路程＝速度×时间"中的速度量纲是一个复合单位,其表现形式以及所表示的意义对学生来说存在理解困难,需要借助丰富的素材,结合具体的问题情境逐步引导学生理解与感悟。

案例 9.9　认识"速度"教学片段[①]

【教材】苏教版义务教育教科书《数学》四(下)

师:在路上开车,常常看到路边有不同的交通标志牌。你认识这种标志牌吗?(限速牌)(板书:速度)

师:生活中,我们是不是经常用到"速度"这个词?你能举个例子吗?(指出:速度就是运动的快慢程度。)

师:开车的人怎么知道车子跑得快、跑得慢呢?结合仪表盘解释,说明车子速度快、速度慢时仪表盘上指针的变化。

师:当仪表盘上的指针指向什么位置时,就到了路边限速牌所限制的速度?能具体说说这个"80"的意思吗?

师:要说清楚一个数的意思,离不开看它的计量单位。路边限速牌上的"80"没写任何单位,不过汽车仪表盘上倒是有。圈出"km/h",试着做解释。

说明:"km"指千米,是英文单词 kilometer 的简写;"h"则是指小时,是英文单词 hour 的简写。"/"可以看成"每"或"1"。"km/h"读作"千米每小时",实际上就是每小时行多少千米的意思。数学上将这种形式的单位称为"复合单位"。

【点评】路程、时间、速度这三个数量中,速度这个概念最难理解。本片段中,教师利用在路上开车看到的交通标志牌、汽车仪表盘及速度的字母单位,引导学生感悟量纲意义,将学生对速度粗浅的、朴素的理解上升到数学高度,逐步进入学习中心,效果显著。

(二) 设计真实情境,引导学生分析与表达情境中的数量关系

数量关系是现实情境下数的关系的具体化。要使学生感悟与理解数量关系的现实意义,情境的真实性是设计的关键。通过真实的问题情境,引导学生分析和表达情境中的数量关系,也能促进学生主动利用所学数量关系解决实际问题。

案例 9.10　利用数据提出问题

某展览中心周六和周日有一个艺术展,图中记录了参观人数。

周六参观人数	周日参观人数
上午	上午
中小学生 57 人	中小学生 86 人
成人 102 人	成人 94 人
下午	下午
中小学生 64 人	中小学生 115 人
成人 133 人	成人 167 人

[①] 许卫兵.抽丝剥茧 一线串联——《常见的数量关系》教学分析[J].福建教育,2014(9):48-50.

根据记录的参观人数,你能提出哪些问题?

说明:通过这个例子讨论"总量=分量+分量"的数量关系。例如:周六上午57人、下午64人都是中小学生参观人数的分量,分量和57+64=121(人)是周六的中小学生参观人数总量。周六的中小学生参观人数总量又是周六参观人数的分量。启发学生提出许多类似问题,关注学生思维的逻辑。通过这个例子,学生也可以提出相应的减法问题,即"分量=总量-分量"的数量关系,只需要把其中的一个分量作为未知量。

(三) 强化数量关系应用,引导学生形成初步的模型意识

史宁中教授认为,数学模型有别于一般的数学算式,也有别于通常的数学应用,它是能够用来解决一类具有实际背景问题的数学方法。数学模型的重要性往往不是取决于数学表达是否完美,而是取决于对现实世界的解释。常见数量关系的应用不仅包括直接应用于现实问题的解决,而且包括迁移与拓广,在启发学生用数学的语言表达现实世界过程中实现数量关系的模型价值,形成初步的模型意识,提升问题解决能力。

二、解决实际问题的教学

解决实际问题通常有算术与代数两类方法,即列算式解答与列方程解答。由于《课标(2022年版)》把方程学习内容后移到第四学段,所以,小学数学重点学习列算式解决实际问题。列算式解实际问题要依据四则运算的意义与实际问题中的数量关系。因此,解决实际问题的教学不仅有助于巩固所学的四则运算以及常见的数量关系,而且在解决实际问题的过程中,能促进学生逐步形成模型意识以及发现与提出问题、分析与解决问题的能力。在现行的课程体系中,实际问题的解决不仅体现为数学知识的巩固与应用,而且体现为数学知识形成的载体与源头。因此,列算式解实际问题与数的运算、数量关系的教学实际上融为一体,围绕"四能"的课程目标展开教学序列,并且解决实际问题的学习还会延伸到其他三个学习领域。

(一) 密切结合学生学习实际,设计"好"的问题

好的问题在学生学习中具有强烈的驱动作用,教师应善于利用教材资源以及其他的文化资源,设计、捕捉学生感兴趣的充满正能量的"好"的问题,引导学生探寻数学知识的本质,加深数学知识的理解,感受数学的运用价值。

好的问题,应符合学生的认知发展现状,能够有效激发学生的认知冲突,引发学生的主动探索;好的问题应有助于促进学生深度思考,发展思维,体现"三会"核心素养,而不是限制学生的思维,一味强调解题技能的程式化训练;好的问题应是问题群序列中的典型问题、核心问题,有助于学生实现方法策略的迁移;好的问题不应局限于数学领域,应善于把数学科学与其他科学结合起来提出跨学科问题;好的问题应符合现代教育立德树人的思政要求,来源于学生学习的实际背景,注重趣味性、教育性,有助于潜移默化的德性熏染。

(二) 引导学生经历合理规范的实际问题解决的过程

解决实际问题的过程本质上就是数学建模运用的过程。解决实际问题具有基本的步骤,一般来说,包括理解题意(审题)、弄清题目中隐含的数量之间的关系(数学模型)、拟定

解题方案、列式解答以及回顾检验等过程。教学中只有引导学生合理规范地经历每一个环节，才可能从条件顺利地指向目标，顺利解决问题。

需要注意的是，一些实际问题中数量关系不是十分明显，需要灵活思考，仔细分析。审题不清，不明确条件、问题的细节表述，显然难以提炼出问题解决需要的数量关系；不仔细分析数量关系，就难以找到解题的正确思路；没有一个合理规范的解题方案，就可能思维混乱、事倍功半；不能正确列式计算，列式不规范，就可能理不清数据之间的内在关系；没有检验习惯，就可能难以及时纠正解题过程中的错误，如数量关系运用错误、算法错误、计算错误等。

（三）注重解决实际问题教学中核心素养的发展

解决实际问题的学习过程是学生观察、思考、表达现实世界的重要途径。解决实际问题的关键是在理解题意的基础上找出问题中各种数量之间的关系，然后列式求解。数量之间的关系可以用线段图、示意图或表格等方法直观地表示。苏霍姆林斯基说过："教会学生把应用题'画'出来，其用意就在于保证具体思维向抽象思维过渡。"解决实际问题的过程蕴含了"三会"核心素养的多种表现，从条件到问题或者从问题到条件的数学推理，数量关系分析中的几何直观，解题思路探寻中的创新意识，数学模型的运用意识等。问题的背景设计也有不同程度的思政教育价值，充满正能量的背景问题往往可以带来潜移默化的教育影响。教师的教学设计应根据问题的特点，有针对性地提炼出相关的核心素养表现，循序渐进地发展学生的核心素养。

三、用字母表示的教学

用字母表示是指用字母表示现实情境中的数量关系。教学用字母表示实际上是引领学生在实际情境中运用高阶思维探索数量关系，发展代数思维。从认识具体的数到用字母表示，从用语言等式表示数量关系到用字母表示数量关系，是一个特殊到一般、具体到抽象的过程，是人们对现实世界数量关系认识过程的一次飞跃，也是学生数学学习过程的一次重大转折。这种转折奠定了中学代数学习的思维基础。用字母表示，简单明了，不仅能概括出数量关系的一般规律，而且能为研究与解决实际问题带来很大方便。但是相对于具体的、确定的数来说，用字母表示比较抽象，概括程度较高，小学生开始往往不容易理解与接受。因此，用字母表示是数量关系这一主题教学的难点。教学时要注意以下几点：

（一）早期孕伏，层层递进，逐步引导学生感悟用字母表示的优越性

实际上，现行课程体系一直关注学生用字母表示数与数量的学习。在早期的数与运算等教学内容排了各种用符号表示数的算式，让学生尽早感知。如从"10 以内的数的认识与加减法"开始，结合数与计算内容穿插编排了 $6+(\quad)=8, 32÷□=8$ 之类的算式，使学生体会到：这些算式中的符号"（　）"与"□"等既可以表示填写数的空位，也可以用来表示数。再如，教材结合有关内容出现如 $20+(\quad)<25, (\quad)×8<55$ 等不等式，甚至还出现如 $□÷□×□=24$ 等更加开放的思考题。通过解答这类问题可以加深学生对符号表示数的认识。在后来的数量关系的学习中，学生逐渐接触了用字母表示运算定律、用字母表示计算公式等，这些内容都为用字母表示关系奠定了基础。

(二) 设计合理情境,引导学生感悟用字母表示的一般性,形成初步的代数思维

根据小学生的思维特点与年龄特征,教学时要选择一些针对性强的实际问题,引导学生经历用字母或含有字母的式子表达实际情境中的数量关系、性质和规律的逐步抽象过程,体会用字母表示的简洁与便利。如用字母表示"路程=速度×时间"为 $s=v\times t$ 以及变式" $v=s\div t,t=s\div v$ ";还可以表达图形的周长和面积计算公式等。感受字母表达的一般性,形成与发展学生的符号意识、推理意识和初步的应用意识。

案例 9.11 用字母表示数量关系或规律

(1) 小华比小明多 5 张漫画卡。如果小明有 8 张,小华有几张?如果小明有 12 张呢?如果小明有若干张,怎样用字母表示小华有多少张漫画卡?

(2) 我们学习过一些图形面积的计算公式,还学过加法和乘法的运算律,你能用字母表示这些计算公式和运算律吗?

(3) 1 张餐桌可坐 4 人,2 张餐桌拼在一起可坐 6 人,3 张餐桌拼在一起可坐 8 人,按这样拼下去,n 张餐桌拼在一起可坐多少人?

说明:这三个问题涉及用字母表示数量关系或规律。

(1) 教学时,可以先从具体数量入手:小明有 8 张、12 张时,小华的漫画卡数量应如何表示?如果小明有不知道具体数量的若干张时,小华的漫画卡数量可以表示为 $(5+a)$,其中的字母 a 表示小明的漫画卡数量,是一个变化的值。

(2) 让学生探索用字母表示面积计算公式和运算律的过程,感悟用字母表示所得到的结果具有一般性。

(3) 让学生经历用字母表示变化规律的过程,培养符号意识。1 张餐桌可坐 4 人,2 张餐桌拼在一起可坐 6 人,3 张餐桌拼在一起可坐 8 人,以此类推,n 张餐桌拼在一起可坐 $(2n+2)$ 人。

四、比与比例的教学

比与比例的教学内容,近年来逐步趋于简化。《课标(2022 年版)》把这部分内容作为数量关系的学习内容呈现,意图是引导学生感悟与理解真实情景中的数量关系。一般编排在高年级教材中。主要内容包括比与按比例分配及其简单应用,成正比例量的认识,等等。

(一) 比与比例的概念

"比"是用表示两个量(可以是同类量,也可以是不同类量)的数对两个量进行比较的一种数学方法。两个数是有序的,颠倒两数的位置,就会得到另一个比。求比值与化简比是不同的,二者既有联系又有区别。比、除法、分数三者之间联系密切,可以相互转化。"比"表示两个数之间的关系,除法指的是两数进行的运算,分数指的是数值,是一种数。

比例是两个比相等的式子,表示的是四个数之间的关系。由比例能揭示图形放大或缩小的数学含义,应用比例知识能解决有关比例尺的实际问题。

这部分内容抽象度高,教学时要充分利用实际生活中的问题情境,帮助学生理解有关

概念,并注意把新学概念与已有概念进行类比、对比,加深一致性理解。如把比与分数、除法进行类比,比与比例进行对比,等等。比例的基本性质与分数的基本性质、除法运算中商不变的性质联系密切,具有内在的一致性,教学中要注意揭示前后知识之间的关联,帮助学生构建完善的知识结构。

案例 9.12 "比例的意义与基本性质"教学片段

【教材】苏教版义务教育教科书《数学》六(下)

(一)复习导入

谈话:同学们,我们已经学过了比的有关知识,说说你对比已经有了哪些了解?(生答:比的意义、各部分名称、基本性质等。)还记得怎样求比值吗?

(二)探索新知

1. 课件显示:算出下面每组中两个比的比值
(1) 3∶5   18∶30   (2) 0.4∶0.2   1.8∶0.9
(3) 5/8∶1/4   7.5∶3   (4) 2∶8   9∶27

师:你们有什么发现吗?(3组比值相等,1组不等)

2. 师:生活中有很多像这样的比值相等的例子,这种现象早就引起了人们的重视和研究。人们把比值相等的两个比用等号连起来,写成一种新的式子,如 3∶5=18∶30。数学中规定,像这样的一些式子就叫作比例。(板书:比例)

师:今天这节课我们就一起来研究比例,到底什么是比例呢?观察这些式子,你能说出什么叫比例吗?(根据学生的回答,教师抓住关键点板书:两个比的比值相等)

师:同学们说的比例的意义都正确,不过数学中还可以说得更简洁些。

课件显示:表示两个比相等的式子叫作比例。

学生读一读,明确:有两个比,且比值相等,就能组成比例;反之,如果是比例,就一定有两个比,且比值相等。

【点评】认知主义背景下的教学设计非常注重学生"已经知道了什么"。比是比例学习的认知基础。新知教学从比的知识的回顾与练习过渡到新知内涵的初步理解,符合数学知识本身的生成逻辑,也符合学生的认知发展规律。

(二)按比例分配

按比例分配就是把一个数量按照一定的比进行分配,它是"平均分"的拓展。按比例分配问题在实际生活中经常会遇到。因此,在解决这类问题过程中,可以帮助学生进一步理解比的意义和比与分数之间的关系,还能培养学生运用所学知识解决实际问题的能力。教学时要注意在实际情境中引导学生理解什么是按比例分配。例如:可组织学生课前做一些调查,看看在日常生活中,哪些地方用到了比的知识。通过调查,学生初步感受到比和我们的日常生活有密切的联系。再通过生活中的实际问题引进按比例分配,并使学生在解决实际问题的过程中感受到按比例分配的意义。

教学中还应引导学生运用按比例分配的知识解决一些实际问题。如"小明家和另外两户居民合用一个总电表。十月份共应付电费 80 元,小明家应付多少元?"

表9.2 三家十月份用电情况统计表

住户	小明家	小刚家	小丽家
分电表数(千瓦时)	53	47	60
应付电费(元)			

这类问题现实性强，在生活中经常碰到。引导学生解决这些问题，既可使学生进一步理解按比例分配的意义，也可使学生感受到数学的应用价值。

(三) 成正比例的量

成正比例的量主要是使学生理解两个变量之间的正比例关系。正比例关系是一种比较重要的数量关系，学生理解并掌握了这种数量关系，就能应用它解决一些简单的实际问题。在这之前，学生已掌握了一些常见的数量关系，如速度、时间与路程的关系，单价、数量与总价的关系。但是，学生对这些数量之间的相依关系与变化规律还可能理解不深刻。因此，教学时要在学生已有知识基础上通过具体问题去体会成正比例的量之间的相依关系与变化规律，同时渗透函数的思想，为学生今后进一步学习奠定基础。

教学成正比例的量，可从常见的典型事例入手，引导学生分析研究问题中的数量关系，探索其中两种相关联的量的变化规律。在此基础上概括出正比例的意义。

例如：一辆汽车行驶的时间和路程是两种相关联的量，路程随着时间的变化而变化，如下表。

表9.3 汽车行驶的时间和路程变化表

时间(小时)	1	2	3	4	5	6	…
路程(千米)	80	160	240	320	400	480	…

它们的变化规律是，路程和时间的比的比值(即速度)总是一定的。然后概括出 $\frac{y}{x} = K$ (常数)关系。这样教学不仅抓住了两种相关联的量的相互关系，而且抓住了它们在变化过程中的规律。

另外，有些相关联的量，虽然也是一种量随着另一种量的变化而变化，但它们相对应的两个数的比值不是一定的，它们就不成正比例。如人的身高和跳高的高度，被减数与差，正方形的面积与边长等。教学时，要引导学生根据正比例的意义进行判断。

五、探索规律的教学

在数学里，规律无处不在，规律与规律之间往往也是相互交融、密切联系。规律一般可以分为两种类型，即"显性的规律"和"隐性的规律"。其中，显性的规律注重"观察与比较"，侧重运动与变化过程中不变因素的普遍确认；隐性的规律注重"猜想与验证"，侧重事物之间"原因与结果"或"本质与现象"的关系确定。不同版本的教材的编写都体现了这样的认知和理解。[1]

---

[1] 丁洪. "探索规律"专题的教学误区及应对策略[J]. 小学教学参考, 2021(4):1-4+105.

数学规律的源头是现实世界,当人们从现实世界中抽象概括出数学的规律之后,又根据数学科学独特的推理模式演绎出严密的规律系统,数学内部的规律又通过运用于现实世界的问题解决诠释了数学科学应用的广泛性。在小学数学中,从本质上讲,数学规律是贯穿始终的重要学习内容,如在公式、法则、算法等规律性知识的教学中强调让学生经历发现、探索的过程。根据《课标(2022年版)》,在数量关系学习主题中呈现的数学规律更加侧重于现实背景蕴含的数学规律性认识的探索,其目的是引导学生通过真实情景中隐含的数学规律的探索发展核心素养。教学时,需要仔细研究、深入理解、准确把握、科学设计。根据《课标(2022年版)》有关精神,探索规律的教学要点如下:

(一) 引导学生探索简单情境中的变化规律

在学生的生活实际中蕴涵着丰富的数学规律,教学中要考虑到学生的年龄、知识、能力和智力的实际情况,充分地挖掘他们身边有趣的、与数学有关的探索性素材,从简单的容易发现的情形入手,组织学生进行观察、操作、画图、实验、猜测、验证、归纳等探索研究性的活动。规律要简单有趣且容易表达。主要是让学生感受规律的存在,对规律产生兴趣,能够看出规律,并且利用学习的数或者符号表示简单的规律。

案例 9.13　借助图形发现运算规律

如下表,标出横排和竖排上两个数相加等于10的格子,再分别标出相加等于6、9的格子,你能发现什么规律?

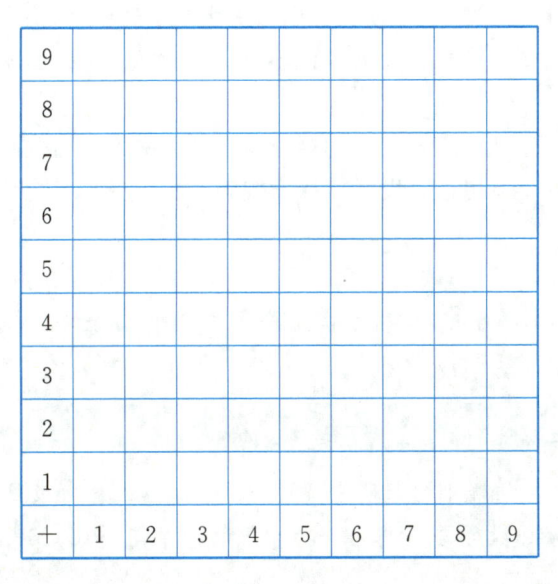

+	1	2	3	4	5	6	7	8	9
1									
2									
3									
4									
5									
6									
7									
8									
9									

上述案例不仅可以帮助学生熟练掌握20以内数的加法,还可以让学生感悟加数与和之间的关系,让学生感悟数值与图形的结合,有利于为后续学习图形的位置等内容做准备。教师可以根据实际情况灵活地设计教学活动。如可以根据上表,让学生判断:出现次数最多的和是几?最少的是几?

教学中充分利用学生认识的数、式、运算或图形设计类似的探索活动,引导学生联系学习的数、式、运算知识,以及直观认识的图形,体会数的排列、运算排列、图形排列的规律。以接着写、接着画的方式,表达发现的规律。现行教材还有许多值得挖掘的蕴含规律的数学内容。如二年级整理加法表、减法表、乘法口诀表,要求学生看出表格里算式的排列规律。学生参与整理表格的活动,体会相邻算式之间的关系,利用这种关系使计算正确、迅速。

(二) 引导学生经历规律的探索过程,进一步发展推理意识

一般来说,探索规律主题涉及的规律不同于作为知识形态出现的数学规律,突出的是学生的探索过程经历与活动体验。一方面,探索规律过程必然会交织着学生的独立思考、同伴的交流讨论等,学生的学习方式也会自觉地发生改变;另一方面,在探索规律的过程中,经常要运用实验与观察、归纳与类比、猜测与验证等探索方法。因此,探索规律教学更加关注规律探索过程中学生的核心素养表现,如推理意识、模型意识等。而计算器不仅可以用于计算,也可以用来探索自然数蕴含的规律。

案例 9.14　运用计算器探索规律举例

先请学生用计算器计算:

$$1\ 122 \div 34 =$$
$$111\ 222 \div 334 =$$
$$11\ 112\ 222 \div 3\ 334 =$$

再出示:
$$111\ 111\ 222\ 222 \div 333\ 334 =$$
$$1\ 111\ 111\ 122\ 222\ 222 \div 33\ 333\ 334 =$$

教师问:你遇到什么问题了?(计算器已经不能显示这些数了)

教师再问:那该怎么办?赶快看看有没有什么规律啊?(小组合作寻找规律,从而使学生体会到探索规律的必要性。)

学生通过归纳推理,把前三式隐含的规律类推到后两式中,解决了问题。在这一过程中,学生不仅体会到计算器可以帮助我们探索规律,而且也深刻体会到数学推理的价值。

思考与练习 9.5

1. 《课标(2022 年版)》中,数量关系主题包括哪些学习内容?
2. 在解决实际问题教学中,如何强化情境设计与问题提出?

参考文献

[1] 金成梁.小学数学疑难问题研究[M].南京:江苏教育出版社,2010.

[2] [美]G.波利亚.数学与猜想——数学中的归纳与类比[M].李心灿,等译.北京:科学出版社,2001.

[3] 孙晓天,张丹.义务教育课程标准(2022 年版)课例式解读(小学数学)[M].北京:教育科学出版社,2022.

[4] 马云鹏,吴正宪,唐彩斌,等.《义务教育数学课程标准(2022 年版)》案例式解读(小学)[M].上海:华东师范大学出版社,2022.

[5] 郑毓信.小学数学教育的理论与实践[M].上海:华东师范大学出版社,2017.

第十章 图形与几何的教学

内容提要

本章包括三部分内容。一是图形与几何教学概述,重点阐述了图形与几何的教学意义、教学内容和学业要求;二是图形的认识与测量的教学,重点阐述了平面图形和立体图形认识与测量的教学要点;三是图形的位置与运动的教学,重点阐述了图形的平移与旋转、轴对称图形、图案欣赏与设计、路线图和物体位置确定的教学要点。

思维导图

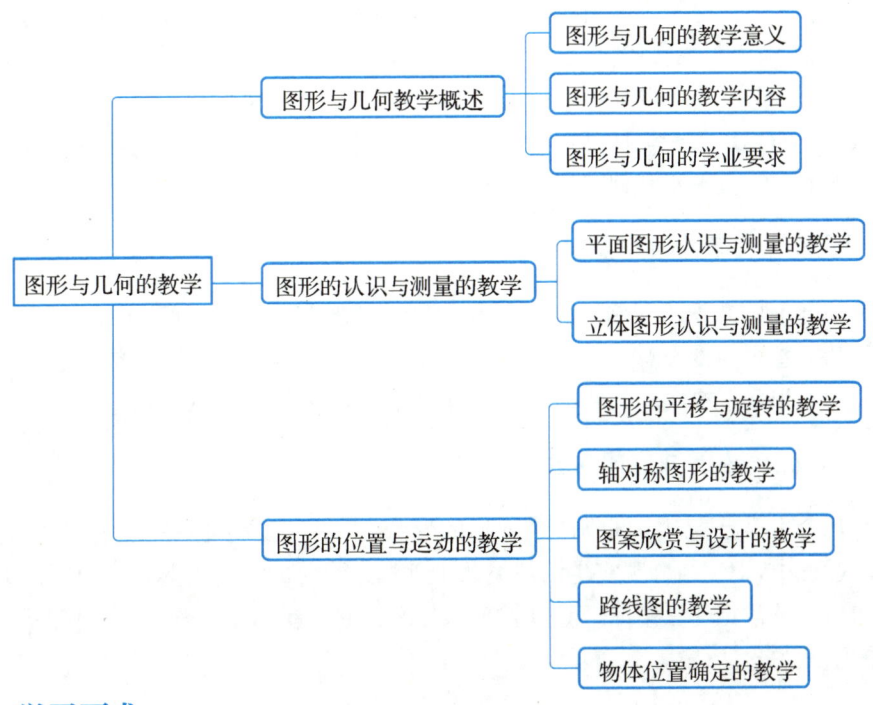

- 图形与几何的教学
  - 图形与几何教学概述
    - 图形与几何的教学意义
    - 图形与几何的教学内容
    - 图形与几何的学业要求
  - 图形的认识与测量的教学
    - 平面图形认识与测量的教学
    - 立体图形认识与测量的教学
  - 图形的位置与运动的教学
    - 图形的平移与旋转的教学
    - 轴对称图形的教学
    - 图案欣赏与设计的教学
    - 路线图的教学
    - 物体位置确定的教学

学习要求

1. 了解图形与几何的教学意义、教学内容和学业要求。
2. 掌握平面图形认识与测量的教学要点。
3. 掌握立体图形认识与测量的教学要点。
4. 掌握图形的位置与运动的教学要点。
5. 能正确地进行图形与几何的教材分析,具有初步的教学设计与实施能力。

第一节　图形与几何教学概述

数学是研究数量关系和空间形式的科学。可见,数和形是数学的基本内容,在数学中研究形的分支学科叫作"几何学"。几何学的历史源远流长,公元前 4000 年前后,埃及尼罗河水经常泛滥,需要土地测量,出现了以测量为目的的度量几何。公元前 3000 年前后,古希腊出现了以欧几里得的《几何原本》为代表的演绎几何。从此,逻辑与几何结下了不解之缘。17 世纪笛卡尔创立了坐标几何,把几何与代数密切联系起来,坐标方法从此成为认识图形与几何的利器。1872 年,F. 克莱因用变换群将几何学分类,于是图形的变换和运动进入了几何学的领域。19、20 世纪之交,高斯、黎曼发展了微分几何,被爱因斯坦用于表示相对论,推动人类文明进入了新的时代。

作为小学数学课程内容的"图形与几何"仅仅是几何学中初步的、简单的,而且是小学生能够接受的部分。主要涉及直观几何(实验几何)、度量几何与演绎论证几何。直观几何主要是用观察、操作的实验方法(量一量、折一折、比一比、数一数)等来认识和归纳几何形体的特征。度量几何主要研究几何量(即几何形体的那些可以比较大小的属性)及其计量,包括长度与角度、面积与体(容)积等。此外,平移、旋转、轴对称等内容涉及变换几何;物体位置的确定涉及解析几何(坐标几何)。

一、图形与几何的教学意义

图形与几何的知识不仅在日常生活和生产中有着广泛的应用,对于学生形成空间观念、量感、几何直观与推理意识等核心素养,帮助学生初步领会初步的数学思想方法,形成初步的应用意识和解决实际问题的能力都有着独特的、不可替代的作用。

(一) 有助于学生形成空间观念

空间观念主要是指对空间物体或图形的形状、大小及位置关系的理解。在图形与几何的教学过程中,学生结合现实生活情境认识并描述常见的立体图形和平面图形的特征,认识线和角以及常见的三角形、四边形等,感受图形的运动。这些教学活动有助于学生形成初步的空间观念。

(二) 有助于学生形成量感

量感主要是指事物的可测量属性及大小关系的直观感知。在图形与几何的教学过程中,学生会感受到统一度量单位的必要性;会针对真实情境选择合适的度量单位进行度量,对常见物体的长度进行测量,会计算图形的周长、面积(或表面积)、体积等。这些教学活动有助于学生形成量感。

(三) 有助于学生形成几何直观

几何直观主要是指运用图表描述和分析问题的意识与习惯。在图形与几何的教学过程中,学生能够感知各种几何图形及其组成元素,会依据图形的特征进行分类;根据语言描述画出相应的图形,能描述图形的位置和运动;使用直尺和圆规作图,把头脑中想到的图形画出来。这些教学活动有助于学生形成几何直观。

(四) 有助于学生形成数学推理意识

推理意识主要是指对逻辑推理过程及其意义的初步感知。在图形与几何的教学过程中,学生能够通过简单的归纳或类比,猜想或发现一些初步的结论,如由长方形的面积公式推导其他图形的面积计算公式;知道可以从一些事实和命题出发,依据规则推出其他命题或结论,如基于"两点之间线段最短"推出"三角形任意两边之和大于第三边"。这些教学活动有助于学生形成数学推理意识。

(五) 有助于学生形成数学应用意识

应用意识是指有意识地利用数学的概念、原理和方法解释现实世界中的现象与规律,解决现实世界中的问题。在图形与几何的教学过程中,学生能够感悟到现实生活中蕴含着大量的与数量和图形有关的问题,可以用数学的方法予以解决;可以帮助学生逐步学会从几何的角度去观察周围的事物和认识它们的特性,培养学生应用数学的意识和运用形体知识去解决简单的实际问题的能力。这些教学活动有助于学生形成数学应用意识。

> 链接10.1 义务教育数学课程标准修订的新视角:指向小学图形与几何领域的素养及其达成

二、图形与几何的教学内容

"图形与几何"是义务教育阶段数学课程的四个领域之一,《课标(2022年版)》在《课标(2011年版)》基础上对"图形与几何"领域的内容做了一定的调整,领域下属的主题有所微调,不同学段的具体内容有所增减,内容的呈现方式有较大变化。

(一) 小学阶段图形与几何内容的演变

1978年之前,教学大纲的名称基本都是"小学算术教学大纲",以算术知识为主,图形与几何的内容较少,其中提到的关于几何形体的初步知识,主要指在生产劳动中和学习物理、化学等科时要用到的几何形体的知识和这些几何形体的周长、面积、体积的计算方法,并且适当地讲授一些最简单的作图方法和测量方法。

到了1978年,教学大纲名称中的"算术"改为"数学"。但就篇幅来说,图形与几何的内容仍然较少,除了"几何形体的认识以及周长、面积、体积的计算"外,增加了"进行简单的土地丈量和土、石方等的计算";在教学内容的安排上,强调"处理好数与形之间的关系"。此时,教学大纲已开始提及"初步培养学生的空间观念"。

1986年的教学大纲在原有内容的基础上加强了教学方法的指导,在教学建议中强调:"几何知识的教学,要使学生通过观察、测量、动手操作等实际活动,加深对几何形体的认识,逐步发展学生的空间观念。"

1992年的教学大纲,在教学要求中提到"使学生逐步形成简单几何形体的形状、大小和相互位置关系的表象,能够识别所学的几何形体,并能根据几何形体的名称再现它们的表象,培养初步的空间观念"。

2001年《课标(实验稿)》单独设立"空间与图形"领域,主要包括:图形的认识、测量、图形与变换、图形与位置。

《课标(2011年版)》将"空间与图形"领域改为"图形与几何"领域,主要包括:图形的认识、测量、图形的运动、图形与位置。

《课标(2022年版)》提出"对内容进行结构化整合,探索发展学生核心素养的路径"的理念,"图形与几何"领域通过主题整合的方式实现内容的结构化。在"图形与几何"领域,小学三个学段的主题整合为"图形的认识与测量""图形的位置与运动"两个主题。图形的认识重点是图形特征的探索与描述,图形的测量是对图形大小的度量,图形的认识与测量需要从整体上把握。图形的认识是对物体形状的抽象图形进行表示,重点是认识图形的特征。图形特征的认识与图形的测量有密切关系,如长方形相对的边相等这一特征,需要通过测量确认其正确性。图形的测量离不开对图形的认识,图形测量的过程与结果都与具体图形的特征密切相关。探索图形的周长、面积、体积的问题,一定要与具体的图形建立联系,对图形特征的把握直接影响图形测量的学习。比如:学生在学习长方形面积时,在一个长和宽都是整厘米的长方形中,摆满面积单位(1平方厘米的小正方形),面积单位的个数就是其面积。这样的操作之所以可行,与长方形的四个角都是直角有关。探讨平行四边形面积就没有这么简单,直接摆小正方形就行不通,要将平行四边形转化成长方形才可以。

图形的位置与图形的运动也是有密切关系的。在小学阶段图形的位置重点是用一对有序数对描述一个点的位置(距离和方向也可以看作一对数),图形的运动主要是图形的平移、旋转和轴对称。要认识到图形运动本质上是图形上点的位置的变化,这种变化主要是平移或旋转,确定图形运动前的位置与运动后的位置的关系,了解其中的变化和不变,也就是点的位置的变或不变,所以图形的运动与图形的位置有密切的关系。

对比《课标(2011年版)》,《课标(2022年版)》具体内容变化如下:

1. 第一学段

(1) 增减的内容

第一学段没有增加或减少的内容。

(2) 跨领域调整的内容

以下内容属于《课标(2011年版)》"图形的位置"主题,《课标(2022年版)》将它们调整到"综合与实践"领域:"会用上、下、左、右、前、后描述现实生活中物体的相对位置;会用东、南、西、北描述物体所在的方向",包括组织综合与实践活动"身体上的尺子"。

2. 第二学段

(1) 增加的内容

会用直尺和圆规作一条线段等于已知线段;会用钟表时针所指的方向描述物体的方位。

(2) 跨领域调整的内容

"认识东北、西北、东南、西南四个方向"属于《课标(2011年版)》"图形的位置"主题的内容,调整到"综合与实践"领域。

3. 第三学段

(1) 增加的内容

会用直尺和圆规作三角形;探索为什么三角形任意两边之和大于第三边。

(2) 跨领域调整的内容

"以校园平面图为主题,综合应用比例尺、方向位置、测量等知识,绘制校园平面简图"属于《课标(2011年版)》"图形的位置"主题的内容,现调整到"综合与实践"领域。

(二)《课标(2022年版)》图形与几何教学内容

小学阶段图形与几何领域整合为"图形的认识与测量"和"图形的位置与运动"两个主题,各学段的主要内容如下。

表 10.1　小学阶段"图形与几何"各学段主题教学内容

主题	学段		
	第一学段 (1—2年级)	第二学段 (3—4年级)	第三学段 (5—6年级)
图形的认识与测量	图形的直观认识 长度单位的认识	线段、角的认识与测量 多边形的认识与测量	圆和扇形的认识与测量 立体图形的认识与测量
图形的位置与运动		感受平移与旋转、轴对称现象	描述简单的路线图 物体位置的确定 平移与旋转的认识 轴对称图形的认识

1. 第一学段教学内容

图形的认识与测量:

① 通过实物和模型辨认简单的立体图形和平面图形,能对图形分类,会用简单图形拼图。

② 结合生活实际,体会建立统一度量单位的重要性,认识长度单位米、厘米。能估测一些物体的长度,并进行测量。

③ 在图形认识与测量的过程中,形成初步的空间观念和量感。

2. 第二学段教学内容

(1) 图形的认识与测量

① 结合实例认识线段、射线和直线;体会两点间所有连线中线段最短,知道两点间距离;会用直尺和圆规作一条线段等于已知线段;了解同一平面内两条直线的位置关系。

② 结合生活情境认识角,知道角的大小关系;会用量角器量角,会用量角器或三角板画角。

③ 认识长度单位千米,知道分米、毫米;认识面积单位厘米^2、分米^2、米^2;能进行简单

的单位换算;能恰当地选择单位估测一些物体的长度和面积,会进行测量。

④ 认识三角形和四边形,会根据图形特征对三角形和四边形进行分类。

⑤ 结合实例认识周长和面积;探索并掌握长方形、正方形的周长和面积的计算公式。

⑥ 能根据具体事物、照片或直观图辨认从不同角度观察到的简单物体。

⑦ 在图形认识与测量的过程中,增强空间观念和量感。

(2) 图形的位置与运动

① 结合实例,感受平移、旋转、轴对称现象。

② 在感受图形的位置与运动的过程中,形成空间观念和初步的几何直观。

3. 第三学段教学内容

(1) 图形的认识与测量

① 知道三角形任意两边之和大于第三边;知道三角形内角和是 180°。

② 认识圆和扇形,会用圆规画圆;认识圆周率;探索圆的周长和面积计算公式,能解决简单的实际问题。

③ 知道面积单位千米^2、公顷;探索并掌握平行四边形、三角形和梯形的面积计算公式;会估计不规则图形的面积。

④ 通过实例了解体积(或容积)的意义,知道体积(或容积)的度量单位,能进行单位之间的换算;体验不规则物体体积的测量方法。

⑤ 认识长方体、正方体和圆柱,了解这些图形的展开图,探索并掌握这些图形的体积和表面积的计算公式,认识圆锥并探索其体积的计算公式,能用这些公式解决简单的实际问题。

⑥ 对于简单物体,能辨认不同方向(前面、侧面、上面)的形状图。

⑦ 在图形认识与测量的过程中,进一步形成量感、空间观念和几何直观。

(2) 图形的位置与运动

① 能根据参照点的方向和距离确定物体的位置;会在实际情境中,描述简单的路线图。

② 能用有序数对(限于自然数)表示点的位置,理解有序数对与方格纸上点的对应关系。

③ 了解比例尺,能利用方格纸按比例将简单图形放大或缩小。

④ 能在方格纸上进行简单图形的平移和旋转;认识轴对称图形和对称轴,能在方格纸上补全简单的轴对称图形。

⑤ 能从平移、旋转和轴对称的角度欣赏生活中的图案,能借助方格纸设计简单图案,感受数学美,形成空间观念。

小学三个学段之间的内容是相互关联、螺旋上升、逐段递进的。比如:三个学段"图形的认识",从生活到数学,从立体到平面,由浅入深,从整体到局部,不断拓宽学生认识图形的视野。到第三学段,不仅内容的广度有所发展,深度也有所增加。同样都是认识"三角形",第三学段不仅要求知道三角形的定义,还要求知道三角形两边之和大于第三边,知道三角形内角和等于 180°,能够基于事实做出判断。

三、图形与几何的学业要求

《课标(2022年版)》和《课标(2011年版)》相比,每个领域的课程内容都按"内容要求""学业要求""教学提示"三个方面呈现。学业要求主要明确学段结束时学习内容与相关核心素养所要达到的程度。

(一)第一学段学业要求

图形的认识与测量:

能辨认长方体、正方体、圆柱、球等立体图形,能直观描述这些立体图形的特征;能辨认长方形、正方形、平行四边形、三角形、圆等平面图形,能直观描述这些平面图形的特征。能根据描述的特征对图形进行简单分类。

会用简单的图形拼图,能在组合图形中说出各组成部分图形的名称;能说出立体图形中某一个面对应的平面图形。形成初步的空间观念。

感悟统一单位的重要性,能恰当地选择长度单位米、厘米描述生活中常见物体的长度,能进行单位之间的换算;能估测一些身边常见物体的长度,并能借助工具测量生活中物体的长度。初步形成量感。

(二)第二学段学业要求

1. 图形的认识与测量

能说出线段、射线和直线的共性与区别;知道两点间所有连线中线段最短,能在具体情境中运用"两点之间线段最短"解决简单问题;能辨认同一平面内两条直线是否平行或垂直;能辨认从不同角度观察简单物体所对应的照片或直观图。形成空间观念和初步的几何直观。

会比较角的大小;能说出直角、锐角、钝角的特征,能辨认平角和周角;会用量角器测量角的大小,能用直尺和量角器画出指定度数的角;会用三角板画30°、45°、60°、90°的角。

会根据角的特征对三角形分类,认识直角三角形、锐角三角形和钝角三角形;能根据边的相等关系,认识等腰三角形和等边三角形。能说出长方形、正方形、平行四边形、梯形的特征;能说出图形之间的共性与区别。形成空间观念和初步的几何直观。

能描述长度单位千米、分米、毫米,能进行长度单位之间的换算;能在真实情境中选择合适的长度单位。能通过具体事例描述面积单位厘米^2、分米^2、米^2,能进行面积单位之间的换算。

经历用直尺和圆规将三角形的三条边画到一条直线上的过程,直观感受三角形的周长,知道什么是图形的周长;会测量三角形、长方形和正方形的周长;会计算长方形、正方形的周长和面积。

在解决图形周长、面积的实际问题过程中,逐步积累操作的经验,形成量感和初步的几何直观。

2. 图形的位置与运动

能在实际情境中,辨认出生活中的平移、旋转和轴对称现象,直观感知平移、旋转和轴对称的特征,能利用平移或旋转解释现实生活中的现象,形成空间观念。

(三) 第三学段学业要求

1. 图形的认识与测量

探索并说明三角形任意两边之和大于第三边的道理;通过对图形的操作,感知三角形内角和是 180°,能根据已知两个角的度数求出第三个角的度数。

会计算平行四边形、三角形、梯形的面积,能用相应公式解决实际问题。

会用圆规画圆,能描述圆和扇形的特征;知道圆的周长、半径和直径,了解圆的周长与其直径之比是一个定值,认识圆周率;会计算圆的周长和面积,能用相应公式解决简单的实际问题。

认识长方体、正方体和圆柱,能说出这些图形的特征,能辨认这些图形的展开图,会计算这些图形的体积和表面积;认识圆锥,能说出圆锥的特征,会计算圆锥的体积;能用相应公式解决简单的实际问题,形成空间观念和初步的应用意识。

能说出面积单位千米^2、公顷和体积单位米^3、分米^3、厘米^3,以及容积单位升、毫升,能进行单位换算,能选择合适单位描述实际问题。

对于简单物体,能辨认不同方向(前面、侧面、上面)的形状图,能把观察的方向与相应形状图对应起来,形成空间观念。

2. 图形的位置与运动

能根据指定参照点的具体方向和距离描述物体所处位置;能在熟悉的情境中,描述简单的路线图,形成几何直观。

能在方格纸上用有序数对(限于自然数)确定点的位置,理解有序数对与对应点的关系,形成空间观念。

认识比例尺,能说出比例尺的意义;在实际情境中,会按给定比例进行图上距离与实际距离的换算;能在方格纸上,按给定比例画出简单图形放大或缩小后的图形,形成空间观念和推理意识。

能在方格纸上描述图形的位置,能辨别和想象简单图形平移、旋转后的图形,画出简单图形沿水平或垂直方向平移后的图形,以及旋转 90°后的图形;能借助方格纸,了解图形平移、旋转的变化特征。知道轴对称图形的对称轴,能在方格纸上补全轴对称图形,形成推理意识。

对给定的简单图形,能用平移、旋转和轴对称的方法,在方格纸上设计图案,并能说出设计图案与简单图形的关系。

> 链接10.2 知识与核心素养视角下中法图形与几何比较研究

思考与练习10.1

1. 在小学教学"图形与几何"有什么意义?
2. "图形与几何"内容具体分为哪几个部分?
3. 了解小学阶段"图形与几何"的学业要求。

第二节　图形的认识与测量的教学

一切图形都可以看作"点的集合"。如果图形中所有的点都在同一个平面内，那么这个图形就叫作平面图形；如果图形中的所有的点不是都在同一个平面内，那么这个图形就叫立体图形。"图形的认识与测量"包括立体图形和平面图形的认识，线段长度的测量，以及图形的周长、面积和体积的计算。图形的认识主要是对图形的抽象。学生经历从实际物体抽象出几何图形的过程，认识图形的特征，感悟点、线、面、体的关系；积累观察和思考的经验，逐步形成空间观念。图形的认识与图形的测量有密切关系。图形的测量重点是确定图形的大小。学生经历统一度量单位的过程，感受统一度量单位的意义，基于度量单位理解图形长度、角度、周长、面积、体积。在推导一些常见图形周长、面积、体积计算方法的过程中，感悟数学度量方法，逐步形成量感和推理意识。

一、平面图形认识与测量的教学

在小学数学中认识的平面图形有线段、直线、射线；角和直角；垂线和平行线；长方形和正方形；三角形；平行四边形和梯形；圆；等等。下面依次讨论各类平面图形认识与测量的教学要点。

(一) 线段、直线、射线的教学

直线是初等几何的一个原始概念，是定义其他几何概念最初的出发点。在希尔伯特(D. Hilbert)的公理化体系《几何基础》中，直线是从现实原型中直接抽象出来的不定义的概念，它的基本性质是用一组公理来表述的。

在小学数学教科书中，对此有两种编排：一是先教直线，然后教线段(直线上两点间的部分)和射线(直线被线上一点分成的每一部分)；另一种是先教线段，然后教射线(线段向一方无限延长所得到的图形)和直线(线段向两方无限延长所得到的图形)。

前者容易出现一个问题：直线的无限延伸性往往被小学生忽视。或者学生虽然记住了这一点，但对它缺乏具体的感受和深刻的领悟。事实上"直线"概念的教学有三个要素：直、无粗细可言和无限延伸性。其中，"直"可以通过教具演示、通过与"曲"的对比，使学生认识。"无粗细可言"也可以借助典型事例的观察和分析让学生认识到。如教室墙面的浅色区域和深色区域的分界线，折纸折出来的线就是没有粗细的线的例子。只有"无限延伸性"难以通过直观教学使学生获得，因为我们找不到这样的实际事例。"无限的东西"我们是拿不出来的。能拿出来的，只能是"有限的东西"。于是，这种无限延伸性只能由教师告诉学生。结果，学生往往是将信将疑。无限的东西，运用直观教学难以奏效，只有引导学生通过想象来把握。于是，在教学线段、直线与射线时要注意如下要点：

(1) 用直尺在黑板上的两点间画线，用拉紧的粉线在两点间弹线。同时，让学生在作业本上的两点间画线。指出：这样画的线都是线段。

(2) 让学生讨论、交流，最后明确：线段是直的(而不是弯曲的)；线段有两个端点；在

连接两点的线中,线段最短;数学上所学的"线段"是没有粗细的。(举出有关的事例)

(3)出示画有各种线的卡片,让学生辨别:哪些是线段?哪些不是线段?然后让学生从周围的环境里找出线段。

(4)让学生将画出的线段向一方延长,再延长,……告诉学生:线段向一方无限延长得到的图形叫作射线;线段向两方无限延长得到的图形叫作直线。从而认识:射线是向一方无限延伸的,射线有一个端点。直线是向两方无限延伸的,直线没有端点。

(5)要求学生用直尺画直线,过一点画以及过两点画。获得"过两点只能画一条直线"的感性认识。这样,小学生先通过直观教学认识有限的图形;然后在此基础上,通过画图操作和想象,认识无限的图形。

案例 10.1　认识线段

【教材】人教版义务教育教科书《数学》二(上)

【教学片段】

(一)创设情境,导入新课

师:(出示一组学生跳绳、另一组学生拔河的情境图)请看这幅图,图里的小朋友在开展什么体育活动?他们所用的健身器材是什么?

生:都用了一根绳子。

师:活动时这两根绳子的状态有什么不同?

生:跳绳用的绳子是弯曲的,拔河用的绳子被拉直了。

师:这种直的"线"就是我们今天所要学习的"线段"。(出示课题"认识线段"。)

(二)操作互动,形成概念

师:以上所说的那种"直"的"线",还可以通过"用直尺画"或者"用纸折"得到。(指导学生用直尺画线,用纸折线。)研究一下:这样画出来或折出来的"线"是哪一种线?(它们都是直的线)它们除了"直",还有什么其他的特征呢?

生1:它们都有两个端点。

生2:有的长、有的短,可以比较长短。

生3:画出来的线有粗、有细,但是折出来的线无法比较粗细。

师:(小结)几何里所说的"线段"是一种这样的图形:

- 它是一条直的线;
- 它有两个端点和一定的长度;
- 但它们没有粗细之分。(用直尺画线段时,画粗一点或者细一点都可以。)

【点评】

1. 教学中,教师不是通过创设一个事例来进行"线段"概念的教学,而是借助几个不同的事例,引导学生进行"同一性抽象"和"理想化抽象",概括出"线段"的特征,从而使学生认识"线段"的特征,达到明确概念的内涵的目的。

2. 对概念内涵的完整、准确地理解往往不是学生几分钟的探究或互动所能达到的,需要依靠教师"小结"。对师生的互动内容做必要的取舍或调整,做出简要的启发性讲解。

3. 至于"线段"为什么"有长、有短",但没有粗细可言,作为"理想化抽象"的结果,也是和学生说不清楚的,只能由教师举例说明:这是几何学的规定,并且实际上有这样的事例。

(二) 长度单位的教学

在小学教科书中学生最先认识的长度单位是"厘米"。厘米的认识是在学生由视觉比较物体长短、初步形成长度概念的基础上进行的。"厘米"是图形测量中学生认识的第一个长度单位,其本质是理解长度的含义(即所包含的长度单位的个数),并能用"厘米"作单位测量相关物体的长度。它也是进一步认识"米""分米"等长度单位、测量长度的重要基础。根据《课标(2022年版)》要求,教学的重点应让学生经历用不同方式测量物体长度的过程,感受建立和统一度量单位的必要性,认识"厘米",建立表象,特别是帮助学生初步形成度量概念,培养量感、空间观念等数学核心素养。长度单位的教学要注意如下要点:

(1) 教师可以从量实物上一条线段长度的实际问题引入新课,使学生认识"厘米"。然后用厘米去量身边的一些物体的长度,并且通过找大约长1厘米的事物,以丰富对"厘米"的感受,逐步明确"厘米"的实际长度,形成"厘米"的空间观念。

(2) 学生认识"厘米"后,可以告诉学生:"厘米"是一种常用的长度单位。为了方便地量各种不同的长度,还需要用另几种大小不同的长度单位:"米""毫米""分米""千米"等。应该让学生结合身边的事例,认识这些长度单位大约有多长。比如:带学生走一走公路上两个里程碑之间的距离,告诉学生这就是1千米,或者让学生观察100米跑道的长度,并且想象10个这样的跑道有多长,使学生初步形成千米的观念。此外,还应该让学生学会不同的长度单位之间如何换算。

对于长度单位间的进率,要强调这是计量科学中的规定,不宜把它作为小组讨论或探究、发现的内容。

(3) 为了使学生学会量长度,应该让学生明确量长度的操作要领:① 刻度0对准线段的一端;② 刻度尺的边靠紧线段;③ 读出线段另一端所对的刻度,就是线段的长度。

(三) 角和直角的教学

角和直角的教学一般分为两个阶段:角和直角初步认识;角的意义、度量、画法和分类。

1. 角和直角初步认识的教学要点

(1) 小学生初步认识角是在正式学习角的定义之前。这时,所谓"角",还只是日常语言中的词汇,并且常常是作为具体事物的组成部分而存在着。三角板中的三个角,课本面上的四个角和时针、分针所成的角,以及折扇上的许多角等。教学时特别需要研究:怎样引导小学生从日常语言中的"角"逐步过渡到数学概念的"角";怎样在相关事物的"角"的表象的基础上初步形成"角"的概念。

对此,可先从实例中角的观察,过渡到用圆纸片折角。纸片虽然也是实物,但其形态已比前一组实物简单得多。因此,从中获得的角的表象将更为清晰。进一步,出现用两根纸条(或木条)做成的角的活动模型和表示角的图形,将"角"演化为"一个顶点和两条边"的结构。至此,除角的两边的无限延伸性外,角的概念已接近于形成。

(2) 角的活动模型的演示和画角的操作,可以使学生初步认识角的大小。画角的两边时,可以告诉学生:"随便画多长都行"。这就暗示了角的两边的无限延伸性。

(3) 直角的初步认识,可以从实际事例的观察开始,然后过渡到用纸片折直角。在相关的实际事例中,要突出"三角板中最大的角"。因为它是小学生检验直角的模板和画直角的工具,也是以后检验一个角是不是锐角或钝角的工具。

通过用三角板检验直角和画直角,在方格纸上画直角和在钉子板上做直角,以及从图中找出所有的直角,不但可以加深学生对直角的初步认识,而且也发展了学生的观察力、分析能力和想象能力。

2. 角的意义、度量、画法和分类的教学要点

(1) 系统学习"角"的基础知识时,首先要复习线段,并且引进直线和射线的概念。然后,用射线定义角,进而定义角的顶点和边。定义后,可以让学生就一些实物指出其中的角,以及每个角的顶点和边,以充实感知、丰富表象、加强理性认识的感性基础。

(2) 为了使学生认识角的边是射线,而不是线段,从而对角的大小形成正确的观念,教师可以出示两个大小悬殊的正方形或三角板,指出:它们虽然有大有小,但其中的直角都一样大(叠合显示)。比较两个角的大小,可以类比线段长短的比较,用叠合的方法进行。在角的大小的概念建立后,就可以较为顺利地教学角的计量单位,量角的方法(中心对顶点,零线对一边,另一边看度数)和按指定的度数画角的步骤。

为了强调角的边是射线,角的大小和它的两边画得长一些或短一些没有关系,可以提出这样一道趣题:什么东西在放大镜下不会被放大?

(3) 角的分类是在角和直角以及角的大小概念的基础上教学的,目的是要进一步建立锐角、钝角、平角和周角等概念。教学时,首先要学生用纸片操作,认识到以纸片上的任何一点作为顶点,都可以折出四个直角。打开后,认识由两个直角拼成的平角和由四个直角拼成的周角,进而给出平角和周角的定义。然后,让学生用三角板上的直角来检验一个角是不是直角,以及它和直角的大小关系,为定义锐角和钝角做好准备。为了使学生对这些概念有全面的、系统的认识,可以在直角和平角的背景上演示角的活动模型。当角由小到大逐步变化时,让学生随时说出他所看到的是一个什么角。

(四) 垂线和平行线的教学

垂线和平行线不仅本身有着广泛的应用,而且是学习后面许多知识的基础。教学这部分内容,应使学生认识垂线和平行线的意义,会画出一条直线的垂线和平行线,并且知道在不同条件下画垂线或平行线能否画出,能画多少。

1. 互相垂直、垂线和垂足的教学要点

(1) 认识两条直线互相垂直,可以从考察两条相交直线开始。先让学生用量角器量其中的一个角的度数,然后推算另三个角。并且思考:如果其中一个角是直角,那么另三个角是什么角?

(2) 定义互相垂直、垂线和垂足。强调"垂线"总是针对和它垂直的另一直线而言。

(3) 出示画有相交直线的几张卡片,让学生从中挑出互相垂直的。并且注意它们都是相交直线,从而突出垂直是相交的特例。

(4) 引导学生观察周围的事物,回忆日常生活中的见闻,举出两条直线互相垂直的实例。

(5) 给出类似下面的图形(图 10.1),让学生从中找出互相垂直的直线,并用三角板检验。防止学生误解:只有铅垂线和水平线才是互相垂直的。

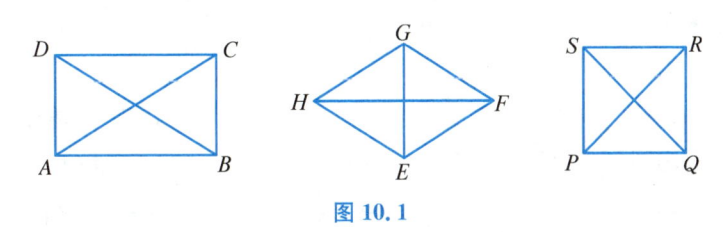

图 10.1

(6) 指导学生画垂线,使学生从画图的实践中认识到:过直线上或直线外的一点有且只有一条直线和这条直线垂直。

2. 点到直线距离的教学要点

(1) 让学生从线外一点到这条直线画一条垂直的线段和几条不垂直的线段。

(2) 要求学生先凭观察和直觉,判断这些线段的长短。然后用刻度尺量一量、比一比,加以证实。

(3) 定义点到直线的距离。

(4) 运用"点到直线的垂直线段最短"这一性质研究和解决相关的实际问题。

3. 平行线的教学要点

(1) 认识平行线,可以从考察同一平面内的两条线段开始,弄清这样的两条线段的位置关系有以下三种情形:相交、延长后相交,以及无论怎样延长都不相交。如图 10.2(1)(2)(3)。

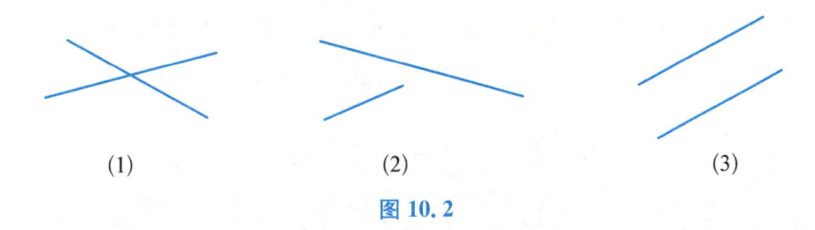

图 10.2

(2) 问:线段向两方无限延长得到的图形是什么?同一平面内的两条直线的位置关系有哪几种情况?(相交、不相交)

(3) 定义平行线。

(4) 让学生在两条平行线间画几条垂直线段(图 10.3);关于它们的长度间的关系,可以要学生先在观察的基础上做出猜想;然后通过量一量、比一比,或其他办法检验猜测是否正确;最后得出"两条平行线之间的垂直线段都相等"的结论,还可以让学生根据已有的知识"长方形的对边相等",运用演绎推理推出,以体现"直观几何""实验几何"与"论证几何"的结合。

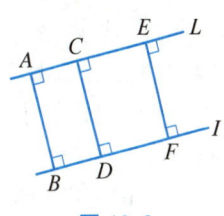

图 10.3

(5) 平行线的画法在中学是以判定定理"同位角相等,则两直线平行"为依据的。但在小学没有这样的基础，画法反而成了检验两条直线是否平行的依据。

(6) 按指定的条件画长方形。既可以用画垂线的方法，也可以用画平行线的方法。

(五) 长方形和正方形的教学

1. 长方形和正方形直观认识的教学要点

由实例抽象出图形，让学生观察，形成表象，并且通过折叠认识：长方形每一组对边的长度相等；正方形四边的长度都相等(图 10.4(1)(2)(3))。

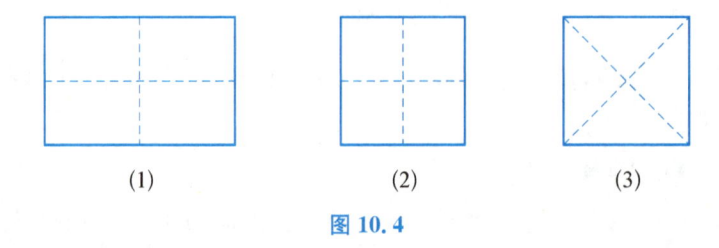

(1)　　　　　　(2)　　　　　　(3)

图 10.4

像这样通过观察和操作获取知识，特别适合于直观行动思维占有重要地位的小学低年级学生。

2. 长方形和正方形认识的教学要点

为了进一步认识长方形和正方形的特征，明确概念的内涵，可以提出类似下面的问题，引导学生思考、讨论、探究：

(1) 长方形(包括正方形)有几条边、几个角？

(2) 各边的长短有什么关系？你是怎么知道的？

(3) 每个角都是什么角？怎样检验？

(4) 正方形除以上特征外，还有哪些特征？上述问题的答案可以整理如下：

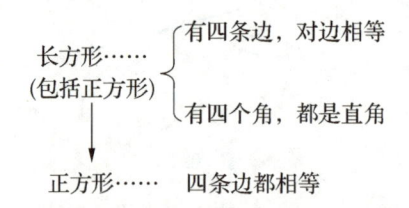

长方形……(包括正方形) ｛有四条边，对边相等；有四个角，都是直角｝

↓

正方形……　四条边都相等

这样使小学生一开始就感受到长方形的一切性质正方形都具有，为确认长方形和正方形的属种关系打好基础，防止误解"正方形不是长方形"，做好与中学几何的衔接。

认识长方形与正方形的特征后，要提出一些问题，引导学生运用获得的知识进行推理，做出判断。比如：

● 拿出你的小手帕。它的形状是长方形吗？你是怎么知道的？它的形状是正方形吗？为什么？

● 知道正方形一边的长度是 2 厘米，能说出另三边的长度吗？为什么？

● 知道长方形一边的长度是 2 厘米，能说出另三边的长度吗？为什么？

● 知道长方形中两边的长度都是 2 厘米，能说出另两边的长度吗？解答时应该怎样讨论(图 10.5(1)(2))？

图 10.5

- 知道长方形中三边的长度都是 2 厘米,能说出第四边的长度吗?这样的长方形有什么特征?

案例 10.2　认识长方形和正方形

【教材】苏教版义务教育教科书《数学》三(上)

【教学片段】

(一)复习长方形和正方形的直观认识,导入新课

师:我们在一年级曾经直观地认识过长方形和正方形。(出示图 10.6)同学们能从下面的图形中指出哪些是长方形、哪些是正方形吗?

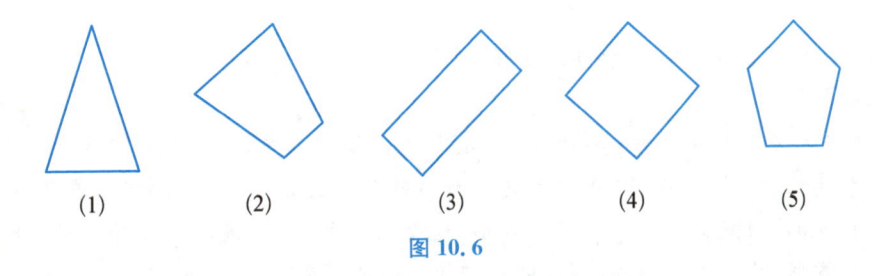

图 10.6

生 1:图(3)是长方形,图(4)是正方形,其他三个都不是长方形,也不是正方形。

生 2:为什么图(3)是长方形、图(1)不是长方形呢?

师:问得有道理。不论我们肯定什么或否定什么,都应该提出相应的理由。几何图形中的每一类图形都有它一组相应的特征。具备了所有的这些特征,它就属于这类图形;只要有一项特征不具备,它就不属于这类图形。

(二)研究长方形的特征,明确长方形的概念,学会长方形的判定

师:一年级直观认识长方形时,我们是把黑板面、课桌面、书本面等这样的平面图形称为"长方形"。这类图形究竟有哪些特征呢?(师生对话,互动交流,教师小结)

师:首先要想一想:我们可以从哪些方面来研究长方形的特征?在每一方面又有哪些具体的结论呢?如何确认这些特征?(将师生互动的结果整理如下。)

$$长方形\begin{cases}(边)有 4 条边,对边相等\\(角)有 4 个角,都是直角\end{cases}$$

师:为了确切地表述和理解长方形的特征,需要对所用的词语做些解释。如:

- 长方形是用四条线段围成的,这些线段都叫作长方形的"边"。
- 在长方形的四条边中,有公共端点的两边叫"邻边",没有公共端点的两边叫"对边"。

287

如在图10.1左边的长方形ABCD中,AB和CD是它的一组对边,AD和BC是它的另一组对边,而邻边则有四组。

师:在一个长方形中,有多少条边、多少个角,甚至用不着一个一个数,一看就知道了。可是,长方形的两组对边分别相等,你们是怎么知道的呢?

生1:我用刻度尺分别量一量它们的长度,就能知道它们是不是相等。

生2:如果长方形是一张纸片(图10.4(1)),我可以把它分别沿虚线对折,直接比较每一组对边的长度是不是相等。

【点评】在这里,两位同学用的都是"动手操作"的实验方法。如"正方形的四边相等"就可以通过折纸片证实(图10.4(2)、(3))。其中,图(2)说明了正方形的对边相等;图(3)则说明邻边相等。

(三)明确正方形是特殊的长方形

师:长方形的这些特征正方形都具有吗?(都具有)

师:据此,可以得出什么结论?

生1:正方形也都是长方形。

生2:正方形是特殊的长方形。

生3:正方形是长与宽相等的长方形。

【点评】

1. 关于长方形与正方形的关系,由于有些老师处理不当,可能导致学生的误解:不承认"正方形是长方形";不承认"正方形是一种特殊的长方形"。误解的根源在于没有正确地形成"长方形"的概念,没有明确"长方形"这个概念的内涵,没有完整地、准确地弄清楚被称为"长方形"的这类图形的特征(即它们的共同的本质"属性",包括"性质"和"关系"),以及如何根据一个图形有无这些特征来判定该图形是否属于这类图形。比如:当我们确认长方形的特征可以用"有4条边""对边相等""有4个角""都是直角"四句话来表述之后,就可以根据正方形全部具备这些特征而断定:"正方形是长方形";根据三角形不具备第一项特征即可断定:"三角形不是长方形"。

2. 认定"正方形是长方形"后,就可以将长方形根据它的长是否等于宽分为两类。弄清了长方形与正方形的属种关系,就可以用欧拉图表示这两个概念之间的这种关系(图10.7)。

图 10.7

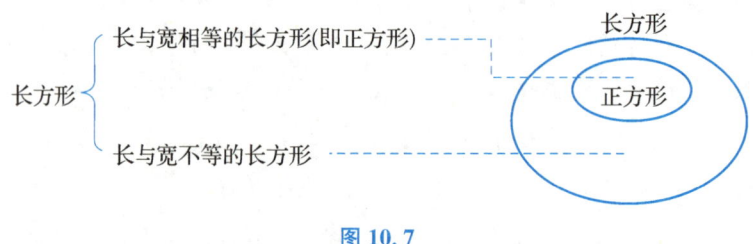

(六)三角形的教学

三角形是边数最少的多边形。一切多边形都可以分割成若干个三角形,并且借助三角形的性质,推导出它们的性质。所以,三角形是几何教学中的一个重点。学生在第一学段对三角形有了直观的了解,第二学段是对三角形特征的初步探索,也为第三学段进一步学习三角形奠定基础。

1. 三角形和它的稳定性的教学要点

(1) 从实例抽象出图形后,出示不同类型、不同位置的三角形让学生观察,抽象概括,形成三角形的概念——由三条线段首尾相接围成的图形叫作三角形。然后,再介绍三角形各部分的名称。

(2) 出示用三根木条钉成的三角形(以及用四根木条钉成的四边形),让学生拉一拉,看看在各边的长度不变的条件下它们的形状会不会改变?从而认识到"三角形三边的长度确定后,三角形的形状和大小就不会再改变了"。这就是三角形的稳定性(四边形则不然,四边的长度确定后,它的形状和大小还会改变。这就是"四边形的不稳定性")。然后,举例说明三角形的稳定性(以及四边形的不稳定性)在生产与生活中的应用。

2. 直角三角形、锐角三角形和钝角三角形的教学要点

(1) 复习直角、锐角和钝角的概念,以及用三角板的直角去检验的方法。

(2) 列表出示若干个三角形。让学生检验每个三角形的三个角,并把检验结果填入表中。

表 10.2　三角形中直角、锐角、钝角的个数统计表

序号	图　　形	锐角的个数	直角的个数	钝角的个数
1		3	0	0
……	……	……	……	……

然后,引导学生根据统计表中的数据探索,得出某些结论。如:

- 任何一个三角形中都有锐角;
- 任何一个三角形中都至少有两个锐角;
- 三角形中可能有直角(或钝角),也可能没有。如果有,只能有一个直角或钝角。

(3) 让学生根据统计数据试着将这些三角形分类,并研究每一类三角形的特征。

(4) 在以上探索、研究、讨论的基础上,再给出锐角三角形、直角三角形和钝角三角形的定义。

(5) 为了强化对小学生的思维训练,可以提出一些类似下面的问题,让他们根据上述定义进行推理,做出判断。

- 根据三角形的一个角是锐角(或直角、或钝角),能否断定这个三角形是锐角三角形(或直角三角形、或钝角三角形)?
- 根据三角形的一个角不是锐角(或直角、或钝角),能否断定这个三角形不是锐角三角形(或直角三角形、或钝角三角形)?

这些问题可以用适合小学生的、有趣的形式提出。如,将三角形纸板放在大信封内,

只能看见它露在外面的一个角，我们能断定它是哪一种三角形吗？

3. 等腰三角形和等边三角形的教学要点

（1）出示可以对折叠合和不能对折叠合的三角形纸板。问："三角形满足什么条件才能对折叠合？"待学生正确回答后，再定义等腰三角形和其中各部分的名称。

（2）给出各种方位的等腰三角形（图形），并与不等边三角形混排，让学生辨认。辨认后，先标记相等的边，再进一步说出它的腰、底、顶角和底角。

（3）再次出示对折叠合的等腰三角形纸片，使学生认识：等腰三角形的两个底角相等。

（4）让学生观察底和腰相等的等腰三角形，研究这种三角形的特征。进而定义等边三角形，并且使学生认识：等边三角形的三个角都相等。

4. 三角形的高和底的教学要点

（1）正确理解高和底的意义，对于以后学习面积公式特别重要。教学时，在检查学生对垂线、垂足以及垂直的检验等知识点后，就可以定义三角形的高。

（2）要使学生认识："三角形的高"是针对某一边来说的，和高对应的边叫作三角形的底。三角形的三边都可以作为三角形的底，每个底上都有对应的高。所以，三角形有三条高。

（3）复习过线外一点画垂线的方法，然后给出三角形，让学生用直尺和三角板画高。

5. 三角形内角和的教学要点

（1）印发几个三角形，让学生分别量出每个三角形中三个角的度数，再计算三个角的度数和。并且思考：可以从中发现什么？

（2）回忆：平角是否等于180°？问：能否设法将三角形的三个角拼成一个平角？折叠三角形纸片时，提示学生：折叠第一个角时，以三角形两边中点的连线为折痕。

（3）归纳出"三角形的内角和是180°"后，就可以出示一些习题，让学生根据这个结论推理或计算。如：

- 直角三角形中两个锐角的和等于多少度？
- 等边三角形中的每一个角是多少度？等等。

（4）为了强化对学生的思维训练，还可以提出类似下面的问题：

- 等腰三角形的一个底角是40°，它的顶角是多少度？
- 等腰三角形的顶角是40°，它的每个底角是多少度？
- 等腰三角形的一个角是40°，它的另两个角各是多少度？（两组解答）
- 等腰三角形的一个角是60°，它的另两个角各是多少度？
- 等腰三角形的一个角是100°，它的另两个角各是多少度？（只有一组解）

案例10.3　三角形的内角和

【教材】人教版义务教育教科书《数学》四（下）

【教学片段】

（一）复习导入，引发探究，提出猜想

师：小朋友们，我们上周学习了"三角形"。请回忆一下，什么叫三角形呢？

生：三条线段首尾相接围成的图形叫作三角形。

师:(出示一副三角尺)三角尺是常用的绘图工具,你们知道它的三个角分别是多少度吗?如果不知道,请用量角器量一量。(学生操作)

师:把每块三角尺的三个角的度数加起来,看看和是多少。

(学生汇报测算的结果,教师板书)

$$30°+60°+90°=180°,45°+45°+90°=180°。$$

师:为什么两个不同的三角形,三个内角的和都相等?这里是否隐含着某个值得探究的规律?我们可以对此提出什么样的猜想?

生1:也许任何一个直角三角形的三个内角的和都是180°。

生2:也许任何一个三角形的三个内角的和都是180°。

(二)检验猜想和论证猜想

师:我们先来研究:是不是"任何一个直角三角形的三个内角的和都是180°?"

各组取出信封里的直角三角形纸片,用它来检验这个猜测的结论。(各组探究后交流)

生1:我们量得这个直角三角形三个内角的和是

$$90°+54°+36°=180°。$$

师:凡是用测量、计算的方法来检验这个猜想的小组举手。你们的检验结果都相同吗?

师:"测量"是一种实验的方法。测量得到的数据和根据这些数据计算的结果难免有误差。所以,无法确定直角三角形三个内角的和究竟是"确实等于180°",还是"约等于180°"。

生2:我们小组认为:因为直角是90°,所以,"直角三角形的三个内角的和是不是180°"取决于其中的两个锐角的和是不是90°。只要两个锐角能拼成一个直角,三个内角的和就是两个直角,即180°。(图10.8)

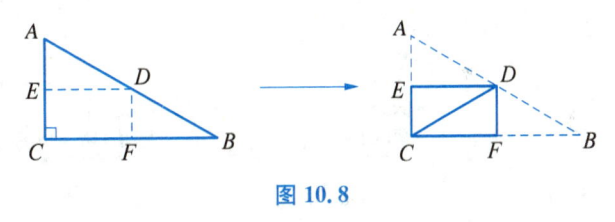

图 10.8

师:把直角三角形纸片中的两个锐角拼起来,既可以剪下来拼,也可像图10.8那样,将两个锐角的顶点折到直角顶点处拼合。这种"拼"的检验方法仍然是一种实验,需要借助于某个具体的三角形纸片才能进行。即使结论对于这个直角三角形是对的,但它对于所有的直角三角形是不是都对?还是一个有待解决的问题。

生3:我们小组的信封里有两个完全一样的直角三角形纸片,用它们可以拼成一个长方形(如图10.9)。而长方形的内角和是4个直角,所以每个直角三角形的内角和是2个直角,即180°。

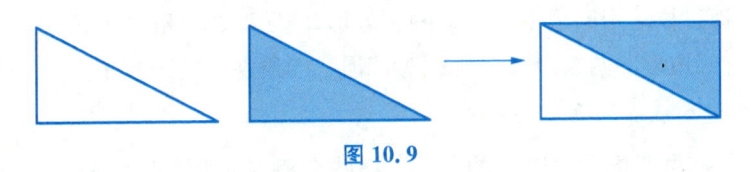

图 10.9

师：(小结)这里,实际上是根据"长方形的内角和是360°"推出了"直角三角形的内角和是180°"。他们运用了论证的方法。

(三) 应用新知和巩固新知

【点评】

1. 探究和发现,需要经历复杂的思维过程,大致如下面的框图 10.10 所示：

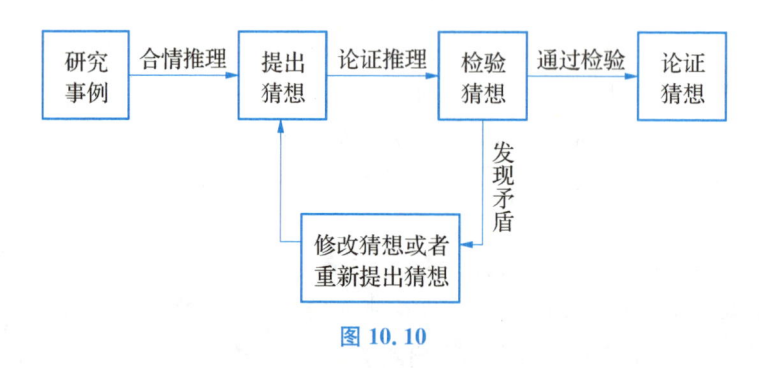

图 10.10

首先,要从研究身边熟悉的事例开始,运用合适的方法,得出具体的结论。进而运用合情推理(不完全归纳、类比、联想、直觉、灵感等),提出有关一般规律的猜想,并且运用论证推理(演绎推理或完全归纳推理)从正反两方面来检验猜想。如未发现矛盾,最后,再设法予以论证。如果检验猜想时发现了矛盾,则需修改原来的猜想或者重新提出能避免该矛盾的新的猜想,并且重新进行检验,直至通过检验。最后,设法论证,使该猜想("假说")上升为科学理论。

2. 提出猜想时,往往需要归纳,由特殊到一般。但归纳时,最好是分几步归纳,而不是"一步到位",如图 10.11：

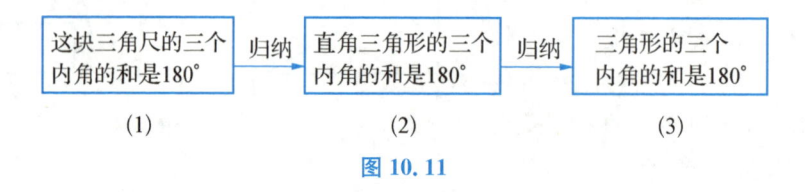

图 10.11

尽管学生有可能根据(1)直接归纳出(3),但先检验和论证(2),然后在(2)的基础上,进一步检验和论证(3),逐步推进,确实能减少困难。

(七) 平行四边形和梯形的教学

1. 平行四边形初步认识的教学要点

在初步认识长方形和正方形后,就初步认识了平行四边形。目的是初步获得平行四边形的表象。通过拉动用四根木条钉成的长方形,使之变成一般的平行四边形,可以使学生认识到"平行四边形的两组对边分别相等。"但它的角不一定是直角。

2. 平行四边形认识的教学要点

(1) 出示一批由四条线段围成的图形。其中包括长方形、正方形、平行四边形、梯形和其他四边形。指出：由四条线段围成的图形叫作四边形。

(2) 让学生研究几个被称为"平行四边形"的图形。当有人发现"对边平行"后,要求学生用两块三角板根据平行线的画法检验。检验确认后,就可以给出平行四边形的定义。

(3) 让学生观察和用同样的方法检验长方形和正方形的每一组对边,并且根据平行四边形的定义认定:长方形和正方形都是特殊的平行四边形。

(4) 定义平行四边的高和底。指出:平行四边形的高也是针对某一边来说的,实质上是对边之间的距离。平行四边形的高可以从一条边上的任何一点向对边作垂线段得出。

3. 梯形认识的教学要点

(1) 从梯子的一格、堤坝的横截面等实例抽象出图形,指出这样的图形就是梯形。

(2) 定义前,先告诉学生:四边形有两组对边,每一组对边都可能平行,也可能不平行。根据每一组对边是否平行,我们可以将四边形分为哪几类呢?

$$
四边形\begin{cases}两组对边分别平行的\cdots\cdots\cdots\cdots平行四边形\\两组对边都不平行的\\一组对边平行、另一组对边不平行的\cdots\cdots\cdots梯形\end{cases}
$$

上面的表示有助于小学生弄清几种四边形之间的关系。

(3) 出示一批大小不等、方位各异的梯形,将其混杂在长方形、平行四边形和三角形中,让学生辨别,并指出每个梯形中互相平行的边。

(4) 定义梯形的底、腰和高,以及等腰梯形。

(八) 圆的教学

"圆"是小学阶段学习的最后一个平面图形,与其他平面图形相比,圆的特殊性在于它是由曲线围成的图形。理解平面图形一般都是从图形的边和角来认识,圆不具备其他平面图形的边和角的特征。教学中,通过与直线图形的对比,感受圆的特殊性;在真实的操作体验中,领会"圆之所以圆"的内涵;在具体实例的分析中,掌握如何应用圆的特征解决生活问题。圆的认识中,关键是对于"圆心""半径"的认识,这也是后续学习"圆的周长和面积"的基础。

1. 圆的初步认识的教学要点

从有关实物抽象出图形,并出现数学名词"圆",是在一年级下册教科书中。但在这之前,圆作为计数或计算的对象,作为填数或填运算号的空位,早已多次出现过。可见,圆不仅是日常生活中最常见的图形,也是小学生最熟悉的一种图形。

2. 圆的认识的教学要点

(1) 一般以学生在日常生活中和"圆的初步认识"中形成的、已有的表象作为出发点,一开始就要求学生"说一说周围的物体上哪里有圆",而要避免使用"圆形物体"一词。有些旧版本的教科书以"圆形物体"作为从相关实例认识"圆"的中间概念。由于小学生对"圆形物体"和"球形物体"难以分清,所以常常导致认识上的混乱,影响教学活动的顺利进行。

(2) 通过圆形纸片的几次对折和对于折痕的研究,为定义圆心、半径和直径创造了条件。对于圆心、半径和直径,都应该用一句话给予明确的界定,避免含糊其词,防止学生认识模糊。

（3）关于圆的特征，教科书提到了三点：在同一个圆中，① 半径的长度都相等；② 直径的长度都相等；③ 直径的长度等于半径的两倍。

教学时，可以引导学生先通过画、量、比较、归纳得出①；然后根据直径和半径的定义推理得出③；最后，再根据等量公理"等量的同倍量相等"，由①、③推出②。既丰富了数学课程中思想方法的教学内容，又强化了对学生的推理训练。单纯根据量一量、比一比归纳出结论，或者借助直观教具或多媒体动画的演示等直观的方法或实验的方法得出结论，在思想方法的教学和抽象思维的训练上，都难免存在不足之处，难以达到"数学在形成人的理性思维上有着独特的、不可替代的作用"的课程目标。

（4）学生认识了"同一个圆中半径的长度都相等"，用圆规画圆的方法以及"将车轮做成圆形并将车轴装在圆心"等技术措施就有了理论根据。

介绍用圆规画圆时，要着重说明：两脚叉开，两脚的尖端之间的距离就是圆的半径；固定的一只脚的尖端的位置就是圆心；装有铅笔的另一只脚旋转一周时，往往从右下方开始，一次完成。

（5）圆的知识在生产、生活中应用的实例是丰富多彩的。可以出示如下问题引导学生思考：① 为什么车轮要做成圆的，而车轴要装在圆心处？② 当圆心没有标出时，怎样测量圆的直径？③ 为什么碗、茶杯的口一般都是圆的？等等。

（九）周长和面积的教学

周长和面积等概念都是对图形进行定量研究的产物，是刻画图形大小特征的量。周长和面积的教学包括周长和面积概念的教学、长度单位和面积单位的教学以及几种平面图形的周长公式和面积公式的教学。

多边形的周长是在线段长度的基础上定义的。关于周长公式，除圆周长公式的推导较为复杂外，其他多边形的周长公式都不过是求和以及加法算式的简化，而各种图形的面积公式都是在长方形面积公式的基础上推导出来的。长方形的面积公式又是根据面积概念的有关公理（主要是"全等形等积"和"面积可加性"）和面积单位的定义推导出来的。面积的概念和面积单位是学习面积计算的基础。用铺方块或数方格的办法求面积（每一个方块或方格表示1面积单位），实质上是用直接计量法求面积——直接用面积单位来量一个图形的面积。为了简便，人们总是力求从直接计量法求面积过渡到间接计量法求面积。为适应这种过渡，各种面积公式也就应运而生。

小学数学在推导面积公式时，既用了归纳的方法，也用了演绎的方法，而且还广泛地运用了等积变换的方法和化归的方法。在推导圆的面积时，还用了极限的思想方法。

1. 周长和面积概念的教学

（1）周长概念和正方形、长方形周长公式的教学要点。通过教具演示或学具操作，使学生理解："平面封闭图形的周长"就是指这个图形周围边界的长度。对多边形而言，所有边长的总和叫作这个多边形的周长。

（2）正方形的周长公式可以根据周长的含义和正方形的特征推出。

(3) 长方形和平行四边形的周长计算都可以用类似上面的方式处理：让学生研究周长的具体算题，列式计算；从列出的不同算式中优选出一个，作为周长公式。

(4) 这些公式既可以用"语言等式"表示，也可用字母来表示。如

正方形的周长＝边长×4　　　　或者　　$C_{正方形}=4a$

长方形的周长＝（长＋宽）×2　　　　　　$C_{长方形}=2(a+b)$

(5) 巩固周长公式的练习应该是多种多样的。既有已知边长或量出边长求周长的，也有已知周长求边长的；既有长与宽都给出具体数据的，也有给出一个数据和一个数量关系的；既有求周长的，也有求周长的变化。对知识的深刻理解和牢固掌握，只有通过在不同情境中的灵活运用才能达到。

2. 面积概念和面积单位的教学要点

面积概念和面积单位是推导面积计算公式的基础。学生先要理解面积概念和面积单位，才能理解和掌握面积的计算公式。

在平面几何中，"面积"表示平面封闭图形所围的平面部分的大小。所谓"平面封闭图形的面积"是指这个图形所对应的一个正实数，它具有以下性质：

(1) 全等形对应的正实数相等；（全等形等积）

(2) 把一个平面封闭图形分割成几部分，则整个图形对应的正实数等于所分成的各部分对应的正实数的和。（面积的可加性）

对于面积概念，小学数学教科书只给出了描述性的解释：物体的表面或围成的平面图形的大小，叫作它们的面积。为了使小学生正确理解面积概念，要通过直观教学和学生的操作，使他们认识到物体表面或平面封闭图形围成的平面部分有大有小，是可以比较大小的。如：课桌面大于书本面（总量大于它的一部分）；由两个同样的（全等的）三角形纸片拼成的平行四边形的面积等于每个三角形的面积的两倍等。不领会这些内容，仅仅能背诵解释"面积"的上述语句，还不能说已经形成了面积概念。

面积是可以量的。量面积的计量单位叫作面积单位。常用的面积单位是边长为1厘米（分米、米）的正方形的面积，叫作平方厘米（平方分米、平方米）。

教学面积单位时，可以先让学生比较两个大小接近的正方形和长方形的面积的大小，启发学生将它们划分为大小相同的小方格。于是，它们的面积的大小比较问题就转化为两个自然数的大小比较，从而使学生认识运用面积单位的必要性。（图 10.12）

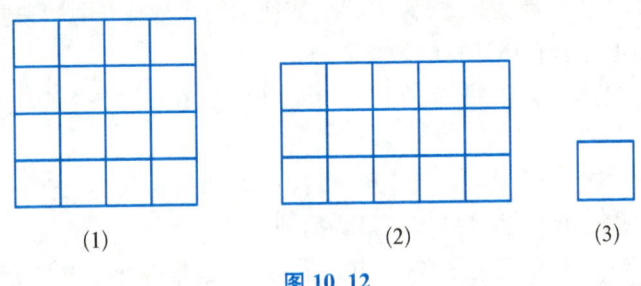

图 10.12

认识每一种面积单位时，都应当向学生展示它们的实际大小，让学生观察，并将它们和学生熟悉的事物联系起来，使学生获得不同面积单位的明确表象。

为了防止面积单位和长度单位的混淆,可以让学生通过分析、比较,认识到:长度单位和面积单位名称不同,意义不同,进率不同,适用范围也不同。

表 10.3 长度单位与面积单位的比较

名　称	意　义	进率	适用范围
长度单位	厘米、分米、米	特定线段的长度	10	求长、宽、周长等
面积单位	平方厘米、平方分米、平方米	特定正方形的面积	100	求面积

面积单位的进率,通常在正方形的面积公式后教学,事实上也可在面积单位定义后教学。

3. 多边形面积计算的教学

在小学数学教科书中,多边形面积公式的编排顺序大致如下:

首先,根据面积概念、面积单位以及长方形的特征推出长方形的面积公式。对于例举的边长是整数的具体的长方形来说,面积公式的正确性可以用直接计量法(数方格)来证实。而直接计量法的理论根据,则是全等形面积和面积的可加性。

接着,根据长方形的面积公式运用演绎推理推出正方形和其他几种图形的面积公式。(整个过程如图 10.13 所示)

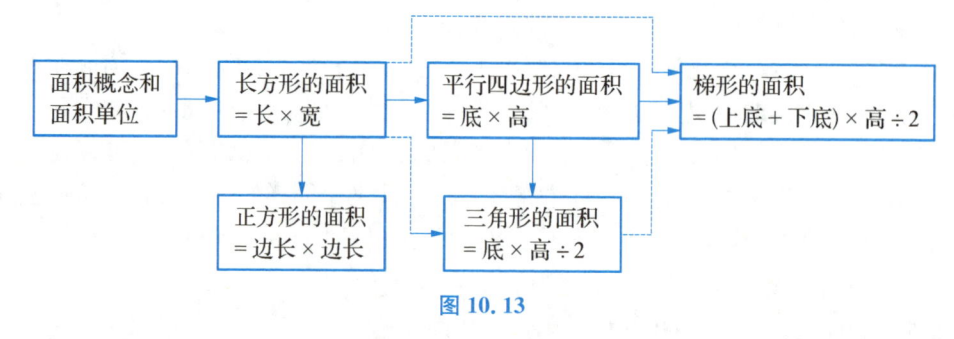

图 10.13

小学生认识了平行四边形的特征后,就可以根据化归的思想,运用割补的方法,将平行四边形等积变换为长方形,从而根据长方形的面积公式推出平行四边形的面积公式。

为了进一步根据平行四边形的面积公式推导出三角形和梯形的面积公式,教科书将两个全等的三角形(或梯形)拼成一个平行四边形。有人把它称之为"双拼"。事实上,我们也可以将三角形等积变换为长方形,将梯形变换为三角形或长方形来推导出面积公式。

(1) 长方形和正方形面积计算的教学要点

① 出示长 5 厘米、宽 3 厘米的长方形,要求学生用直接计量法求它的面积。(图 10.14(1))

② 讨论数方格的各种方法:逐个计数、按群计数和用乘法算(先看一排有几个方格,再看共有几排)。明确:用乘法算的方法最为简便。

③ 问:为了弄清一排有几个方格、共有几排,是不是非得把长方形分成面积单位不可呢?引导学生发现:为此,只要用对应的长度单位去量长方形的长和宽。长是几个单位就说明一排有几个单位正方形;宽是几个单位就说明共有几排。(图 10.14(2))

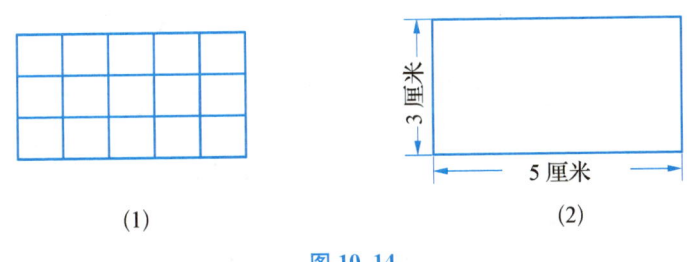

(1)　　　　　　　　　　　　(2)

图 10.14

所以，这个长方形所含的平方厘米数，等于它的长和宽所含的厘米数的乘积。
从而归纳出：

长方形的面积＝长×宽

④ 问：如果一个长方形的长等于宽，那么这个长方形就是通常所说的什么图形？它的面积该怎样计算呢？推出：

正方形的面积＝边长×边长

整个过程如图 10.15 所示。

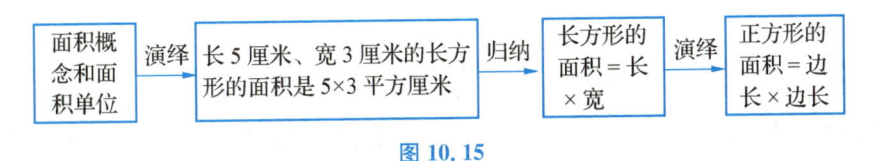

面积概念和面积单位 →演绎→ 长5厘米、宽3厘米的长方形的面积是5×3平方厘米 →归纳→ 长方形的面积＝长×宽 →演绎→ 正方形的面积＝边长×边长

图 10.15

事实上，我们在这里是先就长与宽的量数都是整数的情形演绎；然后归纳，把公式推广到长与宽的量数中有分数或小数的情形。

(2) 平行四边形面积计算的教学要点

① 复习平行四边形及其高和底等概念后，出示一个高3厘米、底是6厘米的平行四边形，要求学生设法求它的面积。

② 对于准备用直接量法求面积的学生，要帮助他们解决不满一格如何计数的问题。一种办法是凡不满一格的，不论大小，一律按半格计算。另一种方法是先将不完整的方格拼成完整的方格。

③ 启发引导：一个、一个地拼完整的方格太麻烦，我们能不能将左边的一部分整个切下来，把它拼到右边去，使不完整的方格都变成完整的方格？从而引导到教科书里的等积变换。

④ 清理学生的思路：我们是在学习了长方形的面积公式之后，来研究平行四边形的面积如何计算，如果能将平行四边形变成和它面积相等的长方形，那么，我们就能用长方形的面积公式来计算这个平行四边形的面积。

⑤ 让学生研究和提出等积变换的不同方案。教师小结：要沿着高来分割平行四边形。(图 10.16)

(3) 三角形和梯形面积计算的教学要点

① 在厘米方格的背景上出示几个三角形，让小学生用直接量法(数方格的方法)求

图 10.16

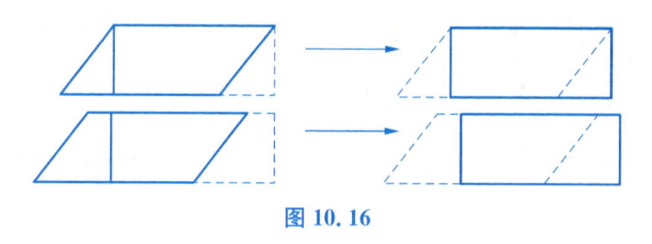

它们的面积。

② 要求学生不数方格求面积。研究:能不能把三角形转化成面积公式已经知道的图形?(长方形或平行四边形)引导学生用两个同样的(全等的)三角形纸板去拼。

③ 用同样的办法研究梯形。将两个全等的梯形拼成平行四边形。

事实上,一个三角形(或梯形)同样可以等积变换为平行四边形。(图 10.17)

(1) (2)

图 10.17

但"双拼"是一种有特色的办法,可以在一些其他的问题中(如计算一堆钢管的总数的问题中)应用。

为了充实数学思想方法的教学,在"梯形面积计算"的练习中,出现了求一堆钢管的总根数的问题。为计算总根数而列出的算式虽然与梯形面积公式有形式上的共同点,但后者绝不是前者的根据。把它们安排在一起的原因,是因为它们都可以用"双拼"的办法转化为简单的乘法计算。

4. 圆周长和圆面积的教学

(1) 圆周长的认识和计算的教学要点

① 在复习"多边形的周长"后,学习圆的周长的概念:"围成圆的曲线的长叫作圆的周长。"并且将两者概括为:"平面封闭图形的周长就是指这个图形周围边界的长度。"

② 在定性研究和定量研究圆的周长的过程中,可以将圆的周长与正方形的周长类比,提出猜想,并检验。如根据:"正方形的边长越大,它的周长也越大"推测并且最后认定:"圆的直径越大,它的周长也越大"。根据"正方形的周长是边长的 4 倍"猜测:"圆的周长也可能是直径的若干倍。"并且让学生设法进行某种实验操作。通过实验认识到:"不论直径的大小如何,圆的周长总是直径的三倍多一些。"在此基础上,教师指出数学家已经证明:这个倍数是一个固定不变的数,叫作圆周率,用希腊字母 π 表示。

在做实验操作时,用刻度尺去量圆的周长和直径的方案,不但增加了做除法的麻烦,而且计算结果也难以一致,干扰了得出结论的归纳过程。不如直接用圆的直径做长度单位去量周长更为方便。

③ 根据圆周长÷直径＝圆周率推出:圆的周长＝圆周率×直径。

④ 将这个公式符号化,成为

$$C = \pi d, C = 2\pi r$$

⑤ 介绍我国古代数学家在计算圆周率的近似值方面领先世界的卓越成就。也可以介绍圆周率 π 不但出现在圆周长和圆面积公式中,而且出现在行星运动定律、量子力学的测不准原理、广义相对论的方程以及其他的许多科学规律中,从而被誉为"宇宙中最重要的六个数字"之一。

⑥ 在安排练习时,不但要有根据直径(或半径)计算圆周长的题目,也要有根据圆周长求直径(或半径)的题目,以及运用公式进行推理、做出判断的题目。

比如:在图 10.18 中,大圆的周长与 3 个小圆的周长的和,大小关系如何?

一个人沿着赤道绕地球走一圈,头顶和脚经过的路程是不是一样?相差多少?等等。

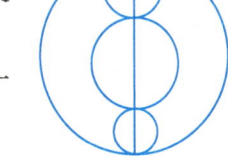

图 10.18

案例 10.4　圆的周长

【教材】苏教版义务教育教科书《数学》五(下)

【教学片段】

(一)复习导入

师:我们学习过长方形和正方形的周长。什么是长方形或正方形的周长?(学生回答,教师小结确认,并且板书、图示)

师:正方形的周长公式 $C_{正方形}=4a$ 告诉了我们哪些信息?

(1) 正方形的周长和边长有关;

(2) 正方形的周长等于边长的 4 倍。

(二)明确圆周长的意义,研究决定圆周长的大小的因素

师:究竟什么是"圆的周长"呢?

生1:如果这个圆是用铁丝弯成的,那么把它重新扳直后的长度就是这个圆的周长。

生2:如果圆是一个车轮的轮廓,那么车轮滚动一周前进的路程就是这个圆的周长。

生3:也可以用卷尺直接量出这个圆的周长。

师:(小结)围成圆的曲线的长度叫作"圆的周长"。

我们知道:正方形的周长和边长有关,边长越大,周长也越大,如图 10.19。那么,圆的周长和什么有关呢?(圆的周长和圆的直径或半径有关,如图 10.20。直径或半径越大,圆的周长也越大。)

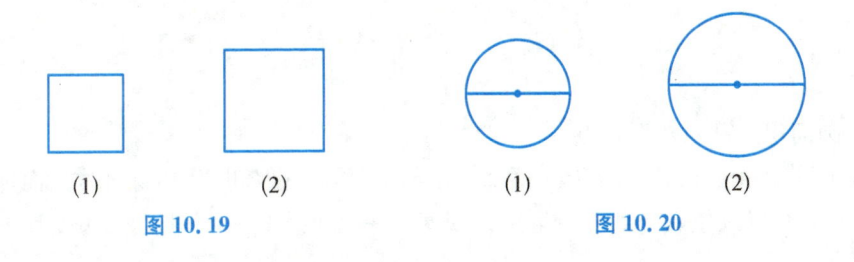

(1)　　　　(2)

图 10.19

(1)　　　　(2)

图 10.20

299

师：我们还知道：正方形的周长是边长的 4 倍。那么圆的周长是直径的多少倍呢？（暂不要求学生回答）

（三）用实验的方法研究圆周长是直径的多少倍

师：各组取出用于实验的、大小各异的木制圆盘。先用纱带量出圆的周长；再将它和圆的直径直接比较，看看包含了多少个直径的长度。

师：（小结各组得到的实验结果）不论圆的大小，圆的周长都是直径的三倍多一些。

（四）用论证的方法得出"圆的周长是直径的三倍多一些"

师：刚才我们用实验得出的结论也可以通过推理得到。如图 10.21(1)，在半径为 r 的圆内有一个内接正六边形。这个正六边形实际上是由六个边长为 r 的等边三角形拼成的。这个内接正六边形的周长等于什么呢？（等于 $6r$ 即 $3d$）它和圆周长 C 比较，大小如何？（$C > 3d$）

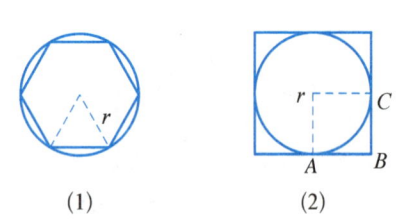

为什么？（可以根据"联结两点的线中线段最短"证明）

师：再看这个圆的外切正方形。（图 10.21(2)）

这个正方形的边长等于什么？（$2r$）周长等于什么？（$8r$，即 $4d$）

图 10.21

这个外切正方形的周长和圆周长的大小关系如何？（$C < 4d$）

为什么？（根据生活中走路的实际经验，从 A 走到 B、再走到 C 所走的路比沿着 AC 弧走的路要长。）（图 10.21(2)）根据图形观察得到的直觉可以得出同样的结论。

师：（小结）由 $C > 3d$ 和 $C < 4d$，即 $3d < C < 4d$，可得"圆的周长是直径的三倍多一些"。

【点评】《课标（2022 年版）》指出：推理意识和推理能力的发展应贯穿于整个数学学习过程中。所以在教学中要抓住训练学生推理能力的每一个机会，尽可能对相关的生活经验，以及用实验、直觉或其他猜测的方法提出的猜想找到推理论证的办法，实现"直观几何、实验几何与论证几何的结合"。

（五）推导圆的周长公式

师：数学家的理论研究表明：任何圆的周长和直径的比都是一个固定的数值，这个数叫作"圆周率"，用希腊字母 π 表示，它是一个无限不循环小数。在通常的计算中，可以用 3.14 作为 π 的近似值。

师：由此，可以推得圆周长的计算公式如下：

$$\left.\begin{array}{r}\dfrac{C}{d} = \pi \Rightarrow C = \pi d \\ d = 2r\end{array}\right\} \Rightarrow C = 2\pi r$$

(2) 圆面积计算的教学要点

推导圆的面积公式，需要实现曲和直、有限和无限、近似和精确的转化，从而体现对立统一、相互转化以及量变导致质变等辩证规律。在这个过程中，不但运用了变换的思想和方法,而且还运用了极限思想和极限方法。

① 将面积的概念用于圆:"圆所占平面(部分)的大小叫作圆的面积。"进而提出圆面积的计算问题。

② 复习平行四边形面积公式的推导过程,让学生注意:在这个过程中,我们如何用割、拼的方法,把平行四边形变成面积和它相等的长方形。

现在,我们能不能把圆转化成面积和它相等的、计算公式已经知道的某种图形呢?

③ 指导学生将圆纸片分成 16 等份(如图 10.22(1)),并且用这些小纸片去拼,看看能拼成什么图形(图 10.22(2))?

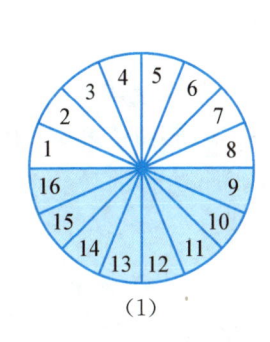

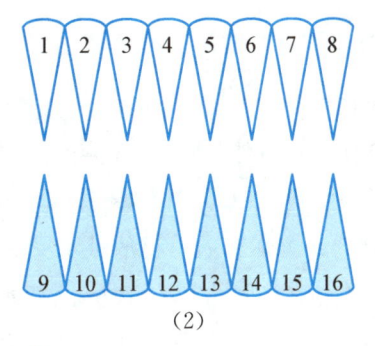

图 10.22

当学生确认拼得的是一个近似的平行四边形后,出示圆纸片被分成 32 等分后拼成的图形。让学生比较,引导他们发现:圆纸片分得越细,拼成的和圆等积的图形就越近于长方形。当学生依次观察和比较了几种有限分割的情况,并且注意到等分份数加倍时拼成的图形的变化趋势后,就可以引导学生想象等分的份数无限加倍时的"终极状态",从而经历一个直觉的极限过程。

④ 由于在上述过程中,平行四边形的底和高(长方形的长和宽)始终是 $\frac{C}{2}=\pi r$ 和 r,所以和这个图形的面积相等的圆面积是

$$S = \pi r \cdot r = \pi r^2$$

⑤ 圆面积公式得出后,应把它同圆周长公式比较,以免混淆,并且注意它们之间的联系:

$$S = \frac{C}{2} \cdot r$$

⑥ 应用圆面积公式的练习应当是多种多样的,并且包括推理和计算等方面。除根据半径求面积外,还可以根据直径或圆周长求面积,并且可以在生产或生活的实际情境中出现这样的算题。

链接 10.3　认识图形世界　发展空间观念　提升数学思考

二、立体图形认识与测量的教学

"立体图形"是指所有的点不全在同一平面内的图形。单独存在的物体的形状都是立

体图形。在几何学中,立体图形的教学是在平面图形的知识基础上进行的。学生认识了常见的立体图形的特征,就为学习表面积和体积打下了基础。

在小学,要求学生认识的立体图形有长方体、正方体、(直)圆柱、圆锥和球。教学中,要让学生在观察、操作和制作模型的基础上,进行抽象的逻辑思维,逐步认识这些立体图形的特征。

对立体图形的这种认识虽然只是初步的和与感性认识密切联系的,还没有形成和中学数学一致的精确的数学概念,但必须使小学生获得明显的、正确的表象,并且与中学数学里相关概念的定义没有矛盾,从而为以后学习中学数学打好基础。

(一) 长方体和正方体认识的教学

第一学段长方体和正方体的直观认识,学生能识别出简单的平面图形和立体图形。第三学段长方体和正方体的认识,重点是通过丰富的数学活动,抽象出长方体和正方体的基本要素,理解长方体和正方体的基本特征,感知长方体和正方体的联系。

1. 长方体和正方体直观认识的教学要点

第一学段直观认识长方体和正方体,要求小学生观察具有长方体形状的实物和模型,并通过操作,获得感知,积累表象,知道"长方体"和"正方体"这些名词。对于长方体的特征,只要求知道它是由六个面围成的,并且每个面都是长方形。

直观认识长方体时,暂不要求学生分析长方体的面、顶点和棱,以及长方体和正方体的属种关系。

2. 长方体和正方体认识的教学要点

第三学段进一步学习长方体和正方体,教学要点如下:

(1) 从实例抽象出长方体的图形后,让学生回答:长方体有几个面?每个面是什么形状?从而明确"长方体"就是由6个长方形的平面部分围成的物体。

(2) 让学生就实物或模型研究长方体的6个面的大小。认识相对的每两个面总是完全相同的。

(3) 定义长方体的棱和顶点,让学生研究:一个长方体有多少棱,多少顶点。并且交流研究的方法。从逐个计数到按群计数,再到推算:一个长方体有 $4\times6\div2=12$(条)棱,有 $4\times6\div3=8$(个)顶点。这样,将计数与推算相结合,对于培养学生初步的逻辑思维能力有益,也体现了"直观几何、实验几何与论证几何的结合"。

(4) 关于长方体中"相对的(即没有公共边的)面完全相同""相对的(即方向相同的)每4条棱长度相等",不能仅仅通过教具(或多媒体动画)的演示或操作(量一量、比一比)使学生认识,还可以根据已有的知识"长方体的6个面都是长方形"以及"长方形的对边相等"推出。

(5) 定义长方体的长、宽、高,指出长方体的大小完全由它们决定。长、宽、高可能各不相等;可能有两个相等;也可能三者都相等。长、宽、高都相等的长方体就是正方体。

防止误解:"长方体的长、宽、高不是都相等";"正方体不是长方体"。

(6) 让学生课后用纸板制作长方体和正方体模型,为学习它们的表面积计算做好准备。

(二) 圆柱的认识的教学

1. 直观认识圆柱

第一学段直观认识圆柱,主要是通过观察和触摸圆柱形实物和模型,获得圆柱的整体性感知,积累圆柱的表象,知道圆柱的名称,能将圆柱从其他物体中挑出来。对于圆柱的特征不做过多的分析和语言文字的描述,仅仅要求学生认识:圆柱是由三个面围成的。其中,有两个平的面,形状都是圆,并且大小一样。

通常所说的"上、下一样粗"对于学生辨别圆柱和鼓形十分有用。

2. 圆柱认识的教学要点

第三学段圆柱的认识教学要点如下:

(1) 让学生收集圆柱形的物体,向全班同学展示。经师生审核、确认后,教师出示圆柱的直观图(图10.23(1))。指出:这种立体图形在几何学中叫作圆柱。

(2) 让学生注意到:圆柱是由3个面围成的,其中有两个平的面是圆,叫作圆柱的底面。并且通过观察或操作,认识圆柱的两个底面是"完全相同的两个圆"。第三个面是曲面,叫作圆柱的侧面。

(3) 定义圆柱的高后,引导学生研究圆柱的侧面;将侧面沿一条高剪开,并把它展平,从而认识到:圆柱的侧面可以展开成一个长方形。它的长和宽分别等于圆柱的底面周长和高(图10.23(2)),这就为学习圆柱表面积的计算做好了准备。

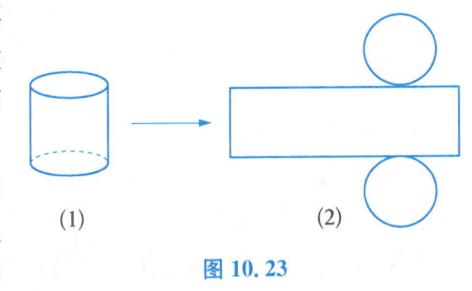

图 10.23

(4) 从圆柱形实物和模型抽象出图形后,让学生将两者对照,认识直观图中的底和高,逐步训练学生根据直观图想象它所表示的图形。

(三) 圆锥的认识的教学

(1) 认识圆锥时,也需要从圆锥形物体或模型出发,抽象出图形,指出:这种立体图形叫作直圆锥,简称圆锥。

(2) 为了初步认识圆锥的特征,可以让学生通过观察或触摸,注意到圆锥是由两个面围成的。其中有一个平的面,形状是圆,叫作圆锥的底面;另一个面是曲面,叫作圆锥的侧面。侧面上有一个点,它到底面圆周上各点的距离都相等,这个点叫作圆锥的顶点。顶点到底面圆心的距离叫作圆锥的高。

(3) 将圆锥的侧面沿着顶点和底面圆周上一点的连线剪开,并且展平,使学生看到展开图是一个扇形。认识到这一点就为制作圆锥模型和圆锥的侧面积计算提供了知识基础。

(4) 辨别立体图形的练习,可以设计成多种形式,以提高学生练习的兴趣。

(四) 球的直观认识的教学

(1) 球也是小学生生活中常见的一种物体。球是用一个面围成的,这个面叫作球面。

《课标(2011年版)》和《课标(2022年版)》对球的认识的教学要求明显降低,只要求通过实物和模型辨认球,直观描述球的特征。

(2)第一学段直观认识球,主要是通过观察和触摸球形实物和模型,获得球的整体性感知,积累球的表象,知道球的名称,能将球从其他物体中挑出来。对于球的特征不做过多的分析和语言文字的描述,仅仅要求学生认识:球不论从哪个方向看,它都是圆的。

(五)表面积和体(容)积的教学

1. 表面积计算的教学

立体图形的表面积计算,要在掌握立体图形特征的基础上教学。表面积的计算,实质上是计算一个组合图形的面积。由于它是一个物体的表面,所以计算这个组合图形的各个组成部分的面积时,所需要的数据,要从物体本身的数据中去找。

(1)长方体和正方体表面积的教学

① 教学长方体和正方体的表面积时,先要复习长方体和正方体的特征。

② 让学生将自己准备的长方体纸盒的某些棱剪开,再展平。研究得出的组合图形中,原长方体的每一个面各在哪里?每一个长方形的长和宽分别是原长方体的长、宽、高中的哪两条线段?

③ 举出实际事例,说明有时我们需要计算长方体的6个面面积的和,进而给出长方体和正方体的表面积的定义。

④ 举例说明根据长方体的长、宽、高计算表面积的方法和列式的依据,并将较为简便的算式归纳成长方体表面积的计算公式。

⑤ 将长方体表面积的计算公式用于计算正方体的表面积,推出正方体表面积的计算公式。

计算表面积时,起初可以让学生看着模型或直观图形列式计算。以后要逐步离开模型或直观图,只根据给出的长、宽、高列式计算。

(2)圆柱表面积计算的教学

① 教学圆柱的表面积,要从复习圆柱的侧面展开图开始。弄清侧面展开图的形状,以及它和圆柱底面周长和高的关系,即可得出圆柱侧面积的计算公式。

② 学会计算圆柱的侧面面积后,再引导他们研究圆柱表面的组成,得出圆柱表面积的计算公式。

③ 用公式解决实际问题时,要注意根据具体情况,灵活处理。

2. 体(容)积概念和体(容)积单位的教学

体积概念和体积单位是教学体积计算的基础。

(1)体积概念的教学

"体积"是小学生不易理解的概念之一,仅仅能背诵"物体所占空间的大小叫作物体的体积"还不能说明学生已经建立了体积概念。体积概念的教学要注意如下教学要点:

① 通过实验,使学生确认每个物体都占有一定的空间。

【实验1】 把一块石头放入有水的玻璃杯中。看杯中的水面会发生什么变化,并且思考为什么会发生这种变化。

【实验2】 将装满细沙的玻璃杯中的沙子倒出,在杯中放一木块,再把倒出的沙子装回杯中,直到把杯子装满。这时出现了什么情况?为什么会这样?

【实验3】 将一长方体小木块压入橡皮泥中,再把木块小心取出。这时你在橡皮泥上可以看到什么?它为什么会出现?

② 让学生从实验中认识:物体占有的空间,有大有小。

【实验4】 用两只同样的玻璃杯,里面都装满着了色的水,一起放在一个大的玻璃器皿中。然后将两个大小不同的石块分别放入这两个杯里。让学生观察:哪个杯中溢出的水多。并且思考:为什么放入石块大的,溢出的水就多呢?

③ 定义"体积":物体所占空间的大小叫作物体的体积。

(2) 体积单位的教学

① 复习常用的长度单位(厘米、分米、米)和常用的面积单位(平方厘米、平方分米、平方米)。

② 定义体积单位:立方厘米、立方分米和立方米。让学生通过观察制作的体积单位的模型,对它们的实际大小获得明确的观念。比如:用两两垂直的三根1米长的木条,在墙角构成1立方米的空间,让学生观察1立方米的实际大小。

③ 让学生比较相应的长度单位、面积单位和体积单位,弄清它们之间的区别和联系。

④ 出示一些由单位正方体拼成的物体,让学生通过计数说出它们的体积。逐步熟悉体积的直接计量法,并且为推导长方体的体积公式做好准备。

⑤ 体积单位的进率在正方体的体积公式后教学。因为展示的正方体的棱长既是1分米,也是10厘米,所以它的体积既是1立方分米,也是1 000立方厘米。因此,

1立方分米=1 000立方厘米。

(3) 容积和容积单位的教学

① 举例说明:容器能存放其他物体的体积,叫作容积。

② 告诉学生:常用的容积单位有升和毫升。

1升=1 000毫升。

③ 让学生用量杯或量筒测定常用的一些容器的容积,辨认一些药品标签或包装盒上标注的容积。

④ 让学生知道容积单位和体积单位之间的关系:1升=1立方分米;1毫升=1立方厘米。

事实上,体积单位"立方分米"的原始依据是国际计量局中的"米原器";定义"升"的原始依据是"千克原器"。精确的计量表明:1立方分米=1.000 28升。但对于一般的计算,按1立方分米=1升换算,已能达到所需要的精确度。

3. 体积计算的教学

(1) 长方体和正方体体积计算的教学

① 出示一个长、宽、高分别为4厘米、3厘米和2厘米的长方体,要学生求它的体积。

② 引导学生想象:怎样把它切成棱长是1厘米的小正方体?能切成多少个这样的小

正方体？或者组织操作：用棱长是1厘米的小正方体拼成一个这样大的长方体，所用的小正方体有多少个？

③ 从小正方体个数的各种计数方法中，引导学生发现：长是几厘米，一行就有几个小正方体；宽是几厘米，每层就有几行；高是几厘米，就有几层。从而看到：这个长方体的体积的立方厘米数等于长、宽、高的厘米数连乘的积。进而归纳出长方体的体积公式。

④ 根据正方体是特殊的长方体，推出正方体的体积公式。

(2) 圆柱体积计算的教学

① 复习长方体的体积公式，提出求圆柱体积的问题。比较圆柱和长方体的相同点和不同点。让学生注意到：如果能把圆柱的底面圆变为长方形，那么圆柱也就变成了长方体。

② 复习推导圆面积公式时"化圆为方"的经历，演示将圆柱割拼为长方体的专用教具。于是学生不难理解和想象"化圆柱为长方体"的过程，并确信：可以根据

长方体的体积＝底面积×高 即 $V=Sh$，推出圆柱的体积公式

$$V=\pi r^2 h$$

③ 引导学生比较长方体、正方体和圆柱的体积公式，找出其形式上的共同点。告诉学生：体积公式"$V=Sh$"事实上适用于任何一种"柱体"。

(3) 圆锥体积计算的教学

① 复习圆柱的体积公式。

② 出示等底面积、等高的圆柱形容器和圆锥形容器，让学生比较它们的容积的大小，猜测容积大的是另一个容积的几倍。

③ 用实验检验。演示实验在课前要多做几次，以免临场出现过大的误差。分组实验要在关键性操作上给予指导，以便学生根据实验结果做出应有的结论。

④ 当学生明确等底面积等高的圆柱的体积是圆锥的 3 倍后，即可根据圆柱的体积公式推出圆锥的体积公式

$$V=\frac{1}{3}Sh=\frac{1}{3}\pi r^2 h$$

⑤ 在体积计算的教学中，要注意联系实际，根据实际情况的具体特点灵活运用公式。并且注意到：公式中的任何一个量都可以是所要求的未知数量，从而使公式成为方程。

(六) 观察物体的教学

"观察物体"是图形认识主题的重要内容，是培养学生逐步形成空间观念的重要载体。图形认识的本质是将具体的物体抽象为几何图形，进而认识几何图形的特征和关系。"观察物体"中的物体是真实的物体，观察者从不同的方位观察物体，是用数学的眼光描述所观察的某个物体的某一个侧面是什么样子(图形)。学习观察物体就是把实际的三维物体的某一部分(面)的形状描述(表达)为二维(平面)的图形。教学的重点是使学生能辨认不

同方向(前面、侧面、上面)的形状图,能把观察的方向与相应形状图对应起来,形成空间观念。观察物体的教学要注意以下要点:

(1) 教学"观察物体",可以首先以两人观察小轿车为例。引导学生想象:图中两人看到的将是怎样的景象?进而对玩具汽车当场拍摄,在屏幕上显示。

(2) 教科书中的练习要求我们观察的玩具熊猫、大象和茶壶,也可代之以其他类似的物体。有关"观察物体"的练习,除是非题、连线题和选择题外,还可以设计一些操作题:

- 学生分四组坐在不同的位置上。他们所看到的物体的形状都展示在屏幕上,并且标上了图号。教师说出一个图号,看到的物体的形状是这幅图的学生就站起来。
- 在屏幕上展示从不同位置看到物体的形状,编上图号。教师站到某一个位置上,让学生判断,教师看到的物体是几号图。
- 教师宣布一名学生的姓名,并且指定另一名学生说出前者看到的物体的形状是几号图等等。

总之,使学生能根据观察的位置,想象他所看到的物体的形状;反之,根据观察者所看到的物体的形状,想象他观察物体时的位置,从而逐步建立起立体图形和它的多个视图之间的对应关系,为进一步学习立体图形奠定基础。

(3) 为了由易到难、由简到繁地进行上述训练,可以利用同样大小的正方体拼成的组合体作为被观察的物体。

思考与练习 10.2

1. "线段、直线、射线"按照什么顺序教学比较符合儿童的思维特点和认识规律?教学难点是什么?
2. 教学"平行线"时,怎样引导学生从有限图形的观察,到无限图形的想象?
3. 怎样防止学生误解:"正方形不是长方形"?
4. 直接计量法和间接计量法的主要区别是什么?
5. 怎样推导出长方形、正方形和圆的周长公式?
6. 怎样推导出长方形的面积公式?
7. 怎样在长方形的面积公式的基础上,推导出其他一些图形的面积公式?
8. 为什么说"推理能力的发展应贯穿于整个数学学习过程中"?在图形与几何教学中怎样做才能达到这一要求?

第三节 图形的位置与运动的教学

"图形的位置与运动"包括确定点的位置,认识图形的平移、旋转、轴对称。学生结合实际情境判断物体的位置,探索用数对表示平面上点的位置,增强空间观念和应用意识。学生经历对现实生活中图形运动的抽象过程,认识平移、旋转、轴对称的特征,体会运动前后图形的变与不变,感受数学美,逐步形成空间观念和几何直观。

一、图形的平移与旋转的教学

"平移"和"旋转"是理论力学的刚体运动学中的两个基本概念。如果物体在运动过程中,任何两点间的距离都不改变(因而整个物体的形状和大小也不会改变),这样的运动物体就叫作刚体。小学数学教科书中所说的"平移"和"旋转"虽是指图形的运动,但其意义不能和理论力学中的规定矛盾,以保证教学内容的科学性和科学术语使用的规范性。因此,小学数学图形的运动中所说的"平移",是指在平面内,将一个图形上的所有点都按照某个直线方向做相同距离的移动;所说的"旋转",是指在平面内,一个图形绕着一个定点旋转一定的角度得到另一个图形的变化。这个定点叫作旋转中心,旋转的角度叫作旋转角,图形中所有的点到旋转中心的距离保持不变。平移和旋转都不会改变图形的大小和形状。

图形的平移与旋转的教学要注意以下要点:

(1) 在运用典型事例,抽象概括,引出"平移"和"旋转"这两个概念时,要特别注意所用事例的准确性和典型性。通常的门和铝合金窗可以分别作为旋转和平移的事例。将缆车、国旗、大型游戏机、列车作为平移和旋转的事例就显得过分牵强,不利于学生对这两个概念的初步认识。比如:当学生举出火车的运动时,教者可以补充说明:只有当列车在平、直的轨道上运行时,它的运动才是平移。如果路面有高低起伏,或者火车在转弯,那么火车的运动就不是平移。即使火车的车厢在平移,火车的车轮的运动也不是平移。要使学生感受到:物体的运动可能既不是平移,也不是旋转,而是更为复杂的运动。防止学生误解:物体的运动只有平移和旋转两种,不是平移就是旋转;不是旋转就是平移。

(2) 用语句描述方格图中所表示的平移,以及把指定的平移在方格图中描绘出来,都是有助于巩固平移概念的练习。此外,还可以补充一些诸如:平行四边形 $ABB'A'$ 的一部分($\triangle ABC$)向右平移 AA'(或 BB' 或 CC'),到达 $\triangle A'B'C'$,而变换成长方形 $ACC'A'$(图 10.24);梯形 $ABCD$ 一部分($\triangle AOD$)绕点 O 旋转 $180°$,到达 $\triangle A'OC$,而使梯形 $ABCD$ 变换成三角形 ABA'(图 10.25)。这些图形变换在面积公式的推导过程中有着至关重要的作用。

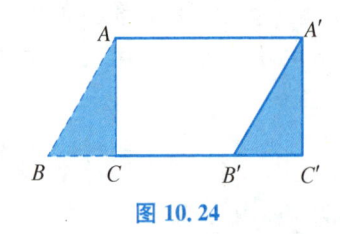

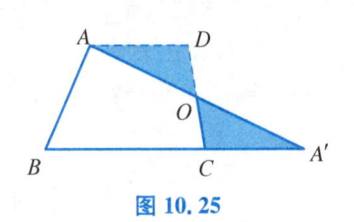

图 10.24

图 10.25

链接 10.4 "图形与运动"的备课与教学

二、轴对称图形的教学

"轴对称"内容安排在第二学段和第三学段,它与平移、旋转、缩放构成了图形运动的四种方式。轴对称图形的教学要注意以下要点:

(1) 教学轴对称图形,可以从一组美丽的剪纸或其他相关事例的图形中引入新课。

让学生研究这组图形的共同特征:对折时两边能够完全重合。告诉学生:这就是"轴对称图形"。

(2) 对于轴对称图形的特征中所说的"对折","两边能完全重合",如何对折?谁的两边?事实上,它们都涉及一条直线。如果有一条这样的直线,当图形平面沿着这条直线对折时,直线两边的图形部分能够完全重合,那么这个图形就是"轴对称图形",这条直线叫作"对称轴"。"剪纸"之所以一般都是轴对称图形,就是由于在剪之前,一般都要把纸对折。

(3) 接着,可以让学生判断以往学过的一些图形是不是轴对称图形?以及一些印刷体数字或电子线路中显示的数字、字母、汉字或数学符号是不是轴对称图形?为了说明某种图形是轴对称图形,可以用这种形状的纸片的对折来证实。不过,这种通过实验来证实的方法,应该逐步过渡为"思想实验",实质上也就是通过观察、思维和想象,来做出判断。此外在引导学生判断一些图形是不是轴对称图形时,要着重分清:这里是问这个图形本身是不是轴对称图形,还是问图形所表示的一类图形是不是轴对称图形?

(4) 当学生看到一个平行四边形而断定它不是轴对称图形时,教师应及时加以澄清:"应该这样说,这个平行四边形不是轴对称图形。这就表明:有些平行四边形不是轴对称图形。"(然后动画显示)当平行四边形中的锐角变成直角,或者邻边由不等变成相等时,它就成了轴对称图形。

(5) 让学生在方格纸上画轴对称图形,在钉子板上围出轴对称图形,以及找出一个轴对称图形的所有对称轴等练习,都有利于学生巩固轴对称图形的概念,加深对它的理解。

案例 10.5 轴对称图形

【教材】苏教版义务教育教科书《数学》三(上)

【教学片段】

(一) 情境导入

(播放小提琴协奏曲《梁祝化蝶》选段。让学生在优美的乐曲中观赏花草飞蝶。然后,出现蝴蝶的特写镜头:两翅合拢,再展开)

师:大家看这只蝴蝶,它的形状有一个明显的特点。这个特点是什么呢?

生1:两边完全一样。

生2:对折时,两边完全重合。

师:这两位学生的回答意思相同吗?请用你的两只小手为例想一想,哪一位同学的回答比较恰当。(……)

师:这种"对折时两边完全重合"的平面图形就是这节课的学习内容——轴对称图形。

【点评】"轴对称图形"是一个较为复杂的概念,对它的理解和掌握需要几个回合的教学活动。

(二) 明确"轴对称图形"的意义

师:"轴对称图形"究竟是一种什么样的平面图形?"对折时两边完全重合"应该怎样理解?"对折"究竟是如何折?"两边"指的是谁的两边?

这些词语都牵涉一条直线。在图形平面中,要有这样的一条直线,它把图形分成了两部分。当图形沿着这条直线对折时,直线两边的图形部分能够完全重合,这样的图形才是轴对称图形。这样的直线就叫作这个轴对称图形的对称轴。

309

【点评】教师为了突破这个概念教学的难点,运用了启发性讲解,突出了一条直线的存在对于图形成为轴对称图形的决定性意义,以促进"轴对称图形"这个概念的形成。

(三)研究图形的对称性

师:下面哪些图形是轴对称图形?

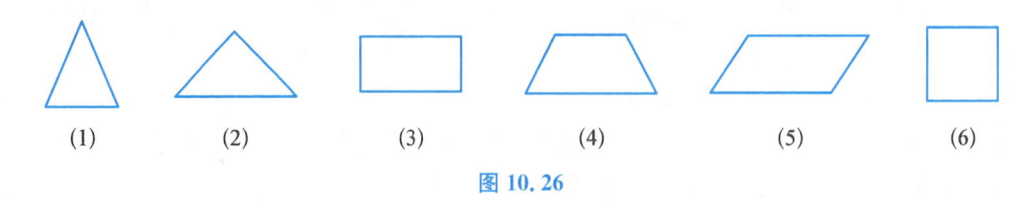

(1)　　　(2)　　　(3)　　　(4)　　　(5)　　　(6)

图 10.26

师生互动时,注意纠正学生表述中的不当之处。比如,当学生说"图(5)这个平行四边形不是轴对称图形"时,可予以肯定;当学生说"平行四边形不是轴对称图形"时,教师可以这样婉言纠正:"这个平行四边形虽然不是轴对称图形,可是当它的邻边变成垂直或相等时,它就成了轴对称图形。"

(四)研究生活中的轴对称图形(略)

(五)剪轴对称图形(略)

【点评】

1. 教学中既需要引导学生观察、操作、探究,又需要在难点处做必要的启发性讲解。

2. 轴对称图形的定义,具有较为复杂的结构:如果有一条这样的直线,当图形沿着这条直线对折时,直线两侧的图形能够完全重合,这个图形就叫作轴对称图形,这条直线叫作对称轴。

3. 要区分平面图形的轴对称和立体图形的平面对称。比如:立体图形"群山"和它们在湖面下的倒影关于平静的湖面成平面对称,而不是平面轴对称图形。

4. 教学中,要让学生弄清一些命题的等价性和可推性。比如:"等腰三角形是轴对称图形"可以推出"等腰三角形至少有 1 条对称轴",但推不出"等腰三角形只有一条对称轴"。由"这个平行四边形不是轴对称图形"可以推出"有些平行四边形不是轴对称图形",但不能推出"(所有)平行四边形不是轴对称图形"。

三、图案欣赏与设计的教学

图案欣赏与设计为学生用数学的眼光观察现实世界、用数学的语言表达现实世界提供了直接的机会,也使学生进一步感受到数学的美和数学的价值。图案欣赏与设计的教学是在学生认识了轴对称,以及平移、旋转等图形变换后进行的。但图案设计除运用平移、旋转和轴对称外,还可能用到旋转对称(包括中心对称)。如果一个图形绕某点 O 每旋转 $\frac{360°}{n}$(n 是整数,$n>1$),图形都和原来的位置完全重合,我们就把这个图形叫作 $n-$ 旋转对称图形,点 O 叫作 $n-$ 旋转对称中心。正 n 边形就是 $n-$ 旋转对称图形。正 n 边形的中心就是 $n-$ 旋转对称中心。香港特别行政区的区徽图案就是 $5-$ 旋转对称图形。这个图案也可看作紫荆花的一瓣绕它的一个尖端分别旋转 $72°$,$144°$,$216°$ 和 $288°$ 而产生的图形。当 $n=2$ 时，n－旋转对称图形就是中学数学所说的"中心对称图形"。平行四边形就是一种中心对称图形。

图形欣赏与设计的教学要注意以下要点：

（1）教学时，首先让学生欣赏一些图案，感受它们的美，研究它们是由什么图形经过什么样的图形变换而产生的。如：奥运五环就是由一个圆环经过几次平移而得到的。

（2）图案的设计要有一个由简到繁的过程：先绘制给定图形经平移、旋转或对称得到的单个图形。再绘制由一系列单个图形组成的图案。先在方格纸上绘制，然后过渡到在空白的图纸上绘制。先按教师的指导制作，然后再由学生自行构思和设计。

（3）在图案设计的基础上，可以组织有兴趣的部分学生进一步学习剪纸，并把剪纸的操作和图形变换的学习结合起来。

四、路线图的教学

路线图的教学是在学生认识了平面图，并能用"东、南、西、北"等词语表述物体的位置关系的基础上进行的。教学时，首先要复习这些表示方向的词语，它们之间的相互关系，以及在绘制地图时所做的规定（上北、下南、左西、右东）。

路线图的教学要注意以下要点：

（1）教学开始时，首先展示公园的平面图，让学生弄清公园里有哪些景点。然后，引导学生依次思考并回答下列问题：

● 从艺术广场到＿＿＿＿，向哪个方向走？还可以怎样走？（让学生用方向词语说明走的路线。）

● 小明从西门进入公园，向东走，……（让学生根据教师表述的游览路线在地图上画游览路线图。）

● 教师在图上标出一条游览路线，让学生用方向词语叙述这条路线。

● 让学生按要求设计一条游览路线，并用方向词语表述。

● 出示当地的一个景区的平面图或本校附近的地图，让学生设计一条符合要求的路线。学生是否建立了正确的方向观念，就要看他能否运用适当的方向词语造句，描述所设计的路线。

（2）如何看懂公交车的路线图和站牌，并根据获得的信息和出行的目的地，选择合适的线路和方向，是城市生活中经常需要解决的问题。路线图的教学有助于小学生提高乘车出行的能力。

（3）最后，可以简要介绍哈密顿周游世界问题，作为一项有意义的趣味数学题材。

五、物体位置确定的教学

物体在一个平面内的位置可以用两个数来确定，这是笛卡儿的坐标法的基本思想，也是实现数、形结合的纽带。"物体位置的确定"是在初步认识了简单方位和路线的基础上，进一步认识用数对确定平面内点的位置。用数对确定位置可以看作直角坐标系的初步，用一对有序数对表示平面上的一个点，进而可以用一组数对表示更多的点，连点成线，由线形成图形，其本质是数与形的结合。教学的重点是通过结合学生熟悉的教室座位等具体情境,引导学生逐步抽象出可以用有序数对表示点的位置,理解有序数对与方格纸上点的对应关系,形成"会用数学语言表达现实世界"的核心素养。物体位置确定的教学要注意以下要点：

(1) 教学时,可以从学生熟悉的典型事例开始：怎样才能把学生在教室里的座位说清楚？当我们说"第几排、第几个"座位时,要明确：

- 说"第几排"是从哪一边数起的？（是从南边的一排数起,还是从北边的一排数起?）
- 说"第几个"是从每一排的前面数起,还是从后面数起?
- 想一想："第3排第5个"和"第5排第3个"是指同一个座位吗？强调对于两个数的数组来说,序是头等重要的。

(2) 让学生举出生活中"用两个数来确定一个物体的位置"的事例。这时,要注意说明：有些数（如体育馆座位的分区）只是辅助性的,便于人们查找,对于确定物体的位置并没有决定性的意义。

📖 链接10.5 "图形与位置"的备课与教学

案例10.6 用数对确定位置

【教材】人教版义务教育教科书《数学》三(上)

【教学片段】

(一) 借助生活情境,初步感知有序数对

师：同学们,在教室里,要告诉别人你的位置,该怎么表述？我们先以数学课代表的位置来讨论试试。

生：第3组,第4个。

生：第3列,第4行。

师：你们是从哪里开始数的,第1列在哪里？第1行在哪里？

生：列是从左往右数的,行是从前往后数的。

(教师引导全体学生数一遍)

师：我们用数学的方法可以怎样表示数学课代表的位置呢？

生：→3 ↑4。

生：3,4。

生：(3,4)。

师：比一比,这几种不同的表示方法,有什么相同点,你喜欢哪一种？

生：都用了两个数,一个数表示列,一个数表示行。

(教师辨析不同的表示方法,引出数对概念。)

师：在数学上可以用数对(3,4)来表示数学课代表的位置。

师：(3,4)表示什么？

生：3表示第3列,4表示第4行。

(学生读一读：数学课代表的位置是3,4。)

师：你能用这样的数对介绍语文课代表的位置吗？

生：(3,5)。

（二）建立数形对应，体会有序数对的意义

师：现在把我们的位置显示到屏幕上，你还能找到自己的位置吗？（课件演示教室变网格，图10.27）

师：原点在哪里？横轴表示什么，纵轴表示什么？

生：原点在(0,0)，横轴表示列，纵轴表示行。

师：这个点的位置用数对怎么表示？（课件出示一个小圆点）你是怎么看的？联系实际看看这个人是谁？（从点到人）

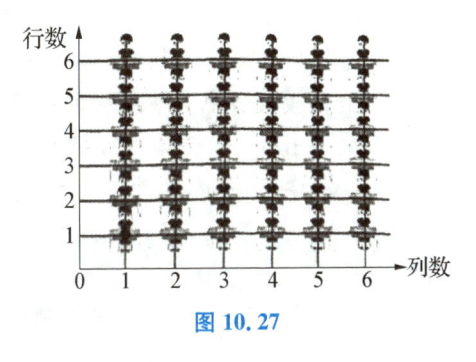

生：用数对(1,1)表示，是我们班第1列第1行的同学。

师：（指定一位学生）他的位置在屏幕上应该是在哪里？先确定位置，再说出数对。（从人到点）

师：同学们，看来每个人的位置都能找到对应的点，每个点的位置都有对应的数对，根据这些知识，我们一起来玩一玩数学游戏。

游戏1：猜一猜我的好朋友是谁？（将自己和好朋友的位置用数对形式标在网格坐标中，让大家猜一猜你的好朋友是谁。）

游戏2：看数对，换座位。

① 从信封里拿出一张红卡片，上面写有一个数对，这个数对就是你的新位置。

② 根据数对，先想一想你的新座位在哪里，然后坐到新位置上，有困难的同学到讲台上找老师。

③ 讨论：这两位同学遇到困难，他们为什么找不到座位？请帮忙补充完整。

出示：(□,3),(3,□)

④ 说理：强调数对特点，要用两个数表示位置，(a,b)中 a 和 b 缺一不可。

⑤ 观察(5,3)和(3,5)，找一找它们的区别在哪里。（突出数对的又一个特点：数字相同，位置不同，意义不同。）

（三）利用数形结合，发展空间观念（略）

（四）应用数学知识，解决实际问题（略）

【点评】"用数对确定位置"一课，通过学生熟悉的教室座位情境引入，经历从具体情境逐步抽象出数学概念的学习过程，从数与形结合的视角，利用数对的变化刻画点的位置变化，让学生体会形的位置与数对中数的一一对应关系，积极探究图形平移中的数对变化规律，并将所学知识应用到实际问题解决中。本案例不仅实现了《课标（2022年版）》分学段目标"能在方格纸上用有序数对（限于自然数）确定点的位置，理解有序数对与对应点的关系"，也形成了"会用数学的语言表达现实世界"的核心素养，而且关注学生在获得基础知识、基本技能的同时，积极探索真实情境与数学问题中蕴藏的数学规律，积累丰富的活动经验，培养空间观念和应用意识。

思考与练习 10.3

1. 小学数学课程中的"图形的位置与运动"包括哪些内容?
2. 怎样使学生获得轴对称图形的概念?
3. 小学教辅书中所举出的哪些"平移"和"旋转"的例子是不正确的?
4. 试举出 n—旋转对称的实例。
5. 在小学"图形的位置与运动"中任选教学内容完成一篇教学设计。

参考文献

[1] [德]D. 希尔伯特. 直观几何(上册)[M]. 北京:人民教育出版社,1959.

[2] [英]李约瑟. 中国科学技术史(第三卷)[M]. 北京:科学出版社,1978.

[3] 范良火,黄毅英,蔡金法,李士锜. 华人如何教数学[M]. 南京:江苏凤凰教育出版社,2017.

[4] 金成梁. 小学数学教学案例研究与基本训练[M]. 南京:南京大学出版社,2005.

[5] 马云鹏,吴正宪,唐彩斌,等.《义务教育数学课程标准(2022年版)》案例式解读(小学)[M]. 上海:华东师范大学出版社,2022.

第十一章 统计与概率的教学

内容提要

本章首先对统计与概率教学的意义、内容和学业要求进行概述,然后根据《课标(2022年版)》的内容要求,对数据分类,数据的收集、整理与表达以及随机现象发生的可能性这三个主题内容给出教学要点,并结合具体案例进行针对性分析。

思维导图

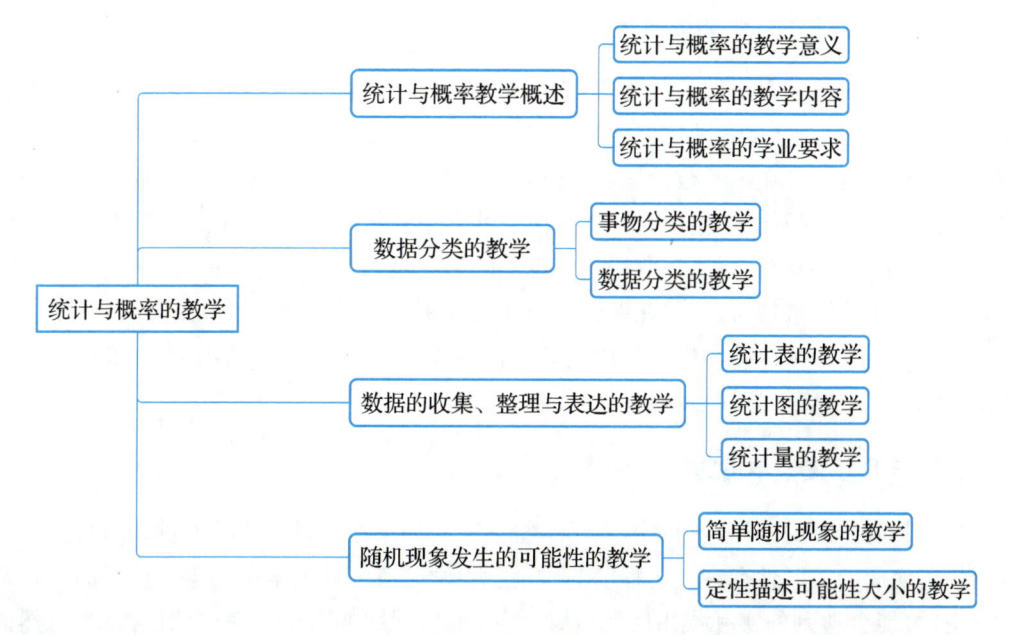

统计与概率的教学
- 统计与概率教学概述
  - 统计与概率的教学意义
  - 统计与概率的教学内容
  - 统计与概率的学业要求
- 数据分类的教学
  - 事物分类的教学
  - 数据分类的教学
- 数据的收集、整理与表达的教学
  - 统计表的教学
  - 统计图的教学
  - 统计量的教学
- 随机现象发生的可能性的教学
  - 简单随机现象的教学
  - 定性描述可能性大小的教学

学习要求

1. 了解统计与概率的教学意义、内容和学业要求。
2. 理解统计与概率的教学要点,能依托教材进行教学设计。
3. 掌握统计与概率的教学策略与方法,会分析、研究有关教学案例。

第一节　统计与概率教学概述

随着社会的不断发展,统计与概率的思想方法将越来越重要,数据分析和随机思想已经成为现代社会一种普遍适用的思维方式。统计与概率主要研究现实生活中的数据和客观世界中的随机现象。它通过对数据的收集、整理、描述和分析,以及对事件发生可能性的刻画来帮助人们从量化的视角做出理解,进而做出合理的推断和预测。统计与概率是义务教育阶段数学学习的重要领域之一,《课标(2022年版)》规定小学阶段的课程内容包括"数据分类""数据的收集、整理与表达"和"随机现象发生的可能性"三个主题。

一、统计与概率的教学意义

(一) 有利于发展学生的数据意识

在以信息和技术为基础的社会里,数据日益成为一种重要的信息。为了更好地理解世界,人们必须学会处理各种信息。收集、整理与分析信息的能力已经成为信息时代每一个公民的基本素养。在小学数学学习中学习一些数据收集和整理的知识,并对统计结果进行描述和分析,有利于学生体会数据在信息社会中的作用,促进学生逐步形成数据分析意识,并掌握一定的统计方法。数据分析观念的形成是一个渐进的过程,让学生尽早接触统计与概率相关的事物与知识,在课堂学习中逐步领悟数据分析观念是统计与概率中核心概念的价值。教师在教学中必须渗透数学的基本思想,切实提高学生收集整理和分析数据的能力,以适应信息社会对学生的要求。

(二) 有助于提升学生的应用意识

数学具有广泛的应用性,然而,数学本身高度的抽象性有时会让学生对其与具体生产生活实践之间的关联性存在一定程度的质疑。小学阶段统计教学主要通过孩子们在日常生活中,可能会遇到的实际提出问题,从而产生解决问题的需求。在这个过程中,自然而然地需要运用数学作为描述和解决问题的工具。所以,让学生感受到数学从生活中来,又自然地回到生活中去,提升学生数学的应用意识。

(三) 有助于学生形成实事求是的科学精神

概率部分的内容来自对生活中不确定现象的观察和描述。尽管小学阶段只讨论了可能性的问题,却为学生打开了随机世界的大门,从而初步能摆脱万物皆为因果关系这种思维的桎梏,发展了思维的深刻性和灵活性。小学的描述性统计则必须基于对现实问题的分类、量化,从而经由数据的收集、整理、分析来弄清事实,给出较为合理的判断。经过对统计和概率的学习,学生自然而然形成了没有调查就没有发言的理念,形成了对一件事情做判断必须实事求是、言必有据的科学精神。

(四) 有助于激发学生对数学的积极情感

对学生来说，统计与概率这一领域的内容充满了趣味性和吸引力，动手收集与呈现数据是一个活动性很强并且充满挑战和乐趣的过程，做统计与概率游戏本身就是对思维的一种挑战，也是一个非常有趣的过程，这有助于培养学生学习数学的积极情感。

总之，统计与概率的思想方法是学生未来生活与工作所必需的，是进一步学习所不可缺少的，也有助于培养他们以数据分析观念和随机观念来理解世界，形成正确的世界观与方法论。

二、统计与概率的教学内容

统计与概率内容是小学数学课程的重要组成部分，是培养小学生数据分析素养的主要载体。然而，统计与概率内容在小学阶段并非一直存在的，它是小学数学课程为适应时代发展需要，逐步增加、调整和优化而形成的。

(一) 历次小学数学教学大纲(标准)中统计初步知识的教学要求

1950年的《小学算术课程暂行标准(草案)》曾提出"常用统计表的认识和作法""简单统计图的认识和画法"的要求。1952年的《小学算术教学大纲(草案)》是根据苏联小学算术教学大纲编译的，其中没有统计初步知识的要求。1956年颁布的《小学算术教学大纲(修订草案)》中，将简单统计图表与简单簿记并列，目的是"使儿童获得一些实际应用的知识和技能，并且可以为将来参加劳动生产做一些准备"。1963年颁布的《全日制小学算术教学大纲(草案)》中再次提出，并进一步明确了教学要求。1978年颁布的《小学数学教学大纲(试行草案)》提出的教学要求是："掌握统计的一些初步知识，能够绘制简单的统计图表。"到1986年，《全日制小学数学教学大纲》对统计初步知识的教学要求是："掌握统计的一些初步知识，初步学会数据整理，能够绘制简单的单式和复式统计表，条形、折线和扇形统计图。"这个要求比较明确，层次也比较清楚，但是制作统计图表的要求偏高。1992年颁布的《九年义务教育全日制小学数学教学大纲(试用)》明确提出："要结合有关内容，使学生了解一些简单的统计思想和方法，逐步看懂简单的统计图表，对于绘制统计图表的要求不宜过高。"2001年颁布的《课标(实验稿)》大大加强了小学阶段统计的教学，新增了概率内容，把"统计与概率"作为数学课程内容的四个学习领域之一，并把统计观念作为数学课程的重要目标。《课标(2011年版)》根据课程改革的实施情况对统计与概率的内容进行了部分调整，凸显了数据分析观念在统计与概率中的核心地位，通过对随机性数据的分析来体会随机思想以适应时代发展的要求。《课标(2022年版)》则在发展学生数学核心素养导向下，对概率与统计的内容进行了整合和调整，着重让学生感受随机思想，培养学生的数据意识。

链接11.1　小学统计教学六十年发展研究

(二)《课标(2022年版)》统计与概率的教学内容与要求

在《课标(2022年版)》中,每个领域的课程内容均按照"内容要求""学业要求""教学提示"三个方面来呈现。其内容要求主要描述该领域学习的范围和要求;学业要求主要明确某学段结束时学习内容与相关核心素养所要达到的程度;教学提示则主要是针对学习内容和达成相关核心素养而提出的教学建议。

表 11.1 "统计与概率"领域各学段主题学习内容概览

主题	学段		
	第一学段 (1—2年级)	第二学段 (3—4年级)	第三学段 (5—6年级)
数据分类	事物分类、数据分类		
数据的收集、整理与表达		简单数据的收集、整理、描述和分析 条形统计图、简单统计表 平均数及其运用	实际问题中数据的收集、整理、描述和分析 条形统计图、折线统计图、扇形统计图 从媒体中获取数据,并读懂简单统计图表 百分数及其运用
随机现象发生的可能性			在实例中感受随机性,判断随机现象发生的可能性 定性描述随机性大小

具体来说,各学段主题下包含的内容要求如下:

第一学段"数据分类"主题下的内容要求:会对物体、图形或数据进行分类,初步了解分类与分类标准的关系,形成初步的数据意识。

第二学段"数据的收集、整理与表达"主题下的内容要求有六条,分别是:① 经历简单的数据收集和整理、描述和分析的过程,了解简单的收集数据的方法,会呈现数据整理的结果。② 通过对数据的简单分析,感受数据蕴含着信息,体会运用数据进行表达与交流的作用。③ 认识条形统计图,会用条形统计图合理表示和分析数据。④ 能读懂报纸、电视、互联网等媒体中的简单统计图表。⑤ 探索平均数的意义,能解决有关的简单实际问题。⑥ 能在简单的实际情境中,合理应用统计图表和平均数,形成初步的数据意识和应用意识。

第三学段包含两个主题,"数据的收集、整理与表达"主题下的内容要求:① 根据实际问题需要,经历数据收集、整理和分析的过程,能合理述说数据分析的结论。② 认识折线统计图、扇形统计图;会用条形统计图、折线统计图呈现相关数据,解释所表达的意义。③ 能从各种媒体中获得所需要的数据,读懂其中的简单统计图表。④ 结合具体情境,探索百分数的意义,能解决与百分数有关的简单实际问题,感受百分数的统计意义。⑤ 在简单的实际情境中,应用统计图表或百分数,形成数据意识和初步的应用意识。"随机现象发生的可能性"主题下的内容要求:① 通过实例感受简单的随机现象及其结果发生的可能性。② 在实际情境中,对一些简单随机现象发生可能性的大小做出定性描述。

> 链接 11.2 "统计与概率"在小学数学教材中的编排分析

三、统计与概率的学业要求

《课标(2022 年版)》对小学三个学段的统计与概率教学做出了明确的学业要求。这对教师的教和学生的学都起到了良好的指导作用。教师可以据此作为制定教学目标的基础,有能力的学生可在教师引导下通过对照学业要求反思自己的学习效果。

第一学段统计与概率部分设计的内容较少,集中在数据分类。要求学生:能依据事物特征,按照一定的标准进行分类;能发现事物的特征并制订分类标准,依据标准对事物分类;能用语言简单描述分类的过程;感知事物的共性和差异,形成初步的数据意识。

第二学段统计与概率部分设计的内容集中在数据的收集、整理与表达。要求学生:能收集、整理具体实例中的数据,并用合适的方式描述数据,分析与表达数据中蕴含的信息。能用条形统计图合理表示数据,说明数据的现实意义。知道用平均数可以刻画一组数据的集中趋势,知道平均数的统计意义;知道平均数是介于最大数与最小数之间的数,能描述平均数的含义;能用平均数解决有关的简单实际问题,形成初步的数据意识和应用意识。

第三学段学生认知水平得到较大提升,在这个学段设计数据的收集、整理与表达以及随机现象发生的可能性两个主题。对于前者要求学生:能根据问题的需要,从报纸、杂志、电视、互联网等媒体上获取数据,或者通过其他合适的方式获取数据,能把数据整理成条形统计图、折线统计图,知道条形统计图、折线统计图和扇形统计图的功能,会解释统计图表达的意义,能根据结果做出简单的判断和预测。能在真实情境中理解百分数的统计意义,解决与百分数有关的简单问题。能在认识及应用统计图表和百分数的过程中,形成数据意识,发展应用意识。对于后者要求学生:能列举生活中的随机现象,列出简单随机现象中所有可能发生的结果,判断简单随机现象发生可能性的大小。对于现实生活中的一些简单问题,能根据数据提供的信息,判断随机现象发生的可能性。

与《课标(2011 年版)》标准相比,《课标(2022 年版)》中统计与概率部分的学习内容有所变化,数据分类被作为独立主题,百分数这一内容从数与代数领域移到了统计与概率部分,在内容和要求上更加强调了数学核心素养中数据意识、模型意识和应用意识,并表现出以下特点。

一是加强随机性的体会。概率作为一门科学,可以帮助人们更好地认识和应对现实世界的各种随机现象。随机现象是在相同的条件下重复同样的实验,其实验结果却不能预先判定的现象。《课标(2022 年版)》指出,希望学生通过数据分析来体会随机思想,进一步了解现实世界中的随机现象,能在不确定的情境中做出合理的判断。因此,这一内容的教学必须让学生自己感悟到随机性,对于实际问题往往需要具体问题具体分析。

这就是为什么在"认识随机事件"的教学设计中,往往通过摸球、掷硬币等游戏来切入。以投掷硬币为例,具体的操作是,先让学生通过小组合作,多次掷硬币,记录下出现正面的次数,然后计算出现正面的频率,用频率估算一下出现正面的可能性有多大。学生通过实验知道,每次投掷时不能确定出现正面还是反面,这个结果是随机的,但是投掷的次数多了,就可以发现出现正、反面的可能性是有一定规律的。在教学时还可通过创设恰当的课外统计活动获得数据、进行分析和处理,更好地培养学生的随机观念。例如"上学时间"(苏教版义务教育教科书《数学》三(下)第102页),提出问题:你每天上学途中大约要用多长时间?连续几天让学生自己记录每天从家出发时间是几点几分,到校时间是几点几分。由于每天上学所需要的时间受速度、红绿灯等因素影响,学生每天上学途中需要的时间可能是不一样的,会有一些相差。这样让学生从现实生活中感悟到数据的随机性。但如果学生每天坚持记录,当记录的数据较多时,就可以从中发现规律,也就是上学所需时间具有相对稳定性,能知道大概需要多少时间。

二是强调数据分析意识。《课标(2022年版)》强调让学生经历简单的数据收集和整理过程,了解调查和测量等收集数据的简单方法,并能用自己的方式,如文字、图画、表格等呈现整理数据的结果,鼓励学生运用自己的方式呈现整理数据的结果,让学生感悟可以从数据中获得一些信息,注重通过数据分析提取信息进行交流。从上述内容描述中可以看到,《课标(2022年版)》在各学段都会把经历收集、整理、描述和分析数据的活动过程作为统计学习的主要任务,在亲身经历的过程中更注重培养学生的数据分析意识。数据分析意识是统计的核心,无论是在日常生活还是社会活动中,人们会借助于大量数据做出合理判断,进行相关决策。强化用数据说话的意识,培养用数据说话的能力是一个循序渐进的过程。对于小学生来说基于解决问题的需要开展调查、收集数据,并通过对数据的整理和分析做出结论是逐步形成和建立数据分析观念的关键环节,有利于后续学习。

三是强化实际意义的理解。学生学习统计内容时须借助日常生活中的真实事例,在经历收集、整理、描述简单数据的过程中学习统计概念。鼓励学生用自己的方式描述数据,在数据的描述过程中,结合各种统计图的特点,让学生根据实际问题选择合适的统计图来描述数据。鼓励学生读懂媒体中的一些统计图表,从而更好地理解统计概念和原理的实际意义。通过对一些实际问题的讨论和解决,使学生认识到统计与概率在日常生产、生活及各学科领域中有着广泛的应用。引导学生从各类媒体上的统计图表中,获取尽可能多的有用信息,尝试从不同的角度挖掘出更多隐含的信息,根据自己的理解来解读数据,然后结合具体情境做出决策。

思考与练习 11.1

1. 简述在小学阶段教学统计与概率的意义。
2. 小学阶段统计与概率课程内容的主题有哪些?具体包含哪些内容?
3. 《课标(2022年版)》中统计与概率课程内容表现出哪些特点?

第二节 数据分类的教学

数据分类的本质是根据信息对事物进行分类。学生经历从事物分类到数据分类的过程,感悟如何根据事物的不同属性确定标准,依标准区分事物,形成不同的类。在学习统计图表时,学生将进一步认识数据的分类,从中感悟对事物共性的抽象过程,不仅为统计学习,也为数学学习奠定基础。这一内容安排在小学第一学段,在内容上要求学生会对物体、图形或数据进行分类,初步了解分类与分类标准的关系,形成初步的数据意识。《课标(2022年版)》指出,数据分类的教学要重视对接学生学前阶段已有的生活经验,鼓励学生在活动中学会物体的简单分类,在亲身参与的动手活动中感悟分类的价值,在分类的过程中认识事物的共性与区别,学会分类的方法。鼓励学生运用文字、图画或表格等方式记录并描述分类的结果,体会如何用数学语言表达现实世界,形成初步的数据意识,为后续学习统计中的数据分类打好基础。从这段文字中,可以看到,学生学习数据分类是在对事物分类的经验基础上进行的。因此,这一内容的学习可以分为事物分类和数据分类两个前后承接的阶段。

一、事物分类的教学

在学前教育阶段,学生已经通过具体的操作活动积累了对事物进行分类的经验。从操作上看,分类似乎是一个简单的行为,但是在人类认识世界的思维活动中却具有至关重要的地位。没有分类就没有对事物本质属性的深刻认识,数学的抽象也就不可能产生。它既是儿童逻辑思维发展的重要体现,也是儿童逻辑思维能力发展的重要推动力。在小学第一学段进行事物分类的教学,需要教师在学生已有认知的基础上,促进学生学会从单一标准分类到双重标准分类,以及逐层进行分类。其中,学生能自己选择和建立标准进行分类是他们分类能力发展的一个重要标志。为此,教师应做到以下几点:

(一) 通过实际操作,体会根据事物的不同属性确定分类标准

一年级学生还处于具体运算阶段,思维在很大程度上依赖于对具体事物的外部操作。一方面,我们可以在生活实践中培养学生的分类意识。学生可以从身边力所能及的事情做起,如鼓励学生参与家庭垃圾分类的实践活动,培养学生的分类意识和劳动习惯,可以在家长的指导下,按照有关部门规定的垃圾分类标准,对家庭产生的垃圾进行分类,并与家长交流具体的分类方法。通过这样的实践活动,给学生创设自主探究、动手操作、合作交流的机会,鼓励学生大胆尝试,激发学生学习的兴趣和自信[①]。另一方面,由于学生的实际生活经验较少,因此,在教学中必须设置丰富的教、学具,让孩子们在操作中体会事物之间存在异同。孩子们可以从多种角度来理解和分类事物,例如,从物体的名称、外部特征、用途、材料等方面来进行分类,这些都是孩子们可以从自身体验中获得知识,而这些知识又可以帮助他们更好地将事物归类,从而更好地理解和区分事物。此外,还可以根据物体之间的关联性进行分类,比如将洋娃娃和奶瓶放在一起,兔子和萝卜放在一起等。对此,教师可予以肯定,并询问每一种分类的依据和分类的结果分别是什么。

(二) 依据标准区分事物,形成不同的类

在数学上,分类的目标是要求学生能将一组对象按照某种标准不重复不遗漏地划分为若干类别。另外,在实际的数学活动中,数学里还会用到层级分类。比如,对于四边形

---

① 吴正宪,张秋爽.从"事物分类"到"数据分类"旨在培育数据意识[J].小学数学教育,2022(6):21-23.

的分类,可以按照边角关系有如下层级分类(图11.1)。

人们不仅可以根据事物的客观特征进行分类,还可以人为制订一些等级依据来进行等级分类。因此,学生在操作活动中不仅学会了用自己的分类依据进行分类,而且还能够按照给定标准分类,甚至在面对比较复杂的对象时,制定分类标准进行逐层分类。分类的过程是对事物共同属性的抽象过程,结合学生熟悉的生活场景开展分类活动,能激活学生已有的分类经验,体会到分类的重要性,并为将来的数据分类学习积累经验。

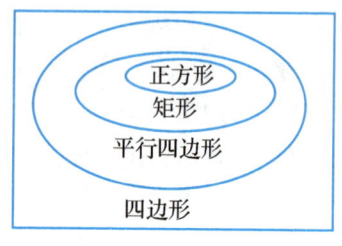

图 11.1　四边形的层级分类

(三) 对分类结果进行数字化处理

事物分类可以看成"初级"的数据分类,也是进一步分类学习的基础和支撑。当学生学会对事物用某个标准进行分类后,他们必然面临着如何准确简便地把分类标准和分类结果表达出来的问题。因此,在这个阶段可以对接后继的数据分类,尝试引导学生用数字来进行表示。比如,把娃娃按照性别进行分类,那么就可以把男娃娃赋值为1,女娃娃赋值为0。把一堆图形分成了三角形、四边形和圆,那么这个分类的类别就可以分别用数字0,1,2 来表示。

在教学中把握上述要点,结合实际情况,就能较为有效地开展事物分类的教学。

二、数据分类的教学

除了对已经给定的一组对象进行分类,人们还需对通过调查取得的数据进行分类。在解决问题时经常需要调查研究、收集数据,并根据调查或实验中取得的数据进行整理和分类。《课标(2022年版)》强调的"数据分类",就是要将收集的数据,按照需要进行整理或分段整理,并按照一定标准进行分类。

(一) 让学生经历统计过程,学会数据分类的方法

数据分类的方法除了上述事物分类中提到的数据赋值的方法,还有数据分段的方法。在教学中,应结合合乎学生生活经验的实际情境,让学生在解决实际问题的过程中,体会到对数据分类的必要性,学会数据赋值、数据分段等数据分类的基本方法。

案例 11.1　数据分类

【教材】人教版义务教育教科书《数学》二(上)

【教学片段】二(1)班定制校服尺码的情况调查

说明:学校要为二年级学生定制校服。为了让每位学生都能穿上合身的校服,以班级为单位进行调查,要调查哪些数据呢? 教学中可以做如下设计:

(1) 什么是"合身的校服"? 我们需要调查什么?

(2) 收集到的每位学生的身高和体重的数据,该怎样整理和汇总呢?

(3) 出示"衣服尺码参照表",学生讨论身高的信息应该怎样处理。

表 11.2　衣服尺码参照表

尺码	胸围	衣长	身高(厘米)	体重	年龄
100	62	40	81—100	12 千克左右	2—3
110	64	43	101—110	15 千克左右	3—4
120	70	47	111—120	20 千克左右	4—6
130	76	51	121—130	28 千克左右	6—9
140	82	54	131—140	35 千克左右	9—11
150	88	58	141—150	42 千克左右	11—12
160	94	62	151—160	45 千克左右	12—13

此尺码表适合正常体重和体型的儿童,特殊体型还要兼顾其他数据信息。

按照尺码表中的"尺码"(第一列),把收集的所有身高的数据根据合身的需要进行分类,也就是对数据进行分段整理和统计,把身高在 81—100 厘米、101—110 厘米、111—120 厘米……每一段的人数各有几人,列出统计表。这就是对数据分类和记录的过程。

表 11.3　二(1)班尺码调查结果

尺码	100	110	120	130	140	150	160
身高(厘米)	81—100	101—110	111—120	121—130	131—140	141—150	151—160
人数	0	1	21	11	3	0	0

小组合作统计出结果,二(1)班一共有 36 人。尺码是 110 的有 1 人,尺码是 120 的有 21 人,尺码是 130 的有 11 人,尺码是 140 的有 3 人。

【点评】课例结合学生常见的发校服这一实际生活问题,激发学生解决问题的热情。通过设计的三个问题,逐层深入,让学生在具体问题的解决中,学会用数据说话,认识到"没有调查就没有发言权"。学生明白了如何针对问题确定需要了解什么样的信息,如何收集相关数据,如何整理、汇总和表达信息。

链接 11.3　从"事物分类"到"数据分类"旨在培育数据意识

(二) 引导学生运用数学语言,学会表达和记录数据分类的过程

收集到信息必须用恰当的语言进行表达,这也是重要的数学核心素养之一。因此,在教学中,教师须根据具体问题,引导学生选择合适的文字、符号、图画和表格来表达和记录数据分类的过程,养成有序思考、有条理表达的习惯。

案例 11.2　**数据分类**[①]

【教学内容】《课标(2022 年版)》案例 38"逐层分类"

【教学片段】

(1) 经历表征过程,理解符号。

[①] 陈婧诚,邓炜. 在分类活动中发展数据意识——"数据分类"教学实录与评析[J]. 小学数学教育,2022(7-8):60-63.

呈现资源：

图 11.2　同一分类结果的不同摆法

师：对同一种分类结果，这两种摆法有什么相同和不同的地方？
生：一个是竖着的，一个是横着的。
师：摆法不一样，可以竖着摆，也可以横着摆，都能表示同一分类结果。
师：为了让小朋友们看得更加清楚，老师在电脑上也摆了摆。
课件出示：

图 11.3　两类扣子横排

师：看第一行，这里扣眼数不一样，颜色也不一样，怎么都放在一起呢？
生：因为是按照形状来分的。
师：是的，都是正方形纽扣。也就是说和眼数、颜色都没有关系（课件逐一隐去眼数和颜色，留下正方形），我们用1个正方形表示1个纽扣。（在图中添上类别）这里的8个正方形就表示8个正方形纽扣。

教师和学生讨论分别用方形和圆形来表示不同类别的纽扣。经过讨论，学生认为不仅可以用形状来表示不同类别纽扣数，还可以用"√"来表示。

根据学生回答，出示：

正方形纽扣(8枚)　｜　√√√√√√√√
圆形纽扣(10枚)　｜　√√√√√√√√√√

图 11.4　两类扣子用"√"表示

……（师生讨论"√""×"等的含义，明确分类标准。过程略）
小结：把纽扣按照形状来分类，可以横着摆，也可以竖着摆；可以用"√"做记录，也可以用"×"做记录。

（2）经历辨析过程，学会符号记录。
师：除了按形状分，刚才还有小朋友是按扣眼数来分类的，两眼扣和四眼扣各有多少枚呢？你能像这样写出分类标准，用同样的符号来记录吗？（板书：记录）让学生拿出①号"作业单"，记一记。

学生活动，教师巡视并收集学生不同的符号记录。

……（师生讨论各符号的含义，过程略）

生：要在下面写出分类标准，标清楚是两眼纽扣还是四眼纽扣。

师：这个建议非常好，有了标准，我们才知道这里的符号表示什么意思。

【点评】用符号记录分类数据，是发展数据意识的必要内容，需要学生理解并掌握。陈老师在此环节的设计是层层递进的。首先，通过课件动画辅助，在隐去眼数、颜色的过程中，巧妙地将纽扣从"物"转换为"形"，以凸显分类标准。自然地学生体会为什么可以用符合记录。接着，陈老师提出了"分别有多少枚呢？可以怎样数？"等问题。学生利用已有的数数经验，引导他们理解并认同符号标记；通过"同样是一个'√'，表示的意思为什么不一样"等问题的讨论，帮助学生理解不同形状的纽扣为什么可以用相同的符号来表示。在这一过程中，学生体会标注分类标准的价值。整个数据表达的环节，组织活动由扶到放，让学生在观察、比较、辨析中理解符号并学会用符号表达分类结果。

> 链接11.4 在分类活动中发展数据意识

（三）运用数据分类解决实际问题，让学生感受其价值

统计思想时常渗透在我们的生活中，帮助人们进行选择和决策。由于孩子们的生活经验的匮乏，他们很难在无引导的情况下自己有这方面的体会。因此，教师应该发挥教学机智和热情，努力挖掘学生日常生活中的素材，创造出有趣的问题情境，让学生在实践中感受到数据分类的重要性，从而深切体会到数据分类的价值。

比如案例11.1，通过"衣服尺码参照表"，让每位学生都能穿上合身的校服。学生亲身经历了数据收集，并按照需要把数据分段进行整理和分析，参照数据定制合适的校服，从中感受"数据分类"可以帮助人们做出更加合理的选择和判断。

思考与练习11.2

1. 如何让小学生明白数据分类的意义？
2. 如何在事物分类的基础上进行数据分类的教学？

第三节 数据的收集、整理与表达的教学

"数据的收集、整理与表达"包括数据的收集、整理，用统计图表、平均数、百分数等表达数据。在学习过程中，让学生初步感受现实生活中存在大量数据，其中蕴含着有价值的信息，利用统计图表和统计量可以呈现和刻画这些信息，形成初步的数据意识。《课标（2022年版）》教学提示指出，第二学段数据的收集、整理与表达的教学，要创设真实情境，引导学生经历简单的数据收集和整理，感悟收集数据的意义和方法，用数学语言表达数据所蕴含的信息，形成初步的数据意识。第三学段数据的收集、整理与表达的教学，要从实际情境和真实问题入手，引导学生在条形统计图的基础上，进一步学习统计图；在平均数的基础上，进一步学习百分数。在这样的过程中，了解数据的随机性。

一、统计表的教学

《课标(2022年版)》对统计表的教学并未做出特别具体的要求。从当下各版本的教材编排情况来看,在小学低年级段,教师就要开展统计表的教学。统计表的教学目标不仅仅是教会学生如何利用数据分类的知识来制作和读懂统计表这两个基本知识和技能,教师还须在其中渗透数据意识、应用意识,因此,其教学目标还包含让学生在具体问题解决的过程中,经历与体会收集和整理数据的过程,能够初步把统计的结果用于数据决策中。

(一) 让学生充分体验数据收集和整理的过程

这一点在前面一节关于事物分类和数据分类的教学中都曾涉及。在统计与概率的教学中,无论是哪个知识点的教学都无法与这一环节相剥离。学生只有在数据收集和整理的过程中才会真正形成整理数据的需求,才会有将之清晰表达的诉求。这时候对统计数据的恰当表达才会成为教学中学生学习的追求,才会引发出内在的学习兴趣和动机。而且,只有经历过这一过程,学生遇到真实问题时,才会自然而然地想到要运用统计方法来帮助自己调查、整理和表达问题。

案例 11.3 数据的收集和整理[①]

【教材】苏教版义务教育教科书《数学》二(下)

【教学片段】

师:大家喜欢秋游吗?瞧!他们正在童心园里进行秋游呢!一起去看一看吧!

师:童心园里有哪些人?

生1:有老师,有学生。

生2:有男的,有女的。

……

师:他们在做什么?

生3:有的在看书,有的在下棋,有的在做游戏。

师:大家观察得真仔细,看到了身份的不同、性别的不同、活动的不同。根据这些信息,你想知道些什么?

生4:我想知道老师和学生一共有多少人。

生5:我想知道男的多,还是女的多。

……

师:大家能从数学的角度思考这么多问题,真了不起。课堂时间有限,咱们先解决下面这3个问题。

问题1:学生比老师多多少人?

问题2:男的多,还是女的多,多多少人?

问题3:参加哪种活动的人最多,参加哪种活动的人最少?

[①] 彭国庆. 经历统计过程,培养统计分析观念——"数据的收集和分类整理"教学实践与分析[J]. 小学教学参考,2020(17):3.

师:通过数据收集和分类整理就可以解决这些问题。今天这节课就来学习数据的收集和分类整理。

【点评】以问题为导向,可以有效地唤起学生统计的需求,出示情境图能激发学生的问题意识,培养学生提出问题的能力。这里还提前让学生预知分类的重要作用,感受到问题是分类的重要前提,而分类既是学生学习数学的知识基础,又是发展学生思维能力的重要途径。

(二) 在原始数据分类的基础上,结合统计量,制作简单的统计表

一个统计表包含四个要素:标题、标目、线条和数字。然而,在教小学生制作统计表时尽量不采用讲授方式,比如,直接讲解表格制作要点并加以练习,而是要让学生充分发挥自己的能动性,让学生自己尝试,通过具体问题的讨论,逐步学会表格的标准制作方法。

案例 11.4 统计表

【教学内容】苏教版义务教育教科书《数学》五(上)

【教学片段】学习用"列""行"描述表格①

在前期收集和核对数据的基础上,进行如下教学。

师:这些数据收集过来以后要我们用表格来呈现。先看我们班的男生人数和女生人数,同桌两人交流一下,看看你们的表一样不一样?如果不一样,哪里不一样?

(学生同桌交流后,邀请学生展示所画表格。)

生1:(出示图11.5(左),指着表格左边一列)这边是男生的,(指着表格右边一列)这边是女生的。男生20人,女生21人。

男	女
20	21

(左)

男生	20人
女生	21人

(中)

五(4)班	人数
男	20
女	21
总人数	41

(右)

图 11.5 学生制作的统计表

生2:(出示图11.5(中))这是我的表格,我列的是男生有20人,女生有21人。

师:两个表格,它们差不多。(同屏呈现两个表格)怎么样?是差不多吗?有点不一样,哪里不一样?

生:生1的表格上面一排是性别,下面一排是人数;生2的表格左边是性别,右边是人数。

师:还有没有表格和他们不一样的?

生:(出示图11.5(右))我的表格左上写的是班级,右边写人数,左边写的是性别,下面还写了总人数。

师:感谢他的发现,而且说得也比较清楚。咱们学习过程中发现了不一样,要敢于和大家交流,就像他这样。(依次出示图11.5中的表)我们看看,三个表究竟哪里不一样?

---

① 贲友林.层层推进,加深认识——《复式统计表》教学(一)[J].教育视界,2019(24):53-54.

……

(学生在教师引导下，讨论出应该调整的内容。教师在表格第1列第1行输入"性别"，根据学生口述，分别在第1行后2列输入"男""女"，在第2行后2列输入"20""21"，在第2行第1列输入"人数"。)

师：这个表格记录的是什么内容啊？

生：五(4)班男、女生人数。

(教师输入"栖霞实验小学尧辰路校区五(4)班男、女生人数统计表"。学生跟读，教师再添加"统计日期"，全部完成如下表。)

表11.4 栖霞实验小学尧辰路校区五(4)班男、女生人数统计表

2021年＊月＊日

性别	男	女
人数	20	21

师：现在完整地看到这个统计表，记录的就是我们班男生、女生的人数。

【点评】该课例通过让学生解决身边问题，引导学生尝试用表格表示班级男女生人数。从教学过程看，学生能在自我发现的基础上，逐步改进表达方式，最终画出了正确、规范的统计表。整个过程自然流畅。

(三) 结合实际问题的数据分析，渗透数据分析意识和应用意识

通过统计表表达出所收集到的信息后，教师应引导学生进一步读表，尝试从数据中抓取信息，做简单的数据分析。比如说，让学生统计全班或全年级学生眼睛近视人数，用统计表的方式表达出来。在低年级，可以直接进行数据的比较，看近视人数的多少。到高年级可以进一步结合平均数、百分数等统计量，分析出近视学生的占比等情况。通过数据分析，学生可以看到近视人数居高不下，从而有加强视力保护的紧迫感，增强学生的数据分析意识和应用意识。

二、统计图的教学

《课标(2022年版)》指出，条形统计图教学要通过现实背景，让学生理解条形统计图中横轴和纵轴的意义及二者之间的关联，知道条形统计图的主要功能是表达数量的多少，借助条形统计图可以直观比较不同类别事物的数量。对于折线统计图教学，要求教师做到"引导学生理解折线统计图的主要功能是表达数据的变化趋势"，带领学生"体会折线统计图与条形统计图的区别，知道针对不同问题应选择合适的表达方式，逐步感知统计学基于合理性的价值判断准则。有条件的学校可以利用信息技术处理数据、绘制统计图。"以下，通过两个案例来说明教师在教学中如何借助情境，激发学生认知需求，逐层深入，帮助学生建构出统计图。

案例11.5 条形统计图

【教学内容】人教版义务教育教科书《数学》四(上)

【教学片段】利用垃圾分类素材教学"条形统计图"①

(1) 教师给每个学生发放一张纸牌,让学生判断纸牌上所画的物品属于哪一类垃圾(如图 11.6)。

(2) 师生一起交流后,教师公布答案,并让学生把自己的纸牌放入相应的小垃圾桶中。

图 11.6　教师所用教具　　图 11.7　学生按照分类将垃圾摆放的结果

(3) 引导学生用统计表记录垃圾分类的数据(如图 11.7)。

(4) 利用象形统计图记录垃圾分类情况。

① 教师提问:还可以怎样记录垃圾分类情况呢?

② 引导学生说出:可以用一个圆圈代表一份垃圾。

③ 师生一起在黑板上画出"象形统计图"。

(5) 教师介绍条形统计图,鼓励学生尝试在学习单上画出条形统计图,并比较统计表与统计图的区别,明确条形统计图的优点(如图 11.8)。

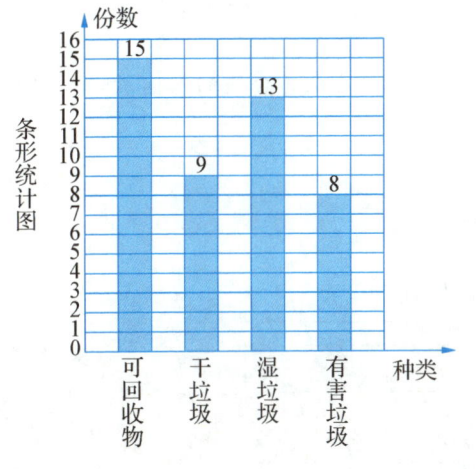

图 11.8　条形统计图

在讨论中,教师指出,看条形统计图要注意两点:一是看清横轴和纵轴各表示什么;二是看清每格表示的是多少。

(6) 教师提出问题:从统计图中你知道了哪些数学信息?鼓励学生结合统计图提出数学问题,并尝试解答。

---

① 钱守旺.拓宽学习资源 落实课程育人——利用垃圾分类素材教学"条形统计图"[J].小学教学(数学版),2021(Z1):122-124.

【点评】教师借助活动情境,带领学生循序渐进、层层深入地进行学习,教师巧妙借助扑克牌和小垃圾桶,引导学生在动手、动口、动脑、动心之中,学习条形统计图的相关知识。学生学习兴趣高涨,学习效果好。不仅如此,在设计中牢固树立知识传授与价值引领的教学理念,充分挖掘课程中的德育元素,并与学科内容有机融合起来,有的放矢、精准施策,使课堂教学润物无声。

案例 11.6　复式折线统计图[①]

【教学内容】人教版义务教育教科书《数学》五(下)

【教学片段】

生:第一周丙和乙的成绩差不多,如果再继续比赛会发生什么情况呢?

师:看来你已经不满足现在的数据了,你想要什么?

生:让甲、乙、丙再多比一比,我想要多一些数据。

师:看来这些数据还不能满足你们的要求,需要更多的数据来支持判断。我又给你们带来了第二周三人进球的数据。(出示下表,继续讨论)

表 11.5　甲、乙、丙第二周进点球情况记录

	星期一	星期二	星期三	星期四	星期五
甲	3	8	3	10	7
乙	4	5	6	7	6
丙	6	5	8	7	8

(……学生根据自己的理解,发表意见)

师:那么,到底选谁呢?你们每个人心中都选出自己认为合适的人选了吗?

生:(齐)选出来了。

师:你们是依据什么选出来的?

生:折线统计图上的数据。

图 11.9　甲、乙、丙第二周进点球情况记录

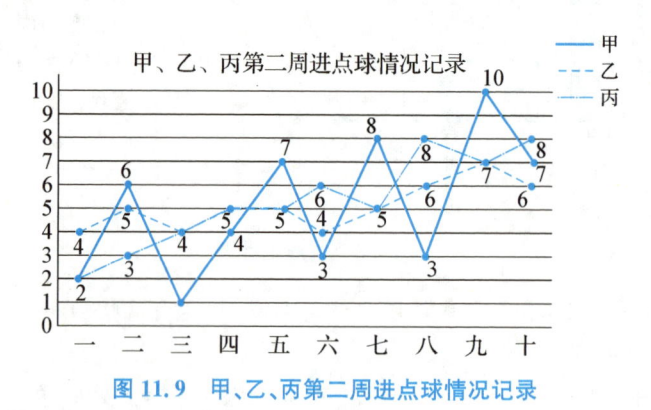

师:数据是我们做出判断的重要依据。今天大家虽然没能统一意见,但我相信你们经

[①] 马云鹏,吴正宪.《义务教育数学课程标准(2022年版)》案例式解读(小学)[M].上海:华东师范大学出版社,2022:260-262.

历了难忘的统计过程,一定对数据有了更深刻的感悟。正像你们说的,没有数据吧,我们不好判断,数据来了,似乎又给我们带来了纠结。面对同一幅数据统计图,我们却有了不同的判断结果。其实没关系,大家是从不同角度思考问题的,在判断中融入了个人的观点,没有对与错之分。我相信随着经验的积累,你们会有更合理的判断。

【点评】本环节让学生在经历收集、整理和分析数据的过程中,感受到数据蕴含信息,观察出规律和趋势,据此进行判断、预测和决策,进而体会数据是人们决断的重要依据,感受到数据的力量。教师层层递进的追问和总结,让学生体会为合理预测,还需要掌握更多的信息,在这个过程中发展了学生的反思意识,同时让学生对数据产生亲近感。这样的教学设计会帮助学生遇到问题时愿意借助数据来分析、解决问题,同时感受到了数据的随机性,培育了数据意识。

> 链接 11.5　培养小学生数据分析观念的教学案例研究

三、统计量的教学

(一) 平均数

《课标(2022年版)》指出,平均数教学要引导学生在熟悉的情境中理解平均数所具有的代表性,通过刻画一组数据的集中程度表达总体的集中状况。例如:某篮球运动员平均每场得分、某地区玉米或水稻的平均亩产、某班级学生的平均身高等,理解平均数的意义;也可以让学生经历收集体现社会发展或科技进步数据的过程,初步体会平均数的统计意义,形成初步的数据意识。以下结合一些教学片段来体会平均数教学的特点。

1. 感受平均数的必要性和代表性

平均数可以反映数据的集中趋势,揭示数据变化。它适用于各种数据类型、易于理解、能反映一组数据的整体情况。因此,当需要用某一个数据简明扼要地表示整体,或者比较两组或者多组数据时,平均数可以作为一个常用的重要指标。平均数教学必须让学生在现实情境中感受到这一数学概念引入的必要性和代表性。

案例 11.7　平均数[①]

【教学内容】苏教版义务教育教科书《数学》四(上)

【教学片段】

教师创设情境,班上小力、小林、小刚进行了"一分钟投篮挑战赛"。教师告诉同学,小力第一次投了 5 个球,但小力自我感觉没有发挥真实水平。为此,小力又投了两次,结果非常巧合,每次都是 5 个。教师顺势提问:"要表示小力一分钟投中的个数,用哪个数比较合适?"学生一致认为用 5,理由是每次他都投中 5 个。教师接着引导学生讨论另一位小林同学的三次投篮成绩。这位同学的三次投篮成绩都不一样。

师:是呀,三次成绩各不相同。这一回,又该用哪个数来表示小林 1 分钟投篮的一般

---

① 张齐华."平均数"教学实录[J].小学教学(数学版),2009(4):16-20.

水平呢?

生:我觉得可以用5来表示,因为最多投中了5个。

生:我不同意,小力每次都投中5个,所以用5来表示他的成绩。但小林另外两次分别投中4个和3个,怎么能用5来表示呢?

师:也就是说,如果也用5来表示,对小力来说——

生:(齐)不公平!

师:该用哪个数来表示呢?

生:可以用4来表示,因为3、4、5三个数,4正好在中间,最能代表他的成绩。

师:不过,小林一定会想,我毕竟还有一次投中5个,比4个多1呀。

生:(齐)那他还有一次投中3个,比4个少1呀。

师:哦,一次比4多1,一次比4少1……

生:那么,把5里面多的1个送给3,这样不就都是4个了吗?

师:数学上,像这样从多的里面移一些补给少的,使得每个数都一样多。这一过程就叫"移多补少"。移完后,小林每分钟看起来都投中了几个?

生:(齐)4个。

师:能代表小林1分钟投篮的一般水平吗?

生:(齐)能!

(师生讨论用什么数表示第三位小刚同学的投篮水平)师:像这样先把每次投中的个数合起来,然后再平均分给这三次(板书:合并、平分),能使每一次看起来一样多吗?

……

师:数学上,我们把通过移多补少后得到的同样多的这个数,就叫作原来这几个数的平均数。

【点评】通过以学生喜闻乐见的篮球比赛为背景,自然地引发了学生如何刻画一个人投篮水平的问题。简单记录单次投篮的个数或者简单计算投篮的总数显然都不具备这一功能。找出这组数据的代表值,进而用代表值去刻画这组数据的一般水平,似乎更合情合理些。于是,在例题教学中,张老师有意设计了小力三次均投中"5个"的特殊数据组,以此促进学生自然建立起"用5代表他的一般水平最合适"的心理倾向,进而在随后的学习活动中学生主动避开"求总数"的窠白,而直接通过"移多补少"或"先求和再均分"的思维活动。努力寻找几个数据的代表值,为平均数意义的建立奠定坚实的基础。"平均数"作为"数据的代表"的必要性,在这一过程中得到了自然而然的呈现[①]。

2. 感受平均数的趋中性

平均数是借助平均分的意义,通过计算而得到的一个虚拟的数。它的数值总是介于最大数和最小数之间。这一数据的内涵使得趋中性成为平均数的重要特点之一。当然,在数据偏离、出现异常值或者数据分散程度大的时候,其趋中性会受到较大影响。在教学中,可以引导学生通过观察和讨论来体会平均数的趋中性。

---

① 张齐华.我为什么重上"平均数"[J].小学教学(数学版),2009(4):21-22.

案例 11.8 平均数[①]

【教学内容】苏教版义务教育教科书《数学》四（上）

【教学片段】

师：现在，请大家观察下面的三幅图，你有什么发现？把你的想法在小组里说一说。

（师出示三图，并排呈现）

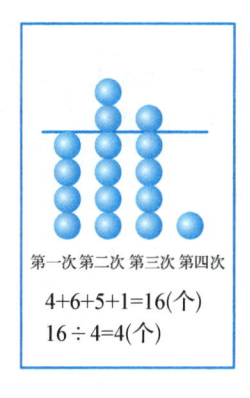

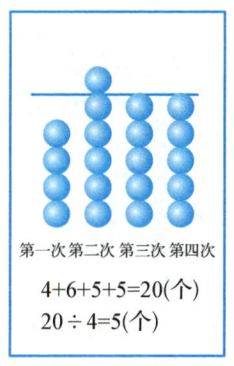

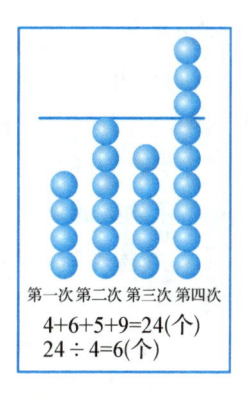

第一次 第二次 第三次 第四次 4+6+5+1=16(个) 16÷4=4(个)	第一次 第二次 第三次 第四次 4+6+5+5=20(个) 20÷4=5(个)	第一次 第二次 第三次 第四次 4+6+5+9=24(个) 24÷4=6(个)

图 11.10　投篮成绩

（生独立思考后，先组内交流想法，再全班交流）

……

生：我发现平均数总是比最大的数小，比最小的数大。

师：能解释一下为什么吗？

生：很简单。多的要移一些补给少的，最后的平均数当然要比最大的小，比最小的大了。

师：其实，这是平均数的又一个重要特点。利用这一特点，我们还可以大概地估计出一组数据的平均数。

生：我还发现，总数每增加4，平均数并不增加4，而是只增加1。

师：那么，要是这里的每一个数都增加4，平均数又会增加多少呢？还会是1吗？

生：不会，应该增加4。

师：真是这样吗？课后，同学们可以继续展开研究。或许你们还会有更多的新发现！不过，关于平均数，还有一个非常重要的特点隐藏在这几幅图当中。想不想了解？

生：想！

师：以第一图为例。仔细观察，有没有发现这里有些数超过了平均数，而有些数还不到平均数？（生点头示意）比较一下超过的部分与不到的部分，你发现了什么？

生：超过的部分和不到的部分一样多，都是3个。

教师提问："这会不会是一种巧合？"引导学生继续观察和讨论另外两幅图片。过程略。

师：其实，像这样超出平均数的部分和不到平均数的部分一样多，这是平均数的第三

[①] 张齐华．"平均数"教学实录[J]．小学教学（数学版），2009(4)：16－20．

333

个重要特点——平均数的趋中性。把握了这一特点,我们可以巧妙地解决相关的实际问题。

【点评】通过对投篮统计图三组数据的观察,使平均数的意义和特点跃然纸上,让学生直观地发现平均数在最大数和最小数之间,体会到平均数是一组数据集中趋势的表达,从而更好地理解平均数的统计意义,让学生们对平均数概念有更深刻的认识。

3. 感受平均数的随机性

平均数的随机性指的是在随机抽取一组数据时,平均数可能会随着数据的变化而发生变化。在教学中,教师可以通过引导学生对实际情况进行分析和预测,进而让学生体会到真实数据和平均数之间的关系。

案例 11.9　平均数的认识

【教学内容】苏教版义务教育教科书《数学》四(上)

【教学片段】

师:刚才我们通过计算,发现小林一分钟投篮命中的平均个数是 4 个,我们都同意用每分钟 4 个来表示小林投篮的水平。那么,老师有个问题,下一次,小林在一分钟内投篮是不是一定会投中 4 个呢?

生:不一定。

师:为什么?

生:这个 4 是表示小林的平均投篮水平,但不是表示他一分钟之内一定会投中 4 个。

生:他投中的个数可能是 5 个,可能是 3 个。

生:他投中的个数可能比 4 大,可能比 4 小。很有可能会投中 4 个。

师:同学说得真不错。平均数的计算是通过投篮总数除以比赛次数得来的。如果我们统计的投篮总数和次数改变了,平均数就有可能发生变化。

……

【点评】平均数的代表性决定了它与原始数据的关系密切,只要一个数据发生变化,平均数就有可能发生变化,随机性很强。课例中老师通过提问小林下一次可能投篮的个数,让学生意识到,当特定背景下的一组数据继续发展时,平均数可以作为一种代表性的参考数据来预测下一次会得到的数据,但这只能是可行性比较大的猜测,真实的数据有比较大的可能性在平均数附近波动。

(二) 百分数

在《课标(2011 年版)》中,百分数主要是作为特殊的分数来进行教学的。《课标(2022 年版)》指出百分数教学要引导学生知道百分数是两个数量倍数关系的表达,既可以表达确定数据,如饮料中果汁的含量、税率、利息和折扣等,也可以表达随机数据,如某篮球运动员罚球命中率、某城市雾霾天数所占比例等。建议利用现实问题中的随机数据引入百分数的学习,帮助学生了解百分数的统计意义,了解利用百分数可以认识现实世界中的随机现象,做出判断、制订标准。同时,引导学生了解扇形统计图可以更好地表达和理解百分数,体会百分数中部分与整体的关系。对于百分数的教学,有以下几个注意点。

1. 鼓励学生在生活中寻找百分数,体会百分数在生活中的广泛运用

数学来源于生活,运用于生活。学生在生活中已经无意识地认识和运用过百分数。让学生通过有意注意,从数学的视角再次观察真实的生活,能够体会到数学与生活的联系,也会对即将学习的百分数产生亲切之感。

案例 11.10　百分数的意义[①]

【教学内容】苏教版义务教育教科书《数学》六(上)

【教学片段】

师:黄老师让每位同学到生活中找百分数。找到的请拿出来。

……(学生列举略)

师:……我在想,人们为什么那么喜欢用百分数呢?用百分数到底有什么好处?我觉得这个问题很有必要研究。想不想研究?

生:想。

师:……除了这两个问题外,你们还想弄清楚什么问题?

众生思考,提出了诸如"为什么要学习百分数?""百分数的意义是什么?""百分数有什么用处?""在什么情况下用到百分数?"……随后教师带领同学整理出本节课要注重解决的问题。

【点评】让学生到生活中找百分数非常有意义,将数学知识应用于日常生活,从而使学生更好地理解数学,培养他们的探究精神。教学内容不局限于教科书,而是将日常的社会现象,比如商标、新闻报道等信息元素融入课堂,并且重视课堂上新生成的百分数,以此来唤起学生的好奇心,培养他们的创造力。通过这些事例,学生切切实实地在密切联系生活做数学,进而能更好地理解百分数的意义和价值。

2. 在交流中体会数据蕴含的信息,理解百分数是对两个数量倍数关系的表达

百分数的表达可以看成一个除法算式,分子表示被除数,而分母表示除数。百分数的值实际上是被除数与除数之间的比例。因为它将数据转化为一个统一的、易于理解的比例形式,所以我们可以更清晰地表达两个数量之间的相对关系。它是一种方便比较和对比不同数据的方法。教学中,教师应在百分数概念生成的过程中挖掘这一内涵。

案例 11.11　百分数的认识[②]

【教学内容】人教版义务教育教科书《数学》六(上)

【教学片段】

师:(出示下表)两个选手进行投篮比赛,如果我们选一个投篮水平高的选手代表班级去参加比赛,你选几号?

[①] 黄爱华,吴正宪."百分数的意义"教学实录与点评[J].小学青年教师(数学版),2006(4):8-12.

[②] 吴正宪执教,冯佳圆整理/赏析,张艳整理/赏析,等.在统计视角下建构百分数的意义——"百分数的认识"课堂教学实录[J].小学教学(数学版);2022(7-8):134-138.

表 11.6　学生投篮命中次数表

编号	投中次数
1号	9
2号	5

生:(异口同声)1号。

师:不急,都同意吗?(在静静的思考中,学生陆陆续续举起手来)

生:不能确定,没有投篮的总次数就不好进行比较。假如1号投100次,只中了9次;而2号投了5次,中了5次,百发百中呢。所以只比较两个选手的投中次数不公平。

师:有道理。我把投篮的总次数带来了(在表中补充一列——投篮次数),1号选手投了20次,2号选手投了10次,你们选几号?

生:我把9/20和5/10通分,9/20小于10/20,所以2号选手成绩比较好。

生:我是这样做的,9/20=9÷20=0.45,5/10=5÷10=0.5,0.5大于0.45,说明2号选手成绩比较好。

师:通过比较我们都选择了2号。10/20表达的是什么意思呢?

生:2号选手共投篮20次,命中了10次。

师:5/10表达什么意思?

生:2号选手共投了10次,投中了5次。

生:我认为它还表达一半的意思。

师:谁是谁的一半?

生:投中的次数是投篮总数的一半,反过来投篮总数是投中次数的2倍。

师:感觉越来越好了,5/10表达了哪两个数之间的什么关系?

生:2号选手投中次数与投篮总数的倍数关系。

师:那10/20呢?

生:也表达了2号选手投中次数与投篮总数的倍数关系。

师:我特别欣赏他说的这个"也",这个倍数关系的表达可以叫作投篮的"命中率"。你们能说说两位选手的"命中率"分别是多少吗?

生:2号选手的"命中率"是5/10,也可以说是10/20。

师:5/10不是也表达了2号选手的"命中率"吗?你们为什么要把5/10变成10/20呢?

生:要找到一个共同的标准进行比较。

师:2号选手的"命中率"是10/20,那么2号选手的投篮次数一定是20吗?

生:不一定。

生:比如,投了2次投中1次,投了100次投中50次,"命中率"都可以说是10/20,有多种可能。

师:真好,我们就这样选出了2号选手,因为他的"命中率"比1号选手高。

师生聊着聊着,慢慢地对两个数量之间的倍数关系有了感觉……

【点评】教学一开始,吴老师就创造了一个学生熟悉的篮球比赛的真实情境。这不仅能够激发学生的学习热情,还能有助于学生感悟百分数的重要性,进而为他们更好地理解数据的随机性奠定基础。吴老师通过展示投中次数和投篮总数,来引发学生的思考,激发他们的认知经验,使他们能够更好地理解比较命中率要从关系入手的重要性,而不仅仅是简单地比较投中次数。

案例 11.12　百分数的认识

【教学内容】人教版义务教育教科书《数学》六(上)

【教学片段】

师:现在又来了两个选手,你能比较这四个选手的"命中率"吗?(学生们在交流中完成板书,如图 11.11)

师:(一个同学在黑板上写出百分数后,老师立刻追问)这样的数你们在哪里见过?

……(学生举例略)

师:看来大家对百分数并不陌生。我们一起看看板书,84/200 表达的是什么?

生:3 号选手投中次数和投篮总数之间的倍数关系,就是"命中率"。

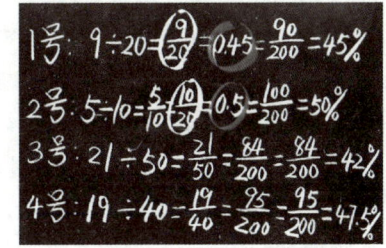

图 11.11　学生板书情况

师:(指板书)之前是五十分之几,现在怎么是二百分之几了?

生:因为这 4 个分数通分后公分母是 200,分母相同的分数容易比出大小。

师:的确是这样,分母相同的分数容易进行比较。我发现有的同学还把分母是 200 的分数转化成了分母为 100 的分数,你能说说为什么这样转化吗?

生:我认为如果都转化成分母是 100 的分数进行比较很简单,就不用有时候分母是 20,有时候是 200,还有可能分母是更大的数,虽然也可以比较,但是不太方便。

师:大家感觉呢?

生:这是一个好办法,都转化成分母是 100 的数,很快能看出两个量的倍数关系,便于比较。

生:我也同意,这样比较简单。

师:这位同学把结果变成了这样的百分数,一起读一读。

生:(齐)45%、50%、42%、47.5%。

师:你能说说 45%、50%、42%、47.5%表示的意思吗?

生:45%表示 1 号选手投中的个数与投篮总个数的关系是百分之四十五。

生:50%表示 2 号选手……

师:你认为这样的百分数和用 100 作分母的分数有区别吗?

生:百分数表达的是两个量之间的一种倍数关系,分母为 100 的分数除了可以表示关系,还可以表示具体的数量。

师:说得真好,百分数作为统一的单位表达,再用一个特殊的符号"%"来表示,百分数表达了两个数量之间的倍数关系。大家回顾一下,开始时,我们把分数都统一到二十分之几,接着统一到二百分之几,又统一到一百分之几,现在又出现了这样的百分数,如果让你选择一把标尺进行比较,你选择哪个?

......

（学生在讨论与对话中，感受着百分数对确定数据倍数关系的表达，体会用百分数解决问题的必要性）

【点评】在精心设计的问题串中，有效实现了学生知识和经验的迁移，使他们进一步体会到"百分数可以表达两个数量之间的倍数关系"这一意义。像剥洋葱一样层层深入，不断引导儿童、等待儿童走近百分数的本质，体会到百分数就像一把标尺，在沟通、联系中丰富百分数的意义。学习活动从数据出发，经过不断增加数据、增加信息，不断提出新的问题，引导学生深入思考，用不同的方法表达情境中数据之间的关系。由不同分母的分数表达、小数表达，到相同分母的分数表达，再到百分数的表达，完成一个从具体到抽象、从杂乱到清晰、从不规则到规则的两个数量之间倍数关系的表达。学生慢慢地对百分数有了清晰明确的感悟，理解可以用百分数表示命中率，表示投中的次数和投篮的次数之间的倍数关系。学生对百分数的理解是从数据入手，对数据特征进行分析和表达，逐步形成一种新的表达方式。在这个理解过程中，不同的学生可能有不同的想法，也可能有不同的理解水平，但每一个学生都在思考，都在对问题不断深入认识的过程中提高思维能力，形成数据意识[①]。

3. 引导学生理解百分数是对随机数据的表达

百分数不仅可以表示确定的量，而且在统计中经常用来表示随机数据。人们根据统计结果来了解现状，对未来进行预测，从而帮助自己进行决策。《课标（2022年版）》明确指出，百分数具有重要的统计意义，因此，我们应该采取有效教学措施，将这一概念融入"统计与概率"的教学中，以便更好地体现数学课程标准对百分数的教学要求。

案例 11.13　百分数的认识

【教学内容】人教版义务教育教科书《数学》六（上）

【教学片段】

师：我们的问题解决了，第一场比赛就这样决出了胜负，2号选手获得了第一名。如果让这四个选手再比赛一次，2号选手还一定是第一名吗？

（学生讨论略）

师：你们对数据的感觉越来越好了。虽然每次收集到的数据结果可能不一样，但比赛的次数越多，数据就越多，就会发现这些数据会稳定在一定的范围内，就有了规律。我们就可以根据发现的规律，对即将发生的事情进行预测。当然也可能会出现特殊情况，不过发生的可能性会很小。也就是说，我们既要有一双善于发现规律的眼睛，又得心平气和地承认和接受特殊情况的存在，一切皆有可能嘛。有了这样看问题的角度就是进步啊！在刚才的讨论中，我们找到了一把判断事物程度的重要的标尺——百分数，它既可以表达确定性数据之间的倍数关系，也可以对将要发生的随机数据进行刻画与预测。

【点评】通过投篮的情境，引导学生从两个角度来理解数据的随机性：首先，学生发现，在随机事件中，每次收集的数据可能会有所差异；其次，当拥有足够多的数据时，就可

---

① 马云鹏. 突显学科本质，指向学生素养——评吴正宪老师"百分数的认识"教学课例[J]. 小学教学（数学版），2022(7-8)：139-142.

以发现一定的规律。通过教学,让学生明白,我们应该理智地思考和寻找客观规律,同时也要保持冷静,以便应对特殊情况,这是当今社会公民的重要思维素养。

4. 感受百分数可以帮助人们进行判断和决策

百分数可以直观地表示各种数据的比例和变化趋势,从而帮助人们更好地理解和分析问题,做出明智的判断和决策。

案例 11.14　百分数的认识[①]

【教学内容】人教版义务教育教科书《数学》六(上)

【教学片段】

师:看到"中国森林面积有 2 200 000 平方千米"和"日本森林面积有 252 200 平方千米"这两个数据,你们想说点什么?

师生就中、日两国的森林面积和两国的森林覆盖率进行讨论。有学生就这一问题的讨论进一步联想到了平均数。过程略。

师:是啊,平均数和百分数都是通过对原始数据进行处理,得出了具有统计意义的新数据。这两件事情告诉我们一个道理:判断事物的程度不能只看一个体量的大小,还要看相关数据之间的关系,这样才能更加客观。而平均数和百分数正是可以表示两个体量之间关系的数据,它可以把本来不好比较的数据变得更具有可比性,为人们做出正确的决策提供了重要依据。

【点评】学生借助已有经验发现,直接比较中国和日本的森林面积是不合理的。在不断探索和思辨中,他们逐步发现通过比较森林覆盖率才能够做出符合实际情况的判断,这就体现了百分数的价值。学生对百分数的理解应该是一个循序渐进、层层深入的过程,在对百分数的意义初步感知的基础上,让学生进一步感悟到只用一个量不能解决问题,需要两个有关联的量,通过两量的关系才能进行比较,从而解决问题。学生还发现,"平均数"亦是如此。

> 链接11.6　改进材料,让意义的理解更加透彻

思考与练习11.3

1. 如何引导学生制作统计表?
2. 简要叙述条形统计图、折线统计图和扇形统计图的特点与作用,并举例说明。
3. 怎样组织学生参与统计的全过程?结合某一内容,说一说你将如何组织这项数学活动?
4. 平均数的主要作用有哪些?平均数教学要注意哪些问题?
5. 百分数有哪些作用?作为随机现象表述的百分数教学要注意哪些问题?
6. 简要叙述如何培养学生的数据分析意识。

[①] 吴正宪执教,冯佳圆整理/赏析,张艳整理/赏析,等.在统计视角下建构百分数的意义——"百分数的认识"课堂教学实录[J].小学教学(数学版),2022(7-8):134-138.

第四节　随机现象发生的可能性的教学

"随机现象发生的可能性"是通过试验、游戏等活动让学生了解简单的随机现象，感受并定性描述随机现象发生可能性的大小。《课标（2022年版）》指出，随机现象发生的可能性的教学，需引导学生在自然界和生活的情境中感受简单的随机现象，如下周三是否晴天，从家到学校所需要的时间等，知道在现实世界中随机现象普遍存在；感知随机现象的基本特征，可能发生也可能不发生，可能以这样的程度也可能以那样的程度发生。让学生感知，许多随机现象发生可能性的大小是可以预测的，例如，一个袋子里装有若干不同颜色的球，学生通过有放回地摸球试验记录，感受数据的随机性，判断各种颜色球的多与少，发展数据意识。

一、简单随机现象的教学

前面的统计学习中，学生其实在处理一些生活问题的时候已经积累了一些初步的解决问题的经验，但是概率问题对于学生来说是一个全新的领域。在简单的随机现象中，认识到随机事件发生的不确定性是后继学习的基础。教师在教学中必须将学生的感性认识上升到理性的认知。

（一）在游戏中，让学生体验并初步认识简单随机现象

五年级同学已经能够对生活中的确定现象和不确定现象有初步的感知和判断，但是这种判断是感性的和模糊的，还不能运用某个数学概念来进行准确的表述和进一步深入思考。教师要依据现实情况，创设学习空间，设计形式多样、生动有趣的活动，如抽奖、摸球、转盘等，让学生通过亲身参与，合作交流，逐步认识简单随机现象，并进行判断和交流。

比如通过"抽牌体验"，让学生初步感受事件发生的确定性和不确定性。从三张牌（1、2、3）中抽得分数高者获胜：第一次意在熟悉规则，通过"你想抽到什么"和"想抽到就一定能抽到吗"两个问题帮助学生区分主观意愿与客观实际；第二次重在感受随机，通过提问"这次抽到的牌和上次一样吗"，把两次抽取的结果进行对比，让学生明白相同条件下，抽取的结果也不一定相同；第三次初步体验可能、不可能、一定，有三张牌"可能会抽到什么"，"1""2""3"都有可能，初步感受简单随机事件中所有可能发生的结果是有限的。也就是说，抽取一张（假设1），剩下两张，"现在可能会抽到什么？还可能抽到1吗？"已经抽取了就不可能再抽到；再抽取一张（假设2）只剩一张，"你能确定是几吗？"学生明确一定是3，初步感受事件发生的确定性和不确定性，确定包括"一定"和"不可能"，不确定则是"可能"。其次是"抽球活动"，从三个不同的装球箱中抽到红球者获胜。第一个箱子中全是白球，学生多次抽取发现不管怎么抽都是白球，从而猜测箱子中全是白球，总结出"只有则一定"；第二个箱子中有各种颜色的球，但没有红球，学生多次抽取发现不管怎么抽都没有抽到红球，从而猜测箱子中没有红球，总结出"没有则不可能"；第三个箱子中按照学生的要

求放入红球,总结出"有则有可能"。[①]

在基于"生活中的数学"的课堂上,教师引导学生思考何谓"可能""一定""不可能",经历"随机事件"概念产生的过程,帮助他们更好地理解这三个词,并运用这三个词来描述生活中的一些随机现象,体会数学来源于生活,运用于生活。

(二) 引导学生运用数学语言,清楚地表达判断和思考的过程

由于数学史上"三次数学危机"的存在,数学家们为使数学建立在严格的基础上,对数学的哲学意义进行了广泛和持久的讨论。随着讨论的展开和深入,衍生出诸如数学基础论、数理逻辑、模型论等一系列与数学语言有关的数学学科。[②] 数学语言伴随着数学产生而产生,由于数学独特的符号语言体系,使得数学的结果准确、简练、具有一般性。可以说,数学学习就是数学独特语言体系的学习。

数学学习中,如果希望别人明了你从一个问题情境中观察到了什么,就必须用数学语言描述观察的方法和结果。只有通过数学表达,才能够构建出数学概念,从而深入探究数学的本质,并最终应用于实际问题的分析和解决。因此,数学语言是沟通真实世界和数学世界的桥梁。学生必须在操作的过程中,逐步学会将自己如何判断和思考的过程清晰、准确、简练地表达出来,如做了何种操作,出现了哪些结果。对于同一个随机事件,在没操作之前,能不能说一说什么结果可能发生,什么结果不可能发生,还有什么结果必定发生,以及为什么做出这样的判断。

(三) 引导学生运用可能性描述生活事件,渗透数据分析意识和应用意识

从确定性数学到随机性数学是数学本身的一大发展,也是人类思维的一大进步。它让我们认识到,生活中存在诸多条件确定、结果并不确定的事件,这种随机现象在生活中时时发生,而数学给人们提供了思考这一类问题的途径和方法。因此,教师要引导学生观察周围的世界,运用数学知识来做初步的判断,用数学中的"可能""不可能"等词来描述生活中发生的一些事情,让学生充分体会到数学的广泛应用,初步渗透数据分析意识和应用意识。

二、定性描述可能性大小的教学

研究表明,小学三、四年级学生在"认识可能性""比较可能性大小"时,所有学生都使用还不涉及比例和简单模型的说理方法,判断某些简单事件发生的可能性还存在着一定的困难;"设计可能性"的能力水平比较低,大部分小学生缺乏对"可能性"进行定性与定量描述的一种逆向思维;"寻找可能性"的能力水平比较高,但所举例子在独特性方面比较差。整体来看,两个年级的学生对"可能性"的理解水平都比较低。[③] 另有研究

[①] 潘锦嫦.体验随机性 量化可能性——发展"数据分析观念"的"可能性"单元设计与教学策略[J].名师在线,2022(11):82-84.
[②] 孙晓天,张丹.义务教育课程标准(2022年版)课例式解读(小学数学)[M].北京:教育科学出版社,2022:19-20.
[③] 李林波,李振蕊,陈丽敏,等.小学生对"可能性"理解水平的调查分析[J].数学教育学报,2010(6):60-63.

表明,对于摸球实验,9—10岁的小学生能初步感知事件的随机性;能够判断在不同的初始条件下,事件发生的可能性大小;初步理解放回与不放回对结果的影响。[①] 在五年级对学生开展可能性的教学,符合《课标(2022年版)》对内容的编排要求,也顺应学生的认知发展。学生在对确定和不确定现象有所认知的基础上,可以进一步学习可能性大小。

(一) 引导学生列出随机现象可能的结果,对统计的对象进行分类

推断统计学是一门将概率和统计学结合起来的学科,它能够帮助人们更好地理解这两门学科之间的联系,并且能够更好地将理论与现实联系。小学不教严谨的推断统计,但是,教师应该安排大量的实践操作,让学生们通过实践来感悟利用数学做出合理的猜测。教师可以引导学生利用统计所得数据来分析感受某个随机现象发生的所有可能的结果,利用每一种可能的结果来对结果进行分类。通过反复实验或者观察,统计每一种可能出现的次数。在此过程中,学生会直观地感受到,有些结果出现的次数比较多,而有些结果出现的次数比较少。

(二) 鼓励学生提出猜想,尝试解释"可能性大小"的含义

教师应鼓励学生根据生活经验、实际操作等提出猜想,知道事件发生的可能性大小与各类物体的具体的数量有关,初步感受随机现象的统计规律性。根据实际情况合理推测可能性大小,根据试验的数据推测产生结果的原因,帮助学生认识到足够多的数据中蕴含着统计规律,逐步形成统计观念,进而形成尊重事实、用数据说话的态度和科学的世界观与方法论。

例如,采用"抽扑克"开展"等可能性"的实验。教师为每位同学提供四种不同花色的扑克牌,反面朝上,打乱顺序,然后由同学们随机选择一张,并通过举手的形式来统计选择了哪一种花色的次数。教师会将这些信息存储在电子表格中。游戏结束后,重新进行洗牌,按照刚才的程序重复进行10次,每次输出的数字都记录下来。通过简单的数据累加,同学们发现四张花色扑克牌抽到的总次数呈现接近的趋势,体会到有足够的数据就可能从中发现规律。教师顺势提出"如果抽取的次数更多,你猜结果会如何?",学生也许会回答"四种花色的扑克牌数量会越来越接近,但不一定相等。"这可以帮助学生理解理论概率与实验频率的差异。接下来,教师可以对"分组抽球"的样本进行测试,在一个容器里,装除颜色外完全一样的6个小球,其中红球2个、黄球4个。然后要求学生有放回地每次摸一个球出来,并记录颜色数据,重复20次。通过小组合作,每个小组成员分别承担起摸球、记录和监督的职能,从而使得统计的结果更加可靠可信。在完成这项任务之后,教师请学生报告每组数据,看看它们是否一致。学生发现,尽管每个小组抽取的两种颜色的球数量不尽相同,甚至有可能出现红球比黄球多的情况,但是,根据统计数据,学生们可以推断出,箱子中红球的数量比黄球少。教师提出了一个问题:如果箱子里有6个球,你们能

---

① 巩子坤,滕林林,陈冬冬,等. 国际小学概率教与学的研究进展与教学启示——基于ICME-13的文献与报告[J]. 教学月刊·小学版(数学),2018(1):4-7.

够猜出红球和黄球的数量各是多少呢？教师应该鼓励学生根据汇总结果进行多种猜测，以便他们能够根据数据进行合理推断。最后，教师应该开箱验证，以帮助学生认识到不确定性的普遍存在，并且承认即使是最小的可能性也有可能发生。

由此可见，无论统计与概率的哪个内容的教学，都离不开锤炼学生的数学眼光，鼓励学生学会用数学的思维来观察思考，以及用数学语言进行描述和表达。

思考与练习 11.4

1. 怎样引导学生体验事件发生的不确定性？结合有关内容写一个教学片段。
2. 观摩"随机现象发生的可能性"优秀课例，并分析其教学的成功之处。
3. 任选一节"统计与概率"的教学内容，设计教案并做模拟教学。

参考文献

[1] 张奠宙,巩子坤,任敏龙,等.小学数学教材中的大道理——核心概念的理解与呈现[M].上海:上海教育出版社,2018.

[2] 吴正宪,刘劲苓,刘克臣.小学数学教学基本概念解读[M].北京:教育科学出版社,2014.

[3] 孙晓天,张丹.义务教育课程标准(2022年版)课例式解读(小学数学)[M].北京:教育科学出版社,2022.

[4] 马云鹏,吴正宪,唐彩斌,等.《义务教育数学课程标准(2022年版)》案例式解读(小学)[M].上海:华东师范大学出版社,2022.

[5] 李俊.中小学概率统计教学研究[M].上海:华东师范大学出版社,2018.

第十二章 综合与实践的教学

内容提要

本章内容包括三部分。第一部分是综合与实践教学概述，重点阐述了综合与实践的教学意义、教学内容以及学业要求；第二、第三部分分别介绍主题活动和项目学习的教学，着重分析了主题活动的内容选择和教学要点以及项目学习的内容选择和主要步骤。

思维导图

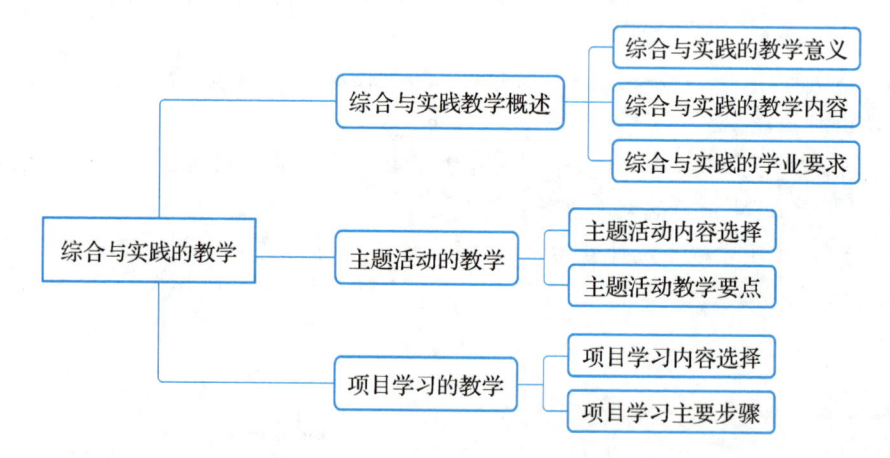

```
                          ┌─ 综合与实践教学概述 ─┬─ 综合与实践的教学意义
                          │                      ├─ 综合与实践的教学内容
                          │                      └─ 综合与实践的学业要求
综合与实践的教学 ─────────┼─ 主题活动的教学 ─────┬─ 主题活动内容选择
                          │                      └─ 主题活动教学要点
                          └─ 项目学习的教学 ─────┬─ 项目学习内容选择
                                                 └─ 项目学习主要步骤
```

学习要求

1. 了解小学数学中设置"综合与实践"领域的教学意义。
2. 理解小学数学"综合与实践"领域的教学内容及特点。
3. 明确小学数学不同学段"综合与实践"领域的学业要求。
4. 掌握主题活动、项目学习的内容特点，正确分析教材，合理设计并能实施。

第一节 综合与实践教学概述

《课标(2022年版)》明确提出要进一步加强综合与实践教学。综合与实践领域强调以实际情境、真实问题为载体,启发学生在自主学习、独立思考、合作探究等数学活动中,增强问题意识,提高解决实际问题的能力。在综合与实践活动中,学生探索发现、大胆质疑、调查研究、实验论证、运用工具、交流汇报,认识到数学与其他学科、与生活的联系,体会到数学有用,并进而想用、会用,增强应用意识,提升应用能力。

一、综合与实践的教学意义

(一) 体验数学与其他学科及生活的联系

综合与实践领域的内容选择、主题设计、项目安排,反映了数学史、实际生活、科学研究,关注学生对数学文化的理解、实际生活中的数学应用以及对科学技术的认识。由于综合与实践领域内容、教学的特点和要求,学生在经历主题活动、项目学习时必须超越数学学科的单一性,联系与整合各学科知识,综合运用多学科知识解决问题,这必然增强学生对数学学科知识结构化的理解,促进学生对数学学科与其他学科关联性的认识,提升学生知识结构的整体性。同时,学生在自主选择、整合、实践运用的过程中获得直接经验和体验,增强学生知识综合运用能力,促进学生对世界的整体性认识。如在学习"扇形统计图"时,引导学生结合扇形统计图了解不同食物中的营养物质比重。

德国埃德蒙德·胡塞尔对我们存在于其中的世界做了"生活世界"与"科学世界"的划分。在他看来,生活世界是一个前科学的、预先被给予的世界;是一个直观的、奠基性的世界;是富有意义、富有价值、本真存在的世界。而科学世界是人们依据经验、规范、条例而形成的一种理性世界。生活世界是科学世界的根基,科学世界产生于生活世界。因此,他提出"返回生活世界"的口号。综合与实践领域的素材取之于生活实际,可以使学生体会到数学与现实世界的联系。例如,在"轴对称图形"学习活动中,教师可以让学生观察各种树叶的形状、建筑物的结构、广告牌的画面等,让学生体会到人们生活的环境中有许多物体的形状是轴对称图形。学生数学学习的基础是生活经验,教学中要加强数学学习和生活实际的联系,让学生有运用数学知识解决现实生活问题或处理其他学科所提出问题的机会,有对数学内部规律进行探索研究的机会,让学生体会数学和实际的联系,形成数学应用意识。

(二) 改变数学学习方式,积累数学活动经验

《课标(2022年版)》指出:"学生的学习应是一个主动的过程,认真听讲、独立思考、动手实践、自主探索、合作交流等是学习数学的重要方式。教学活动应注重启发式,激发学生学习兴趣,引发学生积极思考,鼓励学生质疑问难,引导学生在真实情境中发现问题和提出问题,利用观察、猜测、实验、计算、推理、验证、数据分析、直观想象等方法分析问题和

解决问题。"因此,数学课堂不再简单地作为学生"接受"知识的地方,而成为学生探索与交流数学、构建自己有效的数学理解的场所。综合与实践可以使学生从已有的经验出发,在教师帮助下自己动手、动脑做数学,逐步发展对数学概念的理解和问题解决能力。例如,结合"制订旅游计划"主题,思考外出旅游时会遇到哪些具体问题?这些问题应采用怎样的策略去解决?多样化的实践活动能满足学生的愿望,因为"儿童对活动的需要几乎比对食物的需要更为强烈"(蒙台梭利)。基本活动经验是在"做数学"的过程中形成的,综合与实践活动是学生积累活动经验的载体,可以采取调查访问、操作实验、自主探索、大胆猜测、合作交流、课题研究等多种学习方式,让学生真正成为学习活动的主人。

(三) 感悟数学价值,提升数学学习兴趣

综合与实践的重要目的是启发学生体会数学知识之间、数学与其他学科之间、数学与生活之间的联系,体会数学的应用与价值,掌握解决问题的基本方法,发展解决问题的能力。数学发展到今天,不单单是代数与几何,也已突破传统的应用范围,数学存在于人类活动的各个领域,各门学科都呈现"数学化"趋势,这种数学化趋势充分反映了各个领域对数学的需求,数学在各个领域的存在价值。如在"蒜叶的生长"学习活动中,除了要引导学生运用统计的知识收集、整理、分析数据完成统计图、统计表的制作之外,更要引导学生结合调查对象"蒜叶"本身进行数据分析,考虑蒜叶的生长规律,以及影响蒜叶生长的因素,从中获得种植蒜以及其他植物的启示,体会数学的现实意义。

学生通过参与多样化的活动,可以不断积累运用数学知识解决实际问题的经验,体验发现问题、克服困难、解决问题、获得成功的喜悦。学生在成功经验的积累中能够提高自我效能感,增强学习数学的信心,提升学习数学的兴趣,增强探究欲望,进而发展为对数学的热爱以及钻研数学的意志。

(四) 增强应用意识与创新意识

综合与实践领域重在实践、重在综合。注重学生自主参与、全过程参与,重视学生积极动脑、动手、动口,注重数学各领域之间、数学与其他学科、数学与生活实际的联系。综合与实践领域的活动设置,有利于引导学生看到数学在生活中是有用的,树立运用数学知识、数学思维、数学方法等去解释现实生活现象、解决实际问题的意识,能够主动用数学;有利于引导学生看到现实生活中蕴含丰富的数学,能够用数学的视角去认识现实世界,主动观察、发现现实生活中蕴含的大量数学问题,能够从数学的角度思考这些问题,将现实问题抽象为数学问题,进而从数学的角度、用数学的方法加以解决,发展应用意识与能力。例如,"上学时间"活动中,通过让学生记录一周每天上学途中所需要的时间,并从中发现信息,使学生知道在现实生活中有许多问题可以先调查数据,再分析得出结论,感受到数学与实际生活的联系。

学生自己发现和提出问题是创新的基础,问题意识、独立思考、学会思考是创新的核心,归纳概括得出猜想和规律,并加以验证是创新的重要方法。在综合与实践活动中,学生有更多机会发现问题、提出问题、独立思考、归纳猜想、自主探究、表达观点,有助于学生创新意识的发展。

二、综合与实践的教学内容

《课标(2022年版)》对"综合与实践"的重整,不仅保留了"体现数学各领域之间、数学与其他学科之间的综合"(即学科内外的综合),而且拓宽到"跨学科融合"和"情境真实的问题",实施载体由"实践活动"拓宽到主题式学习、项目式学习,课程实施由点状教学整合到单元教学,培养学生跨学科的应用意识与实践能力。[①]

(一) 综合与实践的内容设置

综合与实践以培养学生综合运用所学知识和方法解决实际问题的能力为目标,根据不同学段学生特点,以跨学科主题学习为主,适当采用主题式学习和项目式学习的方式,设计情境真实、较为复杂的问题,引导学生综合运用数学学科和跨学科的知识与方法解决问题。第一、二、三学段主要采用主题式学习,将知识内容融入主题活动中,第三学段可适当采用项目式学习。

主题活动分为两类:第一类,融入数学知识学习的主题活动。在这类活动中,学生将学习和理解数学知识,感悟知识的意义,主要涉及量、方向与位置、负数等知识的学习。第二类,运用数学知识及其他学科知识的主题活动。在这类活动中,学生将综合运用数学知识解决问题,体会数学知识的价值,以及数学与其他学科的关联。

第一学段主题活动,涉及认识货币单位,认识时间单位时、分、秒,认识东、南、西、北四个方向等知识的学习,关注幼小衔接,帮助学生积累数学活动经验。

第二学段主题活动,涉及认识年、月、日,认识常用的质量单位,认识东北、西北、东南、西南四个方向等数学知识的学习,在活动中综合运用数学和其他学科知识解决问题。

第三学段主题活动和项目学习,涉及了解负数等数学知识的学习,在活动中综合运用数学及其他学科知识解决问题,提高应用能力。

各个学段内容丰富,活动形式多样。

(二) 综合与实践的内容解析

1. 立足生活现实

弗雷登塔尔认为每个人都有自己的数学现实,教学要了解学生的数学现实,从学生的数学现实出发。数学学习要促进学生能够用数学的眼光观察现实世界,在现实世界中运用数学。现实生活中的数学问题无处不在,综合与实践领域的问题可以来自学生的个人成长、家庭生活、学校生活和社会生活等领域。

小学阶段学生个人成长过程中会碰到许多问题,可以从数学的角度进行分析研究。例如,学生的身高、体重、一日三餐等都可以作为综合与实践活动的问题。

学生是家庭中的一员,可以引导学生多观察、多思考、多与父母交流,获得有关信息,并从数学的角度分析问题、解决问题。例如,家庭生活用品的支出、水电的用量、家庭旅游

[①] 孔凡哲,史宁中,赵欣怡.《义务教育数学课程标准(2022年版)》的主要变化特色分析[J].课程・教材・教法,2022,42(10):42-47.

活动的设计等。

数学在学校生活中也普遍存在。例如,在上学时间中体会数据的随机性和规律性;在校园建筑中理解方向与位置;"我的教室"主题活动,以教室为背景,组织学生在日常生活情境中,会用上、下、左、右、前、后描述物体的相对位置,认识东、南、西、北四个方向。

社会生活的各个领域都离不开数学,许多问题都需要综合运用数学知识和方法来解决。例如,如何根据十字路口各方向通行的车辆数,设计各路口红绿灯时间长短比较合理,不同定期储蓄利率对储蓄人的收益影响等。

2. 突出多维综合

这里的综合不仅表现为数学内部分支之间的综合,更强调数学与生活实际、其他学科的综合,打破传统格局和学科限制。综合与实践一方面要在开阔的问题情境中综合运用数学知识、各个学科知识,即把数学学科内的不同知识、不同学科的相关知识综合起来,解决实际问题。例如,"时间在哪里"的主题活动,要引导学生在生活情境中认识时、分、秒,结合生活经验体会并述说时间的长短,了解时间的意义,懂得遵守时间。"生日快乐"主题活动,通过综合运用"年月日"和"统计"的知识,猜一猜学生的生日,比一比哪个月出生人数最多,哪个月出生的人数最少,不同季度出生的人数相差多少,理解年、月、日的产生与发展,认识平年、闰年,了解星体运动等。另一方面,要综合运用数学方法、各种工具、不同能力解决实际问题。例如,在认识计量单位"厘米""米"之后,组织"量一量"实践活动,确定用什么样的尺量,如何量得准确,让学生尝试用不同的测量方法进行测量,从而解决生活实际中的问题。

3. 具有探究空间

综合与实践本质上是一种解决问题的活动,在解决问题的过程中,需要学生独立思考,自主探索。教学中,首先要有一个比较大的问题背景,这个问题对于学生来说应该具有探索的余地和思考的空间,教师充分尊重学生的自主性,让学生经历一个收集信息、处理信息和得出结论的过程,引导学生在此过程中掌握一些探究的方法。

例如,在"体育中的数学"主题活动中,收集重大体育赛事的信息、某项体育比赛的规则、某运动员的技术数据等素材,提出数学问题,设计问题解决方案;在问题解决的过程中,形成发现、提出、分析、解决问题的能力。再如,在"滚得有多远"主题活动中,组织学生通过自主实验,探究斜坡与地面所成夹角的大小与球滚动距离之间的关系。

4. 体现活动过程

综合与实践的实施是以问题为载体、以学生自主参与为主的学习活动。它有别于学习具体知识的探索活动,更有别于课堂上教师的直接讲授。教师通过问题引领,让学生全程参与实践过程,经历相对完整的学习活动,它的核心是学生在教师的引导和帮助下有目标的、自主的实践活动。[1] 综合与实践领域要解决的问题不是单纯的数学问题,而是要能真正融入生活情境中,合乎逻辑的问题;也不是运用单一数学知识点就能解决的问题,而应具有综合性,是运用多知识点或多学科综合才能得以解决的问题,在问题解决中是能有

---

[1] 马云鹏. 小学数学课程标准与教材研究[M]. 北京:高等教育出版社,2016:227.

效促进学生核心素养发展的。① 学生经历理解情境、发现问题、提出问题、分析问题、解决问题的全过程,在活动过程中动手、动脑、动口,进行小组合作活动、探究活动。学生在活动过程中经历探索的"弯岔""曲折"和"纠纷",获取知识,启迪思维,提高解决问题的能力,更有利于提高学生学习的兴趣。如在"校园平面图"主题活动中,学生在实际情境中,经历综合应用比例尺、方向、位置、测量等知识,绘制校园平面简图,标明重要场所的活动过程,通过交流绘制成果,反思绘制过程,形成初步的应用意识和创新意识。

5. 利于素养提升

小学阶段综合与实践领域以主题活动为主,主题活动教学是跨学科背景下的数学内容学习,要引导学生在跨学科背景下用数学的眼光观察现实世界,用数学的语言表达现实世界中事物的概念、关系和规律,帮助学生感悟数学与现实世界的联系,培养学生实践精神。基于真实情境的实际问题,要求学生在探究过程中综合运用数学学科、其他学科、经验积累等多个方面的知识、能力解决实际问题,能够促进学生沟通数学与生活,主动运用数学于生活,提升数学应用意识与能力,发展核心素养。

例如,在"曹冲称象的故事"主题活动中,以"曹冲称象"故事为依托,结合现实素材,学生感受并认识克、千克、吨,以及它们之间的关系,感受等量的等量相等,发展量感和推理意识,能针对具体问题与他人合作制订称重的实践方案,并能在执行方案的过程中不断反思,逐步经历丰富的度量活动,积累数学活动经验。在"种子的发芽率"活动中,通过实验法和统计分析法,引导学生计算种子与产量的关系,认识种子的发芽率,体验数学知识与农业生产的紧密联系,养成科学的态度,掌握科学的方法,激发学习数学、应用数学的热情,提升数学核心素养。

三、综合与实践的学业要求

"素养导向、育人为本"的价值取向突出了义务教育课程以人的素养结构为支撑点,强调每个学段、每门学科需结合学科的内容与特点,提出该学科实现的学段核心素养的具体目标,是对人的培养的根本指向。育人为本是突出义务教育课程对人成长的过程性的关注,注重学生发展的动态轨迹,体现课程文化的最终价值是关注生命的体验与成长的过程,目的在于促进学生全面发展和健康成长。②《课标(2022年版)》中针对不同学段的综合与实践活动,提出了如下学业要求。

第一学段,学生能够积极参与活动,在活动中能主动表达自己的想法,并与他人交流观点,加深对数学知识的理解,感悟数学知识与现实生活的联系,发展对数学的好奇心,提升学习数学的兴趣,初步获得一些数学活动经验。

第二学段,学生能够积极参与活动,在活动中能独立思考问题,主动与他人交流,加深对数学知识以及数学与其他学科关联的理解;经历解决简单实际问题的过程,提高应用意识,积累数学活动经验,感悟数学的价值。

第三学段,学生能够积极参与活动,在活动中能独立思考问题,主动与他人在多方面

---

① 黄友初. 小学数学综合与实践教学的内在逻辑与实施要点[J]. 数学教育学报,2022,31(5):24-28.
② 史丽晶,马云鹏. 义务教育课程标准的实施研究[J]. 课程·教材·教法,2022,42(10):28-35.

展开交流,经历实地测量、收集素材、调查研究、解决问题的实践过程,提升思考问题的能力,积累根据解决问题的需要合理选择策略和方法的经验,形成模型意识与初步的应用意识和创新意识。

上述学业要求,体现了学生在活动参与、独立思考、主动表达、学科关联、问题解决、应用意识、价值体会、模型意识、创新意识等多个方面应达到的要求。

(一) 能够积极参与探究活动,丰富经验积累

综合与实践活动的主体是学生,教师应该关注学生实践了没有,经历了没有,学生在活动过程中发现了什么问题,他们又是如何想方设法解决问题的;学生在实践中获得了何种体验,是怎样与他人交往和合作的;学生在活动过程中应用能力、创造能力是否得到了发展。课堂上我们必须千方百计地为学生创设各种有利于实践、体验的环境,及时了解学生开展研究活动时遇到的困难,需要怎样的帮助等。

例如,"我长高了"的实践活动,主要是让学生了解和掌握测量的一些方法,可以先让学生尝试测量,遇到困难后老师给予指导、纠正错误,然后学生再独立测量。这样学生掌握的方法并不是教师强加给学生的,而是在实践活动中学生亲身经历、自我体验得到的。通过"身体上的尺子"活动,学生要能运用测量长度的知识,了解身体上的一些"长度";能用身体上这些"长度"测量教室以及身边某些物体的长度;能记录测量的结果,能与他人交流、分享测量的经验,发展量感。

(二) 能够独立思考问题,主动交流观点

综合与实践活动中学生为了解决实际问题,要能够充分独立思考、合作交流。学生积极展开思维活动、解决问题是高级思维的过程,在问题解决活动的过程中,学生在尝试寻找答案时,不是简单地用已知的信息,而是对信息进行加工,重新组织若干已知的规则,形成新的高级规则,用以达到一定的目标;综合与实践活动是学生共同解决问题的过程,学生在活动中体验与他人的合作,并能够主动表达自己的观点,在交流中相互启发,推进问题解决。学生在独立思考的基础上进行观点交流,能够充分展示自己的思维方法和过程,满足学生自我表现的欲望,实现自我价值;可以通过广泛参与,使教学资源得到进一步的挖掘和整合,通过师生之间、生生之间的动态信息交流,实现师生互动,达到思维碰撞、情感交融、成果增值。

例如,通过"数学连环画"主题活动,学生要能主动整理学过的数学知识,思考如何运用数学知识记录自己的经历;能结合生活经验或者通过查阅资料,编写含有数学知识的小故事;能用自己的语言表达数学连环画中数学知识的意义及蕴含的数量关系,能理解他人数学连环画中的数学信息及关系,学会数学化的表达与交流。

(三) 能够自主整合知识,善于综合运用

加强数学各部分内容、数学与其他学科、数学与生活的联系,发展学生的综合应用能力,是综合与实践领域的重要目标。数学学习主要是学习数学领域的知识,数学作为人类文化的一部分,和其他学科一起在人的发展过程中起到非常重要的作用。人的发展离不

开数学,但是如果只发展数学,人的发展就是不全面的。在数学学习过程中,人的数学学习也不能只用数学知识、数学思维,其他学科知识和学科思维方式都在数学学习中起到一定的作用,人的发展就是所有知识、能力、思想方法的综合。① 综合与实践领域较好地体现了这种综合性,因此,学生在综合与实践活动中要能够主动整合数学知识、各学科知识、生活经验等,全面地思考、探索、分析、解决问题,提升对各学科知识的综合运用意识与能力。

链接12.1　新课标理念下的数学教科书"综合与实践"活动:"关键特征""基本类型"与"呈现要点"

例如,通过"数学游戏分享"主题活动,能比较清晰地描述幼儿园和学前生活中的数学活动内容,比较准确地表达自己对数、数量、图形、方位等数学知识的理解;能说明或演示自己玩过的数学游戏内容和规则,在教师的协助下能带领同伴一起玩这些数学游戏。再如,在"度量衡的故事"主题活动中,学生通过查找资料,理解度量衡的意义,提升学习的意识与能力;了解最初的度量方法都是借助日常用品,理解度量的本质就是表达量的多少,知道计量单位是人为规定的;了解计量单位的发展历史,知道科学发展与度量精确的关系;在教师指导下,能对不同的量进行分类、整理、比较,丰富并发展量感。

(四) 能够解决实际问题,形成模型意识

模型意识主要是指对数学模型普适性的初步感悟。知道数学模型可以用来解决一类问题,是数学应用的基本途径;能够认识到现实生活中大量的问题都与数学有关,有意识地用数学的概念与方法予以解释。模型意识有助于开展跨学科主题学习,增强对数学的应用意识,是形成模型观念的经验基础。

综合与实践本质是一种解决问题的活动,学生应当能够从现实生活中发现数学,用数学的眼光看待现实生活中的一些问题,主动将其抽象为数学问题,用数学符号进行表达,进而通过数学的方法(验算、推理、证明)加以解决。学生要能够亲历数学模型的生成过程,从而促进学生深入理解模型并且灵活应用模型。例如,著名的"七桥问题",欧拉通过将其转化为数学问题,不仅成功回答了哥尼斯堡居民的提问,而且得到并证明了"一笔画"的相关结论。

(五) 能够认识数学价值,发展应用意识

应用意识主要是指有意识地利用数学的概念、原理和方法解释现实世界中的现象与规律,解决现实世界中的问题。能够感悟现实生活中蕴含着大量的与数量和图形有关的问题,可以用数学的方法予以解决;初步了解数学作为一种通用的科学语言在其他学科中的应用,通过跨学科主题学习建立不同学科之间的联系。应用意识有助于用学过的知识和方法解决简单的实际问题,养成理论联系实际的习惯,发展实践能力。

要让学生主动在生活中用数学,首先应该让学生确定数学在现实生活中是有用的,理解数学价值。综合与实践领域结合不同学段的学生特点创设生活实际、科学技术、数学故事等情

---

① 彭国庆. 两版《义务教育数学课程标准》中"综合与实践"的比较研究[J]. 教学与管理,2022(23):4-7.

境,学生有机会理解数学与生活的联系,感悟数学在实际生活、生产中的作用。

例如,在寻找"宝藏"主题活动中,学生要能够在认识东、南、西、北的基础上,能在平面图上认识东北、西北、东南、西南四个方向;能描绘图上物体所在的方向,判断不同物体所在的方向,以及这些方向之间的关联;能把这样的认识拓展到现实场景中,在简单的实际情境中正确判断方位;进一步理解物体的空间方位及物体之间的位置关系,发展空间观念。了解用"几点钟方向"描述方向的方法及其主要用途,能在现实场景中尝试以站立点为正中心(圆心),以钟表盘 12 个小时的点位来说明方向。能尝试设计符合要求的藏宝图,能从他人的藏宝图中发现、提取信息并解决问题,提高推理意识。再如,在"水是生命之源"项目学习中,学生要能合作设计生活中用水情况的调查方案,并展开调查,在调查中进一步优化方案;会查找与淡水资源相关的资料,从资料和实地走访中筛选需要的信息,提出问题,确定解决问题的思路,提高应用意识;根据问题解决中的发现和收获,制订节水方案,尝试设计节水工具或方法,培养创新意识;在问题解决中加深对水资源保护等社会问题的关注与理解。

思考与练习 12.1

1. 小学数学为什么要设置"综合与实践"这一学习领域?
2. 小学数学"综合与实践"领域的主要内容和特点是什么?
3. 小学数学"综合与实践"领域的学业要求是什么?
4. 为什么说"综合与实践"活动有利于学生获得基本活动经验?

第二节　主题活动的教学

主题学习指在单个或系列主题下,学生通过操作、探究、交流等具体活动,进行知识的学习或应用。[①] 其自主构建性、综合性程度低于项目式学习。[②] 在主题活动中,学生将面对现实背景,从数学的角度发现并提出问题,综合运用数学和其他学科的知识与方法,分析并解决问题。

一、主题活动内容选择

主题活动分为两类,一是融入数学知识学习的主题活动,它以数学学科知识为核心,学生在一定的问题情境中学习和理解数学知识,感悟知识的意义;二是运用数学知识及其他学科知识的主题活动,具有明显的跨学科性。

(一) 融入数学知识学习的主题活动

融入数学知识学习的主题活动在内容主题归属上具有一定的独立性,与原所属领域、主题密切关联的知识相对较少,其剥离对原有领域、主题的知识结构影响较小;在内容特

[①] 郭衎,曹一鸣.综合与实践:从主题活动到项目学习[J].数学教育学报,2022,31(5):9-13.
[②] 刘加霞,刘琳娜."综合与实践"领域的主旨、特征与实施建议——《义务教育数学课程标准(2022 年版)》内容解读(之一)[J].湖北教育(教育教学),2022(6):8-10.

点上体现丰富的生活性,与学生的日常生活、社会生活密切相关,同时要基于学生的经验基础;在学习活动组织上注重在动手操作、亲身体验中获得感知。《课标(2022年版)》将"常见的量""负数"以及"图形与位置"中的认识上、下、左、右、前、后,认识东、南、西、北四个基本方向,认识东北、西北、东南、西南四个方向等内容调整到"综合与实践"领域,这些内容均与实际生活密切相关,能够反映综合与实践领域的特点。该类内容除了有知识性目标外,还包含活动、方法、数学思想、核心素养等方面的要求[①],通过设置"欢乐购物街""时间在哪里""年、月、日的秘密""我的教室""寻找宝藏"等主题活动,促进学生感悟数量,学会辨认方向,理解数学与生活的联系,提升应用意识。

例如,"欢乐购物街"的内容选择即基于学生日常生活中的购物经验,引导学生回顾看到过的和经历过的购物过程,在组织的购物活动中,通过对商品进行定价或者买卖,在定价、付钱和找钱等具体活动中,认识并会使用人民币,体会货币单位的换算,加深对加减运算的理解,形成初步的量感。同时,帮助学生感受货币的作用、商品与货币的关系,形成初步的金融素养。这一主题活动就是将数学学习融合于实际的生活情境中,学生在真实的购物问题面前,主动学习认识人民币,同时模拟运用人民币,不仅能够促进学生数学知识的掌握,也能够启发学生感受数学知识与实际生活的联系,感受数学于生活的意义。

再如,"我的教室"主题活动的内容选择充分立足学生的学习生活,通过向他人介绍"教室里有什么""我在教室里的位置"等,帮助学生联系生活中描述物体位置的经验,正确使用上、下、左、右、前、后等词语描述物体的位置,辨别自己的东、南、西、北方向分别是谁,在辨别和应用中体会方位的相对性。同时此主题活动也可以根据不同学期的教学内容,设定不同的活动内容,如"我的学校",结合学校周围的标志性建筑,用东、南、西、北等词语向他人介绍自己学校所在的位置等。这样的主题活动将上、下、左、右、东、南、西、北等方位知识置于具体情境和活动中,提升了知识的直观性,便于学生感知知识的实际意义,同时利于学生对不同方向和位置的认识与运用。

(二) 运用数学知识及其他学科知识的主题活动

运用数学知识及其他学科知识的主题活动,在关注数学学科知识及其综合运用的同时,更关注数学学科与其他学科间的融合应用。注重数学知识的使用方法和功能,实现知识的输出。在真实、复杂的问题情境下,需要学生综合应用数学思维的思辨、推理等思想,运用跨学科的知识与方法,分析、解决有深度、有难度的综合性问题。结合数学知识与其他学科的知识,设计、组织开放性、跨学科主题活动是我国小学数学"综合与实践"学习活动发展的重要方式,利于学生运用意识与能力、团队合作能力、动手实践能力、反思研究能力的发展。

例如,"体育中的数学"主题活动,基于体育运动中包含着各种各样的信息,如奥运会等重大赛事的成绩、足球赛中的抽签分组、篮球赛中运动员的技术统计、运动中的营养健康等背景,引导学生挑选自己感兴趣的内容,通过查找、梳理信息,提出并解决数学问题,

---

① 吴立宝,刘颖超. 比较视阈下的"综合与实践"学习领域解析[J]. 数学教育学报,2022,31(5):19-23.

进一步感受数学在生活、社会、科技中的广泛应用,理解数学与其他学科、社会生活之间的关系。

再如,"校园平面图"主题活动,充分利用学生的校园生活,结合校园实际情况,在将校园的形状、校园内的建筑用合适的比例尺画在纸上的问题背景下,学生经历实地测量、构建比例尺、依据比例尺进行绘制等多个阶段,面对校园的占地形状不规则、建筑物墙体太长不好测量、怎样将立体的校园画在平面上等诸多问题,制订活动方案的过程中,树立问题意识,思考、提出可能遇见的问题,并考虑如何解决,对于潜在问题的提出与思考,需要分工合作、综合运用数学各领域知识加以解决。

📖 链接12.2 小学数学"综合与实践"主题活动的理解与思考

二、主题活动教学要点

不同主题的综合与实践活动,教师要根据教学目标和学生实际组织教学,通常包括以下教学要点。

(一) 创设情境,提供背景

创设情境、提供背景可看作活动的准备阶段。教师要了解学生的生活经验,研究学生已有知识基础和技能掌握情况,通过创设情境,唤起学生的主体意识。小学生年龄小,活动的环境、背景、材料一般由教师准备,活动方案可由师生共同制定,让学生明白做什么和应该怎样做,就所研究的课题由教师指导学生合理分组,教给学生合作的方法,防止出现小组内的"单干户"。

研究的问题要符合学生年龄特征、知识水平,要基于学生的现实生活和直接经验;要有效利用近期所学的知识,把数学活动与近期所学的数学知识联系起来,既能巩固、深化知识,又可以使学生学到一些解决问题的策略,体会到数学的实际价值;要体现学校和本地区的实际情况,符合开展活动所需的物质条件,由于城市与农村,经济发达地区与落后地区学校的学生生活环境不同,教育资源有明显差异,情境选择要因地制宜,防止脱离实际。贴近学生实际的情境更容易调动学生的兴趣,学生更容易从中提取信息、提出问题,不同发展水平的学生都能参与进来,都能在活动中找到自己的角色。如"年、月、日的秘密"主题活动,通过"我的一天时间规划"活动要求,结合起床、学习、运动、阅读等多个生活情境,引导学生思考不同的时间自己需要做什么,中午的12点与夜里的12点有何联系,又有何不同,从而理解普通记时法与24时记时法的关系,学会用24时记时法记录一天的生活。

📖 链接12.3 小学数学"综合与实践"的主要变化与教学改革

案例12.1 掷一掷

【教材】人教版义务教育教科书《数学》五(上)

【说明】本实践活动是在学完"可能性"之后,以掷骰子的游戏形式探讨可能性大小。

教材在提供丰富活动素材的同时,加强了问题情境的创设。如"它们的和可能有哪些呢?""怎么又是老师赢?""从图中你发现了什么?"通过这些富有情趣、富有启发性的问题,让学生经历将生活问题数学化的过程,激发学生探究知识的积极性,培养学生的逻辑思维能力。教材在呈现教学内容和过程时,不但体现了知识的形成过程,而且给学生充分的自主探索和交流空间,让学生综合运用所学知识去解决问题。

【过程】同学们喜欢听故事,那老师给大家讲一个阿凡提智斗巴依老爷的故事。地主巴依老爷十分狡猾奸诈,经常欺压百姓。有一天,巴依老爷借口物价上涨,想要再次提高穷人的田租,这次如果让他得逞,穷人的日子就更不好过了。大家一致推举聪明的阿凡提代表穷人与巴依老爷谈判。阿凡提对巴依老爷说:我们就用最简单的方法——掷骰子比胜负,这儿有两个骰子,我们每人掷10次,将每次的两个骰子朝上的数相加得到的和分为两组,一组是5、6、7、8、9,另一组是2、3、4、10、11、12。掷出来的和在哪一组里,就算哪一组赢一次,掷完后,看谁赢的次数多,谁就获胜。您是老爷,您先选一组吧。巴依老爷心想,第一组的和有5种,第二组的和有6种,肯定第二组赢的次数多。于是,巴依老爷立马就选择了第二组。同学们,你们认为谁胜的可能性大呢?为什么?

【点评】以学生所熟悉的故事为背景,设置悬念,引出问题,将学生带入情境,让枯燥的数学知识趣味化,调动了学生学习的积极性,激发了学生探索问题的欲望,也让学生感受到"可能性及其大小"的实际运用,感悟数学与生活的联系。

(二) 发现问题,提出问题

问题是数学的心脏。注重激发学生的问题意识,是培养学生创新能力的需要。《课标(2022年版)》再次强调了发展"发现问题和提出问题"能力的要求,这也是改革学生学习方式的重要一环。问题由学生提出,才能更好地激发学生的主体意识,启发学生用数学眼光观察现实世界,用数学思维思考现实世界,用数学语言表达现实世界,才能使学生摆脱过去学习中的依赖和模仿,使学生的数学学习过程真正是一个生动活泼的、主动的和富有个性的过程。

从问题产生的思维深度,提出问题能力的水平可以分为三个层次:事实性水平、联系性水平、探究性水平。数学问题提出的事实性水平是指:就某一情境或内容的事实(现象)或知识提出问题,通常表现为"是什么?""什么样?"等解释性的问题。联系性水平是指:就某一情境或内容与已有知识(经验)相矛盾或不相一致,或辨别、提取情境中相关要素及联系而产生的问题,通常表现为"为什么是这样?""与某熟知的规律(现象)有什么联系和区别?"探究性水平是指:对观察的事实与现象进行变形、拓展、延伸等而产生的问题,通常表现为寻找现象背后的数学本质,特殊问题一般化,具体问题形式化,形成更为抽象性、概括性、普适性的问题。[①]

例如,教师向学生提供了以下情境:

灯塔顶上有照明灯,照明灯可以在夜晚帮助海船靠近海岸时寻找航线。照明灯以规律的固定模式发射亮光,每盏照明灯有自己的发光模式。在下面的图中你可以看到一盏

---

① 刘久成.提出问题:因素·层次·策略[J].数学通报,2012(4):27-31.

照明灯发射亮光的模式,闪光随着黑暗周期交替。

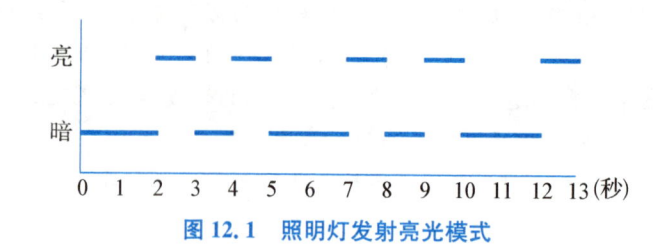

图 12.1　照明灯发射亮光模式

事实性水平问题,如:该灯前 2 秒亮吗?第 3、4、5 秒灯亮吗?前 5 秒中灯亮了几次、暗了几次?前 5 秒中灯亮了几秒、暗了几秒?第 8、9、10 秒灯亮吗?这些问题来自对图中现象观察的直接描述,是对事实呈现的另一种方式。

联系性水平问题,如:该灯第 14、15 秒亮吗?为什么?继续下去该灯哪些时间连续暗 2 秒?第 99、100 秒灯是亮着还是暗着?1 分钟内发射亮光的时间有多少秒?这些问题超越了图中直接显示的信息,需要依照初始条件,联系相关要素做出简单的想象、推测。

探究性水平问题,如:画一个每分钟发射 30 秒亮光的灯塔的闪光模式,并且周期是 6 秒。这个问题需要建立在个体已经获得情境图所反映的灯塔发光模式存在什么样规律的基础上才能提出,需要调动已有的知识经验,并把给定的多种信息联系起来。由于周期为 6 秒的发光方式有多样性,用图形表达时就有不同的模式,所以这样的问题不仅具有探究性,而且具有开放性和建构性。

案例 12.2　集合

【教材】人教版义务教育教科书《数学》三(上)

【教学片段】

课件呈现情境。老师要给参加比赛的每位同学发一枚徽章,他把任务交给小阳。小阳统计参加跳绳的有 9 人,参加踢毽的有 8 人。当他把 17 枚徽章发给每人一枚时,还剩 3 枚徽章。

启发学生思考:从材料中发现了什么问题?

明确:多出 3 枚徽章。

进一步思考:哪里出了问题?17 人参赛,每人发一枚徽章,17 枚徽章为什么会多 3 枚?

学生独立思考,小组讨论,全班交流。

肯定学生合理观点,启发学生猜想:①有同学参加了两个比赛;②有三位同学同时参加了两个比赛。

鼓励学生想办法验证猜想。

学生独立思考,小组合作进行验证活动。

组织交流验证过程:①把名字拿出来对一下;②把参加两项比赛的学生名字分别写下来,找一找。……

引导学生仔细观察参加跳绳和踢毽比赛的同学名单,交流发现。

明确:有三位同学既参加跳绳,又参加踢毽;实际上参加比赛的只有 14 位同学。

【点评】此活动环节通过教师设疑提问、学生思考发问等方式引导学生经历发现问题、提出问题、大胆猜想、解决问题的探究过程，有利于学生四能发展。

（三）综合运用，分析、解决问题

综合与实践领域的内容以现实问题和跨学科实践为主，在小学阶段主要采用主题活动方式。这既是对数学领域内所学知识的融合运用，也是数学与其他学科、生活实际相结合的综合运用。因此要引导学生充分认识综合与实践活动本身的"综合性"，在活动过程中主动思考所面对的情境、问题、信息等与现实生活、解决过的问题、掌握的数学知识、其他学科知识、使用过的方法等方面的联系，整合知识、信息、条件、资源等，找出对当前问题适用的策略。

实践活动的过程中，需要每一个学生的独立思考，同时离不开合作交流，在师生、生生、小组与小组、小组与大组等多样交流中，学生对知识或活动内容的理解更全面、更深刻。所以在合作交流中要让学生想说、敢说、乐说，畅所欲言。在交流的过程中，学生的思想在碰撞、知识在整合，在相互启发的过程中，思维会实现质的飞跃。在学生合作过程中还要照顾到所有学生，及时帮助鼓励学生克服困难，自主地、力所能及地得出结果，获得数学活动经验。

如"编码"活动中，通过创设帮助探长破案的推理情境，引导学生对嫌疑人身份信息进行综合分析，充分解读身份证、银行卡编码规律，从而确定嫌疑人，推理破案。再如，"数学游戏分享"主题活动虽然设置在一年级，但仍然体现了综合性特点，以及对学生整合知识、经验的要求，通过介绍我的幼儿园生活、分享有趣的数学游戏等活动，引导学生通过回顾幼儿园的建筑有几层？幼儿园的操场是什么形状？教室大不大？教室内有多少桌子、椅子？桌子是什么形状？等数学学习经验，从方方面面回忆自己所积累的数学知识、数学游戏，有利于学生梳理、整合自己头脑中的数学，加深对数学是什么的理解。

案例 12.3　制订旅游计划

【教材】苏教版义务教育教科书《数学》六（下）

【教学片段】

1. 出发交通方式的选择与费用预算

课件出示书本 107 页：①"列车时间和票价"的表格；② 身高 1.20～1.50 米的儿童享受半价票；③ 小芳今年 11 周岁，身高 1.42 米等信息。

鼓励学生根据这些信息，从票价、时间等方面考虑，选择一种自己认为合适的火车出行方案，计算费用。

学生独立思考和计算，小组内交流。

学生汇报设计的方案，要求：①说清楚交通方式的选择及理由；②说清楚计算过程与结果。根据学生的汇报，板书：

① 费用最省（空调快车）：$150 \times 2 + 150 \div 2 = 375$（元）

② 便捷舒适（高铁）：$445 \times 2 + 445 \div 2 = 1\,112.5$（元）

③ 票价与时间兼顾（动车组）：$315 \times 2 + 315 \div 2 = 787.5$（元）

全班交流，相互评价。

2. 返回交通方式的选择与费用预算

课件出示北京到南京的部分航班信息,以及提示信息:已满2周岁未满12周岁的儿童享受半价票,但半价票不能再打折。

组织学生根据表中信息,从票价、时间等方面考虑,选择认为最合适的飞机返程方案,计算费用。

学生独立完成,组内交流。

学生汇报设计的方案,要求:① 说清楚交通方式的选择及理由;② 说清楚计算过程与结果。

根据学生的汇报,板书:

① 费用最省(C):1 010×2×60%+1 010×50%=1 717(元)

② 便捷舒适(B):1 010×2×90%+1 010×50%=2 323(元)

③ 票价与时间兼顾(A):1 010×2×75%+1 010×50%=2 020(元)

组织比较和交流,明确航班 C 的价格最便宜,而且是晚上返回,不影响当天旅游行程。(有学生选择航班 A 和 B,能说明理由,都是可以的。)

3. 往返总费用计算

要求学生根据自己设计的方案,计算小芳一家的往返交通费。

学生独立完成,交流计算结果。

明确:选择出行方式时,要根据自己的实际情况,同时兼顾舒适、便捷等方面的因素,进行合理选择。

【点评】整个过程中,教师大胆放手,让学生积极参与各项探究活动,学生成为探究活动的主体。同时充分利用小组合作形式,让学生经历互相学习、互相帮助的过程,使每一个学生都能有所收获,有所发展,有所提高。除了对教材本身情境的利用,教师还可以结合学生生活实际,鼓励学生为自己的家庭制订一份详细的旅游计划,综合考虑经费、时间、景点等因素,及时运用所学知识,切实感受数学对于现实生活的实际意义,体会运用数学知识解决问题的价值。

(四) 成果交流,评价激励

在学生通过自己的努力、合作,基本上解决了预设的问题之后,综合与实践活动并没有结束,简单的教师评分常常会损失激励学生发展的动力和机会。[1] 综合与实践的价值定位、活动内容、活动方式与数学其他领域不同,这决定了其活动评价上的特殊性。综合与实践活动评价的目的是了解学生学习过程及结果,激发学生兴趣,激励学生参与,促进学生发展,引导学生总结经验、改进活动设计。应在活动过程中进行多维、多元、多样评价。[2] 展示成果、分享收获是综合与实践活动不可缺失的环节,学生通过交流、评价,相互学习、彼此激励。在展示、交流中,教师可以引导学生对自己、小组提出的各种方案进行比

---

[1] 教育部基础教育课程教材专家工作委员会.义务教育数学课程标准(2011年版)解读[M].北京:北京师范大学出版社,2012:245.

[2] 史宁中,曹一鸣.义务教育数学课程标准(2022年版)解读[M].北京:北京师范大学出版社,2022:249.

较和评价,判断哪种方法精度高、实施方便、容易操作、有推广价值,分析不同方法的局限性、适用范围,探讨不同的方法有没有改良措施,并且要说明理由。这样的活动过程中学生不仅能够总结自己的学习成果,同时能够相互促进,增进学习动机。

主题活动的评价是综合与实践的重要组成部分,应当关注过程性评价,对照主题活动的教学目标确定评价方式,不仅要关注学生对教学内容的掌握情况,还要关注学生参与活动的程度。例如,在"欢乐购物街"活动之前要了解学生已有的购物经验,确定学生的课前知识基础和经验。第1学时,评价学生认识人民币的情况;第2~3学时,设计学生自评工具,指导学生关注自身的活动过程;第4学时,可组织学生进行反思、互评。第二学段还可以增加关注创新性评价。需要注意的是,只要策略和方法是学生独立或小组讨论得到的,对于学生而言,这样的策略和方法就是创新,就应当予以鼓励。要引导学生经历克服困难获得成功的过程,鼓励学生个体和小组在解决问题的过程中提出独特的策略和方法,激发创造的热情,形成创新意识。

案例 12.4 设计秋游方案

【教材】北师大版义务教育教科书《数学》五(上)

【教学片段】

(三)展示方案,交流学习

1. 全班交流设计方案,取长补短

教师组织各组推选代表展示设计方案,要求:① 展示秋游方案;② 展示绘制的路线图;③ 认真倾听,主动表达。

学生展示、交流。

组织学生交流:自己认为最好的是哪一组,并说明理由。

学生表达观点,全班交流。

结合学生回答,总结。① 秋游方案设计有趣;② 路线图设计合理、绘制清楚;③ 地点标注清晰;④ 时间安排合理;……

2. 完善设计方案,展览与评比

各小组相互学习,完善设计方案。

教师展示其中一组设计的秋游方案,要求各小组讨论优缺点,提出建议。

独立思考,小组讨论,全班交流。

结合学生回答,总结。① 路线图对重要游玩地点进行了红色标记,较为醒目;② 时间规划合理,游玩项目符合大家需求;③ 对于具体的地点和注意事项应用文字说明;④ 对游玩项目的费用应标注说明;……

各小组相互评价,推选最佳方案。

……

引导学生回忆是否在活动中认真倾听,主动表达,是否积极反思,优化方案,进行自我评价。

【点评】通过两个层次的方案展示、评价、交流活动,肯定学生在方案设计、线路绘制等方面的表现,同时明确可改进之处,各小组逐步取长补短、优化方案,在相互学习中综合考虑路线、费用等因素设计最佳秋游方案,获得成功体验,并通过自我评价,反思活动过程,总结学习经验。

思考与练习 12.2

1. 小学数学"综合与实践"主题活动的内涵及类型是什么?
2. 小学数学"综合与实践"主题活动涉及的主要内容有哪些?
3. 小学数学"综合与实践"主题活动的主要活动环节有哪些?
4. 设计一份"综合与实践"主题活动的活动方案。

第三节 项目学习的教学

美国巴克教育研究所(Buck Institute for Education)认为:项目学习是一套系统的教学方法,是对真实问题的探究过程,也是精心设计项目作品、规划和实施项目活动的过程,在过程中学生掌握所需的知识技能。[①] 小学数学中的项目式学习是一种动态的"建构性的学习",强调以问题(尤其是开放性问题)解决为导向、自主构建研究计划、实施计划并综合运用数学和其他学科知识解决现实问题、得到项目产品,体会数学知识的价值,以及数学与其他学科的关联。项目学习需要学生有更高的思维水平和较多的知识与方法基础。

一、项目学习内容选择

《课标(2022年版)》提出小学阶段第三学段可适当采用项目式学习,项目式学习可以采用"课内+课外、校内+校外、集中+分散"等灵活方式进行,调动学生的自主性,指导学生综合运用知识,开展有目的、有设计、有步骤、有合作、有反思的实践活动,提升学生解决实际问题的兴趣和能力,发展模型意识。教师在教学中要主动对小学数学教材内容进行分析,选择合适内容,分析所关联的数学知识、其他学科知识、核心素养、生活经验等,联系实际生活,构建项目情境,明确项目目标,确定项目主题,组织学生开展项目学习。

项目学习突出真实性。背景具有真实性,学生围绕真实生活情境开展活动;项目任务具有真实性,以解决现实问题为目的;成果具有真实性,成果对实际生活产生影响。

项目学习强调整合性。注重数学知识之间、数学与其他学科、数学与社会生活的整合;注重学校资源、社会资源、信息技术的整合。

项目学习具有动态性。知识是动态的,项目推进过程中学生不断获取、储备新知识;学习需求是动态的,学生不断发现新问题、整理新资源,推进项目解决;实施过程是动态的,学生在行动,问题在推进,成果在产出,整个项目在动态运行。

项目学习体现成效性。项目学习完成的标志可以是成型的项目作品,也可以是完善的设计方案,都展示了学生的学习成效。学生在项目学习中能够提升综合解决问题的能力,获得成功体验。

例如,"水是生命之源"的项目学习,以调查了解生活中人们使用淡水的习惯及用量的真实需求为问题起点,结合淡水资源分布、中国人均淡水占有量、城市生活用水的处理等

[①] 巴克教育研究所.项目学习教师指南——21世纪的中学教学法[M].北京:教育科学出版社,2007:2.

综合信息的收集,逐步发现、提出并解决问题。在制订校园或家庭节水方案,尝试设计节水工具或方法等活动中提高环保意识,形成初步的应用意识和创新意识。再如,"设计参观动物园最佳路线"的项目学习,以学生喜爱的参观动物园为背景,以参观动物园的最佳路线为问题驱动,推动学生能够经历分析问题、收集与整理信息、合作规划路线,计算时间、交流改进方案等复杂的问题解决过程,发展学生的复杂思维能力、综合分析能力以及创造性解决问题的能力。

二、项目学习主要步骤

项目学习整体设计逻辑应该呈现出从真实而复杂的问题到澄清问题中的不同学科视角再到整合学科视角形成新理解,反哺真实世界和学科世界的过程。[①] 不同的项目主题、目标,学习活动过程及环节先后存在一定差异,但以下几个环节往往不可或缺。

(一) 收集资料,了解项目

通过资料收集,了解项目内容是项目学习的准备阶段。项目学习具有跨学科性、综合性,以真实的生活问题为载体,问题本身具有复杂性,因此了解项目是解决问题的起点。在明确项目后,教师要指导学生以小组为单位,进行明确分工,查阅、收集资料,提升对项目内容的了解。

资料的收集与查阅应有一定的计划和目的,教师要指导各个小组根据项目主题,确定资料收集的主要方向、内容,提升资料收集的针对性。例如,在"营养午餐"项目学习中可通过讨论交流,引导学生从"不同食物的营养成分""儿童每天所需营养物质及比例""如何健康饮食"等角度进行资料收集。资料收集、调查的途径和方法可以多样化,要鼓励学生通过阅读书籍和报刊、网络查询、实际走访等多种方式收集多元化的资料。在"营养午餐"项目学习中,学生可以通过网络收集"不同食物的营养成分",可以通过书籍阅读以及与营养专家的交流了解"儿童每天所需营养物质及比例",通过问卷调查了解"班级同学的一天饮食"等。学生在资料收集中既能够加深对项目的了解和兴趣,也能够提升资料收集意识与能力。

案例 12.5 环保送水方案[②]

【教材】沪教版义务教育教科书《数学》四(上)

【教学片段】

呈现真实情境:学校即将召开全校运动会,共有 2 060 名师生参加。学校需为参赛的学生、家长、教师和啦啦队员们准备充足的瓶装饮用水。现有两种送水方案,方案一:提供常规 350 mL 的瓶装水,携带方便,但会产生塑料垃圾。方案二:提供可回收的 19 L 桶装水,可回收,但需自带水杯。

组织学生讨论哪一种方案更环保。

结合学生回答,明确第二种更环保。

---

① 夏雪梅.跨学科项目化学习:内涵、设计逻辑与实践原型[J].课程·教材·教法,2022,42(10):78-84.
② 夏雪梅.项目化学习设计:学习素养视角下的国际与本土实践[M].北京:教育科学出版社,2021:165.

提出任务:作为数据分析师,你能用数据说明第二种方案更环保吗?请根据你的数据设计一份观点鲜明、证据充分且形象生动的方案分析书。

引导学生思考要完成方案分析书,需要哪些数据?应该从哪些方面调查数据?

小组讨论,明确调查方向与方法。

学生课后分组开展资料收集与实际调查。

【点评】在明确问题的基础上,启发学生思考为了解决问题,需要收集哪些信息,如何获取信息,提升资料收集的针对性,丰富学生对塑料垃圾、环保等项目信息的了解,同时促进学生信息收集与分析能力的提高。

链接12.4　项目化学习设计:学习素养视角下的国际与本土实践

(二) 整理信息,提出问题

学生整理通过参观、调查等了解的信息,根据这些信息提出项目学习要解决的问题。问题的提出与确定是项目学习的关键,整理、归纳这些问题,可以聚焦到一个主要问题,全班共同解决;也可以归纳为几个相关问题,全班分组解决。项目学习所涉及的问题主要是现实世界中具有开放性的问题,问题解决需将现实问题转化为数学问题,因此需要发现项目的本质问题,提出项目的驱动问题。首先通过小组讨论、全班交流,引导学生将项目中的具体问题——分解,提升为本质问题。例如,项目具体问题是,有两种伸缩门设计方案,一种是由平行四边形组合而成,另一种是由三角形组合而成。再思考本质问题,即平行四边形和三角形的特征是什么?在理清本质问题的基础上,再将本质问题置于具体情境,提出驱动问题,如:聘请你为伸缩门的设计师,你会如何设计方案,说出你的理由?汤姆·马卡姆在《PBL项目学习》中指出,设计驱动性问题可从四个方面进行:将挑战变成一个问题来进行陈述;重新组织概念和基本问题;让问题变得更加真实和深刻;与学生一起分析问题。而在解决问题的过程中,需要有合适的任务让学生积极参与。① 通过有趣的、易理解的驱动问题驱动学生进入项目活动,探索解决本质问题。

案例12.6　水是生命之源(义务教育数学课程标准2022年版——例63)

通过对中国淡水资源分布、可用水量以及人均淡水占有量、现实生活中人均用水量等信息的调查,引导学生经历从数学的角度研究社会问题的过程,培养对数学的应用意识,提升数学学习兴趣。

【说明】我国是人口大国,淡水资源相对缺乏,节约用水应成为人们的共识,但生活中浪费水的现象也很常见。通过开展资料查找、实地走访、方案设计等实践活动,加强对水资源使用与保护等问题的关注,提高处理信息、发现并提出问题、设计方案解决问题的能力。

【设计】

(1) 了解淡水资源分布、储备情况

指导学生查找资料,了解我国淡水资源的分布情况、水对人类生存和生活的重要作用

---

① [美]汤姆·马卡姆. PBL项目学习:项目设计及辅导指南[M]. 董艳,译. 北京:光明日报出版社,2015:91.

等信息。了解我国解决淡水资源分布不均问题的举措,如南水北调工程等。

通过实地参观污水处理厂或者邀请专业人士协助,了解本地区淡水资源储备、循环使用等方面的做法。

记录并整理所获取的信息,提出问题并设计问题解决的思路及方案。

(2) 整理信息,提出项目学习要解决的问题

指导学生整理通过参观、调查等了解的信息,根据这些信息提出项目学习要解决的问题。整理、归纳,将项目中的具体问题一一分解,提升为本质问题,比如提出项目具体问题:班级每位同学一日家庭的用水量一样吗?有没有浪费水资源?再思考本质问题,即班级每位同学家庭一日用水量是多少?在理清本质问题的基础上,再将本质问题置于具体情境,提出驱动问题,如:请你担任节约用水小能手,调查自己家庭每日用水量,设计家庭节约用水方案,说出你的理由。

【点评】学生主动收集资料,实际调查,了解我国淡水资源分布、污水处理、南水北调工程等情况,知道我国淡水资源分布不均、水资源缺乏,启发学生提出节约用水、保护水资源、废水再利用等问题,促进学生发现问题、提出问题意识与能力的发展,同时引导学生建立珍惜水资源的环保意识。

(三) 调查研究,制订方案

项目学习在小学数学教学中的有效应用需要项目方案的支撑,因此在明确要解决的问题、理清项目任务后,教师要注意引导学生剖析项目任务、深化项目内容,思考方案设计中所需要的各种资料,并进行资料的收集和实际调查研究,为项目方案设计和实施做好准备。在调查研究的基础上,小组成员共同讨论制订项目方案,方案制订需要小组成员的通力合作,并且要共同分析所制订方案的可行性,不断调整优化方案。例如,在"跑道上的学问"教学中,为了解决"跑道内圈和外圈是否一样大"等问题,老师可以鼓励同学们搜集相关资料,了解跑道的特点,如何测量跑道内圈、外圈,不同跑道的起点位置为什么不一样等问题。通过信息整理、实际调查、亲身实践、相互讨论等,明确每一圈跑道的长度=两个直道的长度+两个弯道的长度,而内外圈的直道长度相同,因此关键在2个弯道的长度,由此拟定测量的方法,如"绳测法""滚动法""软皮尺测量法"等。

案例 12.7 营养午餐(义务教育数学课程标准 2022 年版——例 62)

引导学生结合生活经验提出问题,通过经历调查研究、解决实际问题的过程,感悟设计调查方案的重要性,知道如何利用百分数等数学知识和科学、营养学等知识解决问题,积累用统计方法解决现实生活中不确定问题的经验。

【说明】在人体每天摄取的总能量中,午餐约占 40%。膳食中营养的均衡摄入与学生身体健康密切相关。引导学生通过对午餐中各种营养物质的计算和分析,以及对营养午餐食谱的设计,发展问题解决能力,了解均衡营养、合理膳食的理念。

【设计】

(1) 结合经验提出项目学习要解决的问题

引导学生回顾自己了解的营养膳食的信息,如少盐少油、荤素搭配等,提出感兴趣的问题,如"各种食物所包含的营养物质主要有哪些?""我们最近的午餐营养搭配是否合

理?"等。后面的学习围绕主要的问题展开。

（2）查阅资料，了解营养膳食的知识

指导学生查阅资料，进一步了解人体每日的营养需求，如"10岁儿童每日午餐中应获取的合理热量"；了解如大米、面粉、青菜、马铃薯、牛肉、鸡肉等常见食材中的营养物质含量。指导学生借助图表等方式比较数据，感受均衡营养、合理膳食的重要性。学生可以分工进行调查，共享信息和数据。

（3）计算一周午餐食谱的营养情况

指导学生记录最近一周学校餐厅或者自己家庭的午餐食谱，分工合作，对照前面的数据表，计算这一周午餐的营养构成情况，分析并交流。针对具体结果，向学校餐厅或者家长提出建议。

（4）设计一周营养午餐食谱

根据前面的学习，设计一周营养午餐食谱，并通过海报等形式进行展示和交流，也可以组织对一周营养午餐食谱进行评选。

【点评】引导学生通过查阅资料，了解人体每日所需营养以及不同食物的营养物质含量，再调查学校或家庭一周的午餐食谱，分析营养构成，获取支撑项目设计的信息，在此基础上科学设计一周营养午餐，学生能够理解百分数的运用，了解营养学知识，树立健康饮食的意识，知道调查研究、数据收集是解决问题的重要依据。

（四）完善方案，解决问题

在小组确定项目方案的基础上，组织各个小组以不同的方式展示设计方案，并进行相互评价，分析各个小组方案的优点和不足，在相互学习中扬长避短，各个小组对自己的方案进行修改完善。解决问题是项目学习的直接目的，在确定最终方案的基础上，各个小组要实际运用方案解决问题，在运用方案解决问题的过程中学生能够感受到所设计方案的实际意义，体会到数学的应用价值，发展应用意识与能力。例如，在"欢乐购物街"中，学生在小组讨论以及家长或教师的协助下，最终确定出售的物品，制定货物清单及价格，准备人民币，在此基础上开展购物活动，销售商品或购买自己喜欢的物品，在买与卖的过程中，接触人民币、感受人民币，进一步理解元、角、分之间的换算过程，完成人民币的认识与使用。

案例 12.8 参观动物园最佳路线[①]

【教材】人教版义务教育教科书《数学》二（上）

【教学片段】

四、交流方案，确定路线

（一）汇报要求

师：下面请每个小组派两名代表上台，一人在黑板的表格中记录你们参观的场馆数量和用时，并在参观的动物场馆下打钩。另一人汇报，主要向大家介绍两个方面的内容。

---

① 林婕纯，阳海林. 以项目式学习实现数学教学的效益最大化——"设计参观动物园最佳路线"教学实录[J]. 教学月刊·小学版（数学），2021(Z1)：21-23.

(教师出示汇报要求)

1. 说说参观哪几个场馆？用了几分钟？路线是怎样的？
2. 向同学们推荐你们小组设计的路线。

师：其他小组的同学要当小小检查员，老师会把他们的学习单发送到你们的平板上，我们一起来检验他们的路线。

(二)小组汇报

第 1 小组学生代表：我们一共参观了 10 个场馆，用时 82 分钟。我们从正门开始，先参观了狮园，再到鹦鹉馆参观……

(教师和其他小组学生在第 1 小组代表汇报时，同屏检验路线及用时)

师：经检验，他们的用时确实是 82 分钟，请向同学们推荐一下你们的路线吧。

第 1 小组学生代表：我们小组的路线参观场馆数量较多，用时在 100 分钟以内，剩下的时间可以自由活动。而且投票选出的 6 个人气场馆我们也参观了，考虑了大多数同学的喜好，请大家投我们一票。

(其他小组依次派代表上台汇报……)

(三)投票选出"最佳路线"

师：现在让我们一起来投出我们班级的最佳路线，每个人选出你认为最好的 2 个方案。

(每位学生依次上台，在黑板表格投票区投票)

(四)分析最佳的原因，各组完善方案

师：谁能说一说这条路线为什么会被选为"最佳路线"？

生：在规定的时间内看的场馆最多。

生：重复的路线和路上的用时少，参观的场馆数量多。

师：这条路线为什么选的人最少？

生：还剩下很多时间，其实可以再沿路参观其他场馆。

【点评】汇报活动充分发挥了学生的主体性，展现了合作学习的优势，学生充分交流讨论，思维得到了碰撞，不仅经历了规划路线的整个过程，且在最佳路线的推选中相互学习，完善自己的方案，提升了交流表达、反思学习、运用数学知识解决实际问题等多方面的能力。

(五)展示评价，总结收获

项目学习评价以教学目标为依据，内容主要包括学生对真实情境中问题的理解，用数学语言表达问题的适切性，结果预测的合理性，关注解决问题的实施方案，解决问题过程中的思考、交流与创意表现，项目研究成果的质量，等等。

项目式学习任务完成后，应当组织开展项目成果展示活动。学生自己、小组成员、小组之间、指导教师等相关人员都应参加展示、评价、总结活动，让学生在成果展示过程中更加直接地感受到项目完成的喜悦，体会相互合作的重要性，让项目成果可视化，提升项目成果的推广范围。展示交流的过程也是同学之间相互评价、学习、促进的过程，是学生思维碰撞、相互启发的过程。教师要引导学生倾听他人的观点，思考、理解他人的想法，将其他小组的方案同自己小组的想法联系起来进行比较分析,反思自己小组的方案是否还可以进一步优化、该如何优化。在师生互动、生生互动中展示成果,相互学习,扩大收获。

案例 12.9　神奇的烛台

【教材】北师大版义务教育教科书《数学》六(下)

【教学片段】

四、展示设计成果,总结梳理收获

1. 我设计的烛台

组织各个小组展示各自设计的精美烛台,介绍烛台的各个部分及面积。

学生分组展示与介绍。

其他同学倾听与记录。

组织交流与评价:①你觉得这个烛台设计有什么值得你学习的?为什么?②你觉得这个烛台设计有什么可以改进的地方?为什么?……

2. 我认识的圆柱与圆锥

组织学生展示自己设计的"圆柱与圆锥"的思维导图。

组织学生介绍自己的设计思路及内容。

其他同学倾听与记录。

组织交流与评价:①你觉得他设计得清楚吗?为什么?②你觉得谁的设计最图文并茂,最一目了然?为什么?③你最喜欢谁的设计?为什么?……

【点评】学生通过展示小组共同设计的"精美烛台"和独立设计的"圆柱与圆锥"的思维导图,分享学习成果,相互评价,相互学习。同时展示将学科知识与生活应用相结合的实际成果,进一步强化数学的应用价值,增进学生的应用意识和意愿。

思考与练习 12.3

1. 小学数学"综合与实践"项目学习的内涵及主要特点是什么?
2. 小学数学"综合与实践"项目学习涉及的主要内容有哪些?
3. 小学数学"综合与实践"项目学习的主要活动环节有哪些?
4. 设计一份"综合与实践"项目学习的活动方案。

参考文献

[1] 王建磐.中国数学教育:传统与现实[M].南京:江苏教育出版社,2017.

[2] 夏雪梅.项目化学习设计:学习素养视角下的国际与本土实践[M].北京:教育科学出版社,2021.

[3] 郑毓信.小学数学教育的理论与实践[M].上海:华东师范大学出版社,2017.

[4] 徐斌艳,黄健.数学素养与数学项目学习[M].上海:华东师范大学出版社,2021.

[5] 刘琳娜.小学数学实践活动课程设计与评价[M].北京:高等教育出版社,2020.